U0591514

司法

公信力的构件

舒扬 编著

SPM
南方出版传媒
广东人民出版社
·广州·

图书在版编目（CIP）数据

司法公信力的构件 / 舒扬编著. —广州：广东人民出版社，2017.11
ISBN 978-7-218-11881-9

Ⅰ. ①司… Ⅱ. ①舒… Ⅲ. ①司法制度—研究—中国 Ⅳ. ①D926.04

中国版本图书馆 CIP 数据核字（2017）第 147479 号

SIFA GONGXINLI DE GOUJIAN
司法公信力的构件
舒扬 编著

出 版 人：肖风华

责任编辑：张力平 张竹媛 向晴云
封面设计：张力平
责任技编：周 杰 吴彦斌

出版发行：广东人民出版社
地　　址：广州市大沙头四马路 10 号（邮政编码：510102）
电　　话：（020）83798714（总编室）
传　　真：（020）83780199
网　　址：http://www.gdpph.com
印　　刷：珠海鹏腾宇印务有限公司
开　　本：889 毫米 ×1194 毫米 1/32
印　　张：17.75
字　　数：337 千字
版　　次：2017 年 11 月第 1 版 2017 年 11 月第 1 次印刷
定　　价：56.00 元

售书热线：020-83795240

目录

下篇　司法改革的相关思考

司法公信力的构件（代序）

司法公信力是个热词。就词义而言，它是由司法和公信力两个巨大的概念双峰对决之后糅合的专词。在民主与法治当道的社会，司法公信力总是会备受私议，尤其容易经风见雨甚至广受诟病。司法公信力本身含有太多的不确定性，它的内涵似乎也扑朔迷离。这是我们对它把握的难点也是要点。

最近，社会及网络上讨论司法权的慎用和滥用，使一个古老的寓言故事在网络广为传播，这个故事流传很早，叫“邻人遗斧”。原文是这样的：“人有忘斧者，疑其邻之子。视其行步，窃斧也；颜色，窃斧也；言语，窃斧也；动作态度，无为而不窃斧也。俄而，掘其谷而得其斧。他日复见其邻人之子，动作态度，无似窃斧者。”这则寓言的哲学命题和答案显然是：如果你相信一件事情是真的，你总能找到无数的证据来证明你的观点。你的直觉、你的推测、你的判断、你的主观，控制、引导和无限放大了你以外的客观，你把你最初还谦虚为一己之见，管窥洞析强塑成了绝对真理。对过往事件刻舟求剑不归咎为愚蠢的笨行，而是跃升为唯人类高大上性格不可或缺的执着。人们对司法的体验感悟往往也是如此。司法制度下流转的每一个案件，犹如树林的每一片叶子，再多也没有相同，只有各异。人们由此而获得的对司法的态度，有可能是非黑即白，严重对立的。在一个具体案件上反映它的司法公信力，和整个社会大致可得的司法公信力自然就是迥然不同的了。但是，有一条是公认的，司法必须要有公信力，公信力或许因情势的变化有大小强弱之分，绝不可一日缺席，长期疲软。社会及公众对司法公信力的紧张和关注，是人类某个时空中作为一个共同体的通性。公信力是一个国家由它的法律和执法机制呈现出来的基本形象。法治社会的圣言曾这样说：司法不公、司法松散疲软、司法腐败、司法无力往往比单个的或类型的犯罪更加可恶。因为具体的违法与犯罪只是混浊了一股长河的微澜；而司法公信力的丧失，则是碎化了公众的法律信仰，大面积污染了经久不息的清洁水源。

司法对公信力的影响和揳入是主动的。公信力是社会及公众对司法行为表现的一种接收、承受、反馈、沉淀和合成。虽然公信力的养成在司法活动之后，但它可能是繁复的司法现状的一种照镜子式的反映。公信力所引申的评价、批评、诟病、信心、支持等等，有时又可以达到立竿见影、吹糠见米的效果。

司法公信力涵盖了社情民意，反映着一个时代的文明程度和良心水平。司法公信力受到关注，得到重视，一是说明民智已开，舆情有骨有力；二是说明法律在现实中运作已经调度有方，操行有节，国家体制已经健康上轨，法律机制已经非常在乎民众的反映，自我修复校正的能力和基础都已具备。

司法公信力达到了一定的高度，会自然形成一种发展定势。它既可以是良法善治内生的一种正能量，又可以合为一种促进法律实践优化的惯性，从而成为司法活动的自身诉求，在一定程度上还可以上升为具体司法行为的纠错和改良乃至革命的标准。把提高司法公信力作为各级司法部门的行动要求和工作目标，事实上并不罕见。

那么，司法公信力究竟如何构件并发挥作用呢？

首先，司法的前提必须是立法精准，使司法有道可循。目前，我国的司法，已经基本解决了许多前沿地带和问题中无法可依的窘迫。发展的主要矛盾方面很可能多表现为司法的能动性的科学管控。司法行为要针对十分具体的案件和纠纷处理，实践中如何恰到好处地体现立法精神，积极主动地寻求立法初衷和效果，这是司法人员需要悉心而为的事情。好的司法机关和司法人员实际上要经常担负起法律解释者和填虚补实者的义务，司法的公信力必然要体现为对立法权的尊重和包容，对行政部门和具体行政权的理解和遵从。司法权是在依样画葫芦的执行法律的标准，而法律的标准内涉及多方面的内容，立法与行政是其中类似骨骼筋络的方面。由此而论，司法公信力不仅是专司法律适用与执行方面的问题，也是国家统一分员制的良法和政府上下共守的底线和规矩。

其次，司法公信力十分需要一个法律化、专业化、精英化的法律职业共同体和程序互通、理念共守、荣辱共担、技术共享的公、检、法机关。要理直气壮地在这些机关内部树立社会主义法律理念，不容置疑地弘扬法律至上的信仰。尤其是要大力提倡司法的程序意识、责任意识。当前，我国推进的新一轮的司法体制改革，就是希望在制度上旗帜鲜明地解决改革出发但在深水区前受阻的问题。

我国这一轮的司法体制改革，简单说来是以“两去”为初始目标，以构建四个支柱性改革搭建全方位改革平台。所谓“两去”，就是去地方化、去行政化。克服地方保护的陋习，让司法本身体现的国家事权归位，以实现国家司法的神圣使命。让多年归化于地方各级的人民法院和人民检察院，完成从地方部队到“中央军”的转变和跃升。在法院和检察院内部管理和司法运作模式上，明确提出去行政化的改革要求，这是多年来十分鲜见的大动作。它的出发点是让两院司法人员从国家干部身份实现法律职业人员的华丽转身。专职审判业务的人员将不再是在体制内履职担责的公务员，而是区别于公务员工作性质的员额制法官和检察官，其司法行为的要求和特质以及职责，会更特殊更为独显。它的目的就是建立一支职业化、专业化、精英化的国家司法队伍，形成权威可信的司法力量。

为提高司法公信力，这轮司法体制改革从四个方面，也就是在常说的四大支柱性改革上打破常规，撑起一个平台，拓宽一片蓝天。一是大力开展审判权运行机制的改革，实行“让审理者裁判，由裁判者负责”的机制。审判权运行机制改革的核心内容，就是要彰显法官、检察官在办案中的主体地位，制定他们行使审判权的权力清单和操作程序，落实其主体地位，确保其各项权力的规范行使。二是推行法院、检察院工作人员的分类管理改革，将法院、检察院人员分为三类，即法官和检察官、司法审判辅助人员、司法行政人员。并且，根据现状，提出法官、检察官员额制的概念，要求按39%、46%、15%的比例来配置上述三类人员。员额制改革是直接针对司法资源科学合理配置的务实改革，是本轮司法改革压力和压强都十分巨大的新招。三是详尽地规定了司法责任制，提出了为办人民群众满意的司法，案件质效管理实行办案人员的“终身追究”责任。这就像设计师、建筑师、施工方对某个建筑工程的质量负责到底，塌楼的豆腐渣工程有人“买单”一样。这种倒逼的责任机制，是案件得以公正办理的有效保证。四是对法院、检察院的人、财、物进行上提管理。在全国各地尚难统一平衡的情况下，先上提到省一级相关机构统管，在物质条件的保障上为优化的司法活动夯实基础。

在四大支柱性改革的同时，立案司法改革，阳光司法、司法公开、司法救助、涉诉信访、司法监督、庭审为中心的诉讼改革，电子网络技术引入司法环节等改革应运而生，方兴未艾，如火如荼。这些无疑都是增强人民群众的司法信心，自觉维护司法权威的建设性工作。

上述司法部门内部的改革事项，是迅速提升司法公信力的内因。一个公正高效的司法机关，是社会司法公信力强威的基本保证。

最后，司法公信力的状态，还取决于社会公众的民主法制意识，以及对法律的信仰程度。法律观念类似于一种宗教意识，对法律的自觉遵从也是社会和人民的福祉。民主法治社会总是在时间里积累沉淀一种力量，这种力量可能一时未现于形，但始终存在。培植这种现实的力量是全社会当倾注其心血而为之的事情。

上篇　改革一直在路上

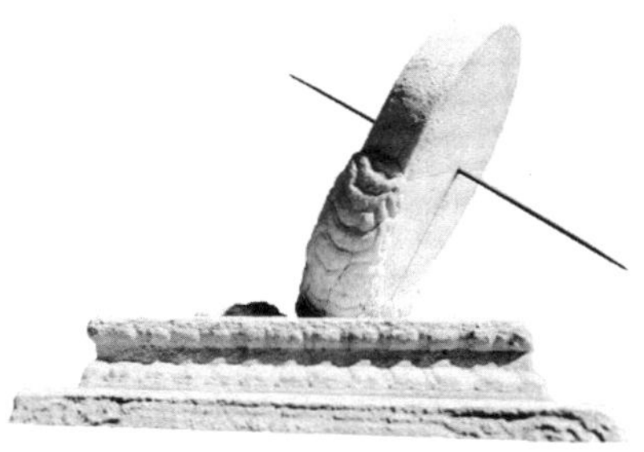

第一章　改革一直在路上

一、广州法院司法改革的概况

广州市人民法院（现广州市中级人民法院）于 1949 年 11 月 1 日建院，作为全国建院历史最长、审判任务最为繁重的中级法院之一，与共和国的法治事业一起成长。六十多年来，广州法院秉承“敢为人先”的广州精神，锐意改革，领潮争先，践行司法为民，维护公平正义，为广州经济社会发展提供了有力的司法保障。

六十多年来，广州法院的司法改革经历了四个不同的历史阶段。第一阶段为 1949 年至 1965 年，通过启动司法改革运动，建立基础司法制度，助力稳定和巩固新政权阶段。第二阶段为1966年至1976年，司法改革停滞阶段。1966年，“文化大革命”开始，广州市两级法院在各方面的工作都遭到严重破坏，处于半瘫痪状态，直至1972年才相继恢复行使审判权。第三阶段为1977年至2011年，有序推进司法改革并取得阶段性成效阶段。1978年，党的十一届三中全会拉开了我国改革开放的序幕，司法改革也有序推进。20世纪80年代，广州法院开始探索审判方式改革和司法职业化改革。从1999年最高人民法院颁布实施第一个《人民法院五年改革纲要》开始，广州法院正式踏入了全国统一部署和组织实施的大规模司法改革之路。结合广州地区实际，从公正、效率、公开的关键环节入手，有序推进各项改革，如量刑规范化试点、小额速裁机制试点、媒体曝光失信被执行人等等改革措施，使广州法院的审判及各项工作取得很好的法律和社会效果。第四阶段为2012年至今，司法改革全面深化、纵深发展的突破性阶段。党的十八大以及三中、四中、五中、六中全会的召开，对进一步深化司法体制改革作出重要战略部署，人民法院司法改革面临前所未有的重大历史机遇。这一阶段，广州法院全面深化司法改革，制订了《广州市法院司法体制改革试点工作组织推进方案》《广州市法院完善司法责任制改革试点具体实施方案》等文件，积极稳妥推进审判权运行机制、司法责任制、人员分类管理、审判管理工作机制、法院人员职业保障、人财物由省统管、司法公开等各项改革工作，取得了良好成效。随着司法改革的全面深化和纵深发展，影响司法公正、制约司法能力的深层次问题将得到有力解决，司法公信力将进一步提升。

二、广州法院司法改革的亮点

（一）优化机构设置方面

（1）全国最早成立的中级法院之一。1949 年 11 月 1 日，广州市人民法院正式成立，是全国最早成立的中级法院之一。1955 年，广州市人民法院改称广州市中级人民法院。

（2）全国率先实行民事、经济审判分立。1950 年 5 月，广州市人民法院建立审判委员会，统一领导审判工作，并设刑事审判庭、民事审判庭。1979 年 5 月，设立经济庭，受理经济纠纷案件。

（3）全国率先实行审执分立。1951 年，广州市人民法院增设执行组，负责执行工作。1952 年，为把执行工作和审判工作统一起来，撤销执行组，执行工作分属各组负责。1983 年 5 月，广州中院在全国率先实行审执分立，设立执行庭。2002 年 12 月，成立执行局，下设执行一庭、执行二庭、执行三庭。

（4）全国率先实行立审分立。2000 年 4 月，广州中院设立立案庭，全院各类案件由立案庭统一立案，统一排期开庭，在全国率先实行立审分立。

（5）全国率先设立专门的知识产权审判庭。1994 年 9 月，广州中院在全国率先设立知识产权审判庭（此前著作权案件和工业产权案件分别由民庭和经济庭审理）。

（6）全国率先设立专门的少年审判庭。1991 年，广州两级法院在青少年犯罪合议庭的基础上，成立少年法庭。1996 年，广州中院和白云法院在全国率先成立少年刑事审判庭。2006 年 7 月，广州中院被最高法院确定为全国首批 18 家“未成年人案件综合审判庭”试点中院之一。

（7）成立全国首个专门的自贸区法院。2015 年 12 月 30 日，经最高法院批准，广东自由贸易区南沙片区人民法院成立，这是全国首个专门的自贸区法院。

（8）集中管辖珠三角地区环境案件。从 2016 年 2 月 26 日起，经广东高院指定，广州中院集中管辖珠三角地区（广州、深圳、珠海、佛山、东莞、中山、惠州、江门、肇庆、河源）的环境公益民事诉讼一审案件、属中级法院管辖的跨地级市区域环境私益民事诉讼一审案件和当事人上诉的跨地级市区域环境私益民事诉讼二审案件；白云区法院集中管辖珠三角地区跨地级市区域环境私益民事诉讼一审案件。

（二）创新审判机制方面

广州法院成立之初年均受理案件即过万件，到 1998 年突破 10 万件，2012 年突破 20 万件，2015 年突破 30 万件，案多人少矛盾一直比较突出。广州法院坚持向改革要生产力，通过改革促审判，建立符合司法规律的审判权运行机制，落实司法责任制，加强审判管理监督，推进信息化建设，有力提升审判执行质效。2015 年，全市法院共受理各类案件 301704 件、办结 239521 件，法官人均结案 162 件，同比分别上升 12.09%、4.31%和 9.75%；其中广州中院受理 50468 件、办结 45591 件，法官人均结案 148 件，分别上升 5.96%、6.66%和 15.32%，均创历史新高。

（1）完善审判权运行机制，落实司法责任制。从 20 世纪 80 年代开始，广州法院开始以落实法官、合议庭责任制，强化庭审功能等为重点内容的审判方式改革。2015 年 2 月，广州中院制定实施《关于健全审判权运行机制完善审判责任制改革的实施意见》，通过规范审判权、审判管理权、审判监督权的行使，合理界定审判组织的职责和职权范围，取消案件层层审批做法，落实主审法官、合议庭办案责任制，实现“让审理者裁判、由裁判者负责”。越秀区法院被省法院指定为“广东省法院审判业务专家管理改革”试点法院。花都区法院探索“专业合议庭综合改革”，最高法院刊发简报予以推广。

（2）推进人民陪审员制度改革。人民陪审员制度是社会公众依法直接参与和监督司法的重要方式。从建院初期，广州市两级法院即开始实行陪审制度。2005 年，广州市两级法院根据全国人大常委会审议通过的《关于完善人民陪审员制度的决定》启动人民陪审员的选任工作，选任第一批人民陪审员共236名。次年，选任第二批人民陪审员共167名。2014年10月，全市法院增选人民陪审员1804名，在全国率先完成“倍增计划”。2015年，广州中院在涉外审判中实施专家陪审，这在我国属于首创。南沙区法院在全国率先聘任香港籍和澳门籍人士担任该院人民陪审员。

（3）建立多元化纠纷解决机制。从建院初期，广州市两级法院即实行了调解制度，当时审理民事纠纷案件实行巡回审理、调解为主，就地解决。有时采取先集中当事人进行法制教育后逐案调解处理的方法，及时审结了一大批婚姻、房屋、债务以及劳资、合伙退股、继承等案件。2007年，广州中院与市司法局联合建立“司法调解与人民调解互相衔接配合工作机制”，在基层法院和人民法庭设立了人民调解工作室，着力构建司法调解、人民调解、行政调解“三位一体”的大调解工作格局。2011年至2015年，广州市两级法院大力开展诉前联调工作，全市法院通过诉前联调机制调处矛盾纠纷113970件，调解成功100007件，涉及标的26.75亿元，进行司法确认的案件当事人自动履行率达95.27%，得到了最高法院的肯定，“市法院天河区诉前联调工作机制建设”获评“广州市社会创新优秀观察项目”。

（4）创新刑事审判机制。一是推进量刑规范化改革。从2009年6月1日起，广州中院在刑事审判中试行量刑规范化的试点工作，确定白云法院、南沙法院为试点单位。2009年，试点法院适用量刑规范程序办结刑事案件894件，上诉率同比下降5.01%，没有因量刑不准被抗诉、改判，增强了案件量刑的公开性和透明度，广州市法院量刑规范化试点经验被最高法院以简报形式刊发，并向全国法院推广。2010年，白云区法院被确定为全国量刑规范化试点典型单位，并代表全国法院系统在全国政法工作会议上作经验介绍。2011年，最高人民法院、最高人民检察院专门在广州召开十五省法院、检察院量刑规范化观摩会，推广广州市成功经验。二是健全刑事案件速裁机制。广州法院在2013年底启动轻微刑事案件快速办理机制暨发挥拘役刑教育矫治作用改革试点工作。2014年，全国人大常委会指定广州等18个城市作为“刑事案件速裁程序”试点城市，在市委政法委的领导下，广州中院协调市检察院、市公安局、市司法局推进该项工作，取得了较好成效：广州地区审结速裁案件数量居全国18个试点城市首位，是全国少数几个做到速裁程序案件类型全覆盖的地区之一，适用速裁程序的案件均在七个工作日内审结。2015年12月25日，全省刑事案件速裁程序试点工作现场推进会在越秀区法院召开，对广州地区刑事案件速裁程序试点工作给予充分肯定，最高法院誉为刑事案件速裁程序“广州模式”。

（5）创新民事审判机制。一是开展简易程序和速裁程序改革。1999年底，狠抓基层法院适用简易程序审理民事案件工作，使简易程序走上规范化、制度化轨道。2011年5月，广州中院指导番禺区法院进行小额速裁机制试点工作，并于次年全面推行，为2012年《中华人民共和国民事诉讼法》中小额诉讼的立法修改提供地方经验。二是推进破产案件审理方式改革。1997年11月12日，宣告广州某钢材厂破产，这是广州市被国家列为国有企业破产试点城市以来，广州中院办结的首宗国有企业破产案。1998年，广州中院受理了原广东省某某信托投资公司破产系列案中的广信企业发展公司和广东国际租赁公司破产案（其他两件案件分别由省法院和深圳中院受理）。广东省某某信托投资公司是我国第一家通过司法程序宣告破产的破产财产金额最大、境外债权人最多的非银行金融机构，涉及490多个境内外债权人，申报债权总金额高达467亿多元。广州中院从最大限度地保护债权人的利益出发，创造性地开展工作，使债权清偿率在当时国际上破产债权清偿率普遍较低的情况下，分别达到28%和11.5%。随后，原广东省某某信托投资公司破产系列案中的其他两件案件也顺利审结。《经济日报》发表文章称：广东国投破产案是"适应国际司法潮流的成功范例"。最高法院指出，广东国投破产案"堪称人民法院关于企业破产审判工作在维护金融安全方面的典范"。2014年，最高法院在全国启动了破产案件审理方式的改革试点工作，广州中院被列入首批试点法院名单，探索公司强制清算与破产清算的衔接。同年，某某证券有限责任公司破产清算案、广东某某信托投资有限公司破产清算案均顺利审结，开创了广州市金融机构破产退市的先河。在广州中院的积极策划和筹备之下，2014 年 11 月 20 日，全国首个管理人自治组织——广州市破产管理人协会正式挂牌成立。2015 年，协会下设“破产清算公益基金”正式启用，首批 15 件无启动经费案件已指定管理人。三是探索家事案件审判机制改革。2010 年 3 月，黄埔区法院被确定为全省法院系统首批家事审判合议庭试点工作单位。2013 年，黄埔区法院家事审判合议庭被评为“全国保护妇女儿童合法权益先进单位”。

（6）创新行政审判机制。1986 年 4 月，广州中院受理第一宗行政案件，1987 年 6 月，成立行政审判庭。从 1990 年 10 月开始，根据行政诉讼法，广州两级法院全面受理行政案件。三十年来，广州法院充分发挥行政审判职能，不断完善行政审判工作机制，依法妥善解决行政纠纷，促使行政机关依法行政，推动行政审判工作不断取得新发展。

（7）创新少年审判机制。1992 年，由广州中院、共青团广州市委共同发起组成了旨在遏制、防范青少年犯罪的社会系统工程——“羊城金不换工程”，并在此基础上设立“羊城少年法庭之友”，成立“金不换中途之家”和“金不换合适成年人服务中心”。该工程项目不断得到充实、更新，现已涵盖少年审判、少年矫正、爱心帮教、法律援助、法制宣传、青少年犯罪研究等内容，在惩治未成年人犯罪，帮教、矫治犯罪和边缘青少年，预防青少年犯罪等各项工作中取得了显著成效。广州中院创建“社会观护员制度”，该制度被中央综治办、共青团中央、中国法学会评为“未成年人健康成长法治保障”制度优秀创新事例，成为全省唯一一家获此殊荣的中级法院。2009 年 2 月 19 日，广州中院在全国法院系统第一家成立了专门的少年心理咨询与测评室。截至 2014 年，全市两级法院已在未成年人刑事案件中，对 406 名未成年被告人进行了心理咨询与测评试验，法院在量刑时对心理测评报告的参考率达到 87%。该机制得到最高法院司法解释的认可。

（8）创新知识产权审判机制。广州中院知识产权审判庭成立于 1994 年 9 月，是全国首批成立的知识产权审判庭之一。2006 年 7 月，天河区法院开展知识产权刑事、民事、行政“三审合一”审判方式改革试点工作。2008 年 5 月，天河区法院被最高法院评为“全国法院知识产权审判工作先进集体”。2011 年，广州中院荣获首届广州市保护知识产权市长奖。二十多年来，全市法院审结知识产权案件数约占全国 1/12、全省 1/3。在审判中创造了多个第一：如全国首宗涉奥运直播节目作品著作权侵权纠纷案；全国首宗涉及“三网融合”（电信网络、广播电视网络、互联网）的 CNTV 诉电信 IPTV 业务平台侵权纠纷案；全国首宗涉通用网址纠纷案；全国首宗涉及谷歌搜索引擎“关键词广告”案；全国首宗植物新品种权属纠纷案；全国首宗涉餐厅装饰风格的不正当竞争纠纷案；全国首宗微软公司被诉滥用市场支配地位的反垄断纠纷案件；在全国率先开出反不正当竞争领域的诉中禁令。

（9）创新执行工作机制。为切实解决执行难问题，广州市建立了富有自身特色的执行联动机制。2006 年，广州市就将区（县级市）、街道（乡镇）支持法院执行工作纳入社会治安综合管理考核。依托基层组织，各基层法院通过聘请执行工作联络员等方式，建立起区（县级市）、街道（乡镇）、居委（村委）三级基层协助执行网络，初步解决执行中被执行人难找、财产难寻问题。2008 年，广州市建立了执行联动联席会议及联络员制度，市执行联动机制成员单位包括市委政法委、广州中院、市检察院等 20 个部门，由市委政法委定期召集各成员单位负责人召开联席会议，联席会议负责通报与协调执行联动工作，同时建立了绿色通道制度和信息共享、执行救助专项资金等制度。经过多年的努力，广州市执行联动机制逐步完善，并在增强执行效力、解决被执行人实际困难方面发挥了重要的作用。1998 年 6 月 15 日，广州中院发布第 1 号执行公告，曝光长期拒不履行生效法律文书的被执行人名单，引起社会各界的强烈反响。2009 年 2 月 1 日起，从化法院作为全省唯一试点单位实施主动执行机制，省法院在总结从化法院试点经验及进行充分论证的基础上，决定向全省推广主动执行制度。近年来，白云区法院进行了一系列执行精细化管理的改革创新工作，降低执行成本，提升执行质效，被省法院确定为全省法院执行精细化管理示范单位，其经验受到最高法院周强院长的肯定。

（三）加强管理监督方面

中华人民共和国成立后，广州市两级法院坚持实事求是的方针，认真对待当事人的申诉和群众来信、来访，通过复查案件，按照审判监督程序对案件进行再审，依法纠正确有错误的判决。20 世纪 80 年代初期，随着法制的不断完善，广州市两级法院先后成立了审判监督庭，至 1986 年，刑事、民事、经济纠纷案件的申诉复查和按审判监督程序进行再审的工作统一由审判监督庭负责；信访工作亦逐步建立起各种处理群众来信来访的规章制度。20 世纪 90 年代后，广州两级法院继续加强审判监督工作，坚持检查评查案件制度，定期通报案件质量，聘请司法监督员监督审判工作，依法启动审判监督程序，追究违法审判责任。继 2005 年之后，广州中院审判监督庭于 2008 年再次被最高人民法院授予“全国法院审判监督工作先进集体”称号。

2009 年，广州中院正式成立了审判管理领导小组及其办公室（以下简称审管办），负责统抓统管审判管理相关事务，整合、协调全院的审判管理力量。

（四）推进司法公开方面

阳光是最好的防腐剂，“阳光司法”是司法工作的内在要求，对于落实司法为民、促进公正司法关系重大。近年来，广州中院紧紧围绕“以公开促公正、以公正立公信”工作目标，先后制定《关于全面提升司法公开水平的工作方案》及《广州市法院司法公开工作水平测评办法》等配套方案，以审判流程、裁判文书、执行信息三大平台建设为抓手，大力推进司法公开工作，取得了较好成效。最高法院周强院长，广东省委常委、广州市委书记任学锋等领导同志对广州法院司法公开工作多次给予肯定。广州市人大常委会专门听取和审议广州中院推进司法公开工作情况报告并予以高度评价。中央、省、市主要媒体先后多次报道广州法院司法公开工作成效。2016 年 3 月，在中国社会科学院发布的《中国司法透明度指数报告(2015)》中，广州中院在全国 81 个被测评法院中排名第一。

(1) 抓好三大平台建设，完善司法公开机制。一是推进审判流程公开平台建设。2012 年 7 月，广州中院在全国率先推行全日制庭审网络直播，实现“法院天天有直播、法官人人有直播”。2014 年 9 月，开通全市法院庭审网络直播平台。完善审判流程信息，当事人可在广州审判网查阅经办法官及联系方式，立案、开庭时间等诉讼信息，下载相关诉讼材料，查阅案件卷宗。推进减刑假释案件公开工作，坚持裁前公示、庭审公开、文书公开。2015 年，广州中院审结减刑假释案件 9187 件，其中开庭审理 3426 件，开庭率达 37.29%，同比提高 12.77 个百分点。启用远程视频审理平台，通过该平台审理案件 1275 件，占开庭案件数的 39.17%。截至 2015 年 6 月，两级法院已实现“一院一官网”，省法院于2015年在通报全省法院网站普查情况时指出“成效最为突出的是广州中院及其下辖基层院均达到满分，把司法公开工作推进到一个新的高度”。二是推进裁判文书公开平台建设。从2004年3月1日起，广州中院在全国率先将裁判文书上网公布。2015年，全市法院向中国裁判文书网上传生效裁判文书83018份，其中广州中院39940份，上传数量居全国第3位。至2016年4月，广州审判网累计公布裁判文书242942份。三是推进执行信息公开平台建设。完善执行信息公开机制，推进失信被执行人信息共享机制建设。天河区法院被列入全国“示范法院”。

（2）坚持群众多元需求导向，拓宽司法公开渠道。一是推进诉讼服务中心建设。两级法院设立了诉讼服务中心。2013年，广州中院与中山大学、华南师范大学合作挑选优秀学生担任法律志愿者，日均为1000余名当事人提供诉讼服务。2014年，广州中院在诉讼服务中心设立广州市法律援助处派驻广州中院法律援助工作站，为群众提供免费法律服务。2015年5月1日，两级法院全面实行立案登记制，2015年全市法院当场立案率达97%。广州中院获评“全国法院立案信访窗口先进单位”。二是推进“12368”诉讼服务热线建设。2013年7月22日，广州中院开通“12368”诉讼信息服务平台，在全国法院系统中第一家启用“一对一”人工服务，做到办案信息“主动告知”，当事人“有问必复”。平台于2014年4月1

日起向12个基层法院全面覆盖，进一步拓展了服务范围。群众形象地称平台为法院的“110”。2015年，全市法院通过“12368”诉讼服务热线共发出提示信息654633条，回复信息123436条，群众满意率97.69%。中央改革办专门就庭审直播和“12368”平台建设到广州中院调研，并给予充分肯定。三是推进微博、微信、手机应用等移动互联网平台建设。2013年，天河区法院与网易公司合作，建立全国首个第三方电子邮件送达平台。随后，电子送达在两级法院进行了推广和完善。2015年，全市法院通过电子邮件送达方式送达民事诉讼文书6949份。2014年11月底，两级法院全面启用网上立案新平台，全方位、全天候、无纸化的网上立案系统面向全社会开放。2015年，全市法院对网上提交的630件立案申请予以立案。最高法院调研组充分肯定了广州两级法院网上立案工作。广州中院官方微博共发布5900余篇信息，粉丝5万余人，被广东省委宣传部评为“全省优秀政务微博”。广州中院微信公众号坚持每日推送，开通至今，共推送各类内容500余条，单条信息最高阅读量达23551次。2015年3月开通审务信息公开移动服务平台，连接微信服务号和广州审务通APP两个窗口，整合庭审直播、网上立案、电子送达、文书查询、执行在线、档案查询等功能，为群众提供多功能交互式诉讼服务。完善网上申诉信访平台，全面建成两级法院远程视频接访系统，2015年远程视频接访案件64件，受理群众来信来访6467件次，下降 17.04%。四是主动接受社会各界监督。2013 年以来，广州中院组织了超过 60 万人次旁听庭审，对 3043 件执行案件进行了执行公开听证。同时，通过与媒体合作开设专栏、召开新闻发布会、发布审判白皮书等方式，客观及时全面公开法院工作信息，实现与社会舆论的良性互动。加强人大代表、政协委员联络工作，邀请人大代表、政协委员和司法监督员参与案件庭审、执行、审务督察等活动。推进人民陪审员工作机制改革，2015 年全市人民陪审员参审案件 53094 件，增长 41.72%。加强法治宣传，广州中院和越秀区、海珠区、花都区、南沙区法院被最高法院评为 2015 年度在司法新闻宣传工作中作出突出成绩的法院。2016 年 4 月，广州中院开通了律师诉讼服务移动平台——“律师通”，向律师群体提供案件管理、网上立案、工作提醒、联系法官等精准服务。该服务平台是全国法院首个专供律师使用的智能手机 APP 软件，也是全省法院首个律师网上服务平台。

（五）提高司法能力方面

六十多年来，广州法院从建院的 91 人，发展到 2015 年的 4452 人，始终坚持把提高队伍司法能力作为司法改革的重要目标之一，不断完善法律职业准入制度，加强职业教育培训和职业道德建设，有效提高了队伍司法能力，涌现出一批先进典型，建立了一支忠诚干净担当的法院队伍。广州中院的立案信访、刑事审判、少年审判、民事审判、审判监督、纪检监察、调研案例信息等多个部门获评全国法院先进集体，从化区、花都区法院获评全国模范法院，天河区法院获评全国优秀法院，番禺法院大石法庭获评全国优秀人民法庭，从化法院吕田法庭获评全国法院法庭工作先进集体，南沙法院南沙法庭获评全国“工人先锋号”。

2012 年以来，广州中院积极探索审判辅助人员管理改革，出台了《广州市中级人民法院审判辅助人员管理改革方案》及 6 个配套办法（即“1 +6”方案），以人员分类管理改革和法官员额制为抓手，科学配备审判辅助人员，积极探索审判辅助人员规范化、专业化和社会化管理，取得了初步成效。一是明确职责分工。确定了法官助理 14 项职责、书记员 17 项职责、司法警务助理 7 项职责，做到工作职责标准化、流程化、规范化。二是明确招录规则。规定了审判辅助人员的条件和招录办法。三是明确合理比例。原则上 1 名法官配备 1 名法官助理、1 名书记员。四是明确管理机制。采用了“三级九等”的管理办法，实行薪酬与等级挂钩，确立相对完善的晋升制度，拓宽职业发展渠道。五是明确奖惩机制。对审判辅助人员的绩效考核、培训、奖惩激励机制进行了详细规定。现广州中院有编外法官助理 143 名、编外书记员 120 名、辅警 50 名，加上编制内相关人员，基本实现了较为科学合理的配备比例，有力促进了办案绩效提升。审判辅助人员管理改革经验得到最高人民法院多次肯定，广州中院在中央政法委召开的司法体制改革试点工作座谈会上介绍经验。

三、广州法院司法改革的规划

当前和今后一个时期，广州法院深化司法改革的基本思路是：深入学习贯彻党的十八大及十八届三中、四中、五中、六中全会精神和习近平总书记系列重要讲话精神，牢固树立创新、协调、绿色、开放、共享发展理念，紧紧围绕“让人民群众在每一个司法案件中感受到公平正义”的目标，牢牢把握司法为民、公正司法工作主线，主动把握和适应形势新变化和发展新常态，加快推进司法改革，促进司法公正高效廉洁，提升司法公信力。

重点推进以下各项改革：

（1）推进司法改革试点工作。

①明确改革的目标和任务。

②做好改革的思想动员和引导工作。

③精心制定改革试点方案。

（2）推进审判权运行机制改革。

①抓好已出台具体实施方案的落实。

②完善司法责任制。

③完善司法廉政监督机制。

④进一步落实涉诉信访制度。

⑤推进人民法庭审判权运行机制改革。

（3）推进人员分类管理改革。

①推进法官员额制改革。

②合理配置审判单元。

③进一步推进审判辅助人员管理改革。

④完善法官业绩评价体系。

（4）推进执行体制机制改革。

①破解执行难问题。用两到三年时间基本解决执行难问题。

②积极探索审执分离体制改革。

③健全执行联动机制。

（5）推进以审判为中心的诉讼制度改革。

①严格落实证人、鉴定人出庭制度。

②完善律师执业权利保障机制。

③推进民事案件繁简分流。

④加强科技法庭建设，完善庭审录音录像记录“三同步”机制。

（6）推进诉讼服务中心建设。

①构建综合性诉讼服务中心。

②打造“三通一平”的移动诉讼服务新格局。

（7）推进其他改革。

①严格审限管理。

②加强办案质效管理。

③推进刑事速裁程序试点工作。

④打造环境资源审判中心。

⑤推进破产案件审理方式改革。

⑥设立“穗港澳司法学术交流中心”。

⑦推进南沙自贸区法院建设。

⑧推动信息化建设。

深化司法改革，着力解决影响司法公正、制约司法能力的突出问题，确保依法独立公正行使审判权，让人民群众在每一个司法案件中感受到公平正义，是一项长期而艰巨的任务。广州法院将为此不懈努力，始终坚持司法为民、公正司法工作主线，深入推进司法改革，为法治中国建设作出应有的贡献！我们的远大目标在正前方，我们的团队在路上，砥砺前行，孜孜不倦，中国司法有自己的光荣与梦想。

第二章　论法官工作的效率和效能

课题主持人：舒　扬
课题组成员：舒扬、李斌、谢平、张继承
练长仁、陈嘉贤、欧阳福生
课题执笔人：谢平、练长仁、陈嘉贤、欧阳福生

《人民法院第四个五年改革纲要（2014—2018）》提出“根据法院辖区经济社会发展状况、人口数量（含暂住人口）、案件数量、案件类型等基础数据，结合法院审级职能、法官工作量、审判辅助人员配置、办案保障条件等因素，科学确定四级法院的法官员额”。法官工作量是确定法官员额的关键因素

之一。通过法官合理工作量的测算，一是可以真实反映法官的工作状态，向社会公众展示司法效率与效能，进而获取与社会需求相适应的司法资源。二是作为法官职业保障的手段。在督促法官勤勉工作的同时，保证法官身心健康，避免超负荷工作，提高司法资源的利用效能，并督促法官有效利用工作时间。三是可作为法院内部资源调配的依据，避免各法院之间、部门之间出现“忙闲不均”的现象。四是提升办案质量和提升司法公信力的需要。

本课题在对国内外有关法官工作量研究成果进行评价的基础上，对影响法官合理工作量的条件和因素进行了探讨，并提出了合理工作量测算的有效方法与路径。从国内外法院实践来看，测算合理工作量需要投入大量的人力、物力和时间，是一项长期工作。本课题对法官合理工作量的实证考察和剖析，目的并非立即厘清各类地区、各级法院、各类案件、各项程序中法官合理工作量，而是借鉴其他国家和地区法院宝贵的经验，得出确定广东省法官合理工作量的方法、路径或试验性实施案例，为落实司法体制改革要求，科学确定或调整法官员额、合理配置法院内外部资源提供有效的参考依据。

一、传统法官工作量计算方法及其弊端

影响法官工作量的因素很多，其中法官自身能力、案件类别、案由、案件难易程度、物质装备条件的优劣、物质保障水

平的高低、审级等，都会对法官的办案数量产生重大影响。当前，各地法院仍普遍采用传统计算模式，以绝对办案数来评估法官的工作量，不考虑或是较少考虑案件的审级、案件的简单复杂程度及审理中出现的各种差异化因素。以绝对办案数量作为计算法官工作量的方法，缺乏科学性和针对性，存在很多弊端。

（一）容易造成审判工作“简单化”

不能体现案件在案件类型、案由、案件难易程度上的差异，也无法考虑到具体案件处理中的差异化流程，如诉讼保全、反诉、审计鉴定、当事人人数众多、刑事附带民事诉讼、多宗事实、数罪并罚等。一方面，给社会公众造成一种案件处理的单一化、简单化假象；另一方面，法官与法官之间的工作量区分缺乏客观性。单一的办案数考评，缺乏具体岗位和案件差异化分析，使得不同岗位之间的法官考评时没有客观的衡量标准，为保证考核的形式公平，有可能导致不同岗位考核标准雷同。[①] 波斯纳指出，“越是强调法官产出的数量指标，以完全建立在数量基础上的效率来取代质量或最好的工作表现，其背离审判质量的危险就越大”[②]。“如果案件疑难复杂程度不

---

① 如某中院制定的《干警职工考核奖励实施细则》规定，审判人员年度考核优秀或给予嘉奖，必须具备的条件之一均是：完成岗位责任结案年度指标120%以上。而该院法官（审判员及助理审判员）年度基本办案任务数统一为80件，不区分审判庭类别及案件类别。

② ［美］理查德·A. 波斯纳：《联邦法院挑战与改革》，邓海平译，中国政法大学出版社2002年版，第239页。

一，案件处理所需的成本投入与司法能力将有很大差异，司法人员的行为表现也会因此而截然不同。如果采用整齐划一的标准评估不同司法人员的行为表现，则会存在准确性的限度，即考绩结果无法真实地反映司法人员的行为表现。”①

（二）容易造成审判工作“民工化”

结案数量作为评价法官的一个因素，使司法公正的核心要素被忽视，司法审判中达致司法公正必不可少的司法智慧、司法经验、人文关怀等因素得不到正向的肯定，使司法工作达致社会公正所需要的差异化、精细化部分被部分法官放弃。对法官的评价一味追求案件数量，司法工作堕化为“体力活”，法官每天不得不机械地、担惊受怕地为完成结案数量而简单重复同样工作，以致法官独有的、应有的职业人格严重扭曲。办案数量的简单对比容易出现盲目攀比的负面效果，导致人为地、功利性地追逐结案数指标，评价结果往往不被法官群体认可，事实上也会将经验、智慧、人文素养高而体力日渐下降的中老年法官排挤出法官队伍，造成司法资源浪费。“司法界和媒介的第三方评估，虽然经常能够督促和激励法官改进其工作，但有时也会不合理地把法官置于竞争排序之下。”② 中老年法官

---

① 郭松：《绩效考评与司法管理》，载《江苏行政学院学报》，2013年第4期。

② 法官行为评估特别委员会：《美国律师协会法官行为评估指南》，载怀效锋主编《法院与法官》，法律出版社2006年版，第580页。

工作经验和社会阅历丰富，包括庭审驾驭能力、调解能力等在内的司法技术水平较高，大局意识和司法为民意识较强，理解和适用法律的能力较强，一般不太容易机械适用法律。中老年法官沟通协调和处理人际关系的能力较强，特别是在处理疑难复杂敏感案件时，他们的优势是年轻法官无法比拟的。有人曾就基层法院青年法官司法能力进行问卷调查，以调查受访者对青年法官的优势与不足的看法，青年法官的不足调查情况如下表。[①] 从青年法官的不足，在某种程度上可以反观中老年法官的上述优势。

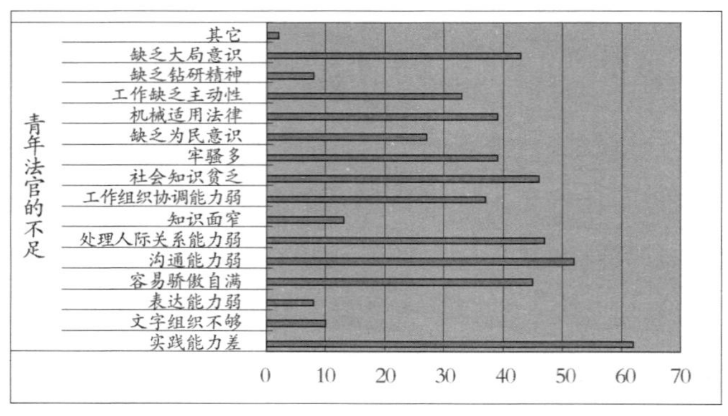

然而，结案数考评下的审判工作是一件高强度的体力活，

---

① 王飞、刘卉：《十年回首：对法官遴选制度的检视与修正——基于对东部地区基层青年法官司法能力的调查分析》，载《法官视野中的改革——广州法院司法改革文集》，人民法院出版社 2015 年版，第 283—284 页。

有的中老年法官迫于体力和精力不足，不愿继续留在审判一线，导致审判人才隐性流失或法官断档的后果。同时，很多具有丰富审判经验的法官因表现突出担任院、庭领导职务，大量的精力放在各项行政管理工作上，也是对优质审判资源的浪费。最高人民法院政治部相关负责人接受媒体采访时透露，5%的法官干不到退休年龄即离开法官队伍。①

（三）容易造成审判资源调配“机械化”

在跨审判类别的案件指标折算上往往是“会哭的孩子有奶吃”“忙闲不均”“老实人吃亏”，内部资源调配缺乏客观公正的标准，这些问题在一定程度上加大了内部管理的难度，对人力资源的流失也产生负面影响，既不利于法院人员科学合理调配，又不利于法官的自我管理。案件性质的难易、案件数量多寡直接制约审判资源配置，审判资源配置必须以案件为基础，围绕案件进行。然而，案件性质的难易，实践中并不容易区分。在缺乏有效的案件繁简分流机制情况下，案件数量的多少成了配置审判资源的最主要依据。如某省法院在《地市法院法官员额配置办法》中，刑事、民事、行政法官员额数的计算方法为：以各地法院近五年平均收案数为依据，将全省

---

① 陈磊：《法官流失严重：5%法官干不到退休年龄即离开》，载http：//news. sina. com. cn/c/2013－09－25/011128291090. shtml，2016年1月18日访问。

21个地市法院划分为5个组别，以近三年，尤其是2014年各地法院的收案数量为依据，将刑事、民事和行政案件的收案数量，除以刑事、民事和行政法官的办案基数，计算得到刑事、民事和行政审判实际需要的法官员额数。而在确定法官办案基数时，以第一、二组中级法院为例，刑事、民事、行政法官办案基数分别为70件、130件、120件。这种法官员额分配办法的科学性仍需要实践检验。[①] 由于缺乏对案件分类和评价规则，导致案件难易考评机制无法完成，平均投入或凭感觉投入司法资源的情况广泛存在，无法适度调配法官的工作负担。[②]

（四）容易导致社会公众对审判工作评价“虚化”

近二十多年以来，法院结案量大幅攀升，但审判质量和司法效率、司法效能在一定程度上仍受到社会相关公众质疑，司法公信力与案件量上升未呈现相互促进的正效应。一方面，案件数量增长速度远高于法院人员增长速度，法官办案压力越来

---

① 据了解，刑事法官普遍认为其办案基数过高。现实中，也确实存在刑事、民事和行政审判部门法官工作量差距较大的情形。同样在民事审判部门，不同审判庭的法官工作量差距也很大。故部分长期在工作量大的审判庭工作的法官，会产生岗位轮换的想法。

② 黄学武、葛文：《审判核心领域的保障与案件管理——从〈法官法〉第8条第1款1项出发》，载《司法体制改革与刑事法律适用研究》，人民法院出版社2009年版，第125—126页。

越大，“案多人少”的矛盾给审判质量的保障提出了挑战，[1]因为在以结案数为标准的评价模式下，为了完成结案数指标，审判一线的法官很有可能审理案件时敷衍了事；另一方面，一些法院大力宣传以案件量称雄的“办案状元”，其中，个别用简易案件刻意“打造”出来的“状元”，并不被广大法官认可，有时甚至会产生反效果，让外界误以为法官队伍还有无限潜力可以挖掘。[2] 社会公众丧失了对法院结案数的敏感性，结案越多，社会公众越觉得案件容易办结，降低了司法工作的特有价值，法官整体司法水平受到贬低。法院投入巨大资金和精力进行审判，法官感受到的是倍加“辛苦”，而法院外的社会和公众却感觉案件处理是那么的“缓慢”和“不佳”，法官的司法要素不断投入（单位工作时间），却无法提高司法的产出（公众的期待）。[3] 在这种以考核指标论英雄的评价模式下，法院基于工作报告、上级考核、社会公众评价等压力，容易功利性地追求理想数据指标，不断地给一线办案法官施加压力。一线办案法官为了自己能获得院庭领导良好评价，也容易置司法

① 齐志超：《怎样科学测算法官工作量》，载《人民法院报》，2014年8月23日第02版。

② 何帆：《法官多少才够用》，载《人民法院报》，2013年6月7日第05版。

③ 黄学武、葛文：《审判核心领域的保障与案件管理——从〈法官法〉第8条第1款1项出发》，载《司法体制改革与刑事法律适用研究》，人民法院出版社2009年版，第121页。

客观规律于不顾。司法形象和权威在这种“利”字当头的追求理想考核指标的数字化绩效考核过程中不断被损害，社会公众也因此会对法院更加不信任并提出更多批评，法院为增强司法公信力会更加追求各种脱离实际的高指标以包装自我，如此恶性循环无期无止。①

本课题旨在说明和解决上述问题中的一部分。

二、与法官工作量相关的研究现状及评价

要确定法官合理工作量，最重要、最困难的一环是如何科学、准确地对法官工作量进行测量。之所以重要，是因为对法官工作量进行测量是评价其是否“合理”的前提条件，舍此，别无他途。至于困难，是由审判工作的复杂性决定的，与工厂车间工人不同，法官的工作不存在统一标准的“产品”，案件情况千差万别，审结同样数量的案件，所付出的劳动却可能迥然不同；加上法官的工作很大程度上属于脑力劳动，无法通过简单的外部观察进行精确测量，这就进一步增加了法官工作量测算的难度。为了解决上述难题，理论界、实务界进行了探索，通过建立测算模型，广泛收集数据，力图尽可能科学地对

① 周毅成：《困局与进路：数字化考核下的法院绩效管理》，载《法官视野中的改革——广州法院司法改革文集》，人民法院出版社2015年版，第509页。

法官工作量进行测量和评价。

（一）理论界的研究现状

国内有关学者对法官工作量方面进行的研究大致可分为两类：一类研究立足司法统计，进行简单的人案对比。这类研究普遍采用“审执结案件数量与法官人数走势情况”等直观数据进行相对简单的比较，将确定法官数量的着眼点集中于案件数量统计与法官人数的调配或数量增减上，并未对影响法官工作量的多重变量，例如案件的类型及其权重、审判任务、法官的工作态度、法官岗位契合度等进行理性的考察。另一类研究则从案件饱和度、案件权值、办案上限等角度提出建议。有的从案件饱和度角度来研究法官工作量，认为影响案件饱和度的变量有以下四个方面：一是法官，二是案件，三是程序，四是事务。不同变量之间的不同组合会得出完全不同的案件饱和度。[①] 有的通过构建案件权值模型测量审判工作量，进而以审判工作量为基础确定法官员额，从而为确定法官员额提供实证量化的评价手段。[②] 还有的从一般案件与疑难复杂案件分类入手，先计算出法官办理一个案件大致所需时间，然后计算法官

---

① 钱斌：《基层法官办案状态和工作量调查心得》，载《江苏法制报》，2014 年 7 月 8 日第 A08 版。

② 屈向东：《以案定编：通过审判工作量配置法官员额——基于案件权值模型的分析研究》，载《司法体制改革与民商事法律适用问题研究》，第 306—314 页。

一年工作日工作时间，扣除从事其他工作时间外，得出一个法官合理的结案数，即年饱和办案量。① 有的建议以能够充分保障办案质量为前提，合理设置法官办案上限，把超出法官办案上限规定为法定的延长审理期限的理由，并提出制定法官工作量上限应当要考虑的因素。② 上述基于法官员额制改革而进行的关于法官工作量的研究，具有一定价值。但多拘于定性分析，单从宏观上把握、考量，罗列有可能对法官工作量产生决定作用的潜在的可能性诸多因素，却未明确提出科学计算法官工作量和法官数量的方法，可操作性不强。

（二）实务界的探索成果

国外对于案件权重的设置的方法已经较为成熟，其中以美国联邦法院案件权重规则为代表。就国内而言，北京、上海、南京、四川、天津等地法院对法官合理工作量的测算，进行了探索。下面将对上述有关工作量核定系统、案件权重系数测算模式的基本情况、数据测算结果及其应用、各自优劣进行详细评价。

---

① 马荣：《基层法官饱和工作量实证研究与司法应对——以三名人民法庭法官年度工作量为切入点》，载江苏省徐州市中级人民法院网站 http：//xzzy. chinacourt. org/public/detail. php？ id = 27219，2016 年 1 月 5 日访问。

② 毛天鹏：《关于限设法官工作量的探讨》，载《人民司法·应用》，2007 年第 19 期。

1．美国联邦法院的案件权重规则

案件权重是衡量不同类型的案件所需付出的司法工作量的方法。美国联邦法院自 1946 年开始，聘用技术人员设计制定不同类型案件的权重规则。

该规则以事件为基础对案件权重进行设计：第一，对案件进行分类。由统计委员会的成员和司法资源委员会的地区法官组成法官咨询小组，与行政管理局合作，区分民事和刑事案件类型，作为案件权重规则体系的主干，最后得到总共包括 42 个民事案件类型和 21 个刑事案件类型。第二，确定案件事件。案件事件是指法官处理案件过程中的任务点。案件事件划分为四类：庭审和其他听证会（例如，进行有陪审团和没有陪审团的庭审等）；不涉及证据的听证会（例如，组织审前会议、组织听证会、提讯等）；法官室相关活动（In – Chambers Case，例如准备判决、撰写判决简要等）；案件调整（一些特殊事项，如案件涉及五方当事人，或者案件有翻译人员出席诉讼等）。第三，确定事件频率（Event Frequency）。设计人员通过分析八十多个法院审结的数十万例案件，确定各事件的发生频率。从其诉讼事件数据库中提取数据用于事件频率的准确计算。第四，估算司法事件耗费时间。估算法官在每一个确定的事件中所花费的平均时间是制定案件权重的关键，其依据主要基于两个来源，一是每月行政管理办公室的审判过程事件报告，二是来自经验丰富的地区法官的共同评估。第五，计算出案件权重。将每一种事件的频率乘以每一种事件所需要的时间，然后将整个类型案件流程中每一种事件的上述计算得出数值进行相加，得出各类案件所需的平均总时间。

近十年来，这套案件权重规则运行良好，美国联邦法院行政管理局使用这套案件权重规则，来为联邦地区法院计算加权案件统计数据，估算地区法官裁决案件所需的工作量，评估法院应对案件负担所需要的司法资源水平。

2. 上海法院的案件权重系数规则（南京、浙江）

2013 年底，时任上海高院副院长邹碧华带领课题组对“人民法院案件权重系数”课题开展研究，最终形成实施方案和相关系数。经采集近 150 万件案件、每件涉及 70 余项信息点，历经近 1 年半调研论证，上海高院完成专项课题的调研，并将该项成果应用于司法改革试点过程中法官实际工作量的评估测算。

（1）核定方法。

上海法院的案件权重系数测算采取的是“2 + 4”模式：首先，以案由和审理程序 2 项为基础，将案件分为不同的种类。其次，以庭审时间、笔录字数、审理天数、法律文书字数 4 项要素为计算依据，通过比较不同类型案件审理中这四项要素与全部案件审理中四项要素的占比程度，来区分不同类型案件的适用系数。类案审理的案均四项要素与全部案件审理的案均四项要素之比，即为该类案件的基本权重系数，亦即一般权重系数。此外还兼顾了三类特殊情况：对于刑事附带民事诉讼、反诉、审计鉴定评估、涉少案件的庭外延伸工作等工作量增加的情况，则在基本系数基础上，增加浮动系数；对于不予受理、诉前保全等不完全具备上述四项要素的案件，或者是被告人认罪的简易程序案件等整体工作量差异不大的案件则设定了固定系数；执行案件和财产保全案件的权重则根据案件办理中具体工作量的付出情况而灵活设定。

（2）基础数据的取得。

以强大的信息化为基础，上海法院由专门的技术人员对近三年来全市法院审结的近 150 万件案件的庭审时间、笔录字数、审理天数、法律文书字数 4 项要素的基础数据进行采集，由于上述 4 项案件信息均属于客观数据，且样本较多，因此统计数据的误差较小，准确性、可靠性较强。

（3）应用情况。

上海法院已将权重系数用于法院人员分类管理改革中的法官工作量测算，并作为法官入额的重要参考。

（4）类似的探索。

借鉴上海的做法，南京中院通过建立固定系数、浮动系数、案由系数三个指标，根据案件难易程度，将案件区分为一般类型案件和特殊类型案件，从而测量各类案件的工作量。在基础数据的获得上，该院并未采取对近三年的案件数据进行提取和重新统计的方法，而是通过组织法官对上海法院测定的案件权重体系表进行讨论论证，在对其进行微度调整后，直接适用于本地法院法官的工作量测算。在计算出单个案件工作量后，区分法官的角色进行分配。例如，对于某个案件来说，若审判长同时是经办人的，合议庭各成员的工作量分配为6∶2∶2；若审判长不是案件经办人，则审判长、经办人、合议庭其他法官的工作量分配为4∶4∶2。

南京中院委托通达海公司开发了专门的法官工作量测量软件系统。该系统具有单个工作量测算、检索、法官工作量统计，不同法官、不同部门、不同单位、不同时期之间工作量对比等功能。在应用方面，南京中院法官工作量测算系统被用于员额分配、法官考评、案件分配、绩效奖励分配等。

同样采取上海模式的还有浙江法院，在此不再赘述。

3. 北京二中院的“司法工作量核定系统”（四川）

北京二中院开发“司法工作量核定系统”，对法官的实际工作情况进行测量。该系统运用科技信息手段，以“标杆案件对比、节点系数叠加”的方法核定审执业务工作量，能够反映法院工作实际完成情况，涵盖庭室、合议庭、法官个人三级主体，实现横向差异度和纵向可持续度多维对比的评估系统。

（1）核定方法。

首先，设定标杆案件，赋予基础工作量。按立案工作、审判工作、执行工作三大工作类型设定8类标杆案件并赋基础工作量值为“1”。“标杆案件”指的是每类工作中最简单的案件类型，如审判工作的标杆案件为“只经过阅卷、谈话、合议，以‘驳回上诉、维持原判’结案的二审案件”。

其次，解析办案难点，设置差异化指标。经与庭室的深入调研和反复沟通，解析案件性质，梳理办案流程，将差异化指标覆盖到每个办案节点，以各办案节点为计量单元测算工作量。“差异化指标”包括33项公共指标（如审判程序、开庭、送达方式、结案方式等）、75项业务特色指标（如诉前调解、群体性诉讼等立案指标，预审卷宗数、一审犯罪起数等刑事指标，案外人申请再审、生效法律文书页数等民事指标，评估拍卖、异地执行等执行指标）、296项案由细节指标（如追加继承人、涉及自建房等）。

再次，比对标杆案件，测算指标加减分。将上述差异化指标对应的工作量与标杆案件工作量对比，设置不同指标的不同加减分系数。以基础工作量值为基数折算各指标项得分。如：民事审理工作的标杆案件至少需要经过“阅卷、谈话、合议、制作裁判文书”四个节点，其基础工作量值“1”对应12个工作小时。

最后，合成工作量得分（标杆案件基础工作量+评估表中各指标得分）。

（2）基础数据的获得。

“司法工作量核定系统”为核定法官工作量提供了坚实的

数据基础。该系统与现有的“北京法院审判业务管理系统”“二中院执行财产续封续冻管理系统”等实现了数据对接，海量的案件信息数据由系统自动采集，小部分数据在立、结案时由承办法官录入，然后由系统生成评估结果。

为了进一步确保数据的准确性，该系统还采取了多种保障措施：一是设置偏移率警戒值。庭室（法官）工作量偏移率指的是某庭室（某法官）的工作量高于（或者低于）各庭室（各法官）平均工作量的比率。系统管理员在系统中设置偏移率警戒值，当某庭室（某法官）的工作量偏移率高于偏移率警戒值，则系统高亮显示，提醒评估负责人注意，进行核查。二是案件工作量评估表打印入卷备查。对于已完成评估的案件，用户需按照《司法工作量核定系统管理办法》的要求，将案件工作量评估表打印出来，附在卷宗中备查。三是用户可就错误取值案件提起复查申请，请求调整指标取值后重新核算案件工作量。四是用户可将意见建议反馈给评估负责人或系统管理员。

（3）应用情况。

北京二中院将“司法工作量核定系统”运用于以下几项工作中：一是绩效考评；二是干部交流和新入职人员分配；三是辅助司法改革法官员额测算；四是强化法官自我管理。

（4）其他类似的研究。

四川省高级人民法院在课题调研报告《人民法院人力资

源配置与管理模式研究》中提出了以标准案为基数，定量统计法官统一度量的办案时间，从而评估法官年度所需完成的工作总量。具体方法为：按照立案、审判、执行3大工作类型设定标准量，赋予基础工作量值为“1”，在参照法官日常审判时效的基础上，经大样本核算，将法官处理事务所需集中工作时间1.5个工作日，即12个小时设定为1个标准案。通过从立案到审结、执行全流程的关键节点及实体工作进行设置、取样、计算、分析，筛选27项公共流程和260项案件细节要点，对这些案件细节要点需花费的工作时间逐一与标准案件比对，与基础工作量“1”换算后分别赋予各细节要点不同的折算系数，最后测算出所办案件的工作总量。上述思路与北京二中院的“司法工作量核定系统”极为相似，在此不再展开论述。

4. 分段计算模式

王静、李学尧、夏志阳撰写的《如何编制法官员额——基于民事案件工作量的分类与测量》一文中，以民事案件为例，对法官的合理工作量（饱和工作量）进行测算。

（1）测算方法。

首先，通过法官每年可以工作的时间，减去现有体制下，法官在工作时间内需要完成的其他工作任务，包括参加各类培训、会议和社会活动的时间，将其定义为法官理论办案时间。换言之，即理论上法官可以用来办案的工作时间。其次，在将审判性工作内容区分为核心审判工作与辅助审判工作的基础上，将法官承担的核心审判工作细化为阅卷、送达、财产保全、调解、庭前准备、开庭、合议、制作文书、结案归档等流程环节，通过录像监测、参与式观察、问卷调查和深度访谈等方式，测算出各流程所需时间，根据某些环节出现频率的百分比乘以平均耗时可以得出每一环节平均所需时间。将各环节平均所需时间相加即可得出法官正常办理案件所需时间。再次，民事法官可以承担的案件数就是“法官理论办案时间”除以“单位民事案件的核心性审判工作所需时间”。

（2）基础数据的获得。

非审判工作时间及除庭审时间外的各类审判流程的耗时量主要是通过调查问卷（有效问卷 55 份）及个别深度访谈获得。庭审时间的测算来源于庭审录像观测。

（3）类似的探索。

天津市高级人民法院起草的调研报告《司法语境下人力资源配置的统计学模型构建》，采取了“标杆化流程指标 + 差异化特征指标”的方式，对每个案件平均工作量进行评估。标杆化流程指标，是指审理某类型案件中一个普通案件需要经历的最基本的流程节点（如庭前阅卷、审查案件，庭审、评议、制作裁判文书等）。差异化特征指标，指的是与该类案件最相关的办案细节（如被告人数量、变更强制措施、变更罪名、补充侦查、被告人不认罪等）。各指标事项平均每案花费的时间，通过“指标事项平均花费时间”乘以“指标事项平均发生频率”获得。标杆化流程指标事项平均花费时间与差异化特征指标平均花费时间之和，即为平均审理一个该类型案件需要花费的时间。

在数据获得上，首先以天津市18个基层法院为样本，对刑事、民事、行政审判一线法官的工作量进行了问卷调查（有效问卷653份）。然后，采取统计学上的德尔菲法，邀请刑事、民事和行政各领域内20名资深法官进行专项调查。最后将两项调查结果进行算术加权平均得到调查数据。

5. 评价

国内关于法官工作量测评模式的探索，基本上发源于美国的案件权重规则，在具体的制度设计上，又有所不同。从计算方法的合理性、数据的客观性、实际应用情况等角度进行评价，现行最重要的三种测算模式——上海案件权重系数模式、北京“司法工作量核定系统”模式以及分段计算模式（以下分别简称为上海模式、北京模式、分段模式）各有优劣。

（1）从计算方法的角度，分段模式最为合理，北京模式次之。分段模式将审判工作细化为多个流程节点，分别计算其平均耗时，汇总得出某类案件的平均耗时，该思路与美国的案件权重规则如出一辙，该方法的优点是简单直观，易于理解，合理性较强。北京模式的指标众多，精密细致，其“司法工作量核定系统”针对各类案件的特点设置了多达404项的测评指标，将差异化指标覆盖到每个办案节点，精细化程度较高。

而上海模式仅以庭审时间、笔录字数、审理天数、法律文书字数4项要素来确定案件的一般权重，并将各要素设定为相同的比重，其合理性和科学性仍然缺乏足够的论证。

（2）从基础数据客观性的角度来评判，上海模式的数据最客观，北京模式、分段模式稍差。对于一般案件来说，上海模式在计算案件权重时，以庭审时间、笔录字数、审理天数、法律文书字数4项要素为计算依据，上述指标数据属于可直接在系统中提取的客观数据，均不依赖于法官的个人填报，数据真实性较强。而北京模式中各办案要点的设置与具体权重（工作耗时），主要是通过经与庭室进行座谈、反复沟通等形式确定的，主要依赖于司法经验，有一定的主观性。此外，部分案件信息数据是在立、结案时由承办法官录入的，由于依赖法官的个人填报，虽然已采取部分措施保障数据的客观性，但仍未能排除承办法官虚假填报的可能性。至于分段模式，从相关调研过程看，除了庭审流程可以通过庭审录像获得准确的耗时外，其他流程事件均只能通过调查问卷或访谈的方式获得，主要依赖法官凭回忆和经验对办案流程所耗费的时间进行估算。一方面，估算本身是一个主观行为，具有不准确性。且法官一般对疑难复杂案件办理过程的印象较为深刻，却往往不将调解撤诉案件（较短）的办理时间纳入考虑因素，这就导致法官倾向于做出高于实际数值的估算。另一方面，当法官知道调查的目的是核定法官的合理工作量时，从自身利益出发，不排除部分法官故意做出过高的估算。该调查方法本身存在的缺陷，在一定程度上影响了基础数据的准确性，导致测算结果很可能高于合理数值。例如，天津高院在进行上述调研时亦承认，“实际调研中经常出现调查表填写不完整或者过于异常的现象，样本数据中也就难免存在缺失值和异常值”，对此只能以“均值替换的方式弥补”。

（3）从实际应用的角度，上海模式覆盖面广，易于操作。该模式是建立在对近三年来上海市三级法院审结的近 150 万案件的统计分析基础上的，建立后对上海三级法院一体适用。统计人员只要通过比较不同类型案件审理中上述四项要素与全部案件审理中四项要素的占比程度，即可得出具体类型案件的数据。在工作量测量的日常运作中，并不需要增加法官的额外劳动量。北京模式覆盖面窄。现阶段，该系统仅在北京二中院内部使用，并未在高院或基层法院中推广，普适性还有待检验，且在实际应用中部分数据需要法官主动填报，便利性不如上海模式。

（4）从确定合理工作量的角度，分段模式最优，北京模式次之。分段模式直接计算案件的审理平均耗时，而北京模式设置了标杆案件，并将其工作量确定为 12 个工作小时，各类案件通过和标杆案件相比较，即可得出具体的工作时间，上述两模式不仅解决了不同类型案件之间的权重比例问题，也为计算法官的实际工作时间和合理工作量奠定了基础。相比之下，上海模式仅针对不同案件之间的权重关系，并未涉及案件所需耗费的具体工作时间，因此未能解决法官的合理工作量（工作饱和度）问题。

此外，天津高院调研报告中提出的测算模式，兼取了美国案件权重规则中的“分段计算”以及北京模式在标杆案件基础上设置“差异化指标”的做法，是一种全新的尝试，这种兼取各家之长的思路值得借鉴。

与美国主要将案件权重规则作为调配司法资源的参考依据的做法不同，上海、北京、南京等地法院探索建立法官工作量测评系统，除了用于人员调配外，更强调其在法官考评方面的作用，更多地将测评数据用于法官与法官之间、部门与部门之间的业绩比较。直接导致国内探索建立的法官工作量测评系统具有以下特点：

一是模型构造、参数设置相对复杂。审判工作的复杂性，决定了要精确测量法官工作量非常困难。另一方面，将法官工作量测评与法官考核挂钩，必然会对法官的实际权益产生影响，若考虑不周，难免会引发法官之间、部门之间的矛盾。为了解决上述问题，在模型参数设置上，就只能尽量具体详细，力求面面俱到，以减少争议。

二是对法官合理工作量（工作饱和度）关注不够。从已建立法官工作量测评系统的法院应用情况看，测评系统的重点是为了考核法官，而不是为了防止法官在超负荷的状态下工作，以保障法官的合法权益，因此很少对法官合理工作量进行测算。例如，上海法院开发的案件权重系数建立在对 150 万件案件数据的分析基础上，却仅仅涉及不同案件之间的工作量对比关系，无法对法官的合理工作量（工作饱和度）做出评价。

此外，必须指出的是，现有的测评模式，基本上只考量与案件直接相关的因素，如各流程的平均耗时等。但在案件之外，影响法官工作量的因素还有很多，如工作环境、内部工作制度（如案件审批制度等）、职业保障水平等，不对影响法官工作量的各种因素进行全面考量，就无法对法官合理工作量做出准确的测评。以下是法官工作量测评模式比较表。

法官工作量测评模式比较

	案件分类	考虑因素	样本数量	数据获得	应用情况	应用范围	应用系统
上海	案由、审理程序等	庭审时间、笔录字数、审理天数、法律文书字数	上海近三年150万件案件	系统提取	法官工作量测算，并作为法官入额的重要参考	上海三级法院	有
南京	案由、审理程序等	在上海权重系数基础上修改	不详	组织法官进行讨论论证	员额分配、法官考评、案件分配、绩效奖励分配等	南京两级法院	有

（续上表）

	案件分类	考虑因素	样本数量	数据获得	应用情况	应用范围	应用系统
北京	按立案工作、审判工作、执行工作三大工作类型设定8类标杆案件	根据案件性质、难点，办案流程等，设33项公共指标、75项业务特色指标、296项案由细节指标	不详	与庭室的深入调研和反复沟通	绩效考评、人员调配、法官员额测算、法官自我管理	北京二中院	有
四川	立案、审判、执行3大工作类型	27项公共流程和260项案件细节要点	不详	抽取电子卷宗材料	无	无	无
分段模式	以民事为例	各流程所需时间及出现频率	55份调查问卷	录像监测、参与式观察、问卷调查和深度访谈等	无	无	无
天津	刑事、民事、行政	标杆化流程指标与差异化特征指标。指标事项平均花费时间、指标事项平均发生频率	653份调查问卷，20名资深法官进行专项调查	问卷调查、专项调查	无	无	无

三、影响合理工作量的因素

实践中，多种因素影响法官工作量，法官核心工作内容是裁判当事人争议，裁判过程有明显主观色彩，法官个体特质必然影响法官工作量，不同地区、不同审级法院的外部环境、司法政策有明显差异，这些也是影响法官工作量的因素。以能否进行统计学上的量化分析为标准，可将影响法官工作量的因素分为不可量化因素与可量化因素。

（一）不可量化因素

1. 法官的工作范围

哪些是法官应该干的工作呢？这是影响法官工作量的首要因素。我国《法官法》规定法官的职责为“依法参加合议庭审判或者独任审判案件”，法官的法定工作是审理案件，而实践中，鲜有法官能摆脱政工党务、行政事务、后勤管理等行政管理事务带来的工作负荷。现阶段审判工作实行“承办法官负责制”，承办法官既要处理以“判断”和“裁量”为核心的审判事务，还需要处理送达、阅卷、组织谈话、调查、保全、勘验、鉴定评估、上诉案件移送、检查归档卷宗、息诉罢访等大量与行使判断权无关的辅助事务。在审判工作与行政管理事务、审判事务与审判辅助事务尚不能合理区分的当下，科学测算法官工作量，有必要将行政管理事务与审判辅助事务纳入测量范围。

2. 审判权运行机制

法官工作量测算条件与审判权运行机制也密切相关。当前，全国法院审判权运行机制差异较大，在案件压力较大的中心城市、经济发达地区经过长期的自我修正，审判权运行相对较为顺畅。但大多数地区审判权运行仍呈现“行政化”的特点。一个案件可能要经过承办法官、审判长、主管庭长、庭长、审判长联席会议、庭务会、主管院长、院长、审委会九个层级，才能形成最终的定案裁决，层层报批，法官的工作内容和时间都受制于上一级的行政负责人，办案周期受到各个环节的影响制约。改革审判权利运行机制，实现“让审理者裁判，由裁判者负责”，将使得大量普通案件的办案周期大大缩短，提升司法效率。

3. 物质保障水平及法官的工作条件

审判工作离不开物质保障。物质保障水平包括办公设备、信息化水平、交通工具、薪酬待遇等。法官的工作条件包括法官的工作半径、办公环境等等因素。现阶段在全国范围内司法保障东部、中部、西部地区存在较大差异，在一省或一市内中心城区、城郊、远郊、山区存在较大差异。在山区和交通不方便地区，下乡办案、巡回审判仍然是较为普遍的工作方式，交通便捷程度是影响法官工作量的重要因素之一。此外，嘈杂、零乱的办公室与安静、整齐的办公环境，对法官工作效率也会产生影响。因此，课题组认为物质保障水平和法官工作条件也与法官合理工作量的设定有关联。

4. 案件质量

法官工作量研究的是司法效率问题，然而司法效率不是单纯追求单位时间内办理案件越多越好。效率作为一种价值引入司法领域并成为一种实践，其应有的功能应该是更加有效地实现公正，至少不能损及公正的实现。法官工作量的设定，除考虑法官的生理承受极限外，还应当考虑的另一个重要限制因素是审判质量，也就是司法公正问题。①

5. 法官司法能力

假定确定了统一的法官的遴选标准之后，法官的年龄、受教育程度、从事法律工作的年限等条件均是同一的，那么法官在司法实践工作中养成的司法能力直接影响案件的审理质量和效率。通常而言，法官的司法能力主要有：学习能力、写作能力、逻辑能力、审判经验、审判技能、健康条件等因素。成熟的法官必然要对法律知识和司法理念有深刻的理解，并能够熟练运用司法技能，使裁判公正且得到当事人接受、信服。考察二十年来的法官培养机制，课题组认为从事法律工作的年限、审理案件的数量、案例论文撰写、信访投诉频率等是考查法官

---

① 齐志超：《怎样测算法官工作量》，载《人民法院报》，2014 年 8 月 23 日第 02 版。

司法能力的可见因素。从法院工作的延续性、可持续发展角度，在测算法官工作量时，应当合理考虑各法院间的法官队伍构成差异以及我国法官的养成机制，循序渐进地推进法官工作量测算工作。

6. 审级程序

理论上，我国四级法院功能定位基本清晰，基层法院的职能主要在于分流案件、解决纠纷；中级法院的职能主要在于依法纠错、定纷止争；高级法院的职能主要在于再审监督、审判指导；最高法院的职能主要在于制定规则，统一法制。

从审判工作量的角度，四级法院都有审理一审案件的职权，但各级人民法院在审理一审案件的收案范围、案件疑难程度、社会影响方面均有不同。对于同一案件而言，一审法院与二审法院实现了事实审与法律审的侧重有所不同，二审法院虽要对案件事实进行全面审理，但是这种审理方式是建立在一审查明事实的基础上的。对于同一案件而言，事实查明，二审法院法官花费时间精力与一审有所不同，其工作量主要体现在法律适用与裁判尺度的统一。故而测算法官工作量时应当统筹考虑各案件的审级程序差异，保障各级法院职能良性运转。

7. 审判类别与案件类型

根据长期的司法实践经验，审判类别不同、案件类型不同，审理时间会有较大差异。如刑事案件和民事案件，两类案件所需的审判时间迥异。在刑事案件中，盗窃罪和骗取出口退税罪所需的审理时间不同。在民事案件中，民间借贷纠纷与建设工程合同案件所需审理时间不同，前者法律关系相对简单，法律要件事实当然少于后者，法官审理后类案件需要耗费更多的时间和精力。再有医疗纠纷案件、商业秘密案件、破产案件、公司清算案件，通常审理周期较长。

确定审判类别与案件类型是测量法官工作量的重要一步。案件类型是不同案件间比较审判量的工作基础，只有在此基础之上，才能说某类案件比其他案件耗费了更多的审判工作量。[①] 我国建立了案由制度，通过案由可以基本确定案件类型。然而，实践中立案案由与裁判结果确定的案由可能会有所差别，立案时法律关系不明确，确定的案由可能是二级案由或错误的案由，裁判时最终确定为三级案由或对错误案由进行修正。因此，测量法官工作量的依据应当是裁判文书确定的案由。

（二）可量化因素

1. 审判任务数

审判工作由各项审判任务构成，案件审结意味着完成了所有审判任务。一个民事案件从立案到判决正常情况下需要完成

---

① 屈向东：《以案定编：通过审判工作量配置法官员额——基于案件权值模型的分析研究》，载《司法体制改革与民商事法律适用问题研究》。

受理、送达、阅卷、庭审、撰写文书、宣判等审判任务。即便是同一案件类型，若审判任务数量以及性质不同，也会极大地影响法官工作量。从性质上分析，审判任务可分为共性任务与个性任务，受理、送达、阅卷、庭审、撰写文书是几乎所有案件均会涉及的审判任务，属于共性任务。而调解、反诉、鉴定属于个性任务，可能只有部分案件会经历。共性任务是测定法官工作量必须要考虑的因素，但不能忽略个性任务，因为个性任务在案件审理过程中耗费的时间或许远多于共性任务。

2. 审判任务次数

对法官工作量测定而言，审判任务次数是指某一案件类型中某一审判任务反复出现的次数，出现的次数越多，法官完成该项审判任务的时间就会越多，工作量也就越大。比如，在一起离婚纠纷案件中，法官庭审 3 次、调解 2 次、证据鉴定 3 次，仅从各审判任务重复出现次数可以判断出该案复杂程度，审理该宗案件所用时间可能是一宗普通离婚案件的几倍。因此，审判任务次数多寡，也将直接影响法官工作量。

3. 审判任务复杂度

越复杂的任务，法官工作量当然越大。如何量化任务的复杂度？任务复杂度与法官处理该任务用时呈正比关系，能在较短时间内处理的审判任务，一般不属于复杂任务，因而可以通过时间度量来测量审判任务的复杂度。具体测算时，将某一任务所需总时间除以该任务次数，得出的值就是该任务复杂度。

4. 审判辅助人员配置水平

在法官合理工作量的计算上，不考虑审判辅助人员的配备情况，而单纯统计法官个人的结案数量是不恰当的。

（1）审判工作和审判辅助工作。

在审判工作的不同节点，法官、法官助理、书记员三者之间有较为明确的职责分工（见表），若不考虑案件类型和审级，一件标准程序的案件约有45个工作项目，若配备合理，法官只需要承担其中6项核心工作，法官助理可以承担其中14项工作，书记员可以承担其中16项工作。法官助理、书记员分别承担了审判过程中业务性、事务性工作，有利于减少法官的工作量，同时又使法官能脱身审判核心工作之外的事务性工作，将主要精力投入到案件的审理、裁判中去，提高审判质量和效率。

法官助理、书记员工作职责正面清单

法官助理在法官指导下履行的职责	书记员在法官指导下履行的职责
1. 审查诉讼材料，归纳、整理诉讼争点；	1. 安排案件开庭、询问、听证、判后答疑的时间和地点；
2. 审查梳理需要处理的程序性事项；	2. 通知当事人到庭；
3. 组织庭前证据交换，协助法官召开庭前会议；	3. 核对委托授权手续；

（续上表）

法官助理在法官指导下履行的职责	书记员在法官指导下履行的职责
4. 审查案件是否需指定辩护人或指定代理人；	4. 检查开庭时诉讼参加人的出庭情况，宣布法庭纪律；
5. 代表法官主持庭前调解、刑事和解；达成调解协议或刑事和解协议的，需经法官审核确认；	5. 开庭、询问、听证、判后答疑过程中的记录工作；
6. 依法调查、收集、核对有关证据；	6. 证据交换、调解过程中的记录工作；
7. 办理财产保全、委托鉴定、评估、审计等事务；	7. 财产保全、调查、证据保全、现场勘验、查封扣押、文书送达的现场记录工作；
8. 处理当事人、诉讼代理人、辩护人的来电来信来访，协助法官进行判后答疑；	8. 根据法官意见制作案件受理通知书、传票、举证通知书等简单法律文书；
9. 准备与案件审理相关的参考资料；	9. 及时送达案件受理通知书、传票、举证通知书以及起诉状副本、答辩状副本、证据材料等诉讼文书；
10. 记录案件评议并制作评议笔录；	10. 及时校对、送印法律文书；
11. 按照法官要求草拟裁判文书和审理报告；	11. 及时送达裁定书、调解书、判决书等裁判文书；
12. 校对裁判文书；对上网公开的裁判文书进行必要技术处理；	12. 办理阅卷手续；

（续上表）

法官助理在法官指导下履行的职责	书记员在法官指导下履行的职责
13. 在法官指导下总结审判经验，撰写案例分析、审判信息、司法建议等文字材料；	13. 及时退回基层法院上诉移送案件的卷宗；
14. 完成法官交办的其他与审判相关的辅助性工作。	14. 及时跟踪案件进展，录入立案、审理和执行的相关信息；
	15. 根据法官意见做好审判流程公开、裁判文书公开和执行信息公开等司法公开工作；
	16. 案件审结后，及时登记生效，整理、装订、归档案卷材料。

法官助理工作职责负面清单（法官助理不得独立从事以下工作）

	法官助理不得独立从事的工作
1	主持庭审、庭询；
2	审查采纳证据；
3	认定案件事实；
4	合议案件时发表表决意见；
5	制作法律文书；
6	对诉讼程序作出决定；
7	属于行使审理权和裁判权范围内的其他事项。

（2）审判辅助人员配置实证。

实践中，省内不同城市、同一城市的不同区、同一区的不同法庭，法官助理的配置差别很大，法官助理物质保障水平不足而流失的情况下，个别法庭甚至仍存在自审自记的情况。故而，合理工作量设定的前提之一就是审判辅助人员的配置水平。

以广州地区为例，法院法官、法官助理、书记员的配备比例尚且未能达到“1∶1∶1”配备，各法院2016年3月前法官、法官助理、书记员配备情况见下表：

	现有法官	现有辅助人员		配备比例
		法官助理	书记员	
广州中院	291	207	88	1∶0.71∶0.30
越秀	154	0	129	1∶0∶0.84
海珠	113	52	73	1∶0.46∶0.65
荔湾	103	83	68	1∶0.81∶0.66
天河	119	136	164	1∶1.17∶1.38
白云	120	128	109	1∶1.07∶0.91
黄埔	104	37	114	1∶0.36∶1.10
花都	91	27	107	1∶0.3∶1.18
番禺	114	0	113	1∶0∶1
南沙	67	0	40	1∶0∶0.6
增城	84	28	96	1∶0.33∶1.14
从化	67	20	39	1∶0.3∶0.58
总计	1427	718	1140	1∶0.50∶0.80

2015年度广州市各法院法官人均结案（单位：件）

	2015年度法官人均结案（不含非诉、执异）	2015年度法官人均结案（含非诉、执异）
广州中院	121.99	145.95
越秀		217.80
海珠		216.17
荔湾		180.64
天河		365.53
白云		251.88
黄埔		139.52
花都		231.37
番禺		168.66
南沙		159.92
增城		183.64
从化		174.86

从工作运行情况看，各区对法院审判辅助人员配备的支持力度不一，经综合测算，两级法院审判辅助人员的缺口约1100人。

现有审判辅助人员存在待遇低、缺乏正常晋升机制、人员流动过快等一系列问题，部分区法院的审判辅助人员待遇标准仅参考一般政府雇员（如交通协管员等），没能考虑审判辅助工作的特殊性。此外，由于各区审判辅助人员收入待遇差异大，同工不同酬，部分审判辅助人员从待遇低的法院流向待遇高的法院，在一定程度上出现法院与法院之间“抢人”的现象。由于上级党委政府没有出台统一的规范性文件，各区在争取当地政府部门支持改善审判辅助人员待遇方面均缺乏足够的依据。各法院合同制审判辅助人员待遇情况见下表：

	现有待遇
广州中院	法官助理、执行助理 8.84 万元/年/人，文员（即审判庭书记员）6 万元/年/人，辅警 4.42 万元/年/人。定级后，审判辅助人员薪酬待遇分为Ⅰ、Ⅱ、Ⅲ三类，分别为 6.96 万元/年/人、6.36 万元/年/人、5.76 万元/年/人
越秀	5.3 万元/年/人
海珠	6 万元/年/人
荔湾	合同制审判辅助人员工资待遇 6.188 万元/年/人。高级助理平均 8.4 万元/年/人；中级助理 6.42 万元/年/人；初级助理 5.22 万元/年/人。高级书记员平均 8.04 万元/年/人；中级书记员平均 6.18 万元/年/人；初级书记员平均 5.1 万元/年/人
天河	中级雇员 8.16 万元/年/人，初级雇员 5.16 万元/年/人，合同制文员 3.84 万元/年/人（以上均为基本工资，未计算五险一金）
白云	法官助理 5.28 万元/年/人（研究生 5.712 万元/年/人）、书记员 4.8 万元/年/人，包括办公经费、工资待遇、加班费、节日费、五险一金（包括个人、单位承担的两部分）等所有费用
黄埔	法官助理 8.8 万元/年/人、书记员 5 万元/年/人
花都	6 万元/年/人
番禺	5 万元/年/人

（续上表）

	现有待遇
南沙	约7万元/年/人，三级雇员根据学历划分工资档次，每个档差200元/月/人，年度考核合格以上的每年晋升200元/月/人
增城	大专生4.5万元/年/人、本科生5.5万元/年/人、研究生7.5万元/年/人
从化	4.5万元/年/人

调研组认为，根据初步估算的结果，认为广州地区法院法官、法官助理、书记员至少要达到“1∶1∶1”配备，部分审判任务特别繁重的法院如天河区法院、白云区法院、花都区法院等至少需要达到“1∶2∶1”以上配备，才能满足审判工作需要。根据上述统计数据也可以得知，审判辅助人员配备人数多、审判辅助人员待遇高的法院，法官人均结案数明显高于其他法院。故根据案件情况提升审判辅助人员配备的人数和审判辅助人员待遇，是解决当前法院案件多、辅助人员不足这一主要矛盾的重要手段。

（三）不可量化因素与可量化因素的关系

只有量化各项因素才能相对准确地测定法官工作量，对于不可量化的因素该如何处理呢？其路径不外乎两条：一是将不可量化因素转化为可量化因素，二是减少不可量化因素。

如何将不可量化因素转化为可量化因素呢？统计学上有“内生变量”与“外生变量”的概念。内生变量是可量化的与测量结果有直接关系的核心因素；而外生变量是间接影响测量结果、不可量化的影响因素，但其影响可传导至内生变量，进而影响测量结果。[①] 法官工作量测算不可能不考虑不可量化因素，不过，这些不可量化因素对法官工作量产生的影响是外围的、间接的，属于“外生变量”，可以依照统计学原理，将其转换为“内生变量”进行量化。例如，物质保障水平及法官的工作条件作为“外生变量”，其影响会传导至作为“内生变量”的审判任务。办公环境嘈杂，法官写裁判文书时间延长，因此，在测算法官工作量时只要计算法官写裁判文书时长就基本上考虑了“物质保障水平及法官的工作条件”这一因素的影响，亦即“物质保障水平及法官的工作条件”已经量化为“写裁判文书时长”。相同道理，法官个人司法能力，也可量化为庭审、阅卷、调解等审判任务时长或次数。当然，并非所有不可量化因素均可转换，有些因素如审判权运行机制、案件质量就是不可量化的，对于这些因素或许只能考虑第二条路径了。

就第二条路径而言，需要以完善现行司法制度为前置要件。随着司法改革推进，当行政管理事务、审判辅助事务与审判事务完全区分，法官工作内容仅限于审判事务，测评法官工作量就不必考虑“工作范围”因素对法官工作量的影响了；

---

① 参见郑家亨主编：《统计大辞典》，中国统计出版社 1995 年版，第 1313 页。

同理，如果建立了健全的审判权运行机制，定案不存在请示与报批程序，“审判权运行机制”因素亦没有考虑必要。倘若上述前置要件不充分，测量法官工作量仍然不能绕开不可量化因素的影响。对于该因素，测量时就只能确定一个特定数值进行估算了。

四、测算法官工作量的路径与方法

（一）测算模型

如前所述，国内现有关于法官工作量测评模式基本借鉴了美国案件权重规则，只是在参数设置与不同权重系数赋值有所区别，计算方法因此有细微或明显的区别。案件权值计算法，将案件值界定为一种以不同类型案件为依据的对司法工作量需求的度量，其标示某一案件类型同其他案件相比所消耗的时间的多少，是衡量具体案件审判工作复杂度或所需耗费的工作量的系数。该方法对案件赋予不同的权重系数，可以较为真实客观反映法官工作成效。课题组认为，案件权重系数是测算法官工作量的基础系数，只有获得真实的案件权值，再乘以案件数量，才能对工作量进行定量统计和分析，即本文主张的测算模型是：

法官工作量（WL）＝案件数量（CW）×案件权值（CN）

案件权值为一般情况下审理某一类案件的标准参考值，即某一类案件标准工作量，再乘以案件数量，则通常是完成该类案件所需要的审判工作量。如要统计全院工作量，则要将所有类型案件法官工作量进行累计相加。某一类案件工作量通过现有司法统计系统很容易算出，因此法官工作量的计算难度集中于案件权值的测算。

（二）案件权值计算方法

1. 选择影响案件权值的因素

前述可量化因素与不可量化因素均影响法官工作量，而大部分不可量化因素可以传导、转化成可量化因素。将不可量化因素设定为条件，计算案件权值时，应当以案件类型为框架，选取审判任务数、审判任务次数、审判任务复杂度三项要素进行测算。对于不可量化且不能转化为可量化的因素也应予以考虑，测算时综合全部权重系数，直接赋予一定的值。

2. 三项要素在全部系数中的比重

审判实践中，这三项要素均对最后案件的办理工作产生影响，且难以区分各要素之间比重。因此，这三项要素之间的比重均设为30%，另外10%的比重赋予“审判权运行机制”等不可量化又不能转化为可量化因素的因素。

项目	审判任务数	审判任务次数	审判任务复杂度	其他不可量化因素
占比	30%	30%	30%	10%

3. 测算审判任务数

根据审判流程，梳理出不同审判程序各类案件审判任务数。如一审程序的买卖合同纠纷案件，大体要处理立案、送达、庭审、调解、宣判等审判任务。从审判任务性质来看，可将所有案件均有的称为共有任务，某一案件所特有的称为特有任务。共有任务包括开庭、送达方式、结案方式等，特有任务包括诉前调解、案外人异议、管辖异议等。审判任务数的测算方法是，以案件类型为框架，收集同一案件类型，提取共有审判任务数。对于特有任务数，计算方法稍显复杂，采取的方法是统计一类案件每一案件特有任务数，然后取平均数或中位数。

4. 测算审判任务次数

假设审判任务 A 在同类 n 个案件中分别出现了 m_1，m_2，m_3，m_4，m_5……m_{x-1}，m_x 次，其任务次数为 $F_n = m_1 + m_2 + m_3 + m_4 + m_5 \cdots\cdots m_{x-1} + m_x$。以送达为例，对于外地当事人，法官一般采用电话送达，若不成，则通过邮寄方式送达，如邮寄被退回，则可能以公告方式送达。那么，单就送达任务，法官就进行了 3 次。

5. 审判任务复杂度

审判任务复杂度计算公式是：

审判任务复杂度 = 某一审判任务时间 ÷ 审判任务次数

由于法官工作任务有审判任务和非审判任务，计算审判任务时间，首先要剔除非审判工作时间，这是第一次提取；其次，要从审判工作时间提取某一类案件所需时间，这是第二次提取；再次，提取某一类案件每一个案件所需时间；最后，由于每个案件所需时间由不同任务构成，需从中提取每一任务用时，将每一案件每一任务用时进行相加，最后值就是某类案件某一审判任务所需时间。

法官有效工作时间大体是固定的，扣除节假日与休息日，一名法官一年最多工作日为 251 日。测算难度在于审判任务时间，如何扣除非审判任务时间呢？这只能借助于法官审判日志与政工、调研、纪检等综合部门的工作日志记载的数据。一般而言，法官非审判任务主要体现在参加各类会议、写调研文章等，而这些工作成果均会记载。如某基层法院法官一年写调研文章、信息、宣传稿件 300 篇，平均耗时大体可以计算出来。同理，参加各种会议、外出考察等工作需时也能算出个平均数。扣减非审判任务时间后，通过大数据收集上述要素，采用计算其中位数或平均数的方法相继算出某一类案件所需时间、某类案件某一审判任务所需时间。

（三）法院总体工作量的计算

案件权值为一般情况下审理单个该类案件的标准参考值，即标准审判工作量，而乘以该类案件数量，则是通常完成该类案件所需要的审判工作量。通过此种方式，为评估不同类型案件的审判工作量打通了桥梁，不仅可以有效提高庭际间审判资源配置效率，更可以实现审判工作量精确化评估。但应当注意，上述公式只是计算了某一特定类型案件的审判工作量，并未统计出全法院的审判工作量。如果法院审理的案件类型共有Y种，即Y_1，Y_2，Y_3……Y_n，将所有案件工作量进行加总，将计算出全院法官工作量：

法院工作量（WL）＝（$CW_1 \times CN_1 + CW_2 \times CN_2 + CW_3 \times CN_3 \cdots\cdots CW_n \times CN_n$）

通过上述公式计算出全院工作量，即全体法官审判工作总量。

（四）确定单个案件适用权重系数表的方法及单名法官合理工作量的实施案例

案件固定系数表中的案件一般为特殊类型案件或程序性案件，办理此类案件的工作量权重值由固定系数和浮动系数两部分组成；非案件固定系数表中的案件，其办案工作量权重值由案由权重系数和浮动系数两部分组成。计算公式如下：

1. 案件固定系数表中的案件

案件权重值＝固定系数＋浮动系数（如有）

2. 非案件固定系数表中的案件

案件权重值＝案由系数＋浮动系数（如有）

注：案件浮动系数表中的不同情形，原则上可以累计计算。情形相同的，则不予累计计算。

例1：某合议庭审理的刑事简易程序案件，在“案件固定系数表”中可确定其固定系数为0.45，有“案件浮动系数表”所列“附带民事诉讼”情形的，该案权重值即为0.45+1.2=1.65；无“案件浮动系数表”所列情形的，该案权重值即为0.45。

例2：某二审集资诈骗罪案件，无法在“案件固定系数表”中确定系数，则适用案由权重系数表，其在二级案由“金融诈骗罪”项下，可在“二审刑事案件二级案由权重系数表”确定其案由系数为1.5。同时该案属于涉众型犯罪，可在“案件浮动系数表”中确定浮动系数3.15。则该案件权重值计算即为1.5+3.15=4.65。如还有其他“案件浮动系数表”中所列情形的，则可继续累计计算。

（五）确定案由权重系数的方法

能够确定四级案由的，权重系数从四级案由确定；没有四级案由的，从三级案由确定权重系数；没有三级案由的，从二级案由确定权重系数；二级案由也没有的，则从一级案由确定。

（六）合理工作量的简易测算方法

课题组提供另一种简易测算方法如下：

确定合理工作量需要测算的量值有以下：1. 年总工作时间（total working hour）t=e（非审判工作时间 other working hours for non-trails tasks）+j（审判工作时间 working hour for juris)；2. 案件饱和度（saturation）s = h（审判工作时间 working hour for juris）/t［不同案件耗时量（需要重新测算）］；3. 案件难度系数 p（需要重新测算）；4. 实际审结案件数 n（收案统计）；5. 合理工作量值数 g = n × p（g < s）

1. 年总工作时间，t 值

每年有效工作时间总量为 1680 小时。计算方法为：每年平均工作日为 250 日，扣除法官平均休假时间 10 日，实际工作日为 240 日，每天有效工作小时为 7 小时（上下班途中时间 1 小时），每年平均工作时间为 7 × 240 = 1680 小时。

（1）非审判工作时间测算，e 值。

在我国，法官除了审判工作之外，还承担大量其他工作，如业务学习、政治学习、各种会议、调研、宣传、司法建议、维稳信访、评查考核、扶贫帮教、普法宣传，甚至招商引资等项目。首先，各级党委政府应当制定规范性文件禁止要求法官从事与审判工作无关的工作；其次，各级法院在内部管理上，应当给非审判工作设定为一个固定的时间比值，每年安排给法官的非审判工作时间不得超过一定的比值，以延长法官承担审判工作的时间。

课题组认为，根据对法院工作实际情况的估算，每周非审判工作时间设定为 4 小时应该为极限高值（实践中常常高于该值），每年非审判工作时间为 4 × 48 = 192 小时。

（2）审判工作时间，j 值。

每年有效工作时间总量为1680小时，用于审判工作时间为1488小时。

①工作总量时间极限值获取。

其中每周非审判工作时间设定为4小时（实践中常常高于该数），每年非审判工作时间为4×48=192小时。审判工作时间为1680－192=1488小时。

运用函数理论y=f（x）在（a，+∞）内，假定每个案件所耗时间为10小时，那么，法官工作的案件量值极限为148.8件，显然部分案件耗时少于10小时，部分案件耗时远远高出10小时。以北京模式为例，北京模式假定每个标杆案件耗时为12小时，那么法官的工作合理极限值应当为124件。

而事实上，每个案件的耗时情况不一，如何求解单位年度内一个审判类别的案件的合理极限值是一个难题，故需要对大量的案件进行客观的数据测算。课题组认为，由于广东省过去的数据不足，该测算工作的测算方法与数据获得是将来需要重新规划的内容，在本次调研中作为一个问题提出。

②单位案件耗时信息获取。

单位案件耗时信息获取是一个难度极高的工作，目前获得各个流程节点的耗时数据主要采用的方法有三种：

追踪调查法（参与式观察），系从美国传入，优点是获得数据客观、真实、准确，但缺陷在于成本巨大，需要专人对样本法官的工作进行长期的追踪调查，且对法官工作可能构成一定程度的干扰，对于法官思考时间信息几乎难以获得。

调查问卷法（含深度访谈法），该方法当前普遍被采用，优点是投入成本小，获得信息快，但缺陷在于数据的客观性、真实性、准确性对法官的个人记忆、经验和操守依赖较大，在实际运用中效果不佳。

技术手段提取法，该方法的优点是提取庭审时间节点的耗时信息较为客观，获得信息成本小、速度快、客观、真实、准确，但对于没有实现“庭审同步录音录像”的法院，无法获得该信息，对于其他审判工作流程中的时间几乎无法获得。

（3）审判工作中法官必须参与的核心流程耗时测算。

流程即“案件中的事件”。根据调研梳理，在假定审判辅助人员配备充足的情况下，审判工作中必须由法官亲自参与的基本流程在不同审判类别（刑事、民事、行政）、不同审级（一审、二审、再审）、不同审判程序（简易程序、普通程序）、不同结案方式（判决、调解、撤诉）中存在一定的共同性。法官必须亲历的核心审判工作流程有10个，必须法官亲历、他人无法替代：①复杂案件的阅卷和准备庭审提纲；②主持庭审、庭讯、刑事案件提审；③审查采纳证据；④认定案件事实；⑤合议案件时发表表决意见，作出对案件的裁决意见；⑥参加法官联席会议讨论案件；⑦向审判委员会汇报案件；⑧对所有裁判文书在内的法律文书负责；⑨对诉讼中的程序性事项作出决定；⑩属于行使审判权和裁判权范围内的其他事项。

实践中，法官还需要指导法官助理、书记员开展各项审判辅助工作，主持调解、处理诉讼中的各种突发情况、接待当事人来信来访等等。

单个案件中的上述节点经过测算可以得出一个案件的耗时总量，测算方法可以根据上述流程节点的发生进行。

（4）案件中的事件出现的频率计算。

①复杂案件的阅卷和准备庭审提纲。出现频率1次至多次。②主持庭审、庭讯、刑事案件提审。出现频率1次至多次。③审查采纳证据。依证据多寡，出现频率1次至多次。④认定案件事实。出现频率1次，形成时间为思维时间。⑤合议案件时发表表决意见，作出对案件的裁决意见。出现频率1次，形成时间为思维时间。⑥参加法官联席会议讨论案件。出现频率0次至多次。⑦向审判委员会汇报案件。出现频率0次至多次。⑧对所有裁判文书在内的法律文书负责。出现频率1次至多次。⑨对诉讼中的程序性事项作出决定。出现频率0次至多次。⑩属于行使审判权和裁判权范围内的其他事项。出现频率0次至多次。

2. 案件饱和度测算

案件饱和度测算是合理工作量的一个关联值，在正常条件下案件饱和度必须大于合理工作量。案件饱和度的主要功能是用于调剂各类人力、物力等各类司法资源的配置。在法官员额确定的条件下，案件饱和度用以监测法官是否超负荷工作。

3. 案件难度系数的测算

对案件难度系数的测算是本轮测算的难点，上海方法中案件难度系数体现在工作时间、笔录字数、审理天数、法律文书字数上，课题组认为，根据对资深法官访谈调查结果，案件的难度系数常常取决于：新领域内的案件技术事实的发现、证据采信的困难、争议法律问题的处理方案选择的多样性、社会利益平衡的冲突等等因素。上海的方法可以参考，但仍显得简单，在确定案件难度系数值问题上，近似于体操、跳水等技巧性体育项目的打分，且该难度系数值随着司法实践的不断发展、进步，法官们对一类问题的认识加深而做出相应的调整，应当由长期在一线从事审判工作的资深法官共同商定。课题组在本次调研中仅提供相关的思路。

4. 合理工作量测算

合理工作量值数 $g = n \times p$ （$g < s$）

根据上文分析，合理工作量结论尚需要经过大量的基础测算尚能获得，该项工作将是一个长期的工作。在测算工作尚未完成之前，相关数据仍需依赖传统司法统计口径确定的案件工作量值来解决当前存在的各种问题。

本报告重在评价、研究、探索各种测算方法，结论仍需进行长期跟踪测算。

第三章　资深法官的养成及影响

法官职业类似于医生，应该“越老越值钱”。所以，我国提出建立健全符合法官职业特点的延迟退休制度，探索延迟优秀法官的退休年龄。这一司法改革顶层设计，可以最大限度地发挥资深法官作用，充分利用宝贵司法人力资源，完全符合司法规律。然而实践中，我国法院，特别是中级、基层法院一线审判岗位的资深法官数量极少，几乎绝迹。而且大凡够格的资深法官都在想方设法离开审判一线。司法改革顶层设计与基层实践如何更好地衔接，涉及资深法官的养成及如何发挥其影响问题。

一、什么是资深法官

“资深”是指资质深厚，形容有经验，有能力。资深法官，是指具有较高的法律专业素养、丰富的审判工作经验和良好的职业道德，具有较强的重大疑难复杂案件处理能力，在行业内具有较高声望或一定影响的法官。[①] 资深法官由于从事法律工作时间长，自然一般年龄较大。但反过来，并不是所有年龄大的法官都可以称为资深法官。资深法官主要侧重于审判工作经验丰富，而不仅仅是年长。法官当如老吏，做司法领域中的一名智者：精通律理，具备丰富的法律素养，进行律理储备；熟悉事务，具备丰富的社会生活阅历，进行社会生活经验储备；熟悉案例，具备丰富的断案决狱的实践阅历，进行案例储备。[②]

---

① 资深法官，在不同的国家有不同的含义。比如在美国，根据联邦法律，满足退休条件的联邦法官（年满 70 岁，担任联邦法官满 10 年者；或年满 65 岁，担任联邦法官满 15 年者）可直接退休，也可以申请转任资深法官。资深法官相当于一个“半退休”性质的过渡岗位。转任资深法官后，不再占据法官编制。资深法官享受一定优待，可以继续享受之前的薪酬，不因办案量降低而减少。资深法官可以视体力、精力，审理适量案件（约为过去的 50%），法院会根据工作量，为资深法官配备专门的办公室、助理和秘书。参见［美国］琳达·格林豪斯著，何帆译：《美国最高法院通识读本》，译林出版社 2013 年版，第 47 页。

② 仇慎齐：《法官当如老吏》，载《人民法院报》，2015 年 11 月 20 日第 06 版。

如果把司法比作一条在海上航行的大船，法院院长是舵手，指挥着船前进的方向，而资深法官则是船上的压舱石，是大船乘风破浪、勇往直前的可靠保证。法院系统内或者社会上公认的资深法官，是司法经验传承的活载体，代表一国优秀的司法传统，是指引司法进步的一种平衡稳健的力量。资深法官，是一个民族、一个社会的宝贵财富。成功的司法改革，只能是优秀司法传统的传承，而不是人为制造智力资源和序列的断裂。因此，任何一个法治社会，都非常注重资深法官的养成，并尽力将其影响发挥到极致。

在我国，由于基层法院主要职能是重在解决事实认定和法律适用，案件量大，基层法官面临巨大的结案压力，需要耗费巨大的体力、精力，比较适合年轻法官。与年轻法官相比，资深法官在体力、精力上普遍处于劣势。因此，资深法官的养成应主要定位于中级、高级法院，当然基层法院也可配置少量资深法官。司法实践中，资深法官庭审驾驭能力、调解能力、理解和适用法律的能力、沟通协调和处理人际关系的能力均较强，特别是在处理重大、疑难、复杂、敏感案件时，具有年轻法官无法具备的优势。然而，目前我国法院系统，特别是中级、基层法院，资深法官数量极少。以我国南方某市法院为例，该市两级法院现有法官 1464 人，其中：51 岁以上的 205 人，占 14%；55 岁以上 65 人，仅占 4%，其中接近 60 岁的差不多为零。这里标识的数据其实还包括院领导和非审判部门的年龄较大的人员，真正在审判一线办案的51岁以上法官极少，而这些审判一线年龄较大的法官中，真正称得上资深法官的事实上更少，有的法院甚至没有。美国著名大法官霍姆斯曾说过，法律的生命不在逻辑而在经验。按照司法规律，50岁刚好是一个法官审判经验和社会阅历最为丰富的年龄，而在我国中级、基层法院，相当部分法官到了50岁便退居二线，不再办案了。相比之下，在国外，高龄法官却很常见。2012年，世界上最长寿的法官——105岁的美国联邦法官韦斯利·布朗仍每天带着氧气瓶上法庭。[①] 之所以会出现这样的差距，原因在于国内外资深法官的养成模式和发挥作用的方式有所不同。

二、资深法官的养成模式

（一）国外资深法官的养成

（1）法官的遴选重视职业经验。国外一般重视法官遴选，对初任法官的任职要求严格，遴选程序规范，为法官队伍整体素质奠定了坚实的基础。英美法系国家司法官遴选一般采用的是“经验”“精英”“年长”的原则。在英美法系国家，一个公民欲成为司法官，首先要求进入大学学习，获得法学J. D学位（大学教育是一种职业教育，旨在培养学生做律师），然

① 林衍：《我们什么时候能有105岁的法官》，载《中国青年报》，2012年3月13日T02版。

后从事律师职业，积累司法职业经验，经过长时间的实际锻炼，最后从律师中选任司法官。[①] 国外大多数国家，要想成为一名法官，往往需要十多年的律师或者检察官的从业经验，而且法官职位越高，要求就越高。

（2）司法辅助人员配置充足。审判辅助人员配备是否充足，直接影响到法官承担事务性工作的量，进而影响其对审判本职工作的投入。国外法院一般为法官配备足够的司法辅助人员。如美国“国家州法院中心”（NCSC）的法院辅助人员的列表多达30余种。日本的司法辅助人员包括秘书官、调查官、书记官、速记官、执行官、庭吏、技术官、事务官等职员，其法院工作人员与法官人数比大约为7.7∶1。[②] 近年来，欧洲各国通过重新配置法官和辅助人员之间的职责任务，使法官把主要精力集中在重要的工作上。如在波兰和西班牙，通过重新配置职责，法官可以将一些工作量转移给行政助理和法律助理承担。[③] 发达国家人数众多、训练有素的司法辅助人员，协助法官工作，可以减轻法官工作量，最大限度地利用有限的司法

① 周欢秀、周玉：《外国法官选任制度的比较及其思考》，载光明网 http://court.gmw.cn/html/article/201305/07/127549.shtml，于2016年2月19日访问。

② 广东省高级人民法院研究室编：《调研参考（司法改革专刊）》第63期。

③ 蒋惠岭编译：《欧洲司法改革与发展报告（2011—2012年）》，载《人民法院报》，2012年10月12日第08版。

资源。

（3）采取有效措施控制案件数量。虽然国外也有大量的矛盾纠纷，但通过各种措施，进入法院实质审理的案件其实并不多，特别是进入上诉法院或终审法院的案件更少，总体上看案多人少矛盾并不突出。据《美国联邦法院 2012 年年终报告》披露，美国联邦最高法院在 2011 司法年度，共讨论案件 79 件，73 件得到处理，64 件签署了正式判决，而 2010 司法年度讨论了 86 件案件，处理了 83 件案件，75 件签署了正式判决。①

（4）法官职业保障较高。国外法官职业保障形式多样，但不管采取什么形式，其中最基本的共同点就是都能够保障法官在各国当地的社会经济条件下过上稳定而体面的生活。普遍在医疗、住房、社会保险、交通等方面给予法官高于一般公务员的待遇，特别是法官的退休待遇始终成为约束法官在职期间行为的重大利益目标。通过高薪养廉，确保与其崇高职业和社会地位相称，稳定法官队伍。

（5）退休制度灵活。在国外很多国家，能够担任法官本身年龄已经不小，加上国外法官的退休制度，使得法官的职业

---

① 美国联邦最高法院首席大法官约翰·罗伯茨，黄斌、代秋影编译：《美国联邦法院 2012 年年终报告》，载《人民法院报》，2013 年 1 月 25 日第 08 版。

生涯比较长。国外法官任职大致可分为终身制和任期制两种。一是终身制。如美国联邦宪法规定，联邦法官实行终身制，联邦法官的退休以自愿为前提。虽然实际执行政策时，有一定的灵活性，法官年满 65 岁、任法官 15 年，或年满 70 岁、任法官 10 年，可以带全薪退休。但退休时年龄已基本上比较高，或是达到退休年龄但选择留任。如美国历史上法官任期 30 年以上者并不罕见。[①] 二是任期制。大部分国家有法律规定法官退休年龄。美国绝大多数州法官并非都实行终身制，有一定任期。法国一般法官退休年龄为 65 岁，首席法官为 68 岁。澳大利亚高等法院的法官任职年龄为 70 岁。加拿大联邦法官可任职到 75 岁，除非自愿辞职、被免职或死亡，各省的退休年龄也大多为 75 岁，只有少数法院的法官退休年龄为 70 岁。英国法官任职年龄被限制在 75 岁以下，上议院高级法官到 70 岁时必须退休，大法官的退休年龄可以超过 75 岁。韩国最高法院院长退休的年龄是 70 岁，大法官是 65 岁，法官是 63 岁。日本法官 65 岁退休（最高法院和简易法院的法官可以工作到 70 岁）。在印度和巴基斯坦，最高法院法官可任职至 65 岁退休。[②]

---

① 李贤华：《域外法官退休制度》，载《人民法院报》，2014 年 9 月 19 日第 08 版。

② 同上。

从上述国外法官退休制度，可以看出：①退休年龄普遍较高，各国规定的法官退休年龄一般要比公职人员退休年龄大。主要是考虑到一名法官要胜任审判工作需要长期的经验积累，任命法官时也有最低年龄的限制，好不容易培养出一名法官，如果过早地让其退休，是对优质审判资源的浪费。②有的国家对法官的退休年龄规定了一个幅度，体现出伸缩性。有的国家规定退休法官可以返聘。如在美国，联邦法官达到退休年龄以后，是否退休由法官自己决定，任何人不得命令其退休，退休后的法官被称为“资深法官”，法院可以邀请其参与一些案件的审理。③退休后待遇有保障。为了保证法官退休后有较好的待遇，国外多从立法层面作出规定，法官退休后薪金不减少或是任法官满一定期限，其退休后的收入与其退休前一年的收入相同。以美国联邦法官为例，由于法官社会地位高、待遇优厚以及终身任职，因此很少有人在健康时主动提出退休。

（二）我国资深法官的养成模式

（1）统一招录并培养，法官任职年龄偏低。应届毕业生经招录程序进入法院，先担任一段时间书记员或法官助理，待符合初任法官条件，经预备法官培训合格后，任命为助理审判员，最后再依法定程序任命为审判员。按照我国《法官法》规定，担任法官年龄不得低于 23 岁。该年龄是大学本科毕业生刚刚步入社会的年龄，生活阅历、社会阅历仍显不够。与此相反，上级法院遴选法官却有最高年龄限制。如最高人民法院2015年公开遴选法官公告中，审判员职位，年龄一般不超过48周岁。上海市2015年向社会公开选任高级法官公告中，年龄不超过45周岁。与国外大多功成名就才去担任法官相比，对大多数人而言，在我国法官首先是一份谋生的工作，其次才谈得上作为追求的事业。

（2）实行与公务员一致的退休年龄。我国《法官法》对法官的退休年龄没有明确规定，但各地均参照公务员的退休年龄，即男60岁、女55岁的标准要求法官退休。法官退休后不能再参与法院案件的审理活动。

（3）部分法官不愿意延迟退休，甚至想提前退休。延长资深法官的退休年龄，无论是基于我国人民的一般心理，还是从保持法院工作的稳定性考虑，都是必要的。[①] 据了解，部分一线法官，特别是基层一线法官，不堪工作压力与心理压力，普遍想早点退休，更不用说延迟退休。近两年，随着司法改革的深入推进，有的法院出现一线资深审判员，尽管年龄刚满50岁，工龄满30年便办理退休手续的现象。

（4）部分尚未退休的资深法官想离开一线办案岗位。部分未到退休年龄的资深法官，也想离开一线办案岗位，不愿再

① 李亮：《法院人事制度改革中对资深法官的保护》，载《广西政法管理干部学院学报》，2002年第6期。

直接办理案件。在此次司法体制改革之前，资深审判员基本遵循这样一条晋升路线：审判员——副庭长——庭长——审判委员会专职委员（或副院长），一些未能在领导职务上晋升的资深审判员，也往往被任命为专职廉政监察员，不再像普通审判员一样办理案件，或是调整岗位至纪检监察、政工等非审判部门，导致中、基层法院主要是年轻法官在办案，不利于培养精英法官，也不利于审判经验的传承。

（三）我国资深法官养成的障碍

从上述国内外资深法官养成模式可看出，在国外，一般四五十岁才能担任法官办理案件，具有后发优势，以经验见长，不以办案数量多少来衡量。在我国，法官 20 多岁年轻力壮时开始办案，到四五十岁时不再想办案，具有早发优势，办案数量多，但经验不足。

与国外法官愿意长期在审判岗位相比，我国年龄稍大的法官，存在“逃离”审判任务重的部门少办案，甚至出现“逃离”审判部门不办案现象，在资深法官的养成上存在多种障碍。

（1）工作压力极大、司法责任较重。案多人少的法院，一线法官年人均办案三四百件，为完成案件数量，司法工作演变为高强度的“体力活”，法官每天不得不加班加点，如机械般重复同样工作。时间长了，体力、精力不占优势的资深法官更吃不消。审限制度的约束以及相应的审判流程节点精细化管理，使得法官时刻处于高度紧张状态。案件数量不断增长，办案难度与日俱增，而落实司法责任制后，法官需对办案质量终身负责。在压力与责任的双重约束下，部分资深法官对自己的体力、精力能否胜任繁重审判工作心存疑虑，甚至不愿意进入法官员额。

（2）职业尊荣感不高。司法权不同于行政权，然而在我国，法官未被作为一个特殊的群体来对待，在人们心目中他们并不是一个需要特殊对待的职业，只是被视为普通的干部，与其他行政官员一起被放在同一标准和眼光下衡量。法官依法履行审判职责，但某些尖锐案件的当事人却将矛头直接转移到法官身上，直接影响法官正常工作，甚至威胁法官及其家人人身安全，法官职业风险日益增大。社会文化、社会舆论对司法权威的消解，也直接影响司法权威的树立。社会对法官职业的评价以及法官自我评价发生异化，导致部分法官个人职业发展内心失衡，职业信仰有所动摇，难以把法官职业作为毕生事业来追求。当条件成熟，有“性价比”更高的职业或岗位可供选择时，便离开法官行列或一线审判岗位。

（3）司法辅助水平较低。案多人少地区，相当一部分法院无法按照审判实际需要为审判人员配齐审判辅助人员，导致法官与审判辅助人员比例失衡，存在两三个法官共用一个审判辅助人员的现象。法官除了承担主持庭审、评议案件和制作裁判文书等核心工作外，还需付出大量精力承担接待当事人、庭前准备、文书校对、数据录入等事务性工作。与仲裁委员会资深仲裁员一般只需负责开庭及裁决结果、审核裁决书，其他工作（包括草拟裁决书）均可交由秘书完成不同，当案件量达到一定程度，而法官助理、书记员配备不充足时，法官承担大量事务性工作，分身乏术，势必影响其集中精力研究法律适用问题。

（4）法官业绩考核欠科学。业绩考核对法官的审判活动会产生影响，仿佛时刻有一双眼睛在盯着每个法官，要求法官不仅办案多还要办案快。目前法官业绩考核主要体现为结案数，而办案数量的简单对比容易出现盲目攀比的负面效果，导致人为地、功利性地追逐结案数指标。此种评价结果往往不被法官群体认可，事实上也会将经验、智慧、人文素养高但年岁已深、体力下降的资深法官排挤出法官队伍，造成司法资源浪费。而在具体工作量考核指标的设定上，院庭领导、审判委员会专职委员在办案数量上一般可从实际出发合理确定，低于普通审判人员，但未考虑不担任领导职务的资深法官，导致体力、精力不足的资深法官要完成与年轻法官一样的审判任务。此外，一些原本只具有统计学意义上的数据，实践中也容易演变成一个个评比指标。本是为了促进工作的业绩考核，有时反而变成制约工作的一个障碍。实践中，除了少数走上法院领导岗位的法官之外，相当一部分资深法官干不到退休年龄即离开一线审判岗位。

（5）职业保障力度不够。我国《法官法》第三十六、三十七条规定："法官的工资制度和工资标准，根据审判工作特色，由国家规定。法官实行定期增资制度。"但该法颁布20多年，上述规定仍未能执行。到目前为止，法官的工资制度和增资制度一直套用公务员的工资制度。目前司法改革只看到进入法官员额的责任，与承担的繁重审判任务和责任风险相比，入额后法官职业尊荣感显著提高、工资待遇大幅提升尚未显现，权责利统一问题尚未得到很好解决。随着公务员退休制度改革的推进，法官退休后纳入社会养老保险成为发展趋势，部分临近退休法官担心政策变化无法享受退休待遇，便会选择提前退休。当前社会对法律人才需求旺盛，法院一直以来重精神激励、少物质激励，以职业理想感人、以情感留人的做法受到一定挑战，不少资深法官辞职或提前退休，转行做律师或公司法务人员，追求更好经济价值以更好地体现自身价值。

（6）其他不利于资深法官养成的因素。以美国为例，联邦最高法院只进行法律审，法官拥有自主选案权，且开庭时当事人阐述观点、回答提问的时间也有限制。① 相比之下，我国存在诸多不利于资深法官办案的其他因素。一是审理方式。我

① 何帆：《法官多少才够用》，载《人民法院报》，2013年6月7日第06版。

国法院无论一审、二审还是再审，法官的审理模式和审理内容都大致相同，法官需要通过开庭、提讯被告、走访现场等方式确认事实，工作量不减。二是随机分案机制。资深法官无法选择自己经办的案件类型，难以发挥其个人专长。三是简易程序并不简易。如民事诉讼法规定的简易程序的适用范围不够广泛，除了独任审理之外，适用简单程序的审判过程基本上与普通程序一样，未能发挥简易程序应有的作用。而我国诉讼案件绝大多数并不复杂，类型化现象很普遍，在案件繁简分流机制不完善情况下，难以充分发挥资深法官承办重大疑难复杂案件的优势。

（四）我国资深法官养成的实现途径

当前，部分年龄较大的法官，并不算理想中的资深法官。总体上说，我国法院真正称得上资深法官的人仍比较少。司法体制改革背景下，充分利用法院内、外部资源，培养资深法官成为当前急需探索的重要课题。

1. 内部养成途径

（1）完善法官业绩考评机制。构建法官业绩考评制度的意义不仅在于约束法官，更应该能够激励法官。对考评结果的利用，也应使之成为激励法官调整行为，促进法官自身发展和更好地履职的手段，而不是催促甚至惩戒法官的标准。一是法官考评应以办案为主但不应仅限于办案数量，改变单纯以结案数为主要考评指标的现状，摈弃不合理不科学的数字化考评模式，避免完全以数字化考评指标来衡量法官工作实绩；二是充分考虑案件难度系数的平衡，尽可能平衡不同审判领域、不同难度案件的工作量，力求达到不同案件尽可能具有工作量折算上的可比较性，以防止出现简单案件抢着办、复杂疑难案件没人愿办、谁办复杂疑难案件谁吃亏的现象。

（2）实施案件繁简分流。一是优先发展替代性纠纷解决机制，有效控制诉讼案件大幅增长。二是完善诉前、审前调解机制，将绝大部分简单纠纷化解在正式开庭审理前。三是充分利用现有简易程序、小额速裁程序、刑事速裁程序，进一步简化简单案件办理程序。四是简化裁判文书制作。对简单案件，探索借鉴美国州法院系统小额诉讼法院、治安法院做法，不要求正式的裁判文书，判决结果简单记载当事人姓名、案由或罪名、判决结果，简化或省略裁判理由，节省办案时间。五是探索在专门法院（法庭）实行特别“简易程序”。我国未对案件进行难易细分或类型化处理，绝大部分案件均可按程序进行一审、二审或再审，导致各层级法院案件数量特别巨大，增加了法官工作量。建议针对不同类型案件，设立专门法院或审判庭，制定比现行民诉法中“简易程序”更加简便、科学、合理的特别程序进行处理，及时快速解决纠纷，化解审判压力。

（3）加强资深法官审判辅助人员配备。严重缺乏审判辅助人员，很多辅助性、程序性事项都得法官亲历亲为，资深法官难以将智慧和精力集中于庭审、合议、制作裁判文书，办案效率、质量难以得到有效保证。加强资深法官审判辅助人员配备，建议可以突破比例限制，根据审理案件数量及难易程度实行按需分配，实现核心工作（开庭、合议、制作说理性较强的裁判文书、宣判等）由法官完成，其他非核心工作一律由审判辅助人员代替的目标。

（4）进一步加强司法资源整合、调配。一是出台措施鼓励资深法官出身的院、庭领导多办案。通过设置政治协理员或院长庭长助理，剥离党务、人事等工作给专门人员，相应提高院、庭领导办案任务数，让资深法官出身的院、庭长们，摆脱繁重的行政事务，集中精力专心办案。做到经常磨刀，不快也光。二是探索法官退休返聘制度。在医疗、教育领域，有终身教授之称，资深人员退休后经挑选可返聘。在司法领域可探索建立法官返聘机制，这是国际惯例，我们完全可以借鉴美国联邦法院的资深法官制度，满足退休条件的法官可直接退休，也可以申请转任资深法官。三是试行非职业法官、限权法官制度。区别于职业法官，任命符合一定条件的人员为非职业法官或限权法官，立法规定其享有部分简易案件（家事、劳动、交通等）的裁判权，甚至可将简易案件交由法官指导下的司法辅助人员处理，减轻职业法官的审判压力。四是组建新型审判团队。一个团队中，可以根据各类人员专长和特点进行合理配置，如老中青结合、见习法官与资深法官搭配，实现专业结构互补、个性互补、年龄精力互补等，使团队组合达到最优。

（5）切实加强法官职业保障。一是完善错案责任追究，建立法官职业豁免制度，确保法官不被不当追责。二是建立法官人身安全保障机制和名誉保护机制，确保法官依法办案，少受外界干扰。三是将一线审判工作时间与法官退休待遇挂钩，一线审判时间越长，退休待遇越高，鼓励资深法官从事一线审判工作。四是探索建立法官廉政保证金或法官职业保证金制度，探索多元化激励机制，增加法官对职业生涯预期利益的合理期待。五是加快实行法官单独职务序列。实行法官等级与行政职务层次完全脱钩，改变过去按照行政级别决定待遇的做法，以法官等级确定法官工资收入，整体提高入额后法官的等级规格和待遇，提升一线法官职业尊荣感和吸引力。

（6）完善其他配套机制。一是针对二审法院、再审法院均有包括事实问题和法律问题现状，进一步完善四级法院职能定位，使二审法院更加侧重法律审，减轻二审法官在事实审查认定上的工作量。二是改革诉讼制度。对简单上诉案件，探索二审独任审理。具体可规定一审简易程序审理的案件，二审可以独任审理，一审适用普通程序审理案件，二审由法官组成合议庭进行审理。对中级法院部分案情简单、证据清楚、争议不大的一审案件，也可探索实行独任审理。

2. 外部养成途径

从优秀学者、律师中选任法官，逐步形成法院系统职位面向法律职业群体的开放格局，符合国际惯例。[①] 我国法院长期以来实行内部培养模式，外部引入渠道不畅，在一定程度上阻碍了包括法学教授、优秀律师等在内的优秀法律人才进入司法队伍的渠道。

法学教授和资深优秀律师是社会法律职业共同体内一个方面的杰出代表，从知识、学养、经验、技术等诸多方面考虑，这类人员经过选拔进入法官员额内，可以直接为业内资深法官提供人才储备。教授和资深律师起点高，经过司法审判工作的历练，可以更好地发挥其专业上的优势，为法官队伍和司法工作提供智力支持和经验借鉴。所以，这次司改，要求从这些人中间征招法官，其用意十分清楚。

司法改革中有关法官选任制度的改革，就是要建立开放式培养模式。在法官遴选上拓宽视野，制定公开、公平、公正的选任程序，将部分优秀律师、法律学者，以及在立法、检察、执法等部门任职的专业法律人才选任为法官。打造高素质的法官队伍，需要打破体制和身份壁垒，改革法院人事管理模式，“择天下英才而用之”。[②]

---

① 付子堂：《法官遴选机制改革的有益尝试》，载《人民法院报》，2014年3月31日第02版。

② 付子堂：《法官遴选机制改革的有益尝试》，载《人民法院报》，2014年3月31日第02版。

三、我国资深法官如何发挥影响

（1）司法改革中要注重发挥资深法官的影响。资深法官过了年富力强时期，但仍在审判一线办案，正是此次司法改革需要启用的重要力量。这既涉及司法传统传承，也涉及法官队伍的稳定。

（2）在员额制改革中，对资深法官入额条件、入额比例进行合理控制。法官员额制改革中，强调入额法官应当配置在行使审判权的审判业务部门，进入员额的法官必须在审判一线办案。资深法官同样占用员额，如果其办案数量不如年轻法官，在当前以结案数为主要评价标准的情况下，确实会在一定程度上影响整体审判任务的完成。事实中，不少基层法院把法官年龄结构老化，青黄不接问题视为困扰审判、执行工作的主要因素之一。因此，有必要对资深法官延迟退休设定一定的条件和标准，综合考虑个人意愿、身体素质、办案能力等因素。另外，资深法官在全体法官中的占比不能太高，入额比例需进行合理控制，实现“少而精”，甚至可以考虑借鉴美国的做法，明确资深法官既享有员额法官的待遇，又不占用法官员额。

（3）资深法官进入员额后作用的发挥。一是使用上应与年轻法官相区别。主要是通过资深法官经验、智慧来传承司法精神，提升司法能力。要把资深法官从繁重审判工作中解脱出来，使资深法官可以不参与简易案件审理，主要精力用于承办疑难复杂案件，追求“少而精”，激发资深法官办案热情。二是合理确定资深法官工作量。充分考虑一线办案资深法官的年龄和身体状况，合理确定资深法官的办案指标，办案数量达到要求便可不再收案。同时允许资深法官结合个人专长自主选择所经办的案件类型。三是发挥资深法官审判专家“传帮带”作用。通过制定审判规范，对年轻法官承办疑难复杂案件进行指导。四是促进法院内部管理去行政化。在一线办案岗位设置一定比例等级较高的法官员额，突破资深法官不当庭、院长不能晋升的旧框架，使一线资深法官待遇可能超过院、庭长，确保高素质、具有资深阅历和丰富经验的审判骨干能够更多地主审重大疑难案件。在法院人员构成上，除了院长，还有若干法官等级较高的资深法官，并通过吸纳资深法官进入法官委员会、审判委员会、专业法官会议等形式，实现法院管理以法官为中心。真正做到了这些，本轮司法改革在法院内部去行政化的一大目标就能吹糠见米，得以实现。

第四章　员额制下法官离职现象评析

近年来，关于法官离职的消息不绝于耳。2014 年“两会”期间，最高人民法院李少平副院长提出，“法官流失已是全国普遍的现象”；广东省高级人民法院原院长郑鄂称，5 年来广东全省各级法院调离或辞职法官人数超过 1600 名[①]。据公开报道，2011 年至 2015 年，全国法院干警累计辞职 4438 人，其中，绝大多数具有法官资格。2015 年，法官辞职人数比 2014

① 转引自李洋：《法官流失问题的成因剖析及解决路径》，《黄冈职业技术学院学报》，2015 年 6 月。

年增加了381人[①]。一时间，法官队伍出现“离职潮”的论断不绝于耳。

法官离职潮是否存在？法官离职的原因是什么？有何影响？如何应对？以下将以广州法院为样本，对上述问题进行简要分析。

一、广州法院法官离职基本情况

2013年1月1日至2016年6月30日，广州两级法院法官离职共298人，其中2013年离职63人，2014年离职60人，2015年离职101人，2016年上半年离职74人。其中辞职53人，占离职人员的17.79%；组织调动105人，占35.23%；退休、提前退休等其他原因离开法官职位的140人，占46.98%。在辞职人员中，从事律师工作29人，占辞职人员的54.7%；到企业工作12人，占22.6%；其他去向12人，占22.6%。30岁以下4人，31—40岁38人，41—50岁11人，51岁以上0人；本科学历30人，研究生学历23人。在组织调动的人员中，去往党政机关（含人大、政协等）的50人，占组织调动人员的47.6%；去往检察院2人，占0.19%；去往其他法院51人，占48.6%；去往国有企事业单位等2人，占

① 转引自周斌：《五地法院：法官离职并未成潮，离职原因复杂》，法制网，2016年7月27日。

0.19%。30岁以下15人，31—40岁55人，41—50岁29人，51岁以上6人；本科学历51人，研究生学历54人。

2013年1月1日至2016年6月30日，广州中院法官离职75人，其中2013年13人，2014年16人，2015年25人，2016年上半年21人。其中辞职13人，占17.4%；组织调动37人（调动到省法院工作的7名，调动到广州知识产权法院及广州铁路运输中级法院的法官18名，调动到党政机关工作的5名，调动到企业的1名），占49.3%；退休、提前退休等其他原因离开法官职位的25人，占33.3%。2013年至2014年6月，广州中院共选任法官20名，2014年6月后，根据司法改革相关要求，至今未开展法官选任工作，2013年以来法官净流出55名。

从数据上看，2013年以来，广州两级法院法官的流动离职呈现以下特点：

（1）从表面上看，近两年法官净流出呈上升趋势，但并未形成离职潮。2013、2014年法官流出数量相对稳定，2015年法官流出数量比2014年增长68.3%，2016年上半年法官流出人数已超过了2013年全年。由于司法改革的原因，2014年以来广州法院暂停了新任法官的选拔工作，导致法官净流出总体呈上升趋势。但必须看到，与两级法院法官总数相比，法官离职数量仍属极少数，以离职人数最多的2015年为例，2014年全市法院法官人数为1544人，2015年法官离职人数为101

人，占法官总数的6.5%。如果扣除退休、提前退休等自然减员58人，辞职、调动的法官人数为43人，占法官总数的2.78%。上述43人中，扣除调动到其他法院工作的12人，真正离职流失到法院系统外的法官仅31人，仅占法官总数的2%，平均每个法院不到3人。

（2）离职法官多来自审判部门。以广州中院为例，2013年以来，广州中院辞职从事律师工作的法官10人，辞职前均在审判部门工作；组织调动37人，调动前在审判部门工作的35人，占组织调动人员总数的95%，在非审判部门工作的仅2人；提前退休15人，退休前在审判部门工作的13人，在非审判部门工作的仅2人。各区法院也存在类似情形。究其原因，一是与审判部门相比，非审判部门法官较少；二是审判部门法官工作压力较大，离职愿望更为强烈。

（3）流出法官年龄集中在31—40岁。2013年以来，在辞职和调动的法官（共158人）中，31—40岁法官人数为93人，占辞职和调动的法官总量的58.7%。

（4）组织调动是法官流出的主要原因。2013年以来，因组织调动而流出的法官共105人，占流出总数的35.2%；其次是因退休、死亡等自然减员，共78人，占26.2%；再次是提前离岗，共58人，占19.54%。

（5）从知识结构上看，在辞职和调动的法官中，具有研究生学历的共77人，本科学历81人，数量相当，大专以下学历数量为0。

（6）从去向上看，法检系统和党政机关仍是流出法官的第一选择，共103人，占辞职和调动的法官的65.2%；从事律师行业29人，占18.3%。

二、法官离职原因分析

在国外，特别是在法治历史传统悠久的国家，法官离职的现象并不常见，不存在所谓“法官离职潮”的问题。一般说来，除了正常退休外，外国法官离职的原因包括：一为表达对政府的不满。如美国联邦法官詹姆斯·罗伯逊于2005年辞职，以抗议美国总统布什未经法院许可，授权国家安全局在国内展开秘密窃听行动①；阿根廷最高法院法官卡洛斯·费于2015年递交了辞职信，起因是早些时候阿根廷政府认为其身体状况不太好，希望他能卸下重任回家养老。二为丑闻。如2014年加拿大女法官罗莉·道格拉斯因深陷裸照门丑闻，主动要求辞职；2013年日本福冈地方法院一名法官对女实习生进行非礼，在遭处分后辞职②；2015年，四名英国法官利用办公室电脑观

① 见《美国联邦法官辞职》，载《京华时报》。

② 见《日本法官2次强吻女实习生遭处分后辞职》，载《环球时报》2013年10月23日版。

看网上淫秽视频材料，其中三名被解雇，一名在被调查前辞职[①]。三为私人原因。2005年，美国历史上第一位联邦最高法院女法官桑德拉·戴·奥康纳向白宫提交了辞职信，辞职的原因，据说是为了照顾年迈并患有帕金森症的丈夫[②]。四为其他。如2009年，美国路易斯安那州一名法官因拒绝为一对不同种族的新人证婚，在舆论批评压力下辞职[③]；美国联邦最高法院大法官苏特辞职，据说原因是“不愿与那些派性意识太强的大法官共事”[④]。从现有的资料看，外国法官离职的原因很少涉及司法制度本身，多与法官的个人行为、政治观点或家庭因素相关。在发达的法治国家，法官离职现象较少，究其原因，一是法官地位崇高，职业尊荣感强，职业保障完善，法官职业具有较强的吸引力，法官离职愿望不强；二是法官选任制度方面的原因，在英美法系国家，法官选任的门槛较高，法官多由具有丰富执业经验的律师担任，平均任职年龄偏高，因此，法官在审判岗位上退休属大概率事件。

相比之下，我国的法官离职现象则要普遍得多。以广州地

---

① 见《英三名法官上班时间看黄片遭革职　第四名辞职》，载人民网。

② 沈睿：《从美联邦最高法院首位女法官的辞职看美国梦》，载《南方都市报》2005年7月6日版。

③ 见《美国法官拒绝为“黑白配”证婚　招致批评引咎辞职》，载杭州网。

④ 见何帆：《美国大法官为什么辞职》。

区为例，2013 年至今，广州两级法院法官选择离开法院系统从事其他工作的有 107 人（包括辞职及调动到法院系统以外的其他机关）。我们认为，导致法官选择离开法官队伍的原因有以下几个方面：

（一）办案压力过大

案多人少已经成为经济发达地区法院的主要矛盾。近年来，全市法院审理案件数量大幅上升，案多人少矛盾日益突出，法官长期处于“超负荷”工作状态。1999 年，全市法院案件受理数、办结数均首次突破 10 万件（分别为 122495 件、102600 件），法官人均结案 93 件。2012 年案件受理数、办结数均首次突破 20 万件（分别为 232183 件、206024 件），法官人均结案 141 件。2015 年全市法院案件受理数首次突破 30 万件（301704 件），法官人均结案 162 件；其中市中院案件受理数首次突破 5 万件（50468 件），法官人均结案 148 件，均创历史新高。与此同时，法院人员编制数多年来基本上没有增长。在基层法院，人案矛盾更为突出。以天河区人民法院为例，2015 年全年受理各类案件 45694 件，同比上升 19.13%，审、执结案件 27475 件，同比上升 4.8%，一线法官人均结案 371.3 件，在全市基层法院名列第一。2016 年 1—7 月，该院受理案件数已突破 4 万件，预计全年受理数将达 5.5 万件，比 2015 年同比预计上升 22% 左右，但法官人数却净流失 9 人。

长年的加班加点工作，导致法官长期承受着巨大的工作压力，身体、精神健康状况堪忧。此外，长期以来法院管理中对法官各种考核指标过多过细，且多方监督，导致部分法官不堪重负，进一步加剧了其离职的倾向[①]。

（二）职业保障不完善

首先，法官的收入低、增长慢。长期以来，我国法官一直没有自己独立的待遇体系，法官的工资执行的是行政机关公务员的工资标准，行政职级是核定工资标准的主要依据，未能体现审判工作的特点。加上法官行政级别晋升速度远慢于行政机关公务员，导致法官薪酬待遇增长速度极慢[②]。其次，职业发展空间窄，晋升缓慢。在法官的职务、待遇与行政级别挂钩的管理体系下，法官的职业发展空间取决于行政级别晋升的快慢，而法院的行政级别职数比例往往低于党委政府部门，直接

---

① 黄斌：《当前我国法官流失现象分析与对策建议》，载《中国审判》第 97 期。

② 据统计，2013 年，湖北省襄阳市中级人民法院一名法官（副科级）月薪约 2500 元人民币、四川省成都市中级人民法院一名法官（副科级）月薪约 3100 元人民币，北京市某中院一名法官（副科级）月薪约 4700 元人民币。而如果换算成人民币的话，美国联邦地区法院法官月薪为 8.91 万元；英国基层法院法官月薪为 10.18 万元；意大利上诉法院法官月薪为 6.37 万元；法国上诉法院法官月薪为 6.17 万元；日本东京高等法院法官月薪为 7.26 万元；中国台湾地区地方法院法官月薪为 3.63 万元；中国香港特别行政区区域法院法官月薪为 12.12 万元。参见何帆：《法官高薪的前提是什么》，载《人民法院报》。

导致法官晋升的“天花板”过低，职务晋升速度缓慢。此外，与法官相关的身份保障、退休制度、履职环境等方面仍存在一些不足。

（三）职业责任和风险加大、职业尊荣感缺乏

十八届三中全会以来，随着司法责任制、法官员额制等司法改革举措的实施，“让审理者裁判、由裁判者负责”逐步落实，法官的责任在加重，但薪酬待遇等法官职业保障改革措施却仍未落地，权责利未能统一，导致部分法官产生了离职的想法。加上司法权威没有真正树立，司法公信力偏低，法官身处矛盾纠纷的前沿，大量缠诉缠访的当事人“信访不信法”，随意对法官进行攻击污蔑、殴打、谩骂、恐吓等情形也屡见不鲜，部分地区甚至还出现枪击法官、向法官泼硫酸等恶性事件，法官的人身安全无法得到根本有效保障。多种因素的相互交织，不但让法官缺乏职业尊荣感，也让法官对职业风险加大不愿从事审判工作产生认知，致使法官的流失进一步加剧。

（四）其他原因

家庭原因，如为照顾家庭成员身体，或是子女教育等；个人职业规划原因，如考虑个人志趣、改行从事其他职业、借以改变职业环境、提高工作热情等；职业回避原因，如因配偶或子女从事律师行业、职业发展空间受限等。

三、法官离职的影响

有人提出，一线法官人才流失是法治建设之痛[①]。我们认为，在市场经济的背景下，每个人都有自主选择职业的自由，对于某一个行业来说，适当的人才交流是正常现象，甚至具有一定的积极意义。但从审判工作的角度，在案多人少的大背景下，法官人才的流失仍然带来了一定的负面影响。

（1）影响审判工作的开展。根据统计数据，离职法官多为年轻的审判业务骨干，在各业务庭中起着中流砥柱的作用。法官人才的流失，严重削弱了人民法院的审判力量，加剧了案多人少矛盾，形成恶性循环，还可能导致审判质量的下降，阻碍司法公信力和人民群众对司法工作满意度的提升。

（2）影响法官队伍的稳定。部分法官的离职，在法官队伍内部可能会产生连锁反应。特别是基层人民法院不仅面临着人员断层、青黄不接的问题，甚至还可能产生职业法官短缺的窘境。从长远来看，势必影响人民法院法官队伍的新老交替、业务传承与素质提升。

（3）影响人民法院的形象。优秀骨干法官的流失会产生不良示范效应，影响法官职业对优秀法律人才的吸引力，降低

---

① 刘吟秋：《法官流失是法治建设之痛》，载《人民法院报》2014年3月11日版。

人民法院的凝聚力。对于如今处于诉讼爆炸、审判工作日益繁重的人民法院来说，无疑是雪上加霜。

（4）影响司法改革的推进。法官是推动司法改革的重要力量，法官的职业化、专业化、规范化，是本轮司法改革的重要目标，稳定的、高素质的法官队伍，是司法改革取得成功的重要前提。法官人才的大量流出，必然会对组建审判单元、落实司法责任等改革举措的推进产生了消极的影响，同时影响广大干警对司法改革前景的信心。

四、员额制背景下法官离职问题之应对

法官员额制的实行对法官离职问题存在正反两方面的影响：一方面，法官员额制落实后，法官将集中在审判第一线，审判力量将得到进一步加强，可以在一定程度上缓解案多人少的压力。此外，法官员额制的落地也是提高法官待遇、完善法官职业保障的前提。上述体制短板的补长，对解决法官离职问题具有积极的意义。另一方面，员额制的实行导致法官队伍产生了分化，部分法官因未能入额而面临职业生涯的重新定位和岗位职责的再选择，若未能得到妥善的分流安置，难免会产生离职的想法。由于法官员额的分配多采取以案定人的原则，因此对于某些案少人多的法院来说，未入额法官比例高，分流任务重，需要更加警惕员额制落地后产生的法官离职问题。相比之下，广州法院由于长期处于案多人少的状态，法官员额比例

相对较高，且在市委的支持下采取了多种分流安置措施，员额制对法官离职的负面影响并不明显，更多的是积极影响。

总体上看，广州法院法官离职数量仍在合理范围内，并没有出现法官离职潮。但鉴于法官离职带来的一系列负面影响，我们仍然应当对法官离职现象提高警惕。有人提出，可以在制度上为法官离职设置门槛，如为入额法官设置一定的服务期等，以增加法官离职的成本。我们认为，硬性的阻拦虽然在短期内可以减少法官离职的数量，但终非治本良策，处理不当甚至会激发矛盾，引起更大的反弹。解决法官离职问题，应当对症下药，采取各种举措，让更多的法官愿意留在审判岗位上。

（一）缓解案多人少矛盾，减轻法官工作压力

工作压力大，是法官离职的最重要原因之一。而案多人少的困局，是经济发展、社会转型、法治进步等大环境下，公民权利意识的增强、新法律法规的颁行、司法便民措施的采用等各种因素交织的结果，既有法院外部因素，也有法院内部因素。缓解案多人少矛盾，需要综合施治，通过法院外部案件分流机制的完善和法院内部工作机制改革创新来实现。

1．解决“案多”问题

（1）推动社会树立法治意识，尽力减少社会矛盾纠纷。通过延伸法院审判职能，积极参与社会治理，促进社会治理水平的提高。加强司法宣传工作，促进法制教育长效机制的形成，提高全社会的法制意识。

（2）完善多元化纠纷解决机制，减少纠纷进入诉讼程序。引导民众更多选择非诉讼渠道解决纠纷，缓解办案压力。引导社会各方面力量积极参与矛盾纠纷化解，鼓励通过先行调解等方式解决问题。

（3）对进入诉讼的案件，依法公正高效审结，尽可能压减进入二审、再审和执行程序的案件量。加大诉讼调解工作力度，缓解执行和二审法院法官办案压力。组建专业合议庭，提高新类型案件审判质效。针对特定类型案件，形成审判指引，供法官参考。通过建立审判长联席会议与专业法官会议、裁判文书内部公开、参考性案例、疑难问题会商等制度，确保裁判标准统一。

2. 解决“人少”问题

（1）合理调配人员和案件，推进审判资源配置改革。以审判工作为中心，把法官从繁琐的行政性、综合性事务中脱离出来，确保法官集中时间和精力投入办案工作。实行院庭长、审委会委员办理重大疑难复杂案件、新类型案件以及社会关注的大案要案制度。探索在中级法院辖区内，通过借调或挂职形式，统一调配法官，或者通过类型案件集中管辖、指定管辖方式，调配司法资源，促进辖区内不同基层法院人员、案件配比基本均衡。围绕执法办案第一要务，审判辅助部门要提高服务质量和意识，保障审判流程畅通无阻。

（2）深入推进审判权运行机制改革，减少内部办案环节。构建权责明晰的审判权力运行机制，是实现公正、高效司法的必要保障，是提高法官办案积极性的有效措施。改革案件审批制度，规定院、庭长原则上不签发本人未参与审理案件的裁判文书，将审判权落实到合议庭及审判委员会。进一步减少办案环节，提高法官办案效率。

（3）加大案件繁简分流改革，依法简化诉讼程序。坚持简单案件快速审、复杂案件精心审，用足用好小额诉讼程序、简易程序、速裁程序。同时，推行要素式民事裁判文书，简化裁判文书制作，节省法官办案时间。

（4）加大司法公开力度，倒逼司法公正高效。司法公开，既能带动审判执行工作质效的提升，又能为民众在接受司法服务时带来便利和透明，进而增加民众对法院工作的理解、支持与监督。

（5）强力推进信息化建设，提高审执质效。通过信息化手段，为法官办案提供智能化服务，提高审判执行效率。将信息化管理手段引入审判执行管理，依托审判执行管理系统，实现案件立案、审判、执行及案卷归档、移送等工作环节全部统一网上管理。全面推行全市大集中式的执行流程管理系统与执行查控系统，并将该系统与广东省法院综合业务系统有机结合，实现执行信息共享。

（6）推进审判管理工作机制改革。完善流程管理，加强对案件流程节点的有效控制，提高法定审限内结案率。科学预测收案趋势和结案情况，制定年度规划，适时调整，联合政工部门，加强人员和案件的调配，根据案件收结存情况，督促各部门及时调整工作重心，合理掌握办案节奏。整合资源，开展集约送达、查询等事务性工作，依法简化简单案件送达、开庭、文书制作等环节，减少重复劳动，节省办案时间。

（7）推进法官正规化、专业化、职业化建设。提高法官司法能力和水平，对解决案多人少矛盾至关重要。加强审判业务知识培训和法官职业心理调适，提升业务能力，增强自我调节能力和抗压能力。积极组织开展文化活动，缓解法官的精神压力，激发法官的工作热情。完善落实绩效考核措施以及各项保障机制，把办案任务完成情况作为绩效考核和进入法官员额的重要依据，充分调动广大法官工作的积极性。

（8）推进审判辅助人员管理改革，及时补充办案力量。建立配备充足、分类科学、结构合理、职责明晰、管理规范、激励有序的高效能审判辅助人员管理制度，明确法官助理、书记员工作职责及与法官的合理配置比例，确立增补调配机制，以充分满足办案需求，让法官回归裁判权核心，专注于“审”与“判”。

（二）加强法官职业保障，增强法官职业尊荣感

职业尊荣感的缺失，是导致法官离职的另一罪魁祸首。解

决该问题，应当从加强法官职业保障方面着手。党的十八届三中全会通过的《中共中央关于全面深化改革若干重大问题的决定》提出健全法官职业保障制度，从党中央的高度为加强法官权益保障提供了依据。十八届四中全会通过的《中共中央关于全面推进依法治国若干重大问题的决定》提出完善职业保障体系，建立法官专业职务序列及工资制度。中央深化改革领导小组第十六次会议通过的《法官、检察官工资制度改革试点方案》，明确在工资制度改革中要给法官、检察官以特殊政策。中共中央组织部、最高人民法院印发了《法官职务序列设置暂行规定》《地方各级人民法院法官职数比例暂行规定》《法官等级和级别升降暂行办法》等文件，明确了法官职务序列设置及法官级别和等级升降办法。中共中央办公厅、国务院办公厅印发了《保护司法人员依法履行法定职责规定》，为建立健全司法人员依法履行法定职责保护机制提出了具体的要求。根据中央的改革精神，我们认为，应当从以下几个方面完善法官职业保障体系：

1. 建立符合法官职业特点的薪酬制度

突出审判工作特点，从优设计单独的法官工资制度，尽快落实《法官、检察官工资制度改革试点方案》关于法官工资水平高于当地其他公务员工资收入50%的要求。明确法官工资正常晋升办法，法官年度考核称职及以上的，每年在所任等级对应的工资标准内晋升一个工资档次。建立法官薪酬保障制度，明确法官薪酬待遇不降低原则。在落实省以下地方法院人财物统一管理后，遵循“托低保高、只增不减”的原则，明确法院经费项目的保障途径，确保法院经费保障标准和法官工资待遇不降低。在中央保障制度没有正式落实以前，可先由地方财政比照中央保障标准发放工作津贴。从长远的角度，可由法院单独编制预算，直接提请人民代表大会审议通过后，由政府财政部门执行，加强法院经费保障。

2. 建立符合法官职业特点的等级评定和晋升机制

落实《法官职务序列设置暂行规定》《地方各级人民法院法官职数比例暂行规定》《法官等级和级别升降暂行办法》中关于法官等级和级别的设置、升降的相关规定，法官的等级和级别，一般应当根据法官的职务、德才表现、工作实绩、资历等进行确定和升降，不与行政级别挂钩。将法官等级和级别作为实施法官管理、确定法官待遇的依据。法官等级晋升工作应当及时进行，每半年至少进行一次。

3. 加强法官履职保障

中共中央组织部、最高人民法院印发的《法官职务序列设置暂行规定》就保护司法人员依法履行法定职责作出了较为全面的规定，包括：（1）办理案件不受非法干涉；（2）不从事超出法定职责范围事务；（3）非因法定事由、非经法定程序不得调离、免职、辞退或者作出降级、撤职等处分；（4）科学评价工作业绩；（5）非因法定事由、非经法定程序不承担错案责任；（6）对举报、控告和申诉享有知情、申辩和举证的权利；（7）维护良好声誉、名誉；（8）保护司法人员及其近亲属人身安全和自由；（9）保护司法人员的个人信息；（10）依法保障休息权和休假权；（11）为人身、财产、医疗等权益提供与其职业风险相匹配的保障等。

顶层设计已经出台，关键是落实，为此，我们建议：

一是尽快出台保护司法人员依法履行法定职责的实施细则，加强规定的可操作性。必要时与公安、检察等相关部门联合制定实施意见，提高司法人员履职保障力度。

二是尽快成立法官权益保障委员会，委员会由本院院长、相关部门负责人和若干法官代表组成，委员会主任由院长担任。委员会职能包括对合法权益受到侵害的法官本人及其近亲属给予救助，指导和协助法官有效维护自身合法权益等与法官权益保护相关的事务。

三是加强对法官履职保障的投入。严格按照要求普遍设立安全检查岗，加强相应安全设施的配备，为法官配备具有录音功能的办公电话和具有录像功能的记录设备，为法官提供配备录音录像设施的专门会见、接待场所，有条件的人民法院，应当为法官购买人身意外伤害保险。

四是认真化解矛盾纠纷，消除安全隐患。依法办案，努力化解社会矛盾。加强信访工作培训，不断提高法官的司法审判水平，增强息诉停访能力，最大限度化解社会矛盾。

五是加强安全教育培训，提高法官自我保护能力。进一步健全完善应对突发事件工作预案制度，切实提高内部安全防范能力和应急处突水平。加强对法官的安全教育培训，提高安全防范意识，增强其应对侵害行为的能力。

六是加强相关宣传力度。坚决惩处侵害法官合法权益的行为，加大震慑力度，向人民群众广泛宣传保障法官依法履职的重要性和必要性，使尊重法官、保护法官成为社会共识。

4. 建立符合法官职业特点的退休制度

根据法官成长周期较长、成熟较晚的职业特点，结合国家渐进式延长退休年龄的政策导向，可适当延长法官退休年龄。考虑到法官职业化还需要经过一段时期，目前法官队伍职业素质还参差不齐，延长法官退休年龄可采取自愿申请和组织审批相结合方式进行。为提高法官职业吸引力，明确原则上法官退休后享受不低于退休前的工资福利待遇。

（三）强化职业理想教育，培养职业尊荣感

注重法官的职业理想教育，引导广大法官树立正确的理想信念，强化法官对自己这份神圣职业的内心认同，把审判事业当作自己人生的事业，而非谋生的手段，不断增强法官职业的使命感、责任感和荣誉感，并注意从社会舆论和社会评价方面来增强法官对自己职业的认同感和成就感。

（四）加强政策解读，增强法官对司法改革前景的信心

积极引导广大法官从法治建设全局出发，正确认识和对待

改革中的利益调整，凝聚改革正能量，努力营造理解改革、支持改革、参与改革的良好氛围，避免法官由于对改革政策的不了解或误读误解，引发困惑或不满，片面夸大司法改革存在的困难和问题，对司法改革前景失去信心，从而产生离职的想法。

（五）扩大法官的作用影响，提高法官的社会地位

法官，特别是资深法官，是珍贵的社会司法资源，是一个民族、一个社会的宝贵财富，我们应当充分发挥其作用。一方面通过完善法官业绩考评机制和配套机制等途径，充分利用法院内、外部资源，培养资深法官，通过资深法官的经验、智慧来传承司法精神，提升司法能力；另一方面，积极树立优秀法官典型，宣传先进典型法官的感人事迹，发挥先进模范法官的示范、引领和带动作用，扩大法官的社会影响，在全社会营造重视和珍惜法官人才资源的良好氛围。

（六）及时填补法官空缺，避免恶性循环

及时弥补法官离职造成的审判力量“空挡”，可以有效地预防法官离职与案多人少之间的恶性循环，防止出现“破窗效应”。为此，首先，应当在科学核定法官工作量的基础上合理分配法官员额，保障法官员额数量与案件量相匹配；其次，应当加强法官后备力量的培养，充分发挥资深法官“传、帮、带”作用，使青年法官、法官助理尽快成长；再次，探索在

中级、基层法院设立候补法官（预备法官），协助员额法官办案，但不占用法官员额，在员额法官出现空缺时，可以及时从候补法官（预备法官）中选拔填补。此外，进一步完善在律师和法学专家中招录法官的制度，扩大法官的选任渠道。

可以预见，随着司法改革的深入推进，各项政策利好逐步落实，法院内外关系进一步理顺，法官履职环境不断改善，法官地位日益提高，法官职业的前景将越来越光明，法官离职的问题亦将迎刃而解。

第五章　破解仲裁司法审查的疑难问题解析

课题组组长：舒　扬

课题组副组长：姚义堂

课题组成员：林幼吟　王美英　张明艳　徐玉宝
朱志亮　刘洁珺　方卓迪

课题执笔人：徐玉宝　方卓迪

内容摘要

仲裁司法审查制度是法院对仲裁制度进行司法监督的重要机制，由于现行仲裁相关法律制度制定较早，实施过程出现问题较多且社会公众对仲裁的认知度较低。从仲裁司法审查程序的价值取向及维护仲裁裁决终局性的角度出发，研究仲裁司法审查问题具有其客观必要性。根据现行的法律、司法解释、司法实践、理论研究等情况发现，关于仲裁司法审查三大类问题的法律规定数量少且可操作性差、尤其以往针对仲裁司法审查程序的研究较少且时效性不强。

造成上述现象的原因是多方面的，既包括主观因素，又包含客观因素。在主观上，部分法院还保留对仲裁裁决实行全面实体审查理念；在客观上，有关仲裁司法审查特别是审理程序的法律制度支撑不够。课题组着重分析了仲裁司法审查程序中存在的当事人确定规则不明、司法审查程序规定缺失、证据制度适用规则不明等问题，同时针对仲裁司法审查三大类案件审理实践中发现的问题及原因进行深入剖析。在此基础上，课题组提出了完善我国仲裁司法审查制度的基本思路：保留撤销和不予执行仲裁裁决制度、废除双轨制审查模式、尽快制定仲裁司法审查程序规定、扩大重新仲裁制度的适用范围、完善仲裁机制等。其中，因仲裁司法审查三大类案件涉及许多细节性问题，本文专门撰文予以详细分析。在该部分，课题组以法律规定为主线，从实践角度研究、总结和分析了仲裁司法审查三大类案件存在的问题。仲裁协议效力异议案件的研究问题包括该类案件的司法审查范围、主从合同的争议解决条款效力冲突问题、仲裁机构的选定等；申请撤销或不予执行仲裁裁决的研究对象则主要包括“违反法定程序”范围的探讨、如何认定裁决所依据的证据是伪造的、重新仲裁制度等问题。

当然，完善我国仲裁司法审查机制，不仅需要在制度设计上加以完善，更需要解决仲裁和司法审查程序衔接的问题，推行支持仲裁、尊重仲裁的理念，才是提高仲裁权威性、平衡司法监督与仲裁效率性的最终价值追求。

关键词：仲裁司法审查　仲裁协议　程序　困境　路径

内容细目

四、仲裁司法审查三大类案件存在的问题及对策

（一）关于仲裁协议效力异议理由的类型化分析

（二）申请撤销/不予执行仲裁裁决案件若干实务问题分析

（三）仲裁司法审查中发现的其他问题

五、完善我国仲裁司法审查制度的建议

（一）保留撤销和不予执行仲裁裁决制度，废除双轨制审查模式

（二）尽快制定仲裁司法审查程序规定

（三）扩大重新仲裁制度的适用范围

（四）完善仲裁机制

前言 关于仲裁司法审查疑难问题的调研报告

一国的仲裁业发达与否，既关系到该国商业发展，也与一国司法对仲裁的支持和干预程度息息相关。实际上，要清晰划分法院和仲裁庭在仲裁程序中扮演的角色和功能并不是一件易事，但随着对仲裁独立性的认识的加深，我国法院对于仲裁愈来愈倾向于支持的态度，对国内仲裁的司法审查也由有限的实体审查逐步转向适当审查[①]，对涉外仲裁[②]的司法审查则严格

① 如2012年修订的《中华人民共和国民事诉讼法》第237条删除了“认定事实的主要证据不足”以及“适用法律确有错误的”这两项申请不予执行仲裁裁决的理由，并统一了对申请撤销仲裁裁决和不予执行仲裁裁决的司法审查标准。

② 在我国，境外仲裁和涉外仲裁是两个不同的概念，判断是否为境外仲裁的标准，应以仲裁地是否在中华人民共和国境内来判断，也有学者把仲裁地在港澳台地区的，视为境外仲裁。判断涉外仲裁的标准比较模糊，根据我国《仲裁法》的相关规定，是以仲裁机构是否为涉外仲裁机构来判断，但这一标准早已过时，也为学者和法官诟病，根据《第二次全国涉外商事海事审判工作会议纪要》（法发〔2005〕26号）的会议精神，涉外仲裁应是由仲裁机构为中国内地依法成立的仲裁委员会做出的，具有涉外因素的裁决。

限于程序审查，对承认和执行境外仲裁裁决的司法审查则严格依据 1958 年《承认和执行外国仲裁裁决公约》（以下简称《纽约公约》），以求维护仲裁的契约性和一裁终局的特点。由于承认与执行外国仲裁裁决属于我国履行《纽约公约》的国际义务，因此本调研报告仅研究我国法院对纯国内仲裁案件的司法审查制度。

一、基本情况

（一）近三年仲裁司法审查案件审理情况概述

2012－2014 年，广州中院受理仲裁司法审查案件总量分别为 259 件、229 件、641 件，审结案件数量分别为 157 件、295 件、621 件。从案件总量来看，广州地区仲裁司法审查案件数量整体处于上升态势，特别是在 2014 年，案件受理总量呈现大幅增长。从案件类别来看，2012－2014 年仲裁效力异议案件（以下简称仲异案件）、申请撤销仲裁裁决案件（以下简称仲审案件）、申请不予执行仲裁裁决案件（以下简称执仲案件）受理总量分别为 294 件、607 件、228 件，仲审案件占比最重。

表一：2012－2014 年度广州地区仲裁司法审查案件受理与结案数对比图

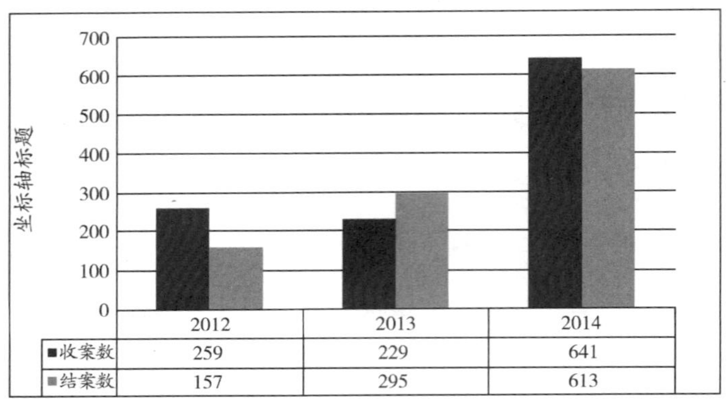

	2012	2013	2014
■收案数	259	229	641
■结案数	157	295	613

表二：2012－2014 年度广州中院仲异、仲审、执仲案件受理数对比图

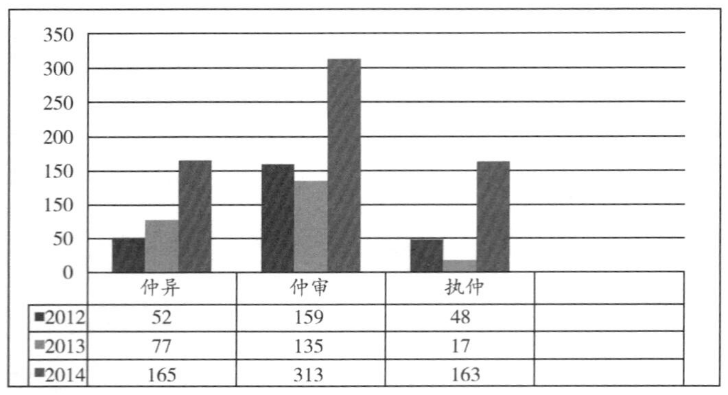

	仲异	仲审	执仲	
■2012	52	159	48	
■2013	77	135	17	
■2014	165	313	163	

2012－2014 年度仲裁司法审查案件结案总数占比图

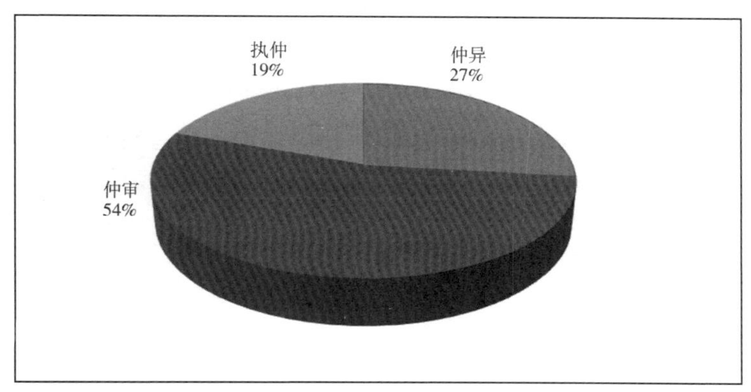

（二）司法实践现状：仲裁司法审查程序亟须规范

从 1996 年仲裁法施行至今，针对仲裁司法审查程序的规定散诸《中华人民共和国民事诉讼法》（以下简称《民事诉讼法》）及《最高人民法院关于适用〈中华人民共和国仲裁法〉若干问题的解释》（以下简称《〈仲裁法〉司法解释》），并无条理化的特别程序规定。关于仲裁司法审查合议庭的审理方式，仅有《〈仲裁法〉司法解释》第十五条规定："人民法院审理仲裁协议效力确认案件，应当组成合议庭进行审查，并询问当事人。"以及《〈仲裁法〉司法解释》第二十四条规定："当事人申请撤销仲裁裁决的案件，人民法院应当组成合议庭审理，并询问当事人。"由于我国现行法律及司法解释对仲裁司法审查程序的规定较为原则，实务中，审查多采用了比照二审开庭的程序进行审理。审判实践中关于仲裁司法审查程序的法律制度支撑不够。《中华人民共和国仲裁法》（以下简称《仲裁法》）规定了合议制审查方式，但针对具体审查程序，依据最高人民法院《民事案件案由规定》（法发〔2000〕26号）的司法解释应适用特别程序进行审查。但对特别程序的具体内容，法律或司法解释并无明确的规定。

（三）人民法院对仲裁裁决的司法监督现状

1. 基本情况

2012－2014年度广州中院审结的仲裁司法审查案件中，确认仲裁协议无效的案件共有9件，仅占该类已审结案件的3.1%；申请撤销仲裁裁决案件中，全部撤销仲裁裁决的有42件（其中有20件为系列案），占该类已审结案件的7.3%；裁定由仲裁庭重新仲裁的有14件，占该类已审结案件的2.4%；申请不予执行仲裁裁决案件，裁定不予执行仲裁裁决案件有6件，占该类已审结案件的2.9%。上述调查数据显示，人民法院对仲裁裁决绝大部分是持支持态度，对仲裁裁决是严格把握审查尺度，审慎介入。

2. 申请确认仲裁协议效力案件数据分析

课题组调取数据显示，2014年仲异案件收案数量大幅度上升，共有165件，同比增长114.2%。从当事人申请理由来看，已出现一些现行法律法规未规定的事项。其中，当事人以没有仲裁协议为由提出申请的比例最大，占比48.29%；其次为没有约定仲裁机构或者约定仲裁机构不明确，占比27.89%。确认仲裁协议无效的案件共有9件，占已结案件的3.1%（具体申请事由及占比详见表三，其中部分案件涉及多个问题，故统计数据总数大于实际收案的数量）。

表三：确认仲裁协议效力案件具体申请事由分布表

<table>
<tr><th colspan="4">仲裁协议效力异议理由</th><th>数量</th><th>占比</th><th>法院接纳</th></tr>
<tr><td colspan="4">没有仲裁协议</td><td>142</td><td>48.29%</td><td>5</td></tr>
<tr><td colspan="4">没有约定仲裁机构或约定不明确</td><td>82</td><td>27.89%</td><td>3</td></tr>
<tr><td colspan="4">合同中存在或裁或诉情形</td><td>39</td><td>13.26%</td><td>2</td></tr>
<tr><td rowspan="3">多合同之间争议解决条款的效力冲突</td><td>细分项目</td><td>数量</td><td>占比</td><td rowspan="3">2</td><td rowspan="3">0.7%</td><td rowspan="3">0</td></tr>
<tr><td>主合同仲裁条款与从合同争议解决条款效力冲突</td><td>1</td><td>0.3%</td></tr>
<tr><td>主合同签订仲裁条款，从合同签订诉讼条款</td><td>1</td><td>0.3%</td></tr>
<tr><td colspan="4">申请人非案涉合同当事人</td><td>9</td><td>3.06%</td><td>0</td></tr>
<tr><td colspan="4">仲裁事项不属于仲裁条款约定的范围</td><td>8</td><td>2.7%</td><td>0</td></tr>
<tr><td colspan="4">其他</td><td>4</td><td>1.36%</td><td>0</td></tr>
</table>

3. 申请撤销仲裁裁决案件数据分析

在仲裁司法审查案件类型中，仲审案件占比最重，撤裁率也相对较高，2012－2014年度共裁定撤销仲裁裁决44件，占比7.61%，裁定退回广州仲裁委员会重新仲裁14件，占比

2.42%。相较于其他法定理由，以证据及事实认定作为申请撤销或不予执行理由所出现的频率最高，共有243件，占比42%，其次是以仲裁庭的组成或仲裁程序违反法定程序为由申请撤销仲裁裁决，占比41.02%。同时，申请以仲裁裁决违背社会公共利益撤销裁决的案件为59件，占比虽为9.71%，但法院准许撤销仲裁裁决共有6件，相对比例达到10.16%（具体申请事由及占比详见表四，其中部分案件涉及多个问题，故统计数据总数大于实际收案的数量）。

表四：撤销仲裁裁决案件具体申请事由分布表

申请撤销仲裁裁决理由	数量	占比	法院接纳
仲裁庭的组成或仲裁程序违反法定程序	149	41.02%	重新仲裁：8件 撤销裁决：42件
裁决所根据的证据是伪造的	69	11.37%	撤销裁决：7件
没有仲裁协议	46	7.5%	0
仲裁事项不属于仲裁协议的范围或者仲裁委员会无权仲裁	109	17.95%	重新仲裁：1件 撤销裁决：2件
对方当事人隐瞒了足以影响公正裁决的证据	174	28.67%	重新仲裁：1件 撤销裁决：29件
违背社会公共利益	59	9.71%	撤销裁决：6件
仲裁员有索贿受贿、徇私舞弊、枉法裁决行为	32	5.27%	0
其他	1	0.16%	0

在统计仲审案件数据过程中发现，仍有相当部分当事人没有意识到仲裁司法审查程序是对当事人仲裁程序性权利而非实体性权利的救济。当事人虽主张以证据伪造或对方隐瞒证据，但实际理由仍与案件事实认定或证据采信有关，这对人民法院如何合理界定及分配举证责任提出了挑战。同时，仲裁程序的公正性问题也是司法审查的重点，审判实践中，由于仲裁规则规定的送达方式各规则与《民事诉讼法》规定的送达方式不同，导致当事人对仲裁的送达方式争议最大。

4. 申请不予执行仲裁裁决案件数据分析

2012—2014 年度广州中院共受理申请不予执行仲裁裁决案件 228 件，近三年受理数分别为 48 件、20 件和 165 件[①]；共审结申请不予执行仲裁裁决案件 209 件，近三年结案数分别为 12 件、52 件和 145 件，裁定不予执行裁决 6 件，不予执行率为 2.87%。从当事人申请不予执行仲裁裁决的理由来看，以对方当事人隐瞒了足以影响公正裁决的证据为由占比最高，为 7.45%。从近三年受理案件及 2015 年度最新受理数量[②]来看，扣除系列案因素后，受理案件数实际是逐渐下降的。2012 年修订版《民事诉讼法》将“认定事实主要证据不足”和“适用法律确有错误”这两项申请不予执行仲裁裁决理由删除，实现了司法审查不予执行仲裁裁决从“有限实体审查”

---

① 其中有 121 件为广州市某某房地产公司系列案，20 件为广州市某某房产发展有限公司系列案。

② 截至本文撰稿期间（2015 年 2 月），广州中院共受理执仲案件 15 件。

向“严格程序审查”的转变。这一立法变动直接遏制了当事人申请不予执行仲裁裁决阻却仲裁裁决效力的数量。

表五：不予执行仲裁裁决案件具体申请事由分布表

申请不予执行仲裁裁决理由①	数量	占比	法院接纳
仲裁庭的组成或仲裁程序违反法定程序	14	6.14%	撤销裁决：5件
裁决所根据的证据是伪造的	10	4.38%	撤销裁决：1件
没有仲裁协议或事后没有达成书面仲裁协议	5	2.2%	0
仲裁事项不属于仲裁协议的范围或者仲裁委员会无权仲裁	1	0.43%	0
对方当事人隐瞒了足以影响公正裁决的证据	17	7.45%	撤销裁决：1件
违背社会公共利益	6	2.63%	撤销裁决：1件
仲裁员有索贿受贿、徇私舞弊、枉法裁决行为	127②	55.7%	0

二、“过度干预”向“适当审查”的转变——2012年《民事诉讼法》修订后仲裁司法审查程序背后的立法价值导向

（一）我国现行仲裁司法审查法律框架及立法变迁

我国的仲裁司法审查体系包括：承认和执行外国仲裁裁

① 该申请理由是按照2012年修订的《民事诉讼法》分类，故当事人以仲裁裁决“认定事实主要证据不足”和“适用法律确有错误”这两项理由申请不予执行的案件不计算在内。

② 该127件案中共有121件为广州市某某房地产公司系列案。

决、确认仲裁协议效力、撤销和不予执行仲裁裁决，相关法律规定及司法解释散诸《纽约公约》《民事诉讼法》《仲裁法》及最高人民法院出台司法解释、批复。《仲裁法》确立了仲裁协议效力异议、撤销仲裁裁决的司法审查体系，不予执行仲裁裁决制度则由《民事诉讼法》规定。根据《民事诉讼法》的相关规定，对国内仲裁裁决和涉外仲裁裁决实行双轨制审查模式，即对国内仲裁裁决审查程序和部分实体，对涉外仲裁裁决只审查程序并设立内部上报制度。

《民事诉讼法》（1991 年修订）最早确立了不予执行纯国内仲裁裁决的审查标准[①]，并规定了对涉外仲裁裁决的程序性

① 《民事诉讼法》（1991 年修订）第二百一十七条规定："对依法设立的仲裁机构的裁决，一方当事人不履行的，对方当事人可以向有管辖权的人民法院申请执行。受申请的人民法院应当执行。被申请人提出证据证明仲裁裁决有下列情形之一的，经人民法院组成合议庭审查核实，裁定不予执行：（一）当事人在合同中没有订有仲裁条款或者事后没有达成书面仲裁协议的；（二）裁决的事项不属于仲裁协议的范围或者仲裁机构无权仲裁的；（三）仲裁庭的组成或者仲裁的程序违反法定程序的；（四）认定事实的主要依据不足的；（五）适用法律确有错误的；（六）仲裁员在仲裁该案时有贪污受贿、徇私舞弊、枉法裁决行为的。人民法院认定执行该裁决违背社会公共利益的，裁定不予执行。裁定书应当送达双方当事人和仲裁机构。仲裁裁决被人民法院裁定不予执行的，当事人可以根据双方达成的书面仲裁协议重新申请仲裁，也可以向人民法院起诉。"

审查原则[1]和“涉外性”判断标准[2]。《仲裁法》确立了仲裁协议效力异议和撤销仲裁裁决制度，最高人民法院2006年出台的《〈仲裁法〉司法解释》，进一步完善了仲裁协议效力异议和撤销仲裁裁决制度，并限制了重新仲裁的适用范围。2012年修订的《民事诉讼法》第二百三十七条则删除了“认定事实的主要证据不足”以及“适用法律确有错误的”这两项申请不予执行仲裁裁决的理由，并统一了对申请撤销仲裁裁决和不予执行仲裁裁决的司法审查标准。

---

① 《民事诉讼法》（1991年修订）第二百六十条规定：“对中华人民共和国涉外仲裁机构作出的裁决，被申请人提出证据证明仲裁裁决有下列情形之一的，经人民法院组成合议庭审查核实，裁定不予执行：（一）当事人在合同中没有订有仲裁条款或者事后没有达成书面仲裁协议的；（二）被申请人没有得到指定仲裁员或者进行仲裁程序的通知，或者由于其他不属于被申请人负责的原因未能陈述意见的；（三）仲裁庭的组成或者仲裁的程序与仲裁规则不符的；（四）裁决的事项不属于仲裁协议的范围或者仲裁机构无权仲裁的。人民法院认定执行该裁决违背社会公共利益的，裁定不予执行。”《民事诉讼法》（2012修订）中该条仍得以保留。

② 在我国，境外仲裁和涉外仲裁是两个不同的概念，判断是否为境外仲裁的标准，有观点认为应以仲裁地是否在中华人民共和国境内来判断，也有学者把仲裁地在港澳台地区的，视为境外仲裁。根据我国《仲裁法》及《民事诉讼法》的相关规定，是以仲裁机构是否为涉外仲裁机构来判断，但这一标准早已过时，也为学者和法官诟病，根据《第二次全国涉外商事海事审判工作会议纪要》（法发〔2005〕26号）的会议精神，涉外仲裁应是由仲裁机构为中国内地依法成立的仲裁委员会做出的，具有涉外因素的裁决。

（二）我国司法对仲裁监督的价值导向转变

2012年修订的《民事诉讼法》统一撤销仲裁裁决和不予执行仲裁裁决的审查标准，揭示了司法审查标准从全面实体审查向有限实体审查的转变。从仲裁理念上看，2012年《民事诉讼法》有关仲裁的新规定，进一步体现了支持仲裁的政策。较诸以前的民事诉讼法，2012年《民事诉讼法》修正案关于仲裁的六处规定，都对仲裁提供了更大的支持。如诉前保全全面延伸至仲裁前保全、仲裁协议的效力扩展至非合同争议、制裁通过仲裁逃避法律文书确定义务的行为、统一无涉外因素的国内仲裁裁决的撤销与不予执行条件、缩小对无涉外因素的国内仲裁裁决的实体审查范围，都前所未有地加大了对仲裁的支持力度。[①] 这一转变与国际商事仲裁理念也是相符的，在现行的国际商事仲裁规则和大多数国家仲裁立法中，越来越多地体现出减少司法对仲裁干预的倾向。如现行联合国《国际商事仲裁示范法》在处理法院和仲裁庭行使仲裁权中的参与问题做出了明确规定：法院对仲裁权行使过程中的干预是有限度的，“由本法管辖的事情，任何法院均不得干预，除非本法另

① 宋连斌、彭丽明：《中国商事仲裁年度观察（2013年）》，载《北京仲裁》第83辑。

有规定”。[①] 就连一向对仲裁权进行严格控制的英国法院，通过1996年《英国仲裁法》，进一步改变了以往过度干预的态度，该法将有限的法院干预作为一项基本原则加以规定，明确了在依据仲裁协议进行仲裁的过程中，除非另有规定，法院不得进行干预，这使得法院的职能已更多地倾向对仲裁权的支持而不是对它的审查、干涉或者取代。[②]

正如有学者指出，总的来说，司法对仲裁权监督的变化趋势是向着减少法院司法审查的方向发展，即在肯定仲裁庭独立行使仲裁权的基础上，缩小法院的参与范围和程度，在不可或缺的司法参与中，增大法院对仲裁权的支持比例，减少法院对仲裁权的司法审查。这种变化不仅反映在国际仲裁规则中，也体现在各国国内的仲裁立法中，以及仲裁实践中。[③]

三、仲裁司法审查程序存在的问题

（一）仲裁司法审查程序规定缺失

根据最高人民法院《关于印发修改后的〈民事案件案由规定〉的通知》（法〔2011〕42号）第十部分的规定，仲裁

---

① 联合国《国际商事仲裁示范法》第五条，该示范法虽然不是国际公约，但已有许多国家，如新加坡、日本和我国香港特别行政区，参照该示范法修订了自己的仲裁法和仲裁规则。

② 乔欣著：《仲裁权论》，法律出版社2009年版，第314页。

③ 乔欣著：《仲裁权论》，法律出版社2009年版，第309页。

程序案件包括申请确认仲裁协议效力及申请撤销仲裁裁决两类，属适用特殊程序的案件类型。而我国《民事诉讼法》第十五章规定的特别程序中并无关于该两种案件类型审理程序的规定。仲裁法第五十八条规定，人民法院经组成合议庭审查核实裁决存在没有仲裁协议等六种情形之一的，应裁定撤销仲裁裁决。《民事诉讼法》第二百三十七条和《仲裁法》第六十三条规定，对一方当事人向有管辖权的人民法院申请执行仲裁裁决，被申请人提出证据证明仲裁裁决存在无仲裁协议等几种可不予执行情形的，经人民法院组成合议庭审查核实，裁定不予执行，但对人民法院具体应适用何种程序进行审查核实，则未作具体规定。

由于现行《民事诉讼法》和《仲裁法》及相关司法解释对人民法院审理仲裁司法审查案件的具体审理程序未作规定，导致不同的法院和不同的案件经办人在审理此类型案件时适用的程序不同。以广州中院为例，法院受理案件后即组成合议庭进行审查，由案件经办人以询问、听证或庭询的方式听取诉争各方的意见。对于少数重大疑难复杂的案件，才由合议庭公开开庭进行审理。在具体审理过程中，不同的案件经办人在审理时适用的程序也不同。有的沿用普通民事案件的审理程序进行法庭调查、法庭辩论及当事人最后陈述等，有的则认为根据

《〈仲裁法〉司法解释》第十五条[1]及第二十四条[2]的规定，只需召集各方当事人进行简单询问或听取当事人的意见。课题组调取的数据显示，在所有已审结的仲裁司法审查案件中，选择以询问方式审理案件的，仲异案件为12件，占该类已结案件的4.1%；仲审案件为66件，占该类已结案件的11.4%；执仲案件为9件，占该类已结案件的9%。选择以听证方式进行审理案件的，仲异案件为155件，占该类已结案件的54.2%；仲审案件为270件，占该类已结案件的46.7%；执仲案件29件，占该类已结案件的26.6%。选择参照二审庭询方式进行审理的，仲异案件为111件，占该类已结案件的38.8%；仲审案件为236件，占该类已结案件的40.8%；执仲案件168件，占该类已结案件的80.38%。

上述数据显示，仲裁司法审查的审理程序都同时避免采取普通民事诉讼一审程序，原因在于：一是一审程序审理周期较长，不符合仲裁司法审查案件的效率要求和审理期限规定；二是按照一审普通民事程序需对当事人举示的所有证据进行质证，容易将仲裁程序案件引入实体审查的误区。但是《〈仲裁法〉司法解释》规定的询问方式也存在弊端，该规定强制要

① 该条规定："人民法院审理仲裁协议效力确认案件，应当组成合议庭进行审查，并询问当事人。"

② 该条规定："当事人申请撤销仲裁裁决的案件，人民法院应当组成合议庭审理，并询问当事人。"

求法院询问和听取当事人意见，却并未明确赋予当事人充分辩论和举证的权利，因此审判实践中法院更倾向于以听证或庭询方式审理。

（二）当事人的确定规则不明确

在仲裁司法审查的三种案件类型中，如何确定案件当事人，现行民事诉讼法和仲裁法也未作明确规定。

首先，是否所有仲裁案件的主体都应参与仲裁司法审查案件的审理？在仲裁案件中，申请人或被申请人通常有多位主体，若只有其中一位主体提起仲裁协议无效、撤销仲裁裁决或不予执行仲裁裁决的申请，仲裁案件的其他方主体是否都应参与仲裁司法审查案件的诉讼，现行法律和司法解释都未明确，审判实践中也不统一；其次，非仲裁协议签订主体是否有权向法院提起确认仲裁协议无效的申请？在申请确认仲裁协议效力案件中，部分申请人并非仲裁协议的签订主体，但因仲裁案件申请人将其列为仲裁案件被申请人而被动参与仲裁程序，该情形在借款和担保合同纠纷中最为常见。例如借款人依据借款合同的仲裁条款提起仲裁，同时将贷款人和保证人列为仲裁被申请人，但保证合同中并未签订仲裁条款，此时保证人向法院提起申请确认仲裁协议无效之诉，但其申请请求通常都为确认仲裁协议对其没有法律约束力或者其与仲裁案件其他当事人之间不存在仲裁协议，进而试图达到否定仲裁庭对其具有管辖权的目的。类似申请请求是否属于《仲裁法》第二十条规定的法院受理范围，在审判实践中并未达成一致意见；最后，在人民法院执行生效仲裁裁决过程中，与执行标的物有法律上利害关系的主体可能并非仲裁案件的当事人，人民法院在执行过程中不可避免的会影响这部分主体的利益。该类主体能否向人民法院申请不予执行仲裁裁决，也是理论和实践中亟须解决的一个问题。因现行法律规定人民法院只对仲裁裁决进行有限实体审查，且必须由仲裁案件当事人启动司法审查程序，故在仲裁裁决存在实体错误的情形尤其是虚假仲裁的情况下，该问题尤其值得重视。珠海市中级人民法院在其受理的一宗房屋买卖合同执行案件中，就采取了法院依职权启动审查机制的做法，法院在执行珠海仲裁委员会作出的某房屋买卖合同纠纷的生效仲裁裁决时，案外人白某、边某提出异议，主张由于仲裁被申请人某某公司一直拖延，两个商铺至今未能办理房产证，但一直由边某和白某实际占有对外出租使用至今。后由案外人在案件执行过程中提出执行异议，执行局经审查认为仲裁裁决可能存在错误的，将执行异议提交审判委员会讨论；审委会讨论后，认为裁决违反社会公共利益、有必要启动审查机制，由立案庭决定立案，交由民四庭负责审查。法院经审查后则认为仲裁案件当事人之间存在恶意串通损害他人合法权益的行为，如果法院执行该仲裁裁决，将明显违背社会公共利益。据此，裁定不予执行该仲裁裁决。[①]

（三）司法审查中的证据制度适用规定不明

《仲裁法》第五十八条和《民事诉讼法》第二百三十七条都规定，当事人提出证据证明仲裁裁决所依据的证据是伪造的，或者对方当事人隐瞒了足以影响公正裁决的证据的，人民法院经审查核实，应裁定撤销或不予执行仲裁裁决。审判实践中，伪造或隐瞒证据是常见的当事人据以提起仲裁司法审查的事由，特别是在对仲裁实体问题不服，而又无其他正当事由的情况下，证据问题往往成为对裁决不服一方主体的“挡箭牌”。不仅如此，在申请确认仲裁协议效力及当事人以其他理由提出撤销或不予执行仲裁裁决的请求中，也涉及对证据的审查认定问题。可现行《仲裁法》和《民事诉讼法》并无关于人民法院在审理仲裁司法审查案件中应适用的证据制度的规定。

2012—2014 年度审结的仲裁司法审查案件中，共有 407 件案件在审理程序中对当事人提交的证据进行质证，占比 37.9%，其中仲异案件为 175 件，占该类型案件比例高达 61.1%。上述问题的存在，直接导致司法审查裁定书制作不规范，对举证、质证过程是否应在裁定书中陈述也写法不一，

---

① 参考文章：《珠海中院首创仲裁案件案外人救济司法审查机制》，来源于：http：//m. law－lib. comfzdtnews_ content. asp？ Artcle_ id＝85481，2016 年 3 月 31 日访问。

2012－2014 年度审结的仲裁司法审查案件中共有 72 件裁定书列明当事人提交证据的质证过程。同时这也导致司法审查中当事人可以随时提供证据，要求合议庭进行审查，不仅影响审查效率，而且涉及对仲裁庭自由裁量权的干涉。

上述数据反映了目前仲裁司法审查案件中对当事人的举证、质证要求存在法律空白。现行法律和司法解释对仲裁司法审查案件当事人的举证期限、答辩期限没有规定，实践中都是参照《民事诉讼法》第六章关于证据的规定及最高人民法院发布的关于民事诉讼证据规则的规定进行处理的，部分当事人对此有异议，认为仲裁司法审查案件作为适用特殊程序审理的案件，不应适用普通民事案件证据规则的规定；其次，对人民法院应适用的证据规则无明确规定。一方主张对方在仲裁过程中提交并被仲裁庭采信的证据是伪造的，往往无明确证据证明，一般都是在人民法院受理后对另一方在仲裁案件中提交的证据提出鉴定申请，部分当事人在仲裁过程中已向仲裁庭提出鉴定申请，未被仲裁庭采纳，转而又向人民法院提出鉴定申请，导致案件处理的复杂化。对仲裁案件证据的审查不可避免的介入到了案件实体审查领域，无论是当事人在仲裁过程中向仲裁庭提交了伪造的证据或隐瞒了认定事实的关键证据，都会动摇仲裁庭认定的事实基础，也直接导致裁决结论失去了事实支撑。故一旦人民法院认定伪造或隐瞒证据的主张成立，事实上推翻了仲裁庭认定的全部或部分案件事实，实际上是对仲裁案件作了实体审查，这与目前国际通行的法院只对仲裁案件作程序审查的原则是背道而驰的，也违背了仲裁一裁终局的原则。因上述问题的存在，导致不同法院和不同案件经办人对证据的处理不一，采信与否没有明确的标准，对仲裁司法审查和介入的“度”有不同的认识，导致案结事不了，不能有效发挥仲裁司法审查定纷止争的功能。

（四）仲裁和法院司法审查机制衔接不顺畅

仲裁作为与诉讼平行的纠纷解决方式，对分流法院的诉讼压力，及时化解民商事领域的纠纷，发挥了重要作用。但现实情况是，由于仲裁实行自愿原则，部分当事人在纠纷发生后，由于对仲裁制度缺乏了解，动辄提起仲裁司法审查程序。还有部分当事人恶意利用仲裁司法审查程序，企图拖延或规避仲裁案件的审理或裁决的执行，导致近年来人民法院受理的仲裁司法审查案件日益增多。而现行人民法院和仲裁委员会之间对仲裁司法审查问题缺乏明晰的沟通衔接机制，双方对部分案件在实体裁判标准方面也存在差异，既不利于发挥仲裁解决纠纷高效便捷的优点，也影响了纠纷解决的实效。

首先，仲裁委员会与人民法院缺乏制度化的沟通协调管道。目前仲裁委员会与人民法院之间并无制度化的沟通协助安排。人民法院在受理当事人提出的仲裁司法申请后，认为需要调阅仲裁委的卷宗的，需专文发函给仲裁委，即使在同城之间，也要耗时一个多月才能调到仲裁委的卷宗。《仲裁法》第六十条规定，人民法院在受理撤裁申请后，应在受理之日起两个月内作出撤销或驳回的裁定。调卷耗时长，严重影响了人民法院对案件审理的效率。在申请确认仲裁协议效力案件中，部分申请人在向人民法院提起申请之前已向仲裁委提起了管辖异议申请，仲裁委已作出了决定后，该当事人又向人民法院提起申请，导致重复受理和审查；其次，仲裁裁决与司法审判的裁判标准不统一。目前绝大多数人民法院对不同类型案件都分由不同审判庭，由相对固定的合议庭予以审理，故对同类型案件裁判标准较为统一。而仲裁庭的仲裁员是由当事人选定或由仲裁委主任指定，且来自不同的领域，故对同类型案件，不仅不同仲裁庭作出的裁决标准不同，也与人民法院对同类型案件的判决差异较大，也由此影响了当事人服判息诉，常以仲裁员枉法裁决为由向人民法院申请撤销或不予执行仲裁裁决。

四、仲裁司法审查三大类案件存在的问题及对策

（一）关于仲裁协议效力异议理由的类型化分析

1. 以“没有仲裁协议”为由申请确认仲裁协议无效

根据《仲裁法》第二十条的规定，当事人对仲裁协议的效力有异议的，可以请求仲裁委员会做出决定或者请求人民法院做出裁定。根据该条规定，人民法院有权对仲裁协议的效力异议做出终局裁定。然而《仲裁法》及《〈仲裁法〉司法解释》均没有明确规定仲裁协议效力异议案件的审查范围，司

法实践中对如何解读上述规定中的“效力异议”的审查范围也未达成一致意见。在审判实践中，对于当事人之间没有达成仲裁协议或者仲裁协议没有对特定当事人发生法律效力这两项异议理由是否应在本阶段进行审理存在较大争议。课题组则认为，当事人以不存在仲裁协议或仲裁协议未对其发生法律效力为由对仲裁协议效力提出异议，原则上不属于仲裁协议效力异议案件的司法审查范围。

《仲裁法》第十六条规定了仲裁协议的形式要件和应当具备的内容，即仲裁协议必须采用书面形式，且具有请求仲裁的意思表示、仲裁事项和选定的仲裁委员会。该法第十七条则通过列举仲裁协议的三种无效情形，明确了仲裁事项需具备可仲裁性、签订主体具有完全民事行为能力、仲裁条款必须是签订各方的真实意思表示。同时《〈仲裁法〉司法解释》进一步针对上述仲裁协议的要件作出了有利于确认仲裁协议有效的规定。在民法理论体系中，法律行为的成立和生效有着严格的区分。法律行为成立与否，主要是看是否存在完整的意思表示，如果是双方法律行为则需要意思表示一致，多方法律行为（合同行为）则需要数个意思表示一致。法律行为的生效则是指法律赋予已经成立的法律行为以预期的法律效果。这通常需要法律行为在主体、内容、意思表示的自主程度等方面符合一定条件。《仲裁法》第十七条、第十八条[①]的规定就是从这些角度出发的。因此，在学理上来说，对仲裁协议的效力有异议，与对仲裁协议的成立有异议完全不同。当事人所提异议应围绕《仲裁法》及其司法解释规定的上述效力要件提出。

有观点认为，判断是否存在仲裁协议是判断仲裁协议是否有效的前提，根据《仲裁法》第四条、第五条[②]的规定，当事人没有仲裁协议，一方申请仲裁，仲裁委员会不予受理。若已达成仲裁协议，又向人民法院起诉的，人民法院不予受理，但仲裁协议无效的除外。同时《仲裁法》第五十八条第一款第一项规定，当事人可以“没有仲裁协议”为由申请撤销仲裁裁决。《仲裁法》第四条中的“当事人没有仲裁协议”与该法第五十八条规定的“没有仲裁协议”应作不同解释。前者应是指当事人将争议提交仲裁，但其提交的合同中没有签订书面的仲裁条款或者未能提交单独的书面仲裁协议。而后者是指当事人没有达成仲裁协议，仲裁协议被认定无效或者被撤销的，

① 《仲裁法》第十八条规定：仲裁协议对仲裁事项或者仲裁委员会没有约定或者约定不明确的，当事人可以补充协议；达不成补充协议的，仲裁协议无效。

② 《仲裁法》第四条规定：当事人采用仲裁方式解决纠纷，应当双方自愿，达成仲裁协议。没有仲裁协议，一方申请仲裁的，仲裁委员会不予受理。第五条规定：当事人达成仲裁协议，一方向人民法院起诉的，人民法院不予受理，但仲裁协议无效的除外。

视为没有仲裁协议。[①]由此可见，《仲裁法》第五十八条所规定的“没有仲裁协议”所涵括的范围远大于仲裁协议被认定无效的情形。有效的仲裁协议是仲裁庭行使管辖权的基石，但是仲裁协议效力异议的范围与仲裁庭管辖权异议范围并非完全重合，而且后者的范围远广于前者，影响仲裁庭管辖权因素不仅包括与仲裁协议有关的因素，还包括与案件相关的实体因素。例如是否存在争议，争议事项是否属于仲裁协议的范围就不属于对仲裁协议效力异议的范围。立法上将此分别纳入不同的审查程序，理由在于其中对于仲裁协议效力的审查规定当事人可以依照《仲裁法》第二十条的规定，申请人民法院进行事前审查，而对于影响仲裁庭管辖权的因素属于事后审查的内容，规定当事人通过申请撤销或者不予执行仲裁裁决的事后审查程序寻求救济。

仲裁协议的有无是否应在申请确认仲裁协议效力阶段进行审查，还涉及如何认定当事人对争议提交仲裁的意思表示是否真实。众所周知，仲裁司法审查秉持程序性审查原则。然而审判实践中，探究当事人的意思表示是否一致、真实，则必然会牵涉到对案件实体问题的审查。以（2012）穗中法仲异字第57号案为例，某化工公司因与某纺织公司产生货物买卖合同

① 《〈仲裁法〉司法解释》第十八条规定：《仲裁法》第五十八条第一款第一项规定的“没有仲裁协议”是指当事人没有达成仲裁协议。仲裁协议被认定无效或者被撤销的，视为没有仲裁协议。

纠纷，依照有该某纺织公司员工签章的涉案送货单及提货单上所载仲裁条款向广州仲裁委员会提起仲裁。某纺织公司则认为该送货单及提货单上没有公司盖章确认，故双方未达成仲裁协议，以此为由向法院申请确认该仲裁条款无效。审查该案仲裁条款是否为双方真实一致的意思表示，则必须结合实际案情审查某纺织公司员工盖章行为是否合法有效，并且该审查直接涉及合同关系是否成立。法院认为，根据《仲裁法》第二十条的规定，法院只对仲裁协议的有效与否作出审查和认定。本案中，某纺织公司虽然提出仲裁协议效力异议申请，但其申请事项实质上是要求确认其与某化工公司之间并未达成仲裁协议，该申请不属于仲裁协议效力异议案件的审查范围，故对其申请应予驳回。课题组认为，法院针对该类案件所做的驳回申请的裁定，并未就仲裁协议的效力作出实质性认定，也未实际剥夺当事人在仲裁程序中对仲裁庭案件提出管辖权异议的权利，因此当事人可以根据《仲裁法》第二十条的规定在仲裁程序中向仲裁委员会提出管辖权异议。

2．主合同与从合同之间争议解决条款的适用关系

广州中院近三年来受理数个关联合同的争议解决条款适用关系的仲裁司法审查案件逐渐增多，特别是建筑合同、借款合同、房屋买卖合同等商事纠纷，而且这些合同多为格式合同，同一仲裁案件纠纷中存在数个关联合同且多方当事人与仲裁裁决均有密切联系，但未必所有合同或文件均对争议解决方式作

出书面约定。其中比较典型且突出的问题是主合同与从合同之间争议解决条款的适用关系如何解决。

从仲裁协议效力理论来看，只有签订书面仲裁协议的双方当事人可以成为仲裁当事人。仲裁协议的效力基础是签订各方的仲裁合意，这也确定了仲裁协议仅对签订书面仲裁协议的当事人具有约束力，从而将仲裁程序中的当事人限定在仲裁协议签订主体的范围内。针对主合同与从合同争议解决条款的适用关系，《〈仲裁法〉司法解释》第十一条第一款①规定，一合同的仲裁条款要适用于其他合同，应当要在其他合同中以书面约定的方式明示，即书面要件和仲裁合意并重。由于从合同对主合同具有从属性，在从合同没有明确约定的前提下，是否能因此扩充主合同中争议解决方式对从合同当事人的效力？

针对以上问题，课题组认为应当区分不同情形处理。第一种情形是主合同和从合同的当事人并不完全一致，对于非仲裁合同当事人或者非仲裁合同权利义务承受人，不能因从合同对主合同的从属性而扩充主合同仲裁条款的适用范围。例如某案中银行及债务人签订的综合授信合同、银行及其他保证人就该借款合同签订的保证合同均约定了有效的仲裁条款，但其与债务人签订的该综合授信合同项下的融资协议则约定争议解决方式为诉讼。银行也依据保证合同和融资协议的约定分别将争议

① 根据该款规定，合同约定解决争议适用其他合同、文件中的有效仲裁条款的，发生合同争议时，当事人应当按照该仲裁条款提请仲裁。

提交仲裁委员会和法院解决后，保证人以保证合同约定的仲裁条款与融资协议约定的争议解决方式存在冲突为由主张保证合同的仲裁条款无效。最终法院以保证合同约定的仲裁条款不存在无效情形为由驳回了申请。①

第二种情形是两个合同主体一致，主合同中的仲裁条款是否必然对从合同具有约束力，若从合同约定的争议解决方式与主合同不一致甚至存在冲突，从合同的争议解决方式条款是否必然无效？课题组则认为，即使从合同对主合同具有从属性且两个合同主体一致，但是仲裁合意具有相对性特征。在此基础上，合同中存在的仲裁意思表示与合同实体权利义务的意思表示相对独立，主合同的仲裁条款若要对从合同发生效力，应当以明示的方式并入从合同。甚至有观点认为，从合同引述主合同的仲裁条款还应仔细区分是否为概括性引述，如果本合同中有关的概括性并入条款属于格式合同，则当事人应尽特别明显的提醒说明义务。这在提单的概括性约定能否发生租约中的仲裁条款并入的争议中尤其常见。考虑提单的独立性和流通性，最高人民法院在“（2013）民四他字第1号就《关于连云港祥顺矿产资源有限公司与尤格兰航运有限公司海上货物运输合同纠纷管辖权异议一案的请示》”的复函中对提醒义务做出了更严格的解释：“尽管提单背面约定了租船合同中的仲裁条款并

① 参见（2014）穗中法仲异字第35号民事裁定书。

入提单，但提单背面并入条款的约定不产生约束提单持有人的效力。”① 因此，主合同已约定仲裁条款，而从合同约定争议解决方式为诉讼，即使存在法院判决与仲裁裁定结果不一致的风险，但是从尊重当事人的意思自治原则出发，不应以此认定从合同的争议解决条款无效。

3．仲裁委员会的选定

仲裁组织形式分为机构仲裁和临时仲裁两种，前者指常设仲裁机构，我国称为仲裁委员会；后者指由当事人选定仲裁员组成临时仲裁庭，仲裁庭在作出仲裁裁决后即自行解散。由于我国《仲裁法》规定选定的仲裁委员会是仲裁协议的必备内容之一，因此排除了临时仲裁这一形式。当事人以仲裁机构没有约定或约定不明为由主张仲裁协议无效是常见的异议理由之一，常见异议情形包括：仲裁协议中仅约定仲裁地、或仲裁规则、约定的仲裁机构名称与实际注册成立的仲裁机构名称不一致、仲裁机构的名称或组织在仲裁程序中发生变更等。

1994 年颁布实施的《仲裁法》关于仲裁委员会的选定并没有详细规定，2006 年《〈仲裁法〉司法解释》则针对上述提到的仲裁机构约定不明的情形做出了比较详细充分的规

---

① 丁广宇：《适用其他合同全部条款的概括约定不具有仲裁协议并入的效力》，载于《人民司法·案例》2015 年 8 月刊，第 62 页。

定[①]。例如，只要根据仲裁地或仲裁规则能确定唯一的仲裁机构，即可视为已经选定仲裁机构。关于仲裁委员会的选定问题，《仲裁法》及司法解释的相关规定表明，原则上对仲裁委员会选择必须明确且唯一，对仲裁委员会约定不明或没有约定的，允许当事人通过协议就仲裁委员会的选定达成新的一致意见。上述规定反映了仲裁协议的效力基础是当事人一致真实意思表示这一原则，因此实践中应审查当事人关于仲裁委员会的意思表示是否真实、一致，并且从尊重仲裁并尽量使之行之有效的角度出发，只要能从合同文义或交易背景推定或判断出当事人选择仲裁委员会的一致合意，仍认定仲裁委员会的选定是唯一且明确的。比如，当事人约定“由广州市仲裁委员会仲裁”，尽管“广州市仲裁委员会”并不存在，但从合同文意可以判断出当事人是选择由广州仲裁委员会仲裁，仍认定仲裁协议已约定明确的仲裁机构。二是对于仲裁机构的选定，还要考虑到特定历史背景下的仲裁机构的变更历史，是否为合法登记的仲裁机构，以此判定当事人选定的仲裁机构。

4. 仲裁协议对签订主体资格变化后的效力

仲裁实践中，当事人并非一成不变，如自然人死亡、法人合并、解散等，都会导致仲裁当事人的变更。《〈仲裁法〉司法解释》第 8 条规定：“当事人订立仲裁协议后合并、分立

---

① 关于仲裁委员会的规定详见《〈仲裁法〉司法解释》第三、四、五、六条。

的，仲裁协议对其权利义务的继受人有效。当事人订立仲裁协议后死亡，仲裁协议对承继其仲裁事项中的权利义务的继承人有效。前两款规定情形，当事人订立仲裁协议时另有约定的除外。”第 9 条规定：“债权债务全部或者部分转让的，仲裁协议对受让人有效，但当事人另有约定、在受让债权债务时受让人明确反对或者不知有单独仲裁协议的除外。”可以说，无论是企业法人的合并、分立，自然人的死亡，还是债权债务的转让，其涉及的都是权利义务的继受。从前面的规定来看，对于以上情形仲裁协议对权利义务继受者的效力，最高人民法院都采取了原则上肯定的态度，只是为了体现对当事人意思自治的尊重，同时给予订立仲裁协议的当事人作出特别约定的权利。①

然而《〈仲裁法〉司法解释》第 8 条仅规定了当事人为自然人死亡后，仲裁协议对其继承人的效力范围，并没有解决当事人作为法人组织在主体资格消失后，其权利义务继承人是否仍受仲裁协议约束的问题。基于鼓励仲裁、仲裁效率性的考虑，有部分学者则认为，仲裁协议效力可以在有限条件下突破，一是对我国仲裁法所规定的书面形式要件的突破，为使争议通过仲裁程序迅速获得解决，而尽可能排除对仲裁协议书面形式的限制是仲裁协议效力扩张的重要基础。只要当事人的仲

---

① 张筱锴：《仲裁协议在一方当事人注销后的效力认定》，载于《仲裁研究》第 39 辑。

裁合意能通过书面的及当事人的行为等证据得到证实，即符合仲裁协议的“书面”要求。另一方面是对仲裁协议主体的突破，即仲裁协议也可对从主合同中直接获益的第三方产生效力。按照第三方受益人原则，只有当第三方所受利益在合同中明确约定，且该利益符合合同当事人的意图，且仲裁条款允许效力扩张至第三人时，仲裁条款才能凭借第三方受益人原理而约束协议的非签字方。[①] 上述理论实际上将仲裁协议的当事人范围已经做出扩大解释，课题组认为，签订仲裁协议的当事人被注销登记或破产清算的，仲裁协议对其股东或清算组织具有约束力。

（二）申请撤销/不予执行仲裁裁决案件若干实务问题分析

申请撤销或不予执行仲裁裁决是仲裁司法审查工作的重要内容，审查结果直接影响仲裁裁决的法律效力是否能继续得以存在。一般而言，当事人向法院申请撤销或不予执行仲裁裁决申请，通常不仅限于对仲裁程序的异议，绝大多数理由都是针对案件事实或法律适用问题提出。人民法院在审查撤销或不予执行仲裁裁决案件时，只作程序审查，而不审查实体，2012年《民事诉讼法》对不予执行仲裁裁决情形所做修订进一步确立了以审查仲裁程序为主的原则。通过分析 2012－2014 年

---

① 王璨著：《论仲裁协议效力对非签字方的效力》，外交学院2015届硕士研究生学位论文，2015 年 6 月 3 日，第 12 页。

广州中院对申请撤销或不予执行的裁定可以发现，法院对于仲裁案件的实体审查干预越来越少，并从鼓励仲裁的角度出发尽量尊重仲裁庭的认定。人民法院分别依据《仲裁法》第五十八条[①]和《民事诉讼法》第二百三十七条[②]审查仲裁裁决是否存在可予撤销或不予执行的情形。由于这两项审查范围及标准

---

① 《仲裁法》第五十八条：当事人提出证据证明裁决有下列情形之一的，可以向仲裁委员会所在地的中级人民法院申请撤销裁决：（一）没有仲裁协议的；（二）裁决的事项不属于仲裁协议的范围或者仲裁委员会无权仲裁的；（三）仲裁庭的组成或者仲裁的程序违反法定程序的；（四）裁决所根据的证据是伪造的；（五）对方当事人隐瞒了足以影响公正裁决的证据的；（六）仲裁员在仲裁该案时有索贿受贿、徇私舞弊、枉法裁决行为的。人民法院经组成合议庭审查核实裁决有前款规定情形之一的，应当裁定撤销。人民法院认定该裁决违背社会公共利益的，应当裁定撤销。

② 《民事诉讼法》第二百三十七条：对依法设立的仲裁机构的裁决，一方当事人不履行的，对方当事人可以向有管辖权的人民法院申请执行。受申请的人民法院应当执行。被申请人提出证据证明仲裁裁决有下列情形之一的，经人民法院组成合议庭审查核实，裁定不予执行：（一）当事人在合同中没有订有仲裁条款或者事后没有达成书面仲裁协议的；（二）裁决的事项不属于仲裁协议的范围或者仲裁机构无权仲裁的；（三）仲裁庭的组成或者仲裁的程序违反法定程序的；（四）裁决所根据的证据是伪造的；（五）对方当事人向仲裁机构隐瞒了足以影响公正裁决的证据的；（六）仲裁员在仲裁该案时有贪污受贿、徇私舞弊、枉法裁决行为的。人民法院认定执行该裁决违背社会公共利益的，裁定不予执行。裁定书应当送达双方当事人和仲裁机构。仲裁裁决被人民法院裁定不予执行的，当事人可以根据双方达成的书面仲裁协议重新申请仲裁，也可以向人民法院起诉。

基本一致，故本部分将审查申请撤销和不予执行仲裁裁决的理由合并进行分析探讨。

1. 以“没有仲裁协议”为由否定仲裁裁决的效力

《仲裁法》第五十八条规定的“没有仲裁协议”包括仲裁协议无效和被撤销两种情形，同时《〈仲裁法〉司法解释》第十三条又规定：“依照仲裁法第二十条第二款的规定，当事人在仲裁庭首次开庭前没有对仲裁协议的效力提出异议，而后向人民法院申请确认仲裁协议无效的，人民法院不予受理。”这从一定程度上限制了当事人滥用仲裁司法审查机制达到拖延仲裁的目的。然而审判实践中，常常存在当事人没有在仲裁程序中提出管辖权异议，而后又在申请撤销仲裁裁决阶段以没有仲裁协议为由试图否定仲裁裁决的情形。当事人没有在法定时间内提出仲裁协议效力或管辖权异议，是否必然导致当事人对仲裁协议效力的默示承认，在审判实践中尚是法律空白和难点。

“没有仲裁协议”不仅包括仲裁协议是否有效，还应包括是否存在仲裁协议，仲裁协议是否对特定当事人发生效力的情形。当事人在仲裁程序中放弃管辖权异议，并不能得出当事人受仲裁协议约束的结论。如果当事人之间根本不存在书面的仲裁协议或者仲裁的意思表示，即使当事人没有在仲裁程序中提出管辖权异议，法院也不能违反《仲裁法》的相关规定认定仲裁庭管辖权成立。我国仲裁相关法律及司法解释并未规定可以通过默示方式承认仲裁协议效力，书面形式仍然是仲裁协议的有效要件。即使在对书面要件逐渐作扩大解释的今天，当事人之间没有任何书面形式的仲裁协议，仲裁委员会仍不得受理案件。其次，仲裁合意是仲裁协议效力的基础，放弃仲裁管辖权异议仅是一种程序性权利的丧失，并不意味着当事人之间就此达成一致的仲裁意思表示。如果仲裁协议不是当事人的真实意思表示，即使当事人没有在仲裁程序中提出管辖权异议，法院也可以不存在仲裁协议为由撤销仲裁裁决。以（2014）穗中法仲审字第106号案为例，当事人以其在保证合同上的签名为假为由申请撤销仲裁裁决，后经鉴定该合同上签名与当事人本人签名不一致，后法院认定保证合同中当事人的签名系伪造，各方当事人的仲裁意思表示不真实，不存在仲裁协议，并以此为由撤销仲裁裁决。

但是，当事人之间已经存在书面的仲裁协议，仲裁委员会经过初步审查后受理案件，而仲裁程序中当事人又没有提出异议的，后又以没有仲裁协议为由撤销仲裁裁决的申请不能成立，除非其有足够的证据证明该仲裁协议不是其真实意思表示。仲裁协议效力异议以及仲裁管辖权异议制度设立的意义在于，如果当事人认为双方之间不存在仲裁协议，在法律规定期限内，其完全可以向仲裁庭提出管辖权异议。权利应该及时行使才能被法律承认，也可从程序上防止当事人恶意拖延仲裁进程。从法理上看，承诺禁反言原则是对当事人滥用异议程序的一种约束。根据该原则，如果一方通过明示、默示、特定行为表明了他的立场，而相对方以及对他的立场产生了信赖，那么基于公平和信赖原则，该方不能因为个人私利改变立场或提出与该立场矛盾的主张。[①] 最高人民法院在《关于清华同方股份有限公司、清华同方光盘股份有限公司申请撤销（2002）贸仲裁字第0095号仲裁裁决一案的请示的复函》中就明确表示："本案中，清华同方光盘股份有限公司并非《赠与及相关领域合作合同》的当事人，《赠与及相关领域合作合同》中的仲裁条款对其并不当然产生约束力。但鱼谷由佳基于清华同方光盘股份有限公司承继了《赠与及相关领域合作合同》中的当事人清华大学光盘国家工程研究中心的权利义务，以清华同方光盘股份有限公司为被申请人提起仲裁，清华同方光盘股份有限公司作为当事人参加了仲裁，进行了实体答辩，且至仲裁庭最终作出仲裁裁决，其未就管辖权问题提出异议。根据上述事实以及《中国国际经济贸易仲裁委员会仲裁规则》第六条、第七条、第五十一条的规定，同时为了维护经济秩序稳定，减少当事人不必要的讼累，应该认定清华同方光盘股份有限公司接受了仲裁庭对本案的管辖，且其已丧失了再对仲裁庭管辖权提出异议的权利。"由此可见，在已经存在书面仲裁协议的前提下，当事人通过其参加仲裁程序的行为实际认可了仲裁庭的管辖权。有的观点甚至认为，如果当事人之间存在着不完整的仲

① 同见乔欣：《仲裁权论》，第162页。

裁协议或者仲裁的意思表示，而当事人又没有提出管辖权异议，可以认定仲裁协议已经通过当事人的行为得到补充和完善，法院不能以不存在仲裁协议为由撤销仲裁裁决。[①]

2．认定裁决所根据的证据是伪造的困境

课题组经过对广州中院近三年审结的申请撤销仲裁裁决案件统计分析，发现绝大部分以裁决所根据的证据是伪造为由申请撤销仲裁裁决的请求均被驳回。实际上，该项理由对当事人举证裁决所根据的证据是伪造的设定了严格的条件。同时由于立法上尚存的模糊地带，导致法院在认定本项撤裁理由成立要件时也存在着司法审查介入程度不同的认识分歧。

首先，该有争议的证据必须在仲裁庭开庭时经过质证，否则该证据不会被采信，也不能成为裁决的依据。除非当事人因送达或其他程序性原因未能发表质证意见，由于其已经在仲裁程序中针对有争议证据的真实性、合法性和关联性发表质证意见，这意味着当事人必须在司法审查程序中提供足够证据推翻或进一步力证其在仲裁程序对证据的真实性发表的意见。在某建材公司诉列某、李某、史某一案中，某建材公司提出，仲裁庭据以作出裁决所依据的《股东会议决议》与同日形成并在工商局作变更登记备案的《股东会决议》和《股份转让协议

① 王琼妮、宋连斌：《从案例看我国仲裁法上放弃仲裁管辖权异议的效力》，载《北京仲裁》第59辑，第130页。

书》的内容不一致，因此该《股东会决议》是伪造的。广州中院在审查后认为，该建材公司在仲裁程序中确认了该证据的真实性，因在本案中提交的证据不足以推翻其在仲裁过程中已确认的事实，故驳回其申请。①

其次，主张的一方当事人负有责任证明证据是伪造、变造或经过篡改的。一方主张对方在仲裁过程中提交并被仲裁庭采信的证据是伪造的，往往无明确证据证明，一般都是在人民法院受理后对另一方在仲裁案件中提交的证据提出鉴定申请，审判实践中人民法院对如何处理该鉴定申请存在分歧。课题组则认为，仲裁司法审查程序作为对当事人在仲裁程序性权利受损的司法救济，除非该当事人有法定原因未能参加仲裁程序，若当事人没有在仲裁过程中提出鉴定申请，这属于其怠于行使自身权利导致举证不能，因此可直接驳回对该种情形下的鉴定申请。还有一种情形是部分当事人在仲裁过程中已向仲裁庭提出鉴定申请，未被仲裁庭采纳，转而又向人民法院提出鉴定申请，导致案件处理的复杂化。在此情形下，课题组认为是否允许鉴定申请属于仲裁庭的自由裁定范围，人民法院对此不应做过多干涉，除非当事人在仲裁司法审查程序中提交的证据足以达到推翻该证据的真实性、合法性和关联性，否则应当驳回该申请。

---

① 参见（2014）穗中法仲审字第213号民事裁定书。

最后，该证据必须是仲裁庭所做裁决的依据，当事人必须举证证明该证据是仲裁庭认定事实的根据。一般而言，当事人为达到胜诉的目的，在仲裁程序上提交的证据都与案件有关，因此当事人所主张的有争议证据是否与案件裁决关联性比较容易判断。但是，该证据是否是仲裁庭认定事实的根据，就要求法官进一步认定证据的关联性及对案件事实的查明，而这实际上无可避免会涉及对案件实体问题的审查，并且由于这种主观性的判断容易产生与仲裁庭对事实的认定存在不一致，因此在实际审理中，在当事人未能举证有争议证据是伪造的前提下，通常会认为仲裁庭是否将该证据作为裁决的根据属于仲裁庭自裁范围，应由仲裁庭根据仲裁规则进行认证。

3. 如何认定当事人是否隐瞒了足以影响公正裁决的证据

根据课题组对广州中院近三年审理的仲裁司法审查案件数据统计显示，一方当事人以当事人隐瞒了足以影响公正裁决的证据为由申请撤销或不予执行仲裁裁决为 174 件，占比 28.67%，比例仅次于以仲裁程序违反法定程序（42%）这一申请理由。但是 2012 –2014 年度以该项理由成功撤销或不予执行仲裁裁决的案件仅有 4 件[①]，由此可见人民法院对该项理由成立的司法审查十分严格。一方当事人要证明对方当事人隐

① （2012）穗中法仲审字第 85 号、（2012）穗中法仲审字第 86 号、（2013）穗中法仲审字第 104 号、（2013）穗中法仲审字第 123 号。

瞒了足以影响公正裁决的证据，一般认为该情形应该符合以下要件：一是该有争议证据仅为对方当事人持有，主张异议一方当事人不能通过其他途径取得；二是主张异议一方当事人应举证证实对方当事人有隐瞒的主观故意和行为；三是该有争议证据足以影响裁决的公正性，即直接影响事实的查明和裁决的结果。

以上要件表明人民法院审查当事人是否隐瞒了足以影响公正裁决的证据，既包括了程序性审查，也涉及对案件实体问题的审查，这也导致了司法监督陷入了认定上的困难。首先，当事人是否具有隐瞒证据的故意和行为，前提是该当事人对某一法律事实具有举证义务。但是当事人不负有证明对己不利事实的义务，若持有相关证据而未提交，也不应视为“隐瞒证据”，除非仲裁庭依职权或当事人申请责成另一方当事人提交相应证据。若仲裁庭认为该证据与本案事实查明没有关联性而不予调查，但法院司法审查认为与案件事实认定有直接影响，是否可以直接认定持有该证据当事人隐瞒证据行为成立；其次，判断有争议的证据是否足以影响公正裁决，具有很大的不确定性，其本质是赋予了法官对证据结果进行判定的自由裁量权，也是对仲裁庭实体审理的审查。[①] 这与目前国际通行的法院只对仲裁案件作程序审查的原则是背道而驰的，也违背了仲裁一裁终局的原则；再次，若主张异议一方当事人已参加仲裁程序，但在司法审查程序才提出证据证明对方当事人隐瞒了证据，人民法院是否予以审查？以（2012）穗中法仲审字第86号案为例，主张异议一方当事人在仲裁中提出了反请求，进行了举证，参与了仲裁案件的审理，但在司法审查程序才提交证据，法院经审查后认为主张异议一方当事人所提证据确实能证实对方当事人向仲裁庭隐瞒了足以影响公正裁决的证据，故最后支持了其主张。但是从该案的仲裁过程来看，虽然仲裁的处理结果存在实体不公，却是由于主张异议一方当事人怠于举证造成，其在司法审查程序提交的证据也完全有能力在仲裁程序中提交。法院在司法审查过程中为了实体正义干预仲裁与严格程序审查的原则虽不相符，但由于当事人在司法审查程序提交的证据也已经达到足以证实对方当事人向仲裁庭隐瞒了足以影响公正裁决的证据的程度，不予以采信则不能纠正仲裁裁决的错误。由此可见，在现行法律框架下审查对方当事人是否隐瞒了足以影响公正裁决的证据，牵涉到实体审查与程序审查的价

---

① 吴慧琼：《仲裁司法审查中伪造、隐瞒证据的构成要件探析—兼谈新（民事诉讼法）对仲裁司法审查的影响》，载《仲裁研究》第三十三辑，第83页。

值冲突。虽然人民法院仍坚持适度审查原则，但是正如上述案例所示，审查被隐瞒证据是否足以影响公正裁决，必然牵涉到部分实体问题，而且是关键事实的认定问题，结果却是造成了仲裁司法审查程序变相为人民法院的二审程序，未能真正体现仲裁的终局性和效率性。

4. 以仲裁庭的组成或者仲裁的程序违反法定程序为由申请撤销仲裁裁决

以仲裁庭的组成或者仲裁的程序违反法定程序为由申请撤销仲裁裁决在所有申请撤销仲裁裁决的理由中最为常见。2012—2014 年度仲裁裁决因此被撤销的共有 23 件，争议焦点主要集中在送达程序、质证程序、仲裁员信息披露以及仲裁适用程序错误等方面。

（1）仲裁员信息披露不完整。

以仲裁庭的组成违反法定程序为由申请撤销或不予执行仲裁裁决的案件近三年来陆续增多，争议主要集中在于仲裁员的信息披露问题，为确保仲裁员公正性和独立性，绝大部分仲裁机构制定的仲裁规则均要求仲裁员负有信息披露的义务。[①] 我

---

① 如广州仲裁委员会仲裁规则第三十二条“仲裁员信息披露”规定：（一）被选定或者制定的仲裁员应当签署保证独立、公正仲裁的声明书；（二）仲裁员知悉与案件当事人或代理人存在可能导致当事人对其公正性和独立性产生合理怀疑情形的，应当向当事人书面披露或者当庭披露。

国《仲裁法》第三十四条[①]也规定了仲裁员的回避情形。虽然《仲裁法》及仲裁规则规定了仲裁员具有信息披露义务，但对于仲裁规则和《仲裁法》均没有对仲裁员应予披露的具体情形作出规定，仲裁员名册也仅对仲裁员的基本信息作出披露，这造成很多当事人是在仲裁开庭或者裁决作出后才了解到仲裁员可能存在应予回避的情形而未能在仲裁程序中申请回避。因此即使当事人在仲裁开庭笔录中确认不申请仲裁员回避，只要当事人能提供充分的证据证明，仲裁员确实与案件当事人、代理人或者案件争议焦点存在可能影响公正裁决的关系，其对仲裁员的公正性和独立性产生的怀疑是合理的，人民法院也予以审查。

（2）“违反法定程序”的范围探讨。

根据《〈仲裁法〉司法解释》第二十条的规定，《仲裁法》第五十八条规定的“违反法定程序”，是指违反《仲裁法》规定的仲裁程序和当事人选择的仲裁规则可能影响案件正确裁决的情形。此条规定将“违反法定程序”的范围限制在违反仲裁法规定的仲裁程序和仲裁规则，并且该程序性违反

---

① 《仲裁法》第三十四条规定：仲裁员有下列情形之一的，必须回避，当事人也有权提出回避申请：（一）是本案当事人或者当事人、代理人的近亲属；（二）与本案有利害关系；（三）与本案当事人、代理人有其他关系，可能影响公正仲裁的；（四）私自会见当事人、代理人，或者接受当事人、代理人的请客送礼的。

事由已实质影响了裁决的公正性。这表明对程序上有瑕疵但是并未实质影响裁决结果的仲裁裁决，人民法院按照尽量使仲裁裁决行之有效的原则还是予以支持的。

然而，近三年的审判实践出现了一种新的情形，即法院在仲裁裁决司法审查时，从普通民事诉讼程序角度出发，申请人的异议理由确实存在影响案件正确裁决，并且从民事诉讼程序法来看应属于违法程序的情形，但是从《仲裁法》和仲裁规则角度出发，则不存在规定的违反法定程序情形。在（2014）穗中法仲审字第188号案中，某纺织公司与案外人某供销公司共同作为合同的甲方与乙方某投资公司共同签订《合作开发房地产协议》，后三方又签订《合作开发房地产补充协议》。后某投资公司依据上述合同仲裁条款提起仲裁，仅将某纺织公司列为仲裁被申请人。某纺织公司在仲裁程序中已向仲裁庭申请追加案外人某供销公司作为当事人参加仲裁程序，被仲裁庭以某投资公司单独向某纺织公司提起仲裁，属于其自身的权利，以及某供销公司并未向某投资公司提出异议或与某纺织公司存在争议为由驳回其申请。某纺织公司再次以相同理由向法院申请撤销仲裁裁决，法院经查明事实后则认为，某供销公司系共同作为合作合同的一方，依法应当参加仲裁程序。仲裁庭未予同意追加某供销公司参加仲裁的申请，侵害了作为合同共同主体供销公司参加仲裁程序的法定权利，因此裁定撤销涉案仲裁裁决。[①] 再如某房地产公司与黄某等系列撤销仲裁裁决案[②]中，法院撤销仲裁裁决的理由之一即为案件审理适用简易程序并不正确，应当适用普通程序，理由是系列案仲裁请求虽是要求某房地产公司协助办理房产证，没有争议金额，但因涉及多套房屋及商品房预售合同备案登记的行政诉讼，所涉法律关系复杂，仲裁庭亦认为该仲裁案件因双方当事人争议较大需延期审理，故法院认定仲裁庭适用简易程序错误，仲裁程序存在违反法定程序情形并可能影响公正裁决并以此撤销仲裁裁决。

从上述案例可以看出，法院在审查仲裁程序是否违法时，面临追求实质正义与恪守适度审查原则的两难境地，一方面，法律关于“违反法定程序”实际上没有明确的指引，法院审查会出现过分干预仲裁的情形。仲裁庭是按照仲裁规则决定是否追加第三人以及是否适用简易程序，属于其自裁范围。以（2014）穗中法仲审字第188号案为例，《仲裁法》没有关于追加第三人的制度，本案仲裁时适用的广州仲裁委员会仲裁规则也没有追加第三人的规定，民事诉讼中的追加第三人制度是否应当在仲裁予以体现尚存争议。但是另一方面，从民事诉讼法的规定来看，仲裁庭的上述决定确实不利于案件事实查明，可能影响案件公正裁决。若仲裁庭未追加合同的另一主体，就属于遗漏诉讼主体，剥夺了该主体的诉讼权利，不利于案件事

① 参见（2014）穗中法仲审字第188号案民事裁定书。

② 参见（2012）穗中法仲审字第88－107号案民事裁定书。

实的查清，并可能损害案外人的合法权利。另外值得注意的是，以上裁决体现出来的法院态度会促使仲裁进一步完善其仲裁程序，如广州仲裁委员会在其2015 年 10 月 1 日起施行的仲裁规则第二十三条、第二十四条就新增了案外人加入仲裁程序的条款。

（3）仲裁送达方式存争议。

仲裁文书的送达，关系到当事人参与仲裁的程序权利和实体权利，与我国《民事诉讼法》规定的送达方式不同，仲裁程序中仲裁文书的送达不存在需穷尽所有方法送达当事人的强制性要求。一般认为，仲裁当事人对仲裁程序中的送达程序有约定的，适用约定；没有约定的，按照仲裁规则的规定送达。以广州仲裁委员会制定的仲裁规则为例，当事人合同中约定了送达地址的，仲裁文书邮寄至该地址，即视为送达。[①] 因此，对于当事人没有接到仲裁适当的通知这一抗辩理由，牵涉到的主要问题是如何判断仲裁庭的通知是否“恰当”。然而广州仲裁委员会《仲裁规则》第七十三条送达篇规定的部分视为送达的情形不合理，如该条第（二）项“如本会或者对方当事人经合理查询仍不能找到受送达人的营业地点、惯常住所或者通信地址而以挂号信或能提供投递记录的其他任何手段送达给受送达人最后一个为人所知的营业地、注册地、住所地、惯常

---

① 《中国广州仲裁委员会仲裁规则》（2015 年10 月1 日起施行）第四十九条第（二）款规定：“当事人未向本会确认自己的送达地址的，以合同中约定的送达地址送达。仲裁文书邮寄至该地址，即为送达。”

居住地或通讯地址，即视为已经送达”，实践中出现过当事人早已搬离最后为人所知的地址，按此地址邮寄送达，显然不能真正送达。而且根据该条第（十）项“仲裁文书在第一次邮寄受送达人成功的，在之后的程序中邮寄同一地址无人签收或者拒绝签收的，不适用公告送达”，该种情形又不适用公告送达。显然，此种仲裁送达方式对当事人而言极为不合理。

5. 重新仲裁制度适用范围的突破

重新仲裁制度属于撤销仲裁裁决司法审查程序中的一个程序，目的在于纠正原仲裁中存在的瑕疵。我国关于重新仲裁制度的规定主要是《仲裁法》第六十一条①以及仲裁法司法解释第二十一至二十三条②，需要特别指出的是以上法律规定都是

---

① 《仲裁法》第六十一条规定：“人民法院受理撤销裁决的申请后，认为可以由仲裁庭重新仲裁的，通知仲裁庭在一定期限内重新仲裁，并裁定中止撤销程序。仲裁庭拒绝重新仲裁的，人民法院应当裁定恢复撤销程序。”

② 《〈仲裁法〉司法解释》第二十一条规定：“当事人申请撤销国内仲裁裁决的案件属于下列情形之一的，人民法院可以依照仲裁法第六十一条的规定通知仲裁庭在一定期限内重新仲裁：（一）仲裁裁决所根据的证据是伪造的；（二）对方当事人隐瞒了足以影响公正裁决的证据的。人民法院应当在通知中说明要求重新仲裁的具体理由。”第二十二条规定：“仲裁庭在人民法院指定的期限内开始重新仲裁的，人民法院应当裁定终结撤销程序；未开始重新仲裁的，人民法院应当裁定恢复撤销程序。”第二十三条规定：“当事人对重新仲裁裁决不服的，可以在重新仲裁裁决书送达之日起六个月内依据仲裁法第五十八条规定向人民法院申请撤销。”

关于国内仲裁的重新仲裁制度，至于涉外仲裁，我国法律并没有对此进行规定。根据上述法律规定，我国重新仲裁制度是由人民法院启动，当事人不可以向法院申请，法院通知重新仲裁的同时中止撤销仲裁裁决程序，如果仲裁庭拒绝，人民法院将恢复撤销程序。审判实践中这种结果通常是人民法院撤销仲裁裁决。根据《〈仲裁法〉司法解释》第二十一条的规定，重新仲裁的启动事由仅仅是《仲裁法》第五十八条裁决撤销条件中的“裁决所依据的证据是伪造的”以及“对方当事人隐瞒了足以影响公正裁决的证据”，均属于实体性的证据问题。但是随着仲裁制度的发展，重新仲裁制度的作用也不应止于司法审查监督方面，实际上广州中院 2012－2014 年通知重新仲裁案件中，仅有 1 件是因为一方当事人隐瞒了足以影响公正裁决证据通知重新仲裁，1 件是因为仲裁庭遗漏当事人仲裁请求，剩余 8 件则是由于仲裁程序存在瑕疵被重新仲裁。这些程序性瑕疵包括送达瑕疵、遗漏仲裁请求、裁决书未记载某证据的质证意见等。以上数据反映审判实践中对于可纠正的程序性瑕疵，人民法院更倾向于选择通知仲裁庭重新仲裁。原因在于这些可纠正的程序性瑕疵并未实质影响裁决的公正性，并且基于仲裁的特点和尊重当事人意思的观点，应当按照当事人约定的仲裁庭组成方式重新仲裁，以此来弥补之前出现的程序瑕疵，维护一裁终局的效力。

（三）仲裁司法审查中发现的其他问题

1. 外部监督机制不足，内部纠错机制缺失

仲裁机构的法律性质定位是民间组织，在现有法律框架内，对于仲裁的外部监督只有中国仲裁协会的自律管理和法院对仲裁裁决的司法审查两种方式。具体而言，中国仲裁协会具有对仲裁委员会及其组成人员和仲裁员的违纪行为进行监督的权利。遗憾的是，《仲裁法》颁布实施至今将近十七年，中国仲裁协会却鲜为人知。据了解，中国仲裁协会仍处于筹备阶段，目前全国各地的仲裁机构只是由国务院法制办下属的仲裁协调司来对其工作进行协调，仍谈不上实质性的监督管理。而在裁决的审查方面，虽然法律规定了法院对仲裁活动实施司法审查的制度，赋予了法院对仲裁裁决进行干预和控制的权力，但如前所述，根据《仲裁法》尤其是新修订的《民事诉讼法》，法院对于仲裁裁决的司法审查仅仅限于程序审，对仲裁裁决在认定事实和适用法律方面存在问题和错误，法院往往无能为力，甚至无权过问。

更令人意外的是，在仲裁机构内部的自我纠错机制方面，当前的制度设计也是有缺陷的。从仲裁制度产生之日起，快捷、高效就一直被认为是仲裁有别于诉讼的优势所在。“一裁终局”则是这一优势的集中体现。但正是基于“一裁终局”的要求，对于一项仲裁裁决，只要其不存在程序违法和违背社

会公共利益的情形，那么不仅当事人无法对其提起上诉、申诉，检察机关无法对其进行抗诉，人民法院无法对其进行“提审”，就连仲裁机构本身，即便事后发现该项裁决是不公正的，或者实体处理上是有错误的，也无法通过相应的程序主动进行纠错。据长期从事仲裁司法审查案件审理的法官介绍，实践中就曾出现过当事人就某个仲裁裁决向该院申请撤销，仲裁委也派员联系该院确认其裁决有问题，并表示其自身缺乏相应的纠错机制，主动要求该院撤销其裁决，但由于该裁决不符合《仲裁法》规定的撤销情形，最后该院还是驳回了当事人的撤裁申请。

2. 部分仲裁案件并非当事人自由意志选择的结果

近三年，申请确认仲裁协议效力的案件持续增长，在审理中，课题组发现该类案件所涉合同中的仲裁条款多数是格式条款，是由一方以事先制定好的版本将纠纷解决方式固定为仲裁裁决，另一方并没有特别注意到该条款。这类案件目前以房屋中介合同、商品房买卖合同居多，这也是课题组审理的仲裁司法审查案件涉及与不动产相关的纠纷高达52.79%的原因。此外，在律师委托合同中也越来越多的出现将仲裁作为合同格式条款的现象。当事人在仲裁司法审查案件中往往反映，其在签订合同时并未了解仲裁条款的含义，亦并未就仲裁条款进行任何的磋商，只是被动地接受了该条款的约束。在当事人对仲裁条款含义不明的情况下，仲裁机构作出对其不利的裁决，极易引起其敌对情绪，产生信访风险。

3．部分当事人利用司法审查程序恶意拖延仲裁程序

在《民事诉讼法》没有对不予执行仲裁裁决的事由进行修改之前，即使仲裁法司法解释规定撤销和不予执行仲裁裁决的申请事由相同的不予受理，部分当事人仍可利用撤销仲裁裁决和不予执行仲裁裁决程序的启动事由不同，恶意利用这两种程序拖延仲裁裁决执行。在《民事诉讼法》2012 年经过修订后，部分当事人则改为利用仲裁协议异议和撤裁程序拖延仲裁程序。如佛山某某房地产开发有限公司与黄某等人商品房买卖合同纠纷仲裁系列案，佛山某某房地产开发有限公司在仲裁未开庭前向广州中院申请确认仲裁协议无效，立案共有 81 件，仲裁裁决作出后，又向法院申请撤销仲裁裁决共有系列案 70 件，两个仲裁司法审查程序中的当事人大部分均相同，前后两个程序耗时几乎长达五个月，大大减少了仲裁的效率性。而这些申请司法审查的理由均不足以构成对仲裁条款或仲裁裁决的挑战，例如其申请确认仲裁协议无效的理由是即使约定了仲裁条款，但因合同标的为不动产，因此应由不动产所在地法院管辖，就被法院以仲裁不实行级别管辖和地域管辖为由直接驳回。部分当事人滥用仲裁司法审查程序对仲裁的事前、事后监督，一方面减低仲裁的效率性，另一方面也浪费了司法资源，引发了另一方当事人对仲裁公正性的质疑。

五、完善我国仲裁司法审查制度的建议

（一）保留撤销和不予执行仲裁裁决制度，废除双轨制审查模式

1. 撤销和不予执行仲裁裁决制度存在的必要性

2012年《民事诉讼法》针对不予执行仲裁裁决的情形作出修订后，可以看出对国内仲裁裁决的撤销和不予执行制度在司法审查标准方面没有任何实质区别。因此有观点认为，由于这两种制度并存延长了仲裁裁决执行的期限，阻碍了当事人权利的及时实现，既然撤销仲裁裁决制度的情形已经可以涵盖不予执行的情形，则应当取消不予执行仲裁裁决的制度。也有观点认为，撤销仲裁裁决与不予执行仲裁裁决的两套程序都应当保留，但是当事人只能选择其一进行救济，尤其是申请撤销仲裁裁决后就不能再申请不予执行仲裁裁决。①

仲裁司法审查程序既是法院对仲裁的监督，也是仲裁当事人的权利救济程序。即使撤销与不予执行仲裁裁决制度的司法审查范围一致，这两种制度因其在不同阶段具备的功能不同而有其存在的必要性。从制度本身价值而言，仲裁裁决的撤销制度同时保护仲裁的双方当事人，也就是说，任何一方当事人认

---

① 奚晓明主编，最高人民法院民事诉讼法修改研究小组编著：《〈中华人民共和国民事诉讼法〉修改条文理解与使用》，人民法院出版社2012年版，第537—536页。

为仲裁裁决具备《仲裁法》第五十八条规定的条件，均可在法定期限内向仲裁机构所在地的中级人民法院申请撤销仲裁裁决，仲裁裁决一旦被撤销，裁决的效力即被彻底否决。而仲裁裁决不予执行主要是保护被申请执行人一方的权益，法院裁定不予执行仲裁裁决的，只是仲裁裁决的强制执行力被否决，但不影响仲裁裁决的其他效力。① 从保护当事人权利角度来看，司法实践中发现提起不予执行仲裁裁决中有相当一部分当事人没有收到仲裁委员会的仲裁通知，是在财产被执行时才知道仲裁案件且裁决已作出，不予执行仲裁裁决制度则成为其最后一道权利救济程序。另外，《民事诉讼法》（2012 修订）第二百三十七条及《〈仲裁法〉司法解释》第二十六条②的规定已经极大限制了当事人申请撤销和不予执行仲裁裁决的随意性，根据课题组统计的数据，同一当事人重复提起撤销和不予执行仲裁裁决申请的案例仅有 11 起，占两类案件收案总数比例仅为 1.3%，且其申请均被法院驳回。因此，撤销和不予执行仲裁裁决制度均有其功能和价值，均应保留。

---

① 潘志玉著：《仲裁裁决不予执行的救济程序和立法完善研究—兼论〈民事诉讼法〉第 225 条与第 237 条的适用和关系》，载《中国海洋大学学报》2014 年第 2 期，第 104 页。

② 该条规定："当事人向人民法院申请撤销仲裁裁决被驳回后，又在执行程序中以相同理由提出不予执行抗辩的，人民法院不予支持。"

2. 统一国内、涉外仲裁裁决司法审查标准

根据《民事诉讼法》（2012 修订）第二百七十四条的规定，涉外仲裁裁决不予执行的审查范围仅限于程序性审查，而从第四部分的分析可以看出，对国内仲裁裁决的审查是部分实体审查与程序性审查并重，对国内仲裁裁决与涉外仲裁裁决采取不同的审查标准已产生诸多矛盾，完全不能满足目前司法实践的需求。统一国内、涉外仲裁裁决的司法审查标准已成为目前大多数学者与实务届的共识。

首先，双轨制立法背景已发生变化。《民事诉讼法》及《仲裁法》对纯国内仲裁裁决及涉外仲裁裁决划分不同的司法审查范围是特定历史背景下的产物。《仲裁法》颁布初期我国国内仲裁机构内大部分仲裁员是由政府公务员担任，为了预防地方政府对国内仲裁裁决作出时有可能给予的行政压力，从而赋予当事人更多的司法救济权利，比较符合当时的经济发展现状。涉外仲裁机构数量比较少，不按行政区域划分来设置，受当地政府的行政影响较小，仲裁员的综合素质相对较高，从而在制度上能够与国际接轨，因此仅规定了对涉外仲裁裁决进行程序性审查；[①] 其次，从第一部分的数据分析来看，现时我国国内仲裁机构已得到充分发展，仲裁员的素质大幅度提高，越

---

① 贺晓翊著：《从双轨走向并轨：我国国内仲裁与涉外仲裁司法审查制度之反思与重构》，载《人民司法》2013 年 7 期。

来越多当事人选择将争议提交仲裁，表明仲裁裁决质量总体上得到当事人的肯定。另一方面，国内仲裁裁决和涉外仲裁裁决的司法审查标准不一，以及涉外仲裁裁决内部报告请示制度，实质造成了对国内仲裁案件当事人的不公平对待，也容易造成法院在对待类似案件出现同案不同判的情形。因此，有必要废除双轨制审查标准。

关于国内仲裁裁决和涉外仲裁裁决并轨后的司法审查标准，有的观点认为一律按涉外仲裁裁决的审查标准仅实行程序性审查①，有的则认为可由当事人协议选择是否实行全面审查或者程序性审查②。课题组认为国内、涉外仲裁裁决的司法审查标准统一后，应实行程序性审查原则，进一步提高仲裁裁决的终局性。从第二部分的分析也可以看出，对仲裁裁决的可撤销或不予执行情形实行程序性审查是目前国际上通行做法，也有利于减少当事人恶意利用仲裁司法审查程序拖延履行义务。

（二）尽快制定仲裁司法审查程序规定

1. 规范仲裁司法审查的审理程序

基于仲裁司法审查是对当事人因仲裁权行使不当的权利救

---

① 贺晓翊著：《从双轨走向并轨：我国国内仲裁与涉外仲裁司法审查制度之反思与重构》，载《人民司法》2013 年 7 期。

② 万鄂湘、于喜富：《再论司法与仲裁的关系——关于法院应否监督仲裁实体内容的立法与实践模式及理论思考》，《法学评论》2004 年第 3 期。

济程序，因此仲裁司法审查程序从本质上不同于普通民事诉讼程序，与《民事诉讼法》第十五章规定的“特别程序”也存在差异。基于上文对仲裁司法审查的审理程序的现状分析，虽然《〈仲裁法〉司法解释》规定了法院以询问的方式审理仲异及仲审案件，但是上述数据显示，参照听证或者二审庭询方式审理的案件所占比例更高。原因在于：一是听证或者二审庭询方式有利于法官充分听取各方当事人的意见；二是由于仲审及执仲案件涉及部分实体审查，因此听证及二审庭询方式为当事人提供举证、质证等程序性保障，便于法官依据双方提供的证据进行审理和裁判。

然而二审庭询程序是建立在一审法院已经对全案事实基本查明的基础之上，并且是以实体审理为主的审理程序，由此可见二审庭询程序对案件的介入程度更深，而根据仲裁司法审查所秉持的有限审查原则要求，适用二审庭询程序审理并不符合现今支持仲裁、发展仲裁的理念。对此课题组建议，仲裁司法审查的法庭审理程序可参照听证程序，并同时保障当事人充分举证、质证的权利。一是相对于书面审理方式，听证程序必须召集申请人和被申请人到庭充分表达意见，尊重双方当事人的参与和辩论权利；二是听证程序中加入当事人举证、质证环节。在我国听证程序被广泛适用于立法机关或者行政机关制定某项法律或政策前听取利益相关方的意见，并未如普通民事程序规定赋予相关当事人举证、质证的权利，因此参照普通民事诉讼一审程序中的法庭调查环节，给予当事人举证、质证的权利。同时法院审查仲裁程序案件，应当围绕申请人提出的证据、理由是否属于仲裁司法审查的范围进行，对于仲裁庭认定事实、适用法律等实体问题依法不作审查。

2. 明确当事人主体地位

仲裁的司法监督目的是纠正仲裁裁决存在的错漏，约束仲裁机构的不当行为，保证仲裁裁决的公正、公平。“无救济即无权利”，所有仲裁案件的当事人均可以通过提起仲裁司法审查程序救济自身权利，因此非仲裁协议签订主体有权提起确认仲裁协议无效的申请。针对是否所有仲裁案件当事人是否都应参加仲裁司法审查案件的问题，申请人申请确认仲裁协议无效、撤销或不予执行仲裁裁决的理由绝大部分为程序性事由，合议庭完全可以通过调阅仲裁卷宗以及听证程序查明情况并作出裁定，提高仲裁司法审查的效率性。在平衡当事人的程序选择权以及维护仲裁效率的考量下，课题组认为，合议庭经过初步查阅卷宗，认为需要追加其他当事人查明事实的，可以依职权决定追加仲裁案件其他当事人，也可根据当事人的申请由合议庭决定是否追加。

3. 举证制度

民事诉讼中举证责任的分配以“谁主张，谁举证”为原则，以举证责任的倒置为例外，根据《仲裁法》第五十八条及《民事诉讼法》第二百三十七条的规定，是由提出仲裁司法审查申请的一方当事人举证证明仲裁裁决存在上述法条规定的可撤销或不予执行的情形。如果申请人无法证明，就应当承担由此带来的不利后果，即法院作出的驳回裁定，并履行仲裁裁决要求其承担的义务。

举证期限是当事人对诉讼程序的安全性和可预测性所享有的一种期待权，是一种正当诉讼权利，它有利于促使当事人履行举证责任，有利于保护当事人的合法权益，也有利于人民法院在审限内审结案件，提高审判效率。[①] 目前广州中院审理仲裁司法审查案件的审限均为六十日，故合议庭均给予当事人十五日的举证期和答辩期，若被申请人书面提出放弃答辩期和举证期的，合议庭也允许当事人放弃其举证和答辩权利。另外，目前广州中院确定举证期限、调取证据、对证据进行审查等，则参照《民事诉讼法》、最高人民法院《关于适用〈中华人民共和国民事诉讼法〉的解释》中关于二审程序的相关规定以及最高人民法院《关于民事诉讼证据的若干规定》执行。

（三）扩大重新仲裁制度的适用范围

我国《仲裁法》五十六条确立了重新仲裁制度，但没有详细规定其范围及仲裁庭组成，《〈仲裁法〉司法解释》第二十一条则将其范围限制为裁决所根据的证据是伪造的及对方当

---

① 姜霞：《仲裁司法审查程序要论》，西南政法大学 2007 年博士学位论文，第 115 页。

事人隐瞒了足以影响公正裁决的证据两种情形，并要求法院在通知中明确说明重新仲裁的理由。

重新仲裁制度本质是对仲裁裁决效力瑕疵的补救，《〈仲裁法〉司法解释》将该补救范围仅限于实体部分，一定程度上限制了重新仲裁制度的优势，课题组认为，通知重新仲裁制度的适用范围应予扩大。一方面，重新仲裁制度为仲裁程序性瑕疵提供了补正的机会，另一方面，也可以避免因裁决被撤销导致社会资源浪费。首先，重新仲裁的基础是原仲裁庭有权管辖，因此没有仲裁协议、仲裁庭无权管辖或超裁的情形不应属于重新仲裁的适用范围；其次，仲裁员枉法裁判已造成当事人对仲裁的公正性丧失信任，无法通过重新仲裁得到纠正，也不应纳入重新仲裁的范围；最后，仲裁庭的组成或仲裁的程序违反法定程序的情形具有可弥补性，并且不足以动摇仲裁公正性的，可以通过重新仲裁纠正。从世界各国立法来看，1996 年英国《仲裁法》第 68 条、美国 2000 年《统一仲裁法》第 23 条规定的重新仲裁范围都很广，都包括仲裁违反程序的内容。[①] 近三年被通知重新仲裁的案件也绝大部分是基于仲裁程序瑕疵而启动该制度。因此，建议修改重新仲裁制度的适用范围，规定除没有仲裁协议、仲裁员有枉法裁决、违背社会公共

---

① 梁乐乐著：《我国仲裁裁决司法审查实证研究》，吉林大学硕士学位论文（2014 年 5 月），第 27 页。

利益等情形之外，其他事由均可由法院通知仲裁庭重新仲裁。

（四）完善仲裁机制

第一，加强仲裁法律法规宣传。根据《仲裁法》第六条、第九条、第十条、第十四条的规定，仲裁不实行级别管辖和地域管辖，仲裁实行一裁终局制度，仲裁机构不按行政区划层层设立，其与行政机关没有隶属关系，仲裁机构之间也没有隶属关系。公众对于仲裁法律及仲裁机构缺乏了解，更谈不上在意识中将仲裁机构与司法机关相区分。仲裁知识的匮乏首先造成公众在仲裁选择方面的无知，其次造成其无法接受仲裁的不利后果，进而寄希望于法院或者政府帮其解决问题，产生不稳定因素。

第二，规范仲裁协议或条款的签订。按照《仲裁法》第四条规定，当事人采用仲裁方式解决纠纷，应当双方自愿，达成仲裁协议。通过宣传、普及仲裁法律法规的知识在一定程度上可以提高公众签订仲裁条款的能力，但无法解决仲裁条款被固化于格式合同，剥夺当事人知情权的问题。课题组建议对于固化仲裁条款的合同，要充分保障当事人的知情权。提供合同一方要赋予其说明义务，签订合同的一方在合同中要明确、特别表示其已经注意到仲裁条款的存在。

第三，规范仲裁员的选聘，加强仲裁员的管理。《仲裁法》第十三条规定仲裁员由仲裁委员会选聘，仲裁员应当符合下列条件之一：（1）从事仲裁工作满八年的；（2）从事律师工作满八年的；（3）曾任审判员满八年的；（4）从事法律研究、教学工作并具有高级职称的；（5）具有法律知识、从事经济贸易等专业工作并具有高级职称或者具有同等专业水平的。《仲裁法》仅规定了仲裁员的资格，未对选聘仲裁员的程序作规范，而仲裁员素质和能力的高低直接影响着仲裁案件的办理质量。建议规范仲裁委员会选聘仲裁员的程序，明确选聘机构、条件、依据等程序。建议加强仲裁员的管理，为督促仲裁员公平、公正、依法、合理的履行职责，应建立仲裁案件错案认定机制，同时完善仲裁员的惩戒机制。建立完整的仲裁员信息数据，充分保障仲裁当事人知情权。如前所述，当前仲裁员名册记载的仲裁员信息过于简单，当事人无从了解仲裁员的信息，无法判断仲裁员与案件的对方当事人是否有利害关系。课题组建议仲裁员名册应当完整的记载仲裁员的学习、工作经历以及任职情况等信息，充分保障仲裁当事人的知情权。

结　语

仲裁作为诉讼的替代性纠纷解决机制之一，因随着全球商业发展而得到越来越多国家的重视。司法对于仲裁的态度也经由了“严格监督”到“有限监督、大力支持、审慎介入”的转变。2012 年新修订的《民事诉讼法》实现了撤销仲裁裁决制度和不予执行仲裁裁决制度的司法审查并轨，进一步缩小了法院对仲裁的司法监督范围。当前进入司法审查领域的仲裁裁决最终只有少数被裁定撤销或者不予执行。但社会对于仲裁裁决的随意性和公正性的质疑之声不断，甚至也给法院带来了较大的维稳压力。因此本次调研报告结合仲裁司法审查的司法实践，特别是法院进行司法审查的审理程序方面出现的诸多实践性问题，在广州中院近三年的案例实证分析基础上分析现状和提出相关建议。本次调研不仅剖析了仲裁司法审查程序的主要障碍，还从仲裁司法审查三类案件的审查范围、证据认定、可撤销或不予执行仲裁裁决中应当考虑的程序性问题及仲裁机制本身存在的问题等方面进行解析，提出了并轨涉外、国内仲裁裁决的设想，建议尽快出台相关仲裁司法审查程序和突破重新仲裁制度，以期通过完善现行法律及司法解释，最终完善并实现法院对仲裁的程序性监督。

第六章　提升办案质效　树立金融审判品牌

为适应广州社会金融活动的司法需求，我们应不断提高履行金融审判职责的专业素养，切实办好每一类型的金融案件，开动公正与效率这两个轮子，开创新时期金融审判工作的新局面。对此，我们认为应在以下三个方面狠下功夫：

一、服务区域金融生态法治环境建设

广东正在大力推进经济结构深度调整和实体经济转型升级，安全的投资环境、便利的融资渠道，能为企业发展更好地“输血”，也将盘活民间资本，激发市场投资活力。在审判实践中，我们要鼓励金融创新，根据物权法定原则的最新发展，妥善审理金融创新涉诉案件，对企业以应收账款、仓单、股权等权利办理质押担保的，在认真审查担保行为法律构成要件的基础上，依法确认其担保物权效力，以解决企业担保方式单一，难以满足融资需要的问题。在法律没有明确禁止的情况下，依法支持民间资本参与农村信用社、城市信用社改制，参股或者发起设立小额贷款公司、融资担保公司等非银行金融机构，从而促进非银行金融机构发展，保障小微企业的融资资金来源。

二、积极防范区域性金融风险

当前，多层次的资本市场体系正在形成，企业资金链条环环相扣、金融服务多头供给、金融合同法律关系交错已成为资本市场发展的新常态，扩大了金融风险的波及面，关联案件时有发生。另外，随着互联网的发展，P2P、众筹等线上交易模式不断涌现，导致参与主体不断增多、分散。因此，同一金融违约事件可能引发涉众性纠纷，促发区域性金融风险。因此，在金融审判中要有大局意识，重视审判的社会导向功能、重视投资者权益保护，妥善维护市场秩序。

三、适应司法改革责任制的要求

目前，司法体制改革涉及的各项重要政策已经陆续出台，司法改革也已经进入攻坚阶段，司法部门在继续保证办案质效的同时，也要积极服务司法体制改革大局。正确处理放权与监督的关系，案件决定权下放后，充分发挥合议庭及审判长联席会议等制度优势，保证案件质量，确保裁判尺度统一。正确处理法官员额减少与收案数量持续增加的关系，充分发挥法官助理的辅助性作用，合理配置司法审判资源，提高办案质效。只有合理解决上述矛盾，才能顺利度过改革阵痛，早日享受改革红利。

广州法院金融审判专业庭设置时间还不长，取得的成绩和经验还是可圈可点的。全市金融案件连续两年呈井喷态势（是在立案制度改革之后），借款纠纷合同大案频发，保理合同和涉票据争讼新案层出不穷，证券虚假陈述责任纠纷收案高居不下，法律疑难问题待解。在审判实践中，我们尤需重视以下问题：

1．部分裁判文书的质量有待提高

在市中院审理的二审金融纠纷中，发现部分一审法院在事实查明部分仅仅罗列了当事人的诉辩意见以及提交的证据，并没有对案件事实进行认定，而在该院则直接围绕当事人主张的事实进行分析论证，脱离了“以事实为根据”的裁判要求；部分二审诉讼裁判文书未紧扣当事人的上诉请求展开论述，不当扩大了二审的审查范围。裁判文书制作要从完善审级制度出发，将一审判决书的重点放在认定案件事实和确定法律适用上，做到以事实为依据，以法律为准绳；将二审判决书的重点放在解决事实争议和法律争议的说理上，实现二审终审。

2．裁判尺度的统一性有待加强

实践中发现，在同一法院同一时期审理的案件当事人和主要案情大体一致的情况下，部分法院无法做到同案同判，损害了司法公信力。我们要求，对于审判过程中遇到的系列案、关联案、涉及同一当事人的类型案件，审判部门在收案阶段即应做好登记与统计，组织经办人统一研究处理，经办合议庭也要有全局意识，不能擅自改变庭内已形成的统一处理思路，若确因个案特殊情况需改变以往处理思路的，应将案件提交审判长联席会议讨论。同时，要在裁判文书中强化对相关法律问题的说理论证。

3．关于第三方支付的法律问题

近年来，随着网上交易的增多，互联网支付引发的纠纷呈不断增长趋势，成为银行卡纠纷中亟须解决的新问题。第三方支付交易与传统银行卡交易的区别在于，第三方支付并不需要银行卡实体卡片作为支付介质，银行卡密码亦非用户身份识别的唯一方式，银行可另通过用户身份信息、预留手机号、以及短信验证码进行用户身份识别，确定信息一致后完成支付指令，从而实现交易的便捷化。因此，在涉第三方支付交易过程中，用户负有妥善保管身份信息、银行卡信息以及手机验证码的义务。而银行的安全保障义务体现为两方面：一是妥善审核用户身份；二是依约对用户账户变动情况进行提醒、通知。银行未尽上述义务，应对用户损失承担赔偿责任。

4. 保理纠纷的审理问题

保理是一种新型金融工具，保理合同涉及保理商与债权人、保理商与债务人之间不同的法律关系。债权人与保理商之间的应收账款、债权转让则是保理关系的核心。应注意的是，保理合同的成立以合法有效的基础合同为前提，但是，二者并非主从合同关系，而是相对独立的两个合同。在同一个案件中，基础合同与保理合同可以合并审理。对于保理商与交易相对人虚构基础合同，以保理之名行借贷之实的，应查明事实，从是否存在基础合同、保理商是否明知虚构基础合同、双方当事人之间实际的权利义务关系等方面审查和确定合同性质。如果确实是名为保理、实为借贷的，仍应当按照借款合同确定案由，并据此确定当事人之间的权利义务。无真实的基础交易关系而签订的保理合同不成立，但不影响保理交易中所涉及的借款合同的效力。

5. 关于夫妻共同债务的认定问题

《最高人民法院关于适用〈中华人民共和国婚姻法〉若干问题的解释（二）》第二十四条规定："债权人就婚姻关系存续期间夫妻一方以个人名义所负债务主张权利的，应当按夫妻共同债务处理。但夫妻一方能够证明债权人与债务人明确约定为个人债务，或者能够证明属于《婚姻法》第十九条第三款规定情形的除外。"理解《婚姻法》的司法解释，要在《婚姻法》的框架之下进行理解，不能简单地只看债务是否形成于婚姻关系存续期间来判断是否为夫妻共同债务。夫妻一方以个人名义对外借款的，若举债目的用于家事、生活性消费，原则上认定为夫妻共同债务。对于经营性借贷，应综合考虑，审查债务是否为共同生活所负。

对于夫妻共同债务的举证证明责任，要注意根据不同案件事实，区分争议点是配偶双方内部关系还是与债权人之间的外部关系，合理分配举证证明责任，同时注意举证责任的转化。如果债权人对债务为夫妻共同债务提供初步证据后，举证证明责任就应转化为举债人的配偶一方，由举债人配偶一方对不属于夫妻共同债务的抗辩承担举证证明责任，当然如果举债人配偶一方举证证明举债人所借债务明显超出日常生活及生产经营所需，或者举债人具有赌博、吸毒等不良嗜好，或者所借债务发生在双方分居期间等情形的，举证证明责任就相应地转回到债权人一方。

6. 民间借贷合同中的律师费问题

审判实践中，不少民间借贷合同尤其是企业向个人出借款项的合同中，约定了违约状况下债权人起诉所产生的律师费用由债务人承担。律师费是属于实现债权的费用，而不属于《最高人民法院关于审理民间借贷案件适用法律若干问题的规定》第三十条中与利息、违约金等同性质的“其他费用”。符合以下三个条件的律师费应予支持：一是合同中明确约定律师费由违约方承担；二是有证据证明律师费实际发生；三是律师费收费合理。即使没能提供证据证明律师费实际发生，法院也可以根据当事人是否委托代理人参与诉讼活动等情况，酌情判决债务人支付一定金额的律师费。同时，法院也可以根据案件的实际情况，对过高的律师费予以调整。

第七章　浅议案件审批制度存与废

案件审批是我国法院内部一项长期运行的制度。为了解案件审批的具体类型，我们对广州中院及其下辖十二个基层法院原有的案件审批权限进行了考察、梳理。我们认为，案件审批制度的长期存在，有其深刻的历史根源、体制根源和现实根源。案件审批制度在一定范围和层面上违反了司法规律，容易造成审判职责不清，对司法效率造成消极影响，而且不利于法官素质的提高。因此，案件审批制度应当废除。广州中院对审判权运行机制改革进行了探索：一是规范审判权的运行，包括组建审判团队，明确合议庭的职权，规范裁判文书的签发，改革审判委员会制度，为合议庭审理案件提供支持等；二是规范审判管理权，明确各类主体审判管理权的范围，确保审判管理权的行使不得干预个案的实体审判；三是规范审判监督权，明确院、庭长行使审判监督权的形式，同时强化外部监督。同时，为了从根源上消除案件审批的制度需求，创造适合新型审判权运行机制生长的体制环境，应从以下几个方面进行配套制度建设：一是提高法官素质，实现法官职业化、精英化，让法官有能力独立行使审判权；二是完善法官职业保障，解决法官的后顾之忧，使其敢于独立行使审判权；三是规范法院与人大、新闻媒体的关系，为法官独立行使审判权创造良好的外部条件；四是健全案件责任制，加强外部监督，确保司法廉洁；五是合理界定院、庭领导的管理、监督职责。

关键词：案件审批　审判权　审判管理权　审判监督权

案件审批制度的存与废

“建立中国特色社会主义审判权力运行体系，必须严格遵循司法规律，完善以审判权为核心、以审判监督权和审判管理权为保障的审判权力运行机制，落实审判责任制，做到让审理者裁判，由裁判者负责。”

——《人民法院第四个五年改革纲要（2014—2018）》

引言

去行政化，是本轮司法改革最重要的目标之一。所谓司法行政化，是指以行政的目的、构造、方法、机理以及效果取代司法自身的内容，以行政性的方式审判案件并管理法院和法官①。作为司法行政化的最突出表现之一，案件审批制度被认为是我国审判权运行过程中长期未能解决的“顽疾”。2013 年 10 月 15 日，最高人民法院印发《关于审判权运行机制改革试点方案》，其中明确提出“院长、庭长不得对未参加合议审理的案件的裁判文书进行签发”，同时通过建立专业法官会议、审判长联席会议制度，为合议庭审理案件提供智力支持。该文件为取消院、庭长审批案件制度，奠定了坚实的基础。2013 年 11 月 12 日，党的十八届三中全会通过《中共中央关于全面深化改革若干重大问题的决定》，提出“健全司法权力运行机制”“完善主审法官、合议庭办案责任制，让审理者裁判、由裁判者负责”，矛头直指“审者不判、判者不审”的案件审批制度。

案件审批作为我国法院内部一项长期运行的制度，其产生根源是什么？有何消极作用？在取消案件审批制度后，如何通

① 龙宗智、袁坚：《深化改革背景下对司法行政化的遏制》，载《法学研究》2014 年第 1 期。

过制度设计，确保审判权的公正、高效行使？以下将结合广州法院的司法实践，对相关问题进行探讨[①]。

一、院、庭长审批案件的范围——以广州法院为样本

为了解案件审批的具体类型，我们对广州中院及其下辖十二个基层法院原有的案件审批权限进行了考察、梳理。一般说来，需提交院、庭长审批的案件包括以下类型。

（1）审判委员会讨论的案件。

（2）判处无罪或轻刑（如拘役、管制、缓刑、单处罚金等），减轻处罚或改变公诉机关定性的刑事案件。

（3）标的巨大的民事案件。如：某基层法院规定标的三千万以上的民事案件需经院长审批；房地产合作开发合同纠纷、土地使用权转让纠纷等。

（4）群体诉讼、集团诉讼、系列案或其他社会影响大、涉维稳案件。

（5）涉及某些特殊主体的案件。如涉港澳台侨案件，国

---

① 从广义的角度讲，案件的审批包括两种类型：一是对案件实体处理的审批，二是对案件的某些相关事项进行审批，如回避、审限延长、诉讼保全、管辖、诉讼费的减免等。由于篇幅所限，本文所指的“案件审批”仅指上述第一种类型，即对案件实体处理的审批。此外，执行权的运行规律与审判权不同，本文所指的“案件审批”不包含执行过程中的审批。

家工作人员、人大代表犯罪案件，判决行政机关败诉的行政案件等。

（6）党委、人大、政府、政协、上级法院、本院领导关注或督办的案件。

（7）国家赔偿案件、破产案件，发回重审、再审案件。

（8）新型、疑难、复杂，或合议庭有重大分歧的案件。

（9）新任法官审理的案件。

总的说来，广州法院案件审批类型呈现以下特点：

一是种类繁多。篇幅所限，以上仅罗列出常见的案件审批类型，并未涵盖所有的种类。实际上，各法院规定的案件审批类型五花八门，甚至细如牛毛。以 H 法院为例，其规定院长审批的案件多达 24 种，庭长审批的有 19 种（鉴于院长审批的事项均必先经庭长审批，故庭长实际的审批案件种类远超此数），其中包括“房屋买卖合同纠纷中判决合同无效或解除合同的案件”“涉及诉讼时效的案件”等极为细致的种类。

二是一般根据案件的复杂程度或社会影响大小来确定是否需要审批。较为特殊的是“新任法官审理的案件”，以案件审理主体而非案件的性质作为审批的依据。

三是案件的审批缺乏明确的界限。大多数法院在列举院、庭长审批的案件类型时多设置兜底条款，如“院长、庭长认为需要审批的案件”“合议庭成员坚持上报的案件”等。此外，“重大、疑难、复杂案件”也缺乏具有客观的判断显性标准。因此，案件是否提交领导审批，往往容易取决于合议庭成员或院、庭领导的主观意愿。

二、案件审批制度产生之根源与作用

在我国，案件审批是一项历史悠久的制度。往前溯源，甚至可以追溯到新中国成立前我党在江西瑞金成立的中华苏维埃共和国，根据当时制定的《中华苏维埃共和国裁判部暂行组织和裁判条例》，县以上裁判部设裁判委员会，实际就是后来法院审判委员会的前身，由裁判部长、副部长、裁判员及民警所长等组成，其主要职能就是审批案件，这是法院集体行使案件审判权的最早规定①。改革开放以来，对案件审批制度的存废，一直争议不断。1981 年，最高人民法院制定《最高人民法院审批案件办法（试行）》，明确规定死刑案件、涉外案件等八类案件由院长或副院长审查后签发，院长或副院长可授权庭长审批部分案件。1999 年 10 月 20 日，最高人民法院发布《人民法院五年改革纲要（1999—2003）》，提出“在审判长选任制度全面推行的基础上，做到除合议庭依法提请院长提交审判委员会讨论决定的重大、疑难案件外，其他案件一律由合议庭审理并作出裁判，院、庭长不得个人改变合议庭的决定。”

① 张丕穆：《人民法院案件审批制度研究》，湘潭大学硕士学位论文。

这被视为逐步下放案件审批权限的一个重要信号。但在最高人民法院 2002 年颁布的《关于人民法院合议庭工作的若干规定》中，第十七条规定："院长、庭长在审核合议庭的评议意见和裁判文书过程中，对评议结论有异议的，可以建议合议庭复议，同时应当对要求复议的问题及理由提出书面意见。合议庭复议后，庭长仍有异议的，可以将案件提请院长审核，院长可以提交审判委员会讨论决定。"又赋予了院、庭长"审核"案件的权力。总的说来，虽然在最高院发布的各种文件中，多次强调独任法官、合议庭独立办案的权利，但在司法实践中，院、庭长审批案件是普遍的做法，大多法院都针对领导审批案件的权限制定有专门的内部规定。

案件审批制度的长期存在，有其深刻的根源。

（1）历史根源。自先秦以来至清末，国家统治者都集行政权、立法权、司法权于一身，即便期间朝代更替，但"行政兼理司法"的理念却保持着延续状态，司法从来都不具有独立行使的特征。即使到了民国时期，上述状况亦未能从根本上得到改变。如上所述，我党早在江西瑞金建立中华苏维埃共和国时期，就有"裁判委员会"通过审批案件的形式集体行使审判权。在中华人民共和国成立初期，司法明显地被政治力量所融合，成为维护新政权及镇压敌对势力的专政工具[①]。在处理党的领导与审判独立的关系上，董必武曾有过经典表述："遇有经党委确定杀的案子，法院发现确有可不杀的事实根据时，应向党委提出意见；党委确定还要杀时，仍可声明保留意见向上级党委反映。这是对党负责，不是闹独立性。"[②] 虽然随着改革开放，经济飞速发展，司法观念也在不断更新，但司法行政化的传统观念和工作模式仍未完全消亡，这就为案件审批制度的产生及长期存在提供了土壤。

（2）体制根源。我国的国家权力结构及其运行机制的特征是执政党统揽全局、协调各方，执政党的领导是国家权力运作的最根本原则。这种集中与统揽，形成整体协调、上下联动的"全面体制"。集中性、统揽型体制之下，以"上命下从"为特征的行政逻辑是不同国家权力运作的共同逻辑。在此之下，司法作为社会整体管制体制的一部分，其内部独立自治的程度有限，"上命下从"的行政原则不可避免地渗入司法，案件审批制度仅仅是上述行政原则的众多表现之一而已。此外，统一的人事（干部）管理制度也是案件审批制度的根源之一。该制度将全部公务人员镶嵌于金字塔式的管理体制之中，自上

---

① 孙北：《法院内部司法行政化原因探析——以我国法院院长为剖析视角》，载《重庆文理学院学报（社会科学版）》2010 年 11 月。

② 王申：《科层行政化管理下的司法独立》，载《法学》2012 年第 11 期。

而下的行政阶梯构成其激励机制和凝聚机制。在这一体制中，由行政职级决定人员的地位、权力、待遇和相互关系，法官毫无例外地被镶嵌在此种管理体制中，遵循同样的管理和被管理原则[①]。这种行政式的人员管理体制，反映到案件办理过程中，自然而然地催生了行政式的案件审批制度。

（3）现实根源。一是部分法官素质不高，无法承担独立审判的重任。我国《法官法》对于法官任职门槛较低，法官通常由各法院根据现实需要自行选拔，法官选任较为随意，缺乏严肃性。在案多人少的背景下，很多大学毕业生在进入法院担任书记员两三年后即被推上了审判岗位，导致法官普遍呈现年轻化的趋势，法官欠缺丰富的专业知识与实务经验，造成部分法官素质低下。而另一方面，随着经济的快速发展，社会关系日趋复杂，法院受理的重大、疑难、复杂案件日益增多，对法官的素质要求日渐提高。在此背景下，为了弥补法官能力的不足，确保案件得到“妥善”处理，由院、庭领导对案件进行“把关”的审批制度应运而生。二是法官职业保障体系不完善，法官“不愿”承担独立审判的责任。在现行的司法环境中，法官除了从事案件审理工作外，还需要面对各种外部压力和风险，例如外部力量对案件的干预、过问，舆论的压力，

---

① 龙宗智、袁坚：《深化改革背景下对司法行政化的遏制》，载《法学研究》2014 年第 1 期。

当事人的信访，错案追究等等，而现行的法官保障体系不完善，无法给予法官足够的履职保护。作为一个“趋利避害”的理性人，法官必然会寻求其他分散风险和压力的途径。而作为集体行使审判权的一种形式，案件审批制度可以在一定程度上实现“分摊风险、减少压力”的目的。三是对领导实施的“一岗双责”的双重责任制度是案件审批制度存在的另一根源。“也就是说，领导既要抓好业务，又要带好队伍，如果案件的处理经常出现问题，那就说明领导干部没有抓好业务，如果法官出现腐败行为，说明其没有带好队伍”。院、庭长对下级法官承担连带责任的事实加剧了院、庭长对法官判案干预的正当性，同时也是其审批案件的动力来源[①]。2001 年，最高人民法院印发《地方各级人民法院及专门人民法院院长、副院长引咎辞职规定（试行）》，其中规定：“院长、副院长在其直接管辖范围内，具有下列情形之一的，应当主动提出辞职：①本院发生严重枉法裁判案件，致使国家利益、公共利益和人民群众生命财产遭受重大损失或造成恶劣影响的；②本院发生其他重大违纪违法案件隐瞒不报或拒不查处，造成严重后果或恶劣影响的；③本院在装备、行政管理工作中疏于监管，发生重大事故或造成重大经济损失的；④不宜继续担任院长、副院

---

① 王彪：《基层法院院庭长讨论案件机制研究》，载《中国刑事法杂志》2011 年第 10 期

长职务的其他情形。”对于其中前两项的规定，实际上是要求院长对本院的审判不公、枉法裁判案件承担直接责任。有学者认为，上述规定的目的是通过法院内部力量根除司法腐败、枉法裁判问题，但它试图在法院这一司法机构内推行院长个人的行政首长负责制，这等于是用十分明显的行政手段直接管理司法机关。其消极效果是鼓励了院长更多地干预和过问本院审理的所有案件，“明察秋毫”，以免引咎辞职①。而审批案件，则是加强案件控制最直接、最有效的方法。另一方面，体制和工作机制长期蓄积成的惯性，又滋养了一线审判人员的依赖性乃至惰性，久而久之耗损了他们的自主意识，在法院内部形成了一种司空见惯的避责求稳之风。

综上，案件审批制度是与特定的历史背景、体制环境以及现实需求紧密相连的。在一定的历史时期，案件审批制度在某种程度上发挥着以下作用：一是弥补法官能力的不足；二是抵御外界干扰，减轻法官压力；三是预防司法腐败。

三、司法规律视野下的案件审批制度

司法规律是社会规律的重要组成部分，是司法活动所内含

① 孙霞：《谁是法官的上司？院长还是法律？——论法官独立审判的现实》，载《法学评论》2002 年第 4 期。

的必然趋势和特征，具有客观性、普遍性等特征①。是否符合司法规律，是检验一项司法制度优劣的重要判断标准，案件审批制度亦不能例外。

从本质上看，司法权属于裁判权，据此，司法权的运行必然具有以下规律特征：

（1）司法活动具有一定的独立性。裁判权的性质要求裁判者依照宪法和法律独立作出判断，不受干涉与干扰，这是司法机关依法公正行使职权的必要前提，这已为无数经验事实所证明②，司法的独立性，作为现代国际原则已得到确立，从1948年通过的《世界人权宣言》第10条规定，到1966年通过的《公民权利和政治权利国际公约》第14条规定，都要求“所有的人在法庭和裁判所前一律平等。在判定对任何人提出的任何刑事指控或确定他在一件诉讼案中的权利和义务时，人人有资格由一个依法设立的合格的、独立的和无偏倚的法庭进行公正的和公开的审讯③。”司法的独立性原则在世界各国已普遍确立，但由于国情与国家根本制度的差异，各国司法的独

---

① 李玉萍：《回应社会关切　探寻司法规律》，载《人民法院报》2011年9月23日第2版

② 张骐：《尊重司法规律、实现司法独立、建设法治中国》，载《法制与社会发展》（双月刊）2014年第6期

③ 范奇：《对司法独立历程的再认识：兴起、现代化及发展》，载《兵团党校学报》2015年第2期

立水平却不尽相同。虽然与西方国家相比，我国司法的独立性具有有限性[①]，但从宪法规定的“人民法院依照法律规定独立行使审判权，不受行政机关、社会团体和个人的干涉”到十八届三中全会提出的“完善主审法官、合议庭办案责任制，让审理者裁判、由裁判者负责”，无不体现着对“司法独立性”规律的回应。裁判者独立行使审判权，是司法公正的重要保障，这已经成为共识。

（2）司法活动具有一定的亲历性。所谓司法亲历性，即司法活动需要裁判者亲自经历裁判的全过程，直接接触和审查各种证据，特别是直接听取诉讼双方的主张、理由、依据和质辩，直接听取诉讼参与人的言词陈述等。亲历性可以保证将其裁决结论直接建立在当庭听取并审查过的证据和辩论的基础上，使得双方对裁判过程的参与不仅较为充分，而且能够有效地发挥作用——影响裁判者结论的形成[②]。司法活动的亲历性，是由案件事实的特殊性和复杂性所决定的，因为认识案件事实不同于认识一般事物，具有逆向性和间接性，司法者需要

---

① 首先，在我国，司法活动必须坚持党的领导；其次，人民民主专政的国体决定了权力机关在国家政治生活中的核心地位，司法机关由它产生，受它监督，并对它负责；最后，宪法规定，人民检察院是国家的法律监督机关，具有督促法院公正司法的职权。因此，法院的司法活动还必须受检察机关的监督。

② 陈瑞华：《看得见的正义》，中国法制出版社，2000 年 1 月出版。

在认定案件事实的基础上形成心证，从而对争端中的是非曲直作出判断，只有在亲身经历案件审理的情况下，才能保证司法者对案件事实作出准确的认定，从而作出公正、合法的裁判。

（3）司法具有一定的公开性。“阳光是最好的防腐剂”。司法的公开性，是指在司法的过程中保障当事人和公民对涉诉原因、审判过程、审判结果和审判依据等的知情权。司法公开是促进司法民主的重要基础，实现司法公正的基本保障，树立司法公信、确保司法廉洁的有效手段。司法公开能够减少暗箱操作，杜绝行政干预，提升司法的公信力，故为世界许多国家所采纳①。

案件审批制度与上述司法规律存在不相符合的地方。首先，在审批者的意见与合议庭意见不一致的情况下，若合议庭根据审批意见作出裁判，实质上是审批者以案件审批的方式干预、更改了合议庭的意见，在某种程度上违反了司法的独立性原则。其次，案件的审批者一般没有亲自对案件进行审理，其对案件的看法往往取决于法官汇报案情时的倾向态度，在此基础上对案件的处理提出意见，违反了司法亲历性原则。最后，案件审批制度违反了司法公开性原则。案件审批属法院内部的审批程序，审批者虽然在很大程度上决定了案件的处理结果，

---

① 鲁宽：《简论中国的司法规律与特征》，载《法制与社会》2013年第3期。

但其信息并不对外界公开，也不受当事人监督，即使审批者对案件处理具有利害关系，当事人亦无从申请回避，司法公正难以得到保障。

四、案件审批制度的消极作用

随着时代发展，由于与司法规律相悖，案件审批制度的消极作用逐渐显现，总的说来，主要体现在以下几个方面。

（1）容易造成审判职责不清。现行的法律、司法解释并未针对案件审批行为制定专门的追责规定，权责严重不对等。此外，案件审批制度也为个别法官逃避审判职责提供了条件，个别法官在对案件束手无策时，不去深入研究分析案情和法律规定，而是将案件的决策权直接交给院、庭长，逃避责任，长此以往，容易滋生懈怠、依赖心理①，不利于法官独立精神的养成。

（2）对司法效率造成消极影响。在法定的审判程序基础上，附加上行政式的案件审批程序，无疑增加了案件办理的环节，延长了案件办理的周期，给司法效率的提高造成障碍。

（3）不利于法官素质的提高。案件审批制度的存在，使法官在处理疑难案件时往往依赖于院、庭领导的“拍板”，缺

---

①　赵学玲：《审判权去行政化的反思》，载《中国法律评论》，2014年3月。

乏加强专业知识学习、钻研业务的积极性与驱动力，法官自身素质难以得到长足的提高。

五、治标：新型审判权运行模式的建立——以广州中院的改革实践为例

为了实现“让审理者裁判、由裁判者负责”的改革目标，逐步废除案件审批制度已是大势所趋。如何在逐步取消案件审批的前提下，通过制度建设，既确保合议庭独立行使审判权，又保证案件得到公正、高效的处理，这是改革所需解决的最重要问题。

2015 年 3 月，根据广东省高级人民法院《广东省健全审判权运行机制完善审判责任制改革试点方案》的要求，广州中院制定了《广州市中级人民法院关于健全审判权运行机制完善审判责任制改革的实施意见》，全面推进审判权运行机制改革工作，在逐步取消案件审批的前提下，通过采取一系列的配套措施，既确保合议庭独立行使审判权，又保证案件得到公正、高效的处理。具体制度设计如下：

（一）规范审判权的运行

（1）组建审判团队。组建“1 名审判长 +2 名法官 +N 名法官助理 +N 名书记员”的审判单元，明确审判委员会委员、庭长每年应承办一定数量的案件。庭长根据工作需要编入固定合议庭并担任审判长，未编入固定合议庭的，参加合议庭审理

案件时依法担任审判长；副庭长全部编入固定合议庭担任审判长办案。

（2）明确合议庭的职权。突出审判长在合议庭的中心地位，审判长作为合议庭审判活动的组织者，行使审判事务决定权。明确审判长、承办法官、合议庭其他法官在审理案件中的具体职责。

（3）规范裁判文书的签发。除院长、副院长作为主持人签发由审判委员会讨论决定的案件外，裁判文书一律由审判长签发，院、庭长原则上不签发本人未参与审理案件的裁判文书。明确院长、副院长、审判长签发裁判文书，仅对裁判文书是否符合合议庭决议或者审判委员会决议的情形承担责任，不承担错案责任。

（4）改革审判委员会制度。减少审委会讨论案件范围，健全审判委员会讨论事项的先行审查过滤机制。明确审判委员会委员除依法由院、庭长担任外，还应当从不担任行政领导职务的优秀资深法官中选任。由审判委员会委员组成合议庭审理重大、疑难、复杂案件。

（5）为合议庭审理案件提供支持。通过建立审判长联席会议、专业法官会议，讨论重大疑难复杂案件，为合议庭提供智力支持。建立完善裁判文书内部公开、疑难问题会商、参考性案例等制度，确保裁判标准的统一。

（二）规范审判管理权

审判管理权，是指通过“面”的方式，对整个审判活动进行管理和规范，服务和保障审判权公正高效运行[①]。通过分别列出院长、副院长、庭长、审判长的审判管理权“清单”，明确各类主体审判管理权的范围，确保审判管理权的行使不得干预个案的实体审判。

（三）规范审判监督权

规范院、庭长行使审判监督权的形式，在逐步取消案件“审批”的情况下，院、庭长主要通过“审阅”案件的形式行使监督权。从“审批”到“审阅”，虽一字之差，内涵却有天壤之别。院、庭领导只能对合议庭报送的案件进行审阅，并对案件提出书面参考意见，若有不同意见，可以建议合议庭复议一次；认为有必要的，可以通过召集审判长联席会议等形式进行讨论，讨论意见供合议庭参考，但不得就案件实体处理直接否定或者变相干预合议庭的意见。

六、治本：“案件审批”制度根源之消除

广州中院在起草审判权运行机制改革方案时，曾广泛征求广大法官的意见，出人意料的是，不管是院、庭领导阶层的法

---

① 广东省高级人民法院：《关于〈广东省健全审判权运行机制完善审判责任制改革试点方案〉的说明》。

官，还是一线的普通法官，都存在部分的反对声音，对马上废除案件审批制度表示担忧。院、庭领导担忧的是，部分法官（审判长）的素质不高，无法承担起独立办案的重任，一旦没有院、庭领导的“把关”，很难保证案件的妥善处理；普通法官考虑的是，在面对重大、维稳或涉及外部干预的案件时，没有领导的“撑腰”，自己能否顶住压力、独立地对案件的处理作出判断。

如前所述，案件审批制度的存在，有其深刻的体制根源与现实根源。新型审判权运行模式的建立，仅仅是从制度上取消了案件审批制度，若不从源头上消除裁判者对“案件审批”的制度需求，则该制度生长的土壤依然存在，案件审批难免死灰复燃，改革亦将宣告失败。

我们认为，为解决上述问题，避免审判权运行机制改革因“水土不服”而夭折，应从以下几个方面进行配套制度建设，彻底消除案件审批的制度根源。

（1）提高法官素质，实现法官职业化、精英化，让法官有能力独立行使审判权。法官素质对于审判权行使的重要性不言而喻。短期内，可以通过加强法官培训工作，着力提高法官的专业素质。从长期的角度，则应当以实现法官职业化、精英化为目标。一方面通过实行法官员额制，合理控制法官数量；另一方面完善法官遴选制度，通过修改《法官法》，在年龄、专业知识、实务经验、品行等方面为法官设置更高的准入条件，取消现有的助理审判员职位设置。改革法官遴选程序，设立由法院、政府、人大、政协、社会各界代表组成的、独立于法院之外的法官选任委员会，制定公开、公正的选任程序，建立法官逐级遴选及律师、法律学者等专业人才担任法官的制度机制，确保最优秀的人才进入法官队伍。

（2）完善法官职业保障，解决法官的后顾之忧，使其敢于独立行使审判权。首先，建立法官身份保障制度，明确法官一经任用，非依法定条件，非经法定程序，不得被免职、转职或调换工作，使法官无需担心因秉公办案得罪他人而在职务上受到不利的调动，从而保持独立、公正的地位①。其次，提高法官待遇。法官高薪是法治国家的通例，优厚的待遇是法官不为物质所动，抵御腐败的基本保障。可以通过建立法官津贴制度，适当提高法官待遇，使法官收入适当高于一般公务员。再次，落实法官豁免权。法官在履行审判职责过程中的行为和言论不受追究。虽然最高院在文件中多次强调法官的豁免权，但现实中并未得到严格执行，法官因为履职行为受到追责的事例仍偶有发生。应当在《法官法》中对法官豁免权进行明确规定，并严格落实，除了存在违法行为外，不得因为案件处理结果被改判而追究法官责任。最后，建立法官职业安全保障制

① 梁晓芳：《中国法官独立审判制度的现状与对策》，载《中山大学学报论丛》2005 年第 25 卷第 3 期。

度。近年来，随着市场经济的发展和全民法律意识、权利意识的日益增强，法院已成为社会各种矛盾的集中地，作为社会各种纷争最终裁决者的法官已处在社会各种纷争的焦点和矛盾漩涡之中，法官的职业风险也越来越大。当事人报复、围攻、故意伤害、甚至杀害法官的事件屡有发生。因此，应当建立专门的法官意外伤害保险制度，以增强法官抵御职业风险的能力。同时采取有效措施，预防和制止一切对法官打击、报复、诬告、伤害的行为，对妨害民事诉讼，实施前述行为之人，该拘留的拘留，逮捕的逮捕，追究刑事责任的要从严、从快予以追究，以依法维护法官的人身安全和合法权益，支持其依法履行职务。

（3）规范法院与人大、新闻媒体的关系，为法官独立行使审判权创造良好的外部条件。首先，人大应主要通过听取和审议法院工作报告、检查法律法规的实施情况等法定途径来进行监督，而不能采用个人打招呼、签意见的方式就个案的处理提出意见，否则有悖于法院依法独立审判的原则。其次，新闻媒体是监督司法的重要手段，但目前我国新闻媒体对司法的报道仍存在不规范之处，例如对未决案件进行暗示性或倾向性的报道等，给法院和法官公正裁判和社会公信力带来了不利影响。为规范新闻媒体的报道，应当在立法上禁止新闻媒体对法官裁判公正度做出评议，禁止对未决案件进行评论，对于擅自做出评论报道的，由相关部门追究其责任[①]。

（4）健全案件责任制，加强外部监督，确保司法廉洁。案件审批取消后，审判权回归合议庭，从权责一致的角度，有必要对审判人员的责任进行重新界定。首先明确审判组织及其成员在审判活动中，故意违反法律规定导致裁判错误，或者因重大过失违反法律规定导致裁判错误并造成严重后果的依法应当承担责任的情形，对追究范围作出规定，防止因界限不明而扩大责任。其次，按照权责一致原则，根据审判组织及其成员在办案过程中的过错程度合理确定错案责任主体。同时，规定院、庭长和审判长不履行或者不正确履行审判监督权、审判管理职责导致错案的，要承担监督管理责任。最后，为保护法官依法履行审判职责，明确法官免责的情形，以保障法官不受不当、错误、扩大追究，并赋予法官申辩权、申请复议权等。此外，应当通过健全党的监督和人大、政协、检察机关监督的工作机制，进一步深化司法公开等措施，完善外部监督机制，确保审判权的公正行使。

（5）合理界定院、庭领导的管理、监督职责。人民法院有着与行政机关截然不同的运作方式。在行政管理模式下，行政首长对日常事务行使决定权。此时，要求部门领导对下属人

① 王锡怀：《浅谈我国法官职业保障的现状及出路》，载光明网，2014年1月23日。

员的职务行为负责，具有合理性和正当性。但在人民法院，大量的案件由合议庭独立做出裁判，院、庭领导不可能也不应该对所有案件进行审查，在此情形下，要求院、庭领导对其管理范围内的所有案件承担连带责任，不仅缺乏依据，而且会增加院、庭领导主动审批案件的“动机”。因此，有必要对院、庭领导的管理职责进行合理界定，对于合议庭独立裁判的案件，由合议庭独立承担责任。在具体划定院、庭领导的审判管理、监督权限的前提下，只有在其没有履行必要的审判管理、监督职责的情况下，才能追究院、庭领导的责任，贯彻“权责一致”的原则。

结语

案件审批作为一项在我国法院长期运行的制度，在弥补法官能力不足、统一裁判标准、抵御外界干扰、防止司法腐败等方面发挥了一定的积极作用。在逐步取消案件审批制度同时，如何减少改革对正常审判工作造成的冲击和震荡，如何确保新型审判权运行模式的平稳过渡，显得尤为重要。一方面要凝聚改革共识，加强思想引导工作，使广大法官理解、认同、支持并积极参与改革；另一方面加强配套制度建设，为独任法官、合议庭独立行使审判权创造良好的体制环境。

第八章　论诉前联调机制的运行态势

一、前言

近年来，随着社会结构转型和市场经济转轨的进一步深入，我国的纠纷数量和特点发生了明显的变化。就司法领域而言，反映在社会纠纷总量剧增、涉法涉诉上访人数上升、案件执行难，以及征地补偿、拆迁安置、企业改制、滞后行业的整治及取缔等社会和政府行为带来的纠纷增多等方面。大量具有复杂性、群体性、综合性和敏感性特点的社会矛盾纠纷以诉讼形式涌入法院，司法资源紧缺与日益增长的司法需求之间的矛盾日益突出。

基于对传统司法救济为主的社会矛盾调处机制无法有效满

足现实纠纷解决需求的深入认识，近年，全国各地法院纷纷结合实际开始了构建多元化纠纷解决机制的努力和探索。2011年3月，广东省社会治安综合治理委员会、广东省高级人民法院联合印发了《关于建立诉前联调工作机制的意见》，在全省部署开展诉前联调工作。2011年6月，广州市社会治安综合治理委员会与广州中院联合印发了《广州市诉前联调工作实施办法》，并相继印发了一系列实施细则，诉前联调工作在广州市全面铺开。

经过近一年的推进，诉前联调机制通过制度优势在协调社会关系、化解社会矛盾、调适社会心态、维护社会秩序等方面发挥了重要作用。据统计，2011年广州市诉前联调机制纠纷导入总量达6963件，纠纷导入比例（诉前联调受理案件数与拟进入民商事诉讼程序的案件数之比）达7.85%，其中调解成功6396件，调解成功率达91.86%。需要特别指出的是，如果经由诉前联调调解成功的案件全部进入诉讼程序，将导致全市一审民商事案件增幅比目前水平提高近10个百分点。

然而，随着工作的纵深推进，我们也逐渐发现，诉前联调机制在运行过程中出现一些问题，表现为整体工作成效有待深化、联调成员单位等行为主体的功能还有待丰富，专兼职调解员的工作积极性还有待提高等。上述问题归结到一点，就是诉前联调机制中各类纠纷解决的资源配置效率尚不能完全达到制度设计的预期目标。

为解决上述问题，进一步为全市诉前联调机制的优化和改进提供可供参考的实证依据，我们通过数据分析、实地走访和田野调查对广州十二个区（县级市）的诉前联调工作进行了全面的调研分析，并形成本运行态势分析报告，拟为进一步部署决策诉前联调工作提供参考。

二、数据检验：诉前联调机制在诉讼分流中的作用

（一）关于广州市基层法院近三年来受理的民商事一审案件的数据分析

广州市基层法院受理的民商事一审案件数量是诉前联调机制运行的社会纠纷基数，对其走势进行类型化分析可以有效地反映出诉前联调机制运行的成效。

表一：广州市2009—2011年民商事一审案件分类情况统计表

	2009年		2010年		2011年		年增长率	
	数量/件	占比	数量/件	占比	数量/件	占比	2009～2010年	2010～2011年
婚姻家庭	7291	9.12%	7133	9.72%	7322	8.84%	-2.17%	2.65%
相邻关系	179	0.22%	215	0.29%	144	0.17%	20.11%	-33.02%
医疗服务	211	0.26%	249	0.34%	324	0.39%	18.01%	30.12%
劳动争议	11267	14.09%	11156	15.20%	10981	13.25%	-0.99%	-1.57%
交通事故	5142	6.43%	7223	9.84%	9339	11.27%	40.47%	29.30%
电信欠费	33	0.04%	314	0.43%	17	0.02%	852%	-94.59%
信用卡欠费	4573	5.72%	2258	3.08%	3469	4.19%	-50.62%	53.63%

（续上表）

	2009 年		2010 年		2011 年		年增长率	
	数量/件	占比	数量/件	占比	数量/件	占比	2009～2010 年	2010～2011 年
物业管理	3437	4.30%	3162	4.31%	4102	4.95%	-8.00%	29.73%
小额钱债	7042	8.81%	7143	9.74%	9755	11.77%	1.43%	36.57%
其　　他	40791	51.01%	34521	47.05%	37411	45.15%	—	—

数据来源：广州市各基层法院报送的《2009—2011 年民商事案件分类情况统计表》。

上表反映了广州市 2009—2011 年民商事一审案件的基本情况。

（1）从纠纷总量来看，三年来全市基层法院受理的民商事一审案件总量呈现上升趋势。

（2）部分类型案件走势在 2011 年呈现向好态势。一是交通事故纠纷增长率放缓，同比降低 11.17 个百分点；二是劳动争议纠纷负增长率进一步扩大，2011 年负增长 1.57%，较 2010 年的 0.99% 扩大了 0.58 个百分点；三是相邻关系纠纷、电信欠费纠纷数量出现拐点，其中相邻关系纠纷在 2010 年同比提高 20.11% 的基础上，2011 年同比降低 33.02%，电信欠费纠纷在 2010 年翻了近五番的基础上大幅降低 94.59%，且低于 2009 年案件数量值。值得进一步说明的是，上述四类案件在规定了诉前联调前置程序的九类案件[①]中占比达45.06%。

（3）婚姻家庭纠纷、医疗服务纠纷、信用卡欠费纠纷、物业管理纠纷、小额钱债纠纷等五类纠纷的增长态势尚未得到有效遏制，2011年的增长率分别较去年提高4.81个百分点、12.11个百分点、104.25个百分点、37.72个百分点、35.14个百分点。其中信用卡欠费纠纷在2010年出现拐点后，2011年又同比大幅上升53.63%。

上面从各类案件总量的角度反映了全市一审民商事纠纷的数量变化情况，为诉前联调数据相关性分析的基础数据。另外，广州市下辖各区（县级市）因彼此间的历史条件、经济状况、地域特点各不相同，各基层法院在各自管辖范围内受理纠纷的情况也呈现出明显的区域类型化案件聚集特点。

表二：广州市2011年民商事案件类案聚集情况

	聚集区域	区域数量	区域占比	聚集原因
婚姻家庭	白云区	1037	14.16%	
相邻关系	海珠区	32	22.22%	数量总体偏少，不具代表性

① 广东省高级人民法院《关于进一步加强和规范诉前联调工作有关问题的通知》（粤高法明传〔2011〕263号）规定："……对婚姻家庭、相邻关系、医疗服务、劳动争议、交通事故、电信欠费、信用卡欠款、物业管理等八大类纠纷以及争议标的金额在5万元以下的小额钱债纠纷，务必千方百计做好疏导工作，促使当事人自愿选择通过诉前联调解决纠纷，不得直接立案进入诉讼程序……"。

（续上表）

	聚集区域	区域数量	区域占比	聚集原因
医疗服务	越秀区	59	18.21%	大型医疗机构集中
劳动争议	花都区	2302	20.96%	劳动密集型企业集中
交通事故	白云区	1754	18.78%	路网集中、城乡结合部路况复杂
电信欠费	花都区	8	47.06%	数量总体偏少，不具代表性
信用卡欠费	越秀区	2917	84.09%	商业银行的地区性分行、支行集中
物业管理	番禺区	918	22.38%	大型商业社区、楼盘集中
小额钱债	越秀区	3190	32.70%	商业发达
其　　他	越秀区	13900	16.87%	

数据来源：广州市各基层法院报送的《2009—2011年民商事案件分类情况统计表》。

表二反映规定了诉前联调前置程序的九类案件在2011年各区（县级市）的类案聚集情况。其中，类案聚集效应较为典型的包括：（1）越秀法院受理的信用卡纠纷占该类案件全市收案总量的84.09%，其主要原因是越秀区集中了主要的商业银行分行分支机构；（2）白云法院、番禺法院、增城法院受理的交通事故纠纷占该类案件全市收案总量的49.11%，其主要原因是上述地区地域面积较广，路网密集，且城乡结合部路况较复杂；（3）番禺法院、天河法院受理的物业管理纠纷占该类案件全市收案总量的42.03%，其主要原因是上述两区

大型商业社区、大型楼盘、在建物业集中；（4）花都法院、白云法院、增城法院受理的劳动争议纠纷占该类案件全市收案总量的46.33%，其主要原因是上述地区劳动密集型企业集中；（5）越秀法院受理的医疗服务纠纷占该类纠纷全市收案总量的18.21%，其主要原因是越秀区大型医疗机构集中。

（二）关于诉前联调机制纠纷导入数量与诉讼案件数量变化情况的相关性分析

从制度设计本身来看，诉前联调机制具有快捷简便、及时履行、合意性强等特点，有助于纠纷的解决。然而，具体到不同类型、不同地区的纠纷解决中，不同的基层法院在导入和化解纠纷的效果上呈现出较明显的区别。

表三：2011年广州市诉前联调机制纠纷导入情况分类统计表

	案件基数①（件）	诉前联调导入量（件）	导入比例
婚姻家庭	7322	576	7.29%
相邻关系	144	10	6.49%
医疗服务	324	56	14.74%
劳动争议	10981	2586	19.06%
交通事故	9339	2199	19.06%

① 法院统计案件，因涉及业绩问题和法律特性，无法完全准确归类，如案件基数就包括撤诉、不予立案、联调状态待定，不能联调等多种情况，故该表的案件基数与其后联调件数的关系，并不准确，只能作为大致参考。

（续上表）

	案件基数（件）	诉前联调导入量（件）	导入比例
电信欠费	17	3	15.00%
信用卡欠费	3469	15	0.43%
物业管理	4102	118	2.80%
小额钱债	9755	627	6.04%
其　　他	37411	769	2.01%
总体情况	83103	6963	7.73%

数据来源：广州市各基层法院报送的《2011年诉前联调分类情况统计表》。

上表反映了2011年广州市诉前联调机制纠纷导入情况。经与2011年的民商事一审案件收案基数的类型化（表一）对比分析可以发现，总体上，诉前联调机制的类案纠纷导入数量与相应的民商事一审案件收案数量变化呈现负相关。其中，诉前联调机制纠纷导入比例最高的交通事故、劳动争议类纠纷，均在2011年呈现较大幅度的回落，其中：（1）全市交通事故纠纷导入比例达19.06%，相应的诉讼案件数量增幅放缓11.17个百分点；（2）劳动争议纠纷导入比例达19.06%，相应的诉讼案件数量负增长率进一步扩大，达1.57%。此外，相邻关系纠纷导入达6.49%，相应的诉讼案件数量转增为降，同比下降33.02%；电信欠费纠纷导入比例达15%，相应的诉讼案件数量转升为降，且低于2009年的收案数量。

另一方面，部分类型案件虽然联调机制导入力度较大，但相应的诉讼案件数量尚未得到有效遏制，例如医疗服务纠纷导入比例达 14.74%，但 2011 年全市医疗服务纠纷诉讼案件数量仍出现 30.12% 的高位增长。经过实地走访和分析，发现主要原因包括两个方面，一是 2011 年医疗服务纠纷基数本身出现较大幅度的增长；二是该类纠纷的调解成功率仅为 53.57%，远低于全市调解成功的平均水平。

上述从全市整体情况的角度，对诉前联调机制纠纷导入数量与诉讼案件数量变化情况的相关性进行了分析。广州市各区（县级市）的诉前联调机制纠纷导入情况也在一定程度上反映出其与诉讼案件数量变化的负相关性，且这种负相关性因契合当地的类型化案件聚集特点而更有针对性。

典型地区的数据情况如下：

表四：广州市部分区（县级市）2011 年诉前联调机制纠纷导入情况

	典型地区	区域占比	该类诉讼案件增长率		导入比例	
			2009 ~ 2010 年	2010 ~ 2011 年	该区	全市平均
婚姻家庭	花都区	14.16%	9.31%	-5.08%	13.24%	7.80%
相邻关系	越秀区	21.53%	-4.76%	-22.5%	20.51%	6.49%
医疗服务	越秀区	18.21%	-19.05%	-13.24%	45.37%	14.74%
劳动争议	花都区	20.96%	42.13%	-10.57%	28.49%	19.13%
交通事故	越秀区	2.12%	29.07%	-10.81%	27.74%	19.05%
小额钱债	萝岗区	4.71%	-3.43%	-34.71%	38.14%	6.04%

说明：

1. 典型地区指区域内某类纠纷案件受理数量与诉前联调机制纠纷导入数量呈负相关性的部分典型区（县级市）；区域占比指该区域内该类纠纷诉讼案件数量占全市该类纠纷诉讼案件总量的比例。

数据来源：广州市各基层法院报送的《2009—2011 年民商事案件分类情况统计表》。

表四反映了部分区（县级市）由于诉前联调机制对某类型案件的导入力度提高，在一定程度上致使该区域范围内这类纠纷诉讼案件收案数量减少的情况。例如，（1）花都区诉前联调机制对婚姻家庭纠纷的导入比例达 13.24%，超过全市平均值 5.44 个百分点，该区 2011 年婚姻家庭诉讼案件在 2010 年同比增长 9.31% 的基础上出现负增长，负增长率达 5.08%；（2）越秀区诉前联调机制对交通事故纠纷的导入比例达 27.74%，超过全市平均值 8.69 个百分点，该区 2011 年交通事故纠纷诉讼案件在 2010 年同比增长 29.07% 的基础上出现负增长，负增长率达 10.81%；（3）萝岗区诉前联调机制对小额钱债纠纷的导入比例达 38.14%，超过全市平均值 32.1 个百分点，该区 2011 年小额钱债诉讼案件在 2010 年负增长率 3.43% 基础上进一步扩大到 34.71%。

（三）小结

从以上数据检验的情况来看，广州市诉前联调机制运行态势总体上呈现以下特点：

（1）从案件类型化分析的角度，总体上诉前联调机制纠纷导入力度与诉讼案件收案数量变化呈现负相关，体现在两个方面：一是全市类案纠纷导入力度较大的类型化纠纷，出现增长放缓、负增长的向好态势；二是部分区（县级市）针对本区域内的类案聚集特点，加大相应的诉前联调纠纷导入力度，也使这些区域范围内相应诉讼案件收案出现向好态势。

（2）从全市诉前联调机制纠纷导入量的整体情况看，全市的纠纷导入力度仍然偏低，全市民商事一审案件受理情况没有出现明显的拐点式转变。相应地，部分类型化案件虽然纠纷导入力度较大，但相应的诉讼案件也没有出现明显的拐点式转变，甚至在部分类型化案件上出现反弹。

三、问题反思：诉前联调机制运行中存在的困境及成因

上文从工作成效的角度，对诉前联调机制的运行情况进行了分析。概而言之，虽然诉前联调工作取得了一定的成效，但亟待深化和提升。进一步来说，就是要努力在全市层面促成民商事一审案件数量的“退位减量”。下文结合实地调研的走访调查，对制约广州市诉前联调机制成效深化的原因进一步展开分析。

（一）诉前联调机制的纠纷整体导入量偏低

2011 年，广州市诉前联调机制的纠纷整体导入量为 6963

件，纠纷导入比例（诉前联调受理案件数与拟进入民商事诉讼程序的案件数之比）为7.85%。同向比较上，该导入量低于与广州市纠纷总量处于同等数量级的深圳市，以及周边东莞、佛山等地区。[①] 我们认为，联调机制的整体导入水平反映了联调机制的联动水平，提高其数量是提高调解成功案件数量的基础性工作，纠纷整体导入量偏低是制约工作成效深化和提升的重要原因。

造成联调机制纠纷整体导入量偏低的主要原因包括：一是对于诉前联调前置程序的落实力度不够。调研表明，虽省法院明确了广东省对九大类案件执行诉前联调前置程序，但目前广州市大部分区（县级市）法院对其合法性依据存在一定程度的疑问。工作实践中，也有大量律师、当事人对该前置程序的法律依据提出质疑，造成制度的执行力度偏低。二是成员单位在一定程度上存在“联而不紧、动则乏力”等问题，造成调解周期偏长，案件流转程序繁冗，弱化了联调机制的比较优势。三是数据统计和考核机制不健全。在考核中，过于强调调解成功率和自愿履行率两项指标，而诉前联调综治工作统计口径与司法统计口径不一，造成月度选择调解率无法计算。两个

① 根据广东省法院《诉前联调、司法确认案件审理与执行情况统计表（2011年1—12月）》的通报，2011年深圳市诉前联调纠纷导入总量达28219件，东莞市达12733件，佛山市达8020件，广州市导入总量位居全省第四位。

因素的共同作用致使部分地区部分单位仅将调解成功的案件纳入数据统计，大量联调机制参与工作的纠纷没有纳入诉前联调纠纷导入量。

同时还需要指出的是，纠纷的整体导入力度偏低是统揽性原因，或者说是各种因素综合作用的结果。下文从约束、激励机制等方面进一步分析。

（二）约束机制缺位导致各区县综治系统、各联调成员单位间“联动乏力”

从实地调研反映的情况，联调机制“联动乏力”是一个共同性问题，在各个区（县级市）都一定程度存在。问题及其原因主要体现在两个方面：

（1）从目前的情况来看，各区（县级市）对联调工作尚没有一个清晰的定位目标，也缺乏经验可借鉴，对机制建设中遇到的困难和问题，缺乏足够的估计和改进约束。部分成员单位认为其在诉前联调工作中属“配角”，法院才是“主角”，参与诉前联调的积极性不高。例如，2011 年广州全市法院已和市、区县两级两百余家单位建立起联调关系，但仅有 20 余家单位参与到联调工作中，其中司法行政部门、劳动行政部门、公安机关三家单位受理的案件数量占案件受理总量的 50.08%。

（2）约束机制缺位体现在工作的末端就是调解员队伍素质整体偏低。据部分区县诉前联调工作室反映，虽然广州市的实施办法规定了司法行政部门必须派驻人员在诉前联调工作室参与工作，但对人员的结构、年龄、知识水平等没有明确规定，也没有规定相应的绩效考核制度。实践中司法行政部门派驻的调解员普遍为合同制编制，薪酬较低、人员流动性偏大等因素造成其工作积极性不高。同时大部分调解员为新招聘的非法律专业的应届毕业生，调解技能、法律知识结构都在一定程度上存在欠缺，直接影响了调解能力和工作水平。

（三）激励机制、成效评价机制亟待健全完善

如果将约束机制视为前端的制度推动，那么完善的激励和成效评价机制就是末端的制度推动，有助于对诉前联调工作形成倒逼压力。激励机制、成效评价机制不健全主要体现在两个方面：

（1）个案激励机制建设推进乏力。根据调研所掌握的情况，目前广州市仅有萝岗等区已落实个案补贴制度。其他区县诉前联调工作室虽然认识到建立激励机制的重要意义，但由于经费划拨依据不明确等原因，其专项经费迟迟无法到位，且个案补贴标准、发放方式等都需进一步明确。

（2）成效评价机制缺位。系统的成效评价机制是衡量各区县诉前联调工作效果的重要途径，也是提炼经验、查摆问题的前提和基础。广州市在诉前联调工作考核中，探索性地将受理、调解成功案件数量，调解成功率，自动履行率纳入成效评

价机制，但尚存在不少问题。例如，如何区别不同区县法院的受理案件基数差异，如何通过指标体系衡量诉前联调的信息化水平，如何衡量人民法院在司法确认工作中的成效，对于调解成功后的案件，当事人虽不申请撤销但提出执行异议等情况如何进行评价。

（四）物质、人员配备缺乏刚性保障是约束机制、激励机制不健全的重要原因

物质保障方面，突出表现在部分区县经费投入、场地安排、装备配置都与上级要求、实际需要存在差距，不少区县反映专项经费尚未到位，有的还反映因上级文件对财政划拨经费规定不明确，导致当地财政不予拨付经费，客观上制约了诉前联调工作的开展。人员配备上，大部分区县法院均面临“案多人少”的突出矛盾，各成员单位也面临人手紧缺问题，导致难以抽调足够的人员参与诉前联调工作，许多诉前联调工作室人员偏少，且有不少是兼职人员。其原因之一是目前规范性文件没有明确招聘主体，导致法院与司法局招聘职责不明确，且人员配备涉及编制、组织审批、招聘程序等问题，造成人员到位困难。需要特别提出的是，已经实现人员到位的部分区县，联调人员大多来自于近几年开展立案调解的人员转化，实际工作中还需兼顾立案调解工作，制约了诉前联调工作的开展。

（五）虚假诉讼等负外部性效应进一步弱化了诉前联调的制度优势

上述四个因素从制度层面对诉前联调工作成效的深化和提升产生了一定的制约，也不同程度弱化了联调机制的制度优势。然而，在另一个方面，我们认为，除了制度安排外，当事人和社会的认同是诉前联调机制产生旺盛生命力的重要动力。而在调研中，我们也发现联调机制已经产生一定的负外部性，进而降低了联调机制的社会认同。主要体现在实践中，部分当事人利用诉前联调机制成本低、效率高、审查较宽松等特点申请诉前联调司法确认，以达到对抗第三人或向保险公司索赔等目的。例如，有当事人制造虚假债务，并通过司法确认以对抗其他债权人或用于离婚诉讼中。再如，有当事人利用司法确认机制确认交通事故中的误工费、陪护费、交通费、精神损害赔偿损失等，再向保险公司索赔，其申请确认的数额往往高于一般水平。此外，诉前联调案件经司法确认后，如被执行人存在异议，往往不申请撤销《司法确认书》而申请执行异议，造成各区县法院执行异议案件大幅上升。

四、路径选择：基于功能定位的诉前联调机制优化思路

结合上述问题、原因，我们认为，可从以下几个方面进一步推动诉前联调工作的纵深发展。

（一）进一步凝聚共识，明确诉前联调工作定位

诉前联调的基本目标是通过整合社会各方力量，共同参与社会矛盾化解，实现社会肌体的自我修复。其机制设计是一个综合性的矛盾解决系统，功能涵盖诉求表达、情绪疏导、矛盾化解、利益协调、应急处置等不同方面。而“法院为主”则强调人民法院在机制建设层面的规范、引导、推进、监督作用。在这一前提下，我们认为，要想实现工作的纵深推进，必须从更高的定位认识诉前联调工作。

（1）诉前联调工作是参与社会管理创新的重要抓手，其通过系统地整合各种纠纷解决资源，对于化解社会矛盾、修复社会关系、调适社会心态、优化社会环境具有重要作用。

（2）诉前联调工作要主动服务新型城市化发展道路。广州市第十次党代会作出了走广州特色新型城市化发展道路的重要决策部署，这是全市当前和今后一个时期的战略重心和中心工作。诉前联调工作通过化解矛盾，有助于最大限度减少不和谐因素、最大限度增加和谐因素、最大限度激发社会活力，是主动服务广州新型城市化发展道路、建设幸福广州的重要手段。在这个前提下，可重点探索诉前联调机制服务广州市北部山区大建设大发展（花都、从化、增城），服务天河智慧城、国际金融城建设（天河），服务临港经济发展（黄埔、南沙），服务开发区和中新知识城建设（黄埔，原萝岗）的结合点，

将诉前联调工作成效统一到服务发展的大局中去。

（二）加强科学规划能力，在把握规律中推进工作

（1）按照类型化、专业化调解思路加大纠纷导入力度。具体做法是：落实诉前联调前置制度，对婚姻家庭、相邻关系、医疗服务、劳动争议、交通事故、电信欠费、信用卡欠款、物业管理及争议标的金额在5万元以下的小额钱债纠纷执行联调前置程序；对当事人直接向联调成员单位申请解决纠纷，且纠纷属于诉前联调范围的案件，迅速启动联调程序，千方百计促使纠纷化解在法院、法庭之前；重点推进密集型民商事纠纷的联调工作，对婚姻家庭、劳动争议、交通事故等具备较强调解基础的案件，加大联调技巧的总结、提炼、推广力度，提高类案调解效率；在新型商事纠纷、金融服务纠纷、知识产权纠纷、建筑工程纠纷等专业技术性较强、涉及标的较大的纠纷调处中引入专家型人才辅助调解、委托调解，探索建立专家咨询和早期中立评估制度，鼓励专业法官按照业务专长提前介入案件，提高案件调解的成功率。

（2）遵循地域特点，实行差别化指导推进策略，推动错位互动发展。在工作推进中结合各区（县级市）的区域定位、经济条件、纠纷特点，有针对性地确定区域联调工作重点和推进方向。同时鼓励各区县根据实际情况挖掘、提炼、推广具有本地特色的诉前联调工作模式；推动不同区（县级市）间围

绕模式设计、联动方式、调解方法等加强学习和交流。

(3) 继续做好运行态势研判和数据监测工作。在原有工作的基础上，做好市一级月度运行态势分析研判工作，确保科学动态地调整工作方向。将态势分析工作模式，推广至区县一级，形成市、区县两级工作机制运行态势分析的长效机制。

(三) 进一步整合纠纷调处资源，增强联调联动合力

(1) 多层次、全方位深度整合社会资源。一是完善联席会议和议事协调制度，优化市、区（县级市）两级联席会议与专项会议议事平台，推动联席会议制度化、常态化，专项会议规范化；二是重点推动与密集型民事纠纷密切相关的公安交警部门、劳动监察部门、工会、妇联、消费者协会以及各类商事协会、调解组织建立相应的联合调解、委托调解、协助调解、特邀调解等衔接配套机制；三是推动律师支持调解，鼓励律师支持、配合、参与联调工作；四是提高社会化服务水平，逐步引入专家早期中立评估、心理咨询、高校法律诊所等多元化社会服务。

(2) 通过前移关口、下移重心延伸工作网络。重点推动三项工作：一是对当事人直接向联调成员单位申请解决纠纷，且纠纷属于诉前联调范围的案件，提高诉前联调机制的相应速度，实现提前介入。二是加强与综治信访维稳中心三级平台的协调联动，理顺工作衔接、日常联络和信息通报交流机制。同时重点推动人民法庭通过派驻人员、设立巡回点等方式与镇级综治信访维稳中心的对接，建立快速导入和处理通道。三是推动在纠纷密集的镇街、社区、厂区设立诉前联调巡回窗口，依托“法律六进”等活动实行就地宣传、就地受理、就地调解。

（四）牢牢把握工作导向，努力深化和提升工作成效

（1）努力提高选择调解率、调解成功率、自愿履行率。推动诉前联调受理案件数与人民法院受理民商事案件数实现“一升一降”，争取人民法院新收民商事案件数量出现拐点式转变，推动诉前联调调解成功的案件数量和当事人自愿履行的案件数量稳步增长，努力提高调解成功率和当事人自愿履行率。

（2）扩大联调机制在化解重大敏感纠纷中的优势作用。在案件类型上，重点推进联调机制在征地拆迁、旧城改造、环境保护、社会保障等涉及面广、政策性强的复杂案件和群体性纠纷调处中发挥更大优势。在具体手段上，进一步健全全方位、多层次、动态性的社会信息反馈网络，在发生跨地区、跨部门的纠纷时，灵活采用临时会议、现场协调、远程指导等方式迅速动员相关成员单位参与调处。

（3）通过优化制度设计，努力提高群众满意度和社会认同感。重点建立三项制度：一是联调回访制度，通过电话回访、上门回访等符合实际、灵活的方式跟踪纠纷发展，确保矛盾不反弹、当事人不反复；二是举报投诉机制，在诉前联调工作室、派驻点设立投诉电话、举报投诉信箱，对当事人和社会公众反应的问题进行认真核查和反馈；三是责任追究制度，对于违反法律法规规定，损害当事人合法权益，造成严重后果的，严厉进行查处。

（五）强化组织协调，提高科学精细管理水平

（1）推动人、财、物全面到位。提请市委综治委要求各区（县级市）政法综治部门牵头，推动将诉前联调工作所需的业务经费、工作经费纳入地区财政预算，并缓解人民法院在开展诉前联调工作后因诉讼费用减少带来的经费困难。会同司法行政部门加强对调解员的管理，重点确保派驻诉前联调工作室的人员到位开展工作，将具有丰富调解经验、熟悉法律法规、工作认真负责的调解员配置在工作前线。

（2）优化队伍素质。重点推动将熟悉法律和乡规民约的退休政法干警、热心村民、公益律师和社会工作者纳入专、兼职调解员队伍。加强对调解员法律知识和调解技能的培训，鼓励通过系统授课、案例分析、示范调解、交叉学习等灵活多样的教育培训方式提高调解员工作的整体水平。落实工作激励机制，建立科学合理的调解员工作补贴和个案奖励制度，对调解成功的案件给予物质激励，千方百计调动调解员工作的积极性、激发调解员工作的创造性。

（3）加大督查考评力度。进一步明确将诉前联调工作纳入各区（县级市）履行维稳综治目标管理责任书考核项目，将诉前联调工作开展情况作为各级综治部门考核相关成员单位履行综治维稳责任的重要内容。在全市范围内建立工作情况实行季度通报制度，对通报中成绩不理想的区（县级市），督促政法综治部门牵头自查整改。对已经纳入联调工作机制的成员单位进行动态绩效管理。建立机制建设和工作成效双轨并行的考核机制，机制建设考核中适当加大人员到位、经费配备、奖惩措施等落实情况的指标比重，成效考核中加大选择调解率、调解成功率、自愿履行率的指标比重。

（4）启动诉前联调工作示范区建设。按照先试先行、以点带面的思路，培育一批制度建设扎实、具有地区特色、工作成效显著的示范区，形成“比学赶超”的建设氛围，推动部分地区民商事案件率先“退位减量”。同时鼓励各区（县级市）参照市一级做法，选取符合条件的镇街、村居确定诉前联调示范点进行重点指导、扶持，从市、区县两个层面通过典型带动提高区域的整体水平和工作成效。

下篇　司法改革的相关思考

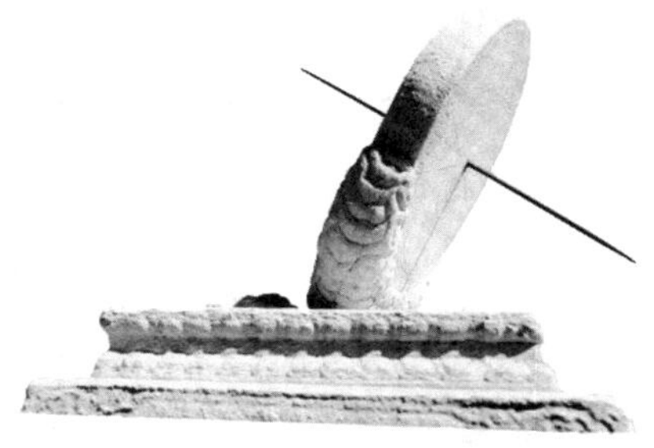

第一章　司法改革的相关思考

党的十八届四中全会《关于全面推进依法治国若干重大问题的决定》（以下简称《决定》）对保证司法公正、提高司法公信力做出了详细的部署，围绕实现“让人民群众在每一个司法案件中都感受到公平正义”目标，省级以下人民法院贯彻四中全会精神，深入推进司法改革，确保司法公正、提高司法公信力，应当着重思考以下几个方面的问题：

一、扩大诉权范围，探索与立案登记制度相配套的工作机制

（一）进一步转变理念

诉权的广泛性、便捷性是现代司法文明的重要标志。《决

定》及时提出建立“立案登记制度”，旨在充分保护当事人的诉权，让人民群众“告状有门”，立案登记制度是党中央依法治国战略在诉讼领域的落实。现行的诉讼制度构建于20世纪90年代初期，受计划经济体制下传统价值观念的影响较深。随着市场经济体制在我国的全面确立和发展，民事、行政诉讼领域新情况大量涌现，现行的民事、行政诉讼法已经严重滞后。随着民事、行政诉讼理论研究和审判方式改革的逐渐深入，现行诉讼法特别是立案制度所存在的缺陷与不足日益突显。省级以下人民法院应当积极思考相关配套工作机制，为即将实施的立案登记制度做好充分的准备。

（二）探索相关配套工作机制

立案登记制度必将对省级以下人民法院的审判工作带来巨大挑战。该制度的落实有赖于诉讼法的修订，省级以下人民法院应当在诉讼法修订之前充分探索与此配套的相关工作机制。

（1）继续完善案件繁简分流制度。立案登记制度实施后，民商事案件数量必然继续上升，简单案件与复杂疑难案件的分流机制应当进一步完善。应当进一步加强速裁庭建设，依照简便、灵活、快捷的原则，充分发挥简易程序简洁便利之功能，快速及时处理案件。对于双方当事人能及时到庭、事实清楚、争议不大、即时解决纠纷的民间借贷、银行借贷等民事及商事案件；当事人对事实无争议的离婚、财产分割及子女抚养、扶养、赡养等婚姻家庭案件，赋予当事人原告程序选择权，建立大量案件通过速裁程序予以解决的工作机制。

（2）完善案件庭前准备程序。①建立民商事行政案件审前会议制度。案件登记后，对于简单的案件，先由资深法官助理主持召开审前会议，通过审前会议促成双方调解、和解、自觉履行义务，建立通过审前会议化解大量纠纷的工作机制。通过庭前会议，明确争点、整理证据，防止证据突袭，将影响庭审中断的因素尽可能事先予以排除，避免庭审中断以及为解决相关事项所带来的诉讼拖延。保障信息对等，确保当事人参与及辩护权的实现。庭前会议的证据开示、申请调取证据的权利，促使当事人在庭审中积极有效对抗，实现程序权利。在制度实施前，最高法可以先在部分地方进行试点，根据试点经验总结后在全国推广。②进一步完善证据交换制度。对于不能通过审前会议解决的部分较复杂的案件，庭审前或者在审前会议中，由法官助理（视情况需要）做好庭前证据交换工作，充分固定事实认定和法律适用争点，提升庭审的针对性和效率。

（3）扩大令状、表格式法律文书的适用范围。起诉状、判决书、调解书等采用表格式，方便当事人参与诉讼，又有利于法院的审理活动，提高审判效率。当事人对事实部分争议少、无争议的，判决书、调解书可以在表格的基础上，径直写出裁判结果。

（4）加大对虚假诉讼、恶意诉讼、无理缠诉等滥用诉权行为的惩治。对诉权滥用的惩治是对诉权保护的平衡。对虚假诉讼、恶意诉讼，除了对虚假、恶意诉讼当事人判决驳回诉讼请求，并判令其承担诉讼费用之外，法律应根据诉讼标的和案件影响程度、相对方为诉讼支出的物质成本和精神代价对经济责任承担、精神赔偿的标准作出合理的、统一的规定，并赋予法院一定的自由裁量权。对无理缠诉，则应该依照治安管理处罚以及民事、刑事诉讼法的相关规定，采取及时、有效的处置措施。

二、保障人民参与社会公共事务，探索建立完善的公益诉讼审判工作机制

公益诉讼制度是人民参加社会公共事务管理在诉讼领域的落实，为社会主义人民民主的实现提供了现实的途径和司法保障，为人民参与国家事务的权利提供了司法保障。《民事诉讼法》第五十五条规定：“对污染环境、侵害众多消费者合法权益等损害社会公共利益的行为，法律规定的机关和有关组织可以向人民法院提起诉讼。”《决定》明确提出“探索检察机关提起公益诉讼制度”，充分落实公益诉讼的司法途径。

（一）公益诉讼应由裁判水平较高的法院集中管辖

公益诉讼与其他诉讼相比，往往涉及广泛的大多数人的利益，社会影响和关注程度较高，有必要把公益诉讼案件交由裁判水平较高的法院集中管辖。人民法院应当依审判专业化原则

和合理配置司法资源原则，对公益诉讼实行集中管辖，以统一裁判尺度，提高专业审判质量和效率，总结审判经验，培养专业型审判人才。在确定集中管辖法院时，充分考虑各法院审判力量与案件数量情况，确保各法院专业化审判水平的提高，提升司法公正与效率水平。

（二）建立环境资源纠纷专门审判庭

当前，环境污染问题是人民群众最为关心的问题之一，大气污染、河流污染、土地污染等，严重影响着人们的生活质量。在利益的驱动下，很多企业以牺牲环境为代价去换取经济利益，导致我国的环境恶化，人民的生活环境质量急剧下降，生存与发展受到了严重的挑战。解决环境污染与破坏问题，环境公益诉讼显得愈发重要。我们认为应当呼应人民的环境保护需求，在条件成熟的法院建立环境资源纠纷专门审判庭，全面提升该类案件的专业化审理水平。

三、保障人民参与司法，探索建立人民陪审员事实审制度

人民陪审员制度是人民群众依法参与司法、监督司法的最直接形式。《决定》明确“完善人民陪审员制度，保障公民陪审权利，扩大参审范围，完善随机抽选方式，提高人民陪审制度公信度。逐步实行人民陪审员不再审理法律适用问题，只参与审理事实认定问题。”目前，我国的人民陪审员既负责事实

审，也参与案件的法律审。

（一）扩大人民陪审员选任范围，完善随机抽选机制

当前各级法院人民陪审员数量相对较少，有的人民陪审员成为常驻法院的“专审员”，作为缓解人民法院人力不足的手段，陪而不审，没有发挥人民陪审员应有的社会功能。在扩大人民陪审员选任范围的基础上，完善随机抽选机制，并建立相关的保障制度，充分保障人民参与司法。

（二）逐步实行人民陪审员只参与审理事实认定问题

对陪审员和法官的职能进行科学分工，逐步实行人民陪审员不再审理法律适用问题，只参与审理事实认定问题，充分发挥人民陪审员的作用。实施该制度需要重新构建诉讼制度，建议适当增加事实判定疑难案件的人民陪审员的人数，人民陪审员对事实做出认定之后，职业法官在人民陪审员认定事实的基础上对案件进行裁决，此举将有利于提升人民法院司法判决的民意支持度。

四、推进司法公开，构建更为开放、动态、透明、便民的阳光司法机制

《决定》明确提出“保障人民群众参与司法。坚持人民司法为人民，依靠人民推进公正司法，通过公正司法维护人民权益。构建更为开放、动态、透明、便民的阳光司法机制，杜绝暗箱操作。”司法公开是促进司法公正的重要手段，近年来，

人民法院在司法公开工作上取得了巨大成绩，在将来的工作中仍需要进一步探索阳光司法的新机制。

（一）完善工作机制，确保司法公开工作有序开展

（1）提升司法公开制度建设。制定全面提升司法公开水平的工作方案及其配套实施方案，并就大力推进司法公开三大平台、进一步拓展司法公开渠道提出具体任务，为司法公开提供制度保障，并明确目标、任务和措施。

（2）加大司法公开信息化建设。争取党委政府支持，加大对司法公开三大平台建设经费投入，推进两级法院和派出法庭的广域网、数字法庭、“12368”诉讼服务中心、网上立案、电子文书网上查阅、庭审直播、远程提讯系统等建设，持续拓展法院与社会公众特别是当事人的在线互动渠道。

（3）完善司法公开监督测评体系建设。为确保司法公开规范化，制定办理司法信息公开申请的实施办法，公布举报投诉的范围和方式；制定司法公开工作水平测评办法，以每季度动态测评的方式准确反映两级法院司法公开工作进展情况。

（二）立足工作重心，大力推进司法公开三大平台和“12368”诉讼服务平台建设

围绕开放、动态、透明、便民的要求，着力推进审判流程公开、裁判文书公开、执行信息公开三大平台建设，可在庭审网络直播、“12368”诉讼服务平台等领域打造司法公开工作品牌。

（1）推进审判流程公开平台建设。一是建设好法院门户网站，打造网上诉讼服务大厅。升级涵盖诉讼指南、网上立案大厅、电子诉讼文书查阅、庭审直击、执行日志、曝光台等便民诉讼门户，实现网上立案、预约立案、电子送达、审判和执行信息网上查询。二是开通诉讼电子文书网络服务平台，实现立案、庭审、执行等各类法律文书上网查阅。当事人可通过立案阶段获取的密码，自行检索、查阅、下载和打印。三是庭审直播常态化，构建庭审数字化系统。启用两级法院庭审网络直播统一平台。四是推进减刑假释案件裁前网上公示、裁判结果公示，启用远程视频审理平台公开开庭审理减刑假释案件。

（2）推进裁判文书公开平台建设。推进裁判文书上网，坚持"以上网为原则，不上网为例外"，确保符合条件的生效裁判文书一律上网公开，推进裁判文书上网发布系统统一使用，建立裁判文书公开查询制度。同时在网站设置裁判文书意见反馈栏目，收集意见和建议，并及时反馈，形成倒逼机制，促进裁判文书质量不断提升。推进涉外商事案件裁判文书中英文"双语"公开，进一步拓宽公开范围。开发裁判文书隐名系统，妥善保护当事人个人隐私，确保裁判文书上网发布工作稳步推进。

（3）完善执行信息公开平台，规范执行过程。一是打造网上执行局。可依托"12368"诉讼服务平台公开执行立案信息，将案件执行全程的基本情况以执行日志的方式在网上向当事人进行公开，方便民众了解执行进程。二是完善失信被执行人名单公开制度，提高执行实施联动水平。在法院网站设置含“失信被执行人名单”“采取强制执行措施信息公开情况”和“拒不履行义务被执行人名单”等版块的“曝光台”专栏，公布失信人名单。推动法院与公安、国土房管、工商、银行等部门建立调查执行财产网络系统，完善失信被执行人信息共享和信用惩戒机制。

（4）升级完善“12368”诉讼服务平台。“12368”诉讼信息服务平台，要实现中级法院与辖区内基层法院全面覆盖，涵盖互联网、电话语音、短信系统等多个现代化通讯领域。平台启用人工服务，实现“一对一”的个性化诉讼信息服务，实现办案重要节点信息“主动告知”，当事人“有问必复”。

（三）加强法律文书释法说理

一份好的裁判文书，既是法官裁量的依据和智慧的全面反映，也是当事人双方持有的证据和理由的客观承载。说理充分的裁判文书一定程度上可以打消当事人上诉、申诉的想法和念头，引导当事人服判息诉。一是要出台关于规范裁判文书制作的规定，进一步统一、规范裁判文书制作，推广裁判文书纠错系统的使用，杜绝文字错漏；二是要大力推行裁判文书的繁简分流，探索推行要素式民事裁判文书制作，针对劳动争议、民间借贷合同纠纷、房屋买卖合同、租赁合同纠纷等案件，发布文书格式供法官参照，节约裁判文书撰写时间，将宝贵的审判资源投向当事人争议较大、案情复杂、适用法律困难等案件的说理上来，加强裁判文书的说理；三是定期评选优秀裁判文书，表彰优秀文书作者，建立裁判文书说理的刚性约束制度和与法官职级晋升、逐级遴选直接挂钩的制度，建立更加科学的裁判文书说理的评价体系。

（四）构建司法与传媒、公众的良性互动关系，畅通民意沟通渠道

法院要自觉接受舆论和公众监督，尊重新闻传播规律，满足人民群众司法知情权。一是建立完善媒体采访和新闻发布制度。在有条件的法庭设立专门的媒体记者席，为媒体进行舆论监督、传播司法信息创造条件。就专项审判、重大活动定期召开新闻发布会，争取社会各界对法院工作的理解和支持。二是积极为人民群众参与司法提供便利。进一步落实公民旁听庭审的规定，完善开庭公告的发布渠道和方式，确保公众能够及时获知各类案件的开庭信息。推进法制教育进机关、进校园、进企业、进社区、进乡村，开展法制宣传活动和“法庭开放日”活动，主动承担普法责任，推动全民守法。推进审判白皮书工作，就行政诉讼、知识产权、劳动争议等专项审判工作发布审判白皮书。三是依托自媒体创新司法公开形式。每家法院开通

官方微博，针对社会热点案件审判，通过微博第一时间发布权威信息，主动回应社会关切的热点问题。鼓励开通官方微信，探索从推送式公开到互动式公开的模式转变。

（五）探索落实干预办案的公开制度

《决定》对党政机关和领导干部干预司法、司法机关内部人员干预办案作出了规定。按照中央司改办负责人姜伟的解读，对领导干预司法，《决定》要求，第一，全程留痕，插手具体案件要记录在案；第二，公开通报，干预司法情节恶劣的要公开通报；第三，干预个案造成严重后果的，要依法依规追究责任。该制度的关键在于落实。

（1）在司法权内部运作和权力配置上，公开院长、庭长、主审法官权力清单。从根本上防止和减少司法机关内部上级“领导干部”的不当干预问题。要结合当前审判权运行机制改革，合理界定院长、庭长、主审法官、合议庭各自的职责权限，落实“让审理者裁判、由裁判者负责”。如果法院内部行政化问题不解决，层级领导关系依然存在，那么“领导干部”干预具体案件处理的问题就不可能避免，并且具有了正当化的理由。因此，在法院内部，也必须为领导干部开出权力清单，为其权力行使划定边界。

（2）探索建立外部干预的记录、通报公开和追责机制。院长、庭长、法官在社会生活中是普通人。对外部各种涉案反映人，应告知采用书面形式转达涉案请求；对坚持要求面谈反映的，应通过正常的来访途径公开进行；属于有关主管部门或相关组织要求来访反映的，应按接待来访的规定在法院机关公开进行；对领导同志口头转达涉案反映，未批转书面材料的，应制作电话记录或工作记录。所有的记录，定期、及时报告法院纪检监察部门，由法院纪检监察部门封存、见证，由对干预人有管理权限的纪检监察机关、组织人事部门进行通报。或者是出台规定，由法院以新闻发布会形式定期向社会公开通报。对于追责问题，一是要将责任机制和现行党纪政纪衔接，由中纪委制定《党员领导干部违反规定干预司法活动行为适用〈中国共产党纪律处分条例〉若干问题的解释》；二是建议修改诉讼法，考虑把法官受到非法干预作为当事人上诉理由之一；三是建议修改刑法，独立设置“干预司法公正罪”。

（3）落实法官履职保护机制。在从“人治”社会向“法治”社会迈进的过程中，干预司法的现象短期内不可能根除，法官并非生活在真空中，为鼓励和支持其大胆排除各种干预，依据法律和良知独立办案，建立健全法官履职保护机制非常必要。落实《决定》所规定的“非因法定事由，非经法定程序，不得将法官调离、辞退或者作出免职、降级等处分”，确保法官敢于坚持原则、依法公正办案，定期公开受干预法官的裁判结果，最大限度争取社会和民意支持。

五、优化法院内部职权配置，创新符合审判权科学合理运行的法院内部管理机制

（一）以法官独立承担审判责任为目标

实行法官责任制，将完善以审判权为核心、以审判监督权和审判管理权为保障，权责明晰、权责统一、监督有序、配套齐全的审判权力运行机制。将建立健全主审法官、合议庭的办案责任制，探索建立法院办案人员权力清单制，完善法律统一适用机制，规范法官自由裁量权行使，着力解决目前审判实践中权责不明、错案责任追究难以落实的问题。

（二）理顺执行权与审判权的关系

当前，法院执行权运行存在以下问题：一是执行机构的设置未反映其权力属性特征；二是在执行局内部职能配置未充分考虑执行实施权和执行裁判权的合理配置，没有建立权力制衡机制；三是在执行局内部管理以审判管理思维来管理执行权运行；四是执行员与审判员身份混淆，没有建立起执行员制度，不利于执行工作的专业化、专门化建设；五是执行权运行模式的行政属性与审判权运行模式的去行政化相矛盾，不利于执行权的高效运行。

法院的审判工作属于司法行为，判决的执行是行政行为，执行活动更多体现的是行政活动的确定性、主动性、命令性、强制性特点，强制执行权是国家行政权的一部分。实现彻底的

审执分立，并不意味着执行行为中具有裁决内容的执行救济行为也要分离出法院，该部分行为仍然应该由具有法官资格的人员来实施。

（三）理顺法官与法院的关系

各级法院由相应的各级人大产生，向各级人大负责、受各级人大监督，法官由省级统一管理之后，省级以下法院对人大的负责能力如何体现，这是司法改革之后中级以下人民法院面临的一个难题，我们认为省级以下法院应当从以下几个方面发挥作用：

（1）忠实履行审判管理权，督促法官勤勉履行职责。改革后的审判管理权应当局限在对法官审判权的管理，其目的主要是合理配置法院内部司法资源、改善审判流程管理，督促法官勤勉履行职责。改革后的审判管理要尊重司法规律和审判规律，紧紧围绕人民法院通过审判实现社会公平正义为中心来设计审判管理的效率、功能、结构、制度等，摒弃片面追求审判数量、效率、效果的数字化目标。要通过适当的激励机制激发法官的热情，发挥其主观能动性，督促法官在身心健康的状态下勤勉履行职责。通过案件数据动态分析、法律适用、案例指导信息，帮助法官提高司法能力；做好台账管理（延长审限、长期未结、发改、信访、未归档案件），做到一案一核（主要是流程管理中对信息完整度、程序规范性等审核），落实审限跟踪提醒、督促机制，对积案及时汇总，视情况督促法官合理安排审判事务、勤勉工作，全面提升审判质量和效率。

（2）依法履行审判监督权，保障法官依法履行审判权。相对于事后的审级、人大、媒体等监督而言，各级法院内部的审判监督的目的主要是防范审判权的“出轨”，各级法院审判监督权的行使在于保证法官依法履行审判权。审判监督权的履行包括两个部分：第一、通过案件复查启动法定的审判监督程序；第二、通过来信、来访、建议、意见等渠道发现的法官工作态度、工作作风、职业操守、廉政纪律方面可能出现的问题，督导法官及时改进，及时处理违纪责任，保证法官依法履行审判权。

（3）忠实履行司法行政事务管理权，保障法官履行职责。建设好科技平台服务法官，以案件管理系统和内部网络信息系统的建设为依托，加强办公自动化建设，做好后勤保障、行政事务、审判信息和图书资料的交换、利用、反馈，实现信息共享、公开，为法官正常履行审判职责提供充分的各类物质保障。

六、严格司法责任，推动完善权责利统一的法官责任机制

严格司法责任是司法公正的重要保障。长期以来，我国法院受制于内部管理机制，司法责任制不完善，集体负责，往往难以找到责任主体。此外，由于职业保障体系不完善，我国法

官缺乏足够的履职保障与职业尊荣感，对审判权的行使产生了消极的影响；另一方面，司法领域的违法、违纪行为仍旧存在，冤假错案偶有发生，严重损害了人民法院的司法公信力。针对上述问题，《决定》分别对相关问题进行了规定，力图实现法官权责利统一基础上的司法责任制。

（一）实行办案质量终身负责制和错案责任倒查问责制

在赋予法官独立行使审判权的权利同时，要求其对案件质量承担责任，是坚持权责一致原则的必然选择。完善的案件责任追究机制，应当包含以下几方面内容：

（1）追责主体。根据《宪法》《法院组织法》等相关法律的规定，有权对法官进行监督的主体主要有两类，一是人民代表大会；二是法院内部的纪检监察部门。但前者非主要法律职业人士构成，后者中立性难以保证。因此，有必要在各地级市以上设立独立、专门的法官惩戒委员会，委员会内部设置相对独立的调查组、起诉组和裁判组，委员会成员由法律专业人员组成，如退休法官、检察官、律师、法学教授等。为保证中立性，现任法官不得担任委员会成员。

（2）追责事由。审判权从性质上属于判断权，对同一个事实、同一条法律，不同的法官可能会有截然不同的理解，司法活动的规律要求我们必须尊重法官的自由裁量权。因此，在判断法官是否需要对其承办的案件承担责任时，不能简单以

“裁判结果”（如是否被改判、发回重审，当事人是否满意等）进行判断，而应当以“法官的行为”作为追责标准。法官只为自己的违法犯罪或明显不当的行为承担责任，这是法治国家的通例。一般来说，法官在审判工作中，因故意或重大过失违反与审判工作有关的法律、法规并造成严重后果的，应当承担违法审判的责任。此外，对于审判人员在审判过程中的不当行为，如在法庭上举止不当、粗言秽语、衣冠不整等，亦应进行相应的追责。

（3）追责程序。法官责任的追究，不仅牵涉法官的自身权益，与司法公信力、司法权威关系甚巨，有必要参照诉讼程序，对法官追责程序进行重新设置，以保证法官责任追究的公正性和严肃性。如前所述，法官惩戒委员会内部设置调查组、起诉组和裁判组等相对独立的部门，当委员会从相关渠道收集到法官违法违纪的案件线索时，初步审查认为应当立案的，将案件转交调查组进行调查；调查组经调查后将相关材料转交起诉组，起诉组审查后认为符合追责条件的，向裁判组提出追责申请；裁判组将起诉书及相关证据材料送达给被指控的法官，并择日进行正式审理，法官有权进行答辩，并提交相关证据。裁判组经审理、评议后作出裁决，法官对裁决结果不服的，可向上一级法官惩戒委员会提出上诉。对于可能涉及刑事犯罪的，委员会应当将相关材料移交司法部门处理。

（二）确保法官独立行使审判权，确立司法权威

（1）完善主审法官、合议庭办案责任制，落实谁办案谁负责。建立科学的审判权运行机制，实现“让审理者裁判、由裁判者负责”，大幅减少案件审批流程，让院、庭领导亲自参与案件的审理，进一步加强审判力量，提高审判效率。作为本轮司法改革最重要的内容之一，中央对上述改革已作了详细的部署，在此不再赘述。最高人民法院于 2013 年 10 月 18 日印发《关于审判权运行机制改革试点方案》，指定九个法院开展审判权运行机制改革试点工作，为期两年，并将于 2015 年底在对试点工作进行全面总结的基础上，在全国范围内推广成功的改革试点经验。

（2）健全行政机关依法出庭应诉、支持法院受理行政案件、尊重并执行法院生效裁判的制度。事实上，该举措已被立法所采纳。2014 年 11 月 1 日，全国人大常委会表决通过了《关于修改行政诉讼法的决定》，修改后的《行政诉讼法》将增设一条：“人民法院应当保障公民、法人和其他组织的起诉权利，对应当受理的行政案件依法受理。行政机关及其工作人员不得干预、阻碍人民法院受理行政案件。被诉行政机关负责人应当出庭应诉。不能出庭的，应当委托行政机关相应的工作人员出庭。”完善了关于行政机关拒绝履行判决、裁定、调解书的后果的相关规定。

（3）完善惩戒妨碍司法机关依法行使职权、拒不执行生效判决和决定、藐视法庭权威等违法犯罪行为的法律规定。针对扰乱法庭秩序、拒不执行判决和裁定等违法犯罪行为的规制，诉讼法、刑法已有相应规定。但对于个人损害法官尊严的行为，如当事人当面谩骂、侮辱法官，在办公场所耍赖撒泼，媒体夸大其辞的负面报道、误导民众等，我国没有相应的应对规范。因此，有必要在刑法中增设“藐视法庭罪”，其适用的范围可以从以下几个方面界定：其一，行为在时间上，不局限于发生在开庭审理过程中或在法官当面所实施，还应包括不开庭审理过程中对法庭和法官所实施的藐视、扰乱秩序的行为；其二，行为在空间上，不局限于法庭内或法庭附近，可扩大到法官庭前庭后执行职务的地点，甚至是法官办公的地点，确保诉讼所必须的秩序和效率；其三，行为表现形式上，除了包括暴力、侮辱、威胁等方式，还包括有关不适当的新闻报道、评论，未经允许在法庭摄影、录音、录像，证人无故拒绝作证等行为。

（4）建立健全司法人员履行法定职责保护机制。法官职务的调动，特别是从审判岗位向非审判岗位的调动，是涉及其身份权利的重大事项，但现有的法律、法规对此未有具体、详细的规制，法官职务变动具有随意性，直接影响其依法独立行使审判权。因此，有必要建立司法人员履职保护机制，对法官职务变动的相关事由、程序进行详细规定，除非出现重大违法违纪或不适合行使审判权的事由并经法定程序，否则不得以轮岗、免职、辞退等方式将法官调离审判岗位。

（5）建立完善的法官职业豁免机制。这是法官职业保障中最重要的一项内容，即法官在执行司法审判职能过程中，所发表的言论和所实施的行为，享有不受指控或法律追究的权利。同时对于法官在其执行审判职能方面的有关事务，享有免于出庭作证义务的特权。

七、加强队伍建设，建立和完善法官逐级遴选制度

建立法官逐级遴选制度，是实现法官人才资源优化配置的必然选择。在现有的法官遴选机制下，各级法院的法官大多从本院书记员、法官助理中直接遴选，此种模式导致一方面上级法院法官由于缺乏基层工作经验，对下级法院的工作特点缺乏足够的了解，难以承担监督和指导下级法院的重任。另一方面，下级法院法官缺乏晋升空间，不利于提升其工作积极性。有鉴于此，从1999年开始，最高人民法院陆续发布的四个五年改革纲要中均有建立“上级人民法院法官主要从下级人民法院优秀法官中选任”机制的相关内容，而党的十八届三中、四中全会亦提出了建立法官逐级遴选机制的要求。

（一）建立法官逐级遴选机制需要着重解决的问题

（1）遴选条件的问题。应当根据四级法院的职能特点，

分别确定法官遴选的条件。如中级法院主要职能是解决法律适用问题，实现案结事了，因此，从基层法院遴选法官时，应着重考察其办案能力。而高级、最高法院在指导下级法院、统一裁判尺度方面的任务较重，对法官的文字表达、调研等方面素质应当有更高的要求。

（2）各级法院的法官员额问题。应当坚持以案定人原则，根据各级法院的具体职能，在科学核定法官工作量的基础上，综合考虑辖区面积、人口、政治、经济发展状况等因素，合理确定各法院的法官员额。当上级法院的法官员额出现空缺时，即可从下级法院进行遴选。对法官员额的问题不能简单的拍脑袋和毫无根据的确定比例数额。

（3）遴选组织与遴选程序的问题。应当建立专门的法官遴选委员会，为保证专业性，其成员应当主要由法律专业人员组成，包括法官、律师、法学专家等；为体现多元性，法官遴选委员会的成员应包含一定比例非专业人员，如人大代表、政协委员、组织部门代表、社会人士代表等。法官遴选委员会可分中央、省两级，在省法官遴选委员会以下，可以地级市为单位设立分会，具体负责本区划内各基层、中级法院法官的遴选工作。在遴选程序的设置上，应当坚持公开原则，选任的条件、过程、结果等信息应当及时向公众公开，杜绝暗箱操作。

（二）省级以下法院在法官逐级遴选机制中面临的几个困难

（1）法官的调动成本问题。现行体制下，各级法院经费主要由同级政府负责，由于各地经济发展不平衡，加上财政管制程度的不同，导致各地、各级法院的法官待遇呈现苦乐不均的状况。从下级法院调任上级法院法官，很可能意味着收入的降低（甚至是大幅度的降低），这在一定程度上阻碍了优秀法官的向上流动。此外，法官的工作调动，还会牵涉诸如配偶工作、子女上学、住房等实际问题，客观上增加了法官调动的成本。为此，在实现省级以下法院人财物统一管理后，应当根据各地经济发展、物价水平等因素，科学调整各级法院的法官待遇，消除不合理的差异，增加上级法院的吸引力，同时对于异地法官在迁移过程中提供必要帮助和保障。

（2）落选年轻法官的出路问题。实行法官逐级遴选制度后，上级法院的书记员、法官助理将丧失直接升任本院法官的机会。为了避免因改革而挫伤其工作积极性，减少人才流失，应当实行上下级法院人才双向交流制度。上级法院书记员、法官助理在从事一定年限的审判辅助工作后，可安排到下级法院挂职锻炼，从事一线的基层审判工作，在其满足上级法院法官遴选资格后，可参与上级法院法官遴选的竞争。如此，一方面可解决上级法院书记员、法官助理的出路问题，另一方面亦可充实下级法院的审判力量。

八、当前司法改革中存在的问题与困难

当前推进改革工作中出现一些问题和困难，需要紧紧依靠

党委、人大和政府支持予以解决。当前核心的问题和困难主要有：

（一）司法工作人员职业保障水平不足

法官职业保障问题仍是当前司法改革的瓶颈，法官流失问题仍旧在不断加剧。现阶段的保障水平与法官即将承担的责任不适应。将来，部分落选法官面临加入审判辅助人员队伍的问题，“法官”头衔的失去，应当有相应的物质待遇的提升才可能留住一批优秀的年轻同志，充实法官助理队伍。此外，文员招聘难、流失快、管理难等问题，严重影响法院工作正常开展。着力推进将现有审判辅助文员纳入审判辅助人员管理，更有利于法院对审判辅助工作人员统一管理、使用，有利于调动审判辅助人员工作积极性、稳定队伍，有利于相关部门对法院管理、使用聘用制人员情况进行监督。

（二）调查研究、数据分析的力度有待加强

当前改革推进过程中遇到的困难，需要大量深入细致的、方向明确的调研加以分析解决，人民法院提出的观点、方法、举措需要详尽的数据加以支撑。当前许多改革举措实施起来会对国家、社会、个人产生深远的影响，应当建立在充分调查研究基础之上，唯有如此改革才经得起历史、人民和时间的检验。

（三）队伍的思想建设亟待关注

人民法院要长期坚持以党建带队建的原则，以积极健康向上的思想武装队伍。当前队伍的思想认识还存在一定的问题，对司法改革存在畏难情绪，对司法改革的推进路径和决策方式存在不同认识，部分干部担心在司法改革中承担过重的责任，部分干部担心在司法改革中无法实现个人的职业规划。深化司法改革应立足于各法院的实际情况，既要认真研究和吸收其他法院司法改革创新的有益成果，又不能盲目地照抄照搬；既要与时俱进，又不能超越现实提出过高要求。司法改革必须紧紧依靠人民群众，充分听取人民群众意见，充分体现人民群众意愿，从群众反映最强烈的问题入手，着力解决好人民最关心、最直接、最现实的公平正义问题。

第二章　推进司法体制改革的路径

一、广州法院推进司法改革的主要内容

2013 年以来，全市法院按照党的十八大和十八届三中、四中、五中全会精神，以及上级法院和市委的部署，以先行先试、敢为人先精神，从广州法院实际出发，切实加强组织领导，积极探索推进司法改革。

（一）推进审判权运行机制改革

广州市中级人民法院（以下简称市中院）制定《广州市中级人民法院关于健全审判权运行机制完善审判责任制改革的实施意见》并报省法院批准，在全市范围内推进审判权运行

机制改革，通过规范审判权、审判管理权、审判监督权的行使，合理界定审判组织的职责和职权范围，取消案件层层审批的做法，落实主审法官、合议庭办案责任制，实现“让审理者裁判、由裁判者负责”。制定《广州市中级人民法院审判委员会委员参加合议庭审理案件的若干规定（试行）》，明确委员审理案件的方式、案件类型、办案数量等内容。重新修订《广州市中级人民法院审判委员会工作规则（试行）》，不断完善审委会工作机制。2014 年 11 月，为推进人民法庭审判权运行机制改革，市中院印发《人民法庭审判权运行机制改革试点工作方案》，通过建立主审法官制度、完善合议庭制度、建立主审法官联席会议制度、推进专业化审判等一系列举措，正式开展人民法庭审判权运行机制改革工作，并确定白云区人民法院太和人民法庭等 5 个人民法庭为试点法庭。推进审判专业化建设，市中院设立电子商务、环境资源案件等专业合议庭。加强审判管理，市中院先后制订《审判执行流程管理规定（试行）》《案件质量评查工作规定》。深化量刑规范化改革，白云区法院被最高法院指定为量刑规范化工作示范联系点。探索执行精细化管理模式，白云区法院被广东省法院确定为全省法院执行精细化管理示范单位，其经验受到最高法院周强院长的肯定。为保障改革的顺利推进，市中院分别制定《关于审判审批权限的规定（试行）》《合议庭运行工作规则（试行）》《审判长联席会议、专业法官会议工作规则》《典型案例制度实施细则》等配套制度。在探索改革中，支持、指导基层法院“先行先试”。越秀区法院被广东省法院指定为广东省法院审判业务专家管理改革试点法院。花都区法院从2013年开始，探索专业合议庭综合改革，搭建专业合议庭与传统合议庭“双轨制”运行平台，以审判专业化实现办案高效化，同步探索“三步走”主审法官培养机制以及审判辅助人员定向培养制度，在全省法院率先实施审判权力清单制度，强化院长、庭长的审判管理权和监督权，规范“三权”运行方式，取得了明显成效，最高法院刊发简报予以推广。

（二）推进审判辅助人员管理改革

为推进法院队伍“三化”建设，把审判辅助人员配置和管理作为人员分类管理的重要事项来抓。在广州市委支持下，市中院公开招聘143名具有法学本科、研究生学历的法官助理，使现有法官、法官助理、书记员达到1∶0.8∶0.4的配置比例。制定了《审判辅助人员管理改革方案》及8个配套办法，确定了各类审判辅助人员的基本定位、工作职责、工作考核和职业发展路径，建立和完善辅助人员的职业化、规范化管理。大力争取广州市委、市政府的支持，解决审判辅助人员的薪酬保障问题，在较高的起点上设置审判辅助人员的薪酬标准：法官助理和执行员助理、书记员和辅警分别按照每人每年8.84万元、6万元薪酬保障，达到广东省国有单位在岗职工年均工资的136%和93%，并争取建立薪酬定期增长机制。上述改革举措在中央政法委召开的全国司法体制改革试点工作座谈会上作经验介绍，最高法院刊发简报向全国法院推广。荔湾、天河、白云、花都、从化、增城区等基层法院在区委、政府支持下，进一步配齐配强审判辅助力量。

（三）推进司法公开

2014年1月，市中院印发了《关于全面提升司法公开水平的工作方案》及配套方案，就全市法院推进司法公开三大平台建设提出39项具体任务，就拓展司法公开渠道提出22项具体任务，指定海珠区、南沙区和萝岗区（现为黄埔区）三个基层法院为全市司法公开工作试点法院。各基层法院结合各院实际制定具体工作方案，成立了司法公开领导小组及其办公室。加快以广州审判网为龙头的全市法院门户网站建设，至2014年6月，基层法院全部实现“一院一官网”，两级法院网站实现互联互通、数据共享。在全省率先开通全市法院庭审网络直播统一平台，实现“天天有直播”。从化区法院制定《关于引导当事人进行辩法的意见》，在庭审中设立单独环节保证当事人对法律适用问题进行充分辩论。推进裁判文书公开，裁判文书上网公开数量位居全国法院前列。推进执行信息公开，落实失信被执行人名单公布机制，天河区法院被最高法院确定为“有效实施失信被执行人名单制度示范法院”。市中院率先开通全国首家人工“12368”诉讼信息服务平台，并于2014年4月1日起向基层法院全面覆盖，实现办案重要节点信息“主动告知”，当事人“有问必复”。加强司法宣传，推进官方网站、微博、微信建设，市中院和越秀、海珠、天河、白云区法院司法宣传工作受到最高法院通报表扬。结合新媒体打造“掌上法院”，市中院于2015年3月3日开通了审务信息公开移动服务平台——“审务通”，正在开发服务律师诉讼工作的“律师通”和服务法官司法工作的“法官通”。广州市司法公开工作多次得到最高法院肯定。市中院在中国社科院2014年度司法透明度测评中名列全国第二。

（四）探索社会矛盾纠纷解决新机制

一是深化诉前联调工作机制，协调市财政部门，解决诉前联调工作经费保障问题。与广东证监局、广东证券期货业协会、市工商局、市国土房管局、市总工会等多个部门建立了诉调对接机制。2012至2014年，广州通过诉前联调调处各类纠纷90364件，调解成功79918件，调处标的23.67亿元，当事人自动履行率达94.64%，相当于每年消化了三个年收案达10000件的基层法院的案件量。越秀区法院构建起“调评分离、单方评估、专业对口、书评为主、评引结合”的民商事纠纷诉前中立评估机制，并取得了当事人满意、案件得以分流、司法成本得以节约的良好效果，为民商事纠纷有效解决提供了新途径。广州市法院的诉前联调工作得到了最高法院的肯定。二是探索借助律师接访、化解信访矛盾纠纷解决机制。2014 年 11 月 13 日，由市中院与市司法局合作共建的广州市法律援助处驻市中级法院法律援助工作站正式签约、挂牌，每周一、三、五上午由市法援处指派法援律师值班，为困难群众提供法律援助指引，协助处理信访问题。白云区、增城区等基层法院亦与司法局合作共建法律援助工作站。三是探索利用信息化处理信访问题，对涉诉信访管理系统进行升级。2014 下半年正式甄别诉、访进行信息录入，并在两级法院全面铺开使用。接通视频接访，建成广州市两级法院远程视频接访系统并完成测试。2015 年 6 月，市中院的涉诉信访管理系统与全市涉法涉诉信访工作信息管理系统成功实现对接，有效实现信访数据的共享与互通，实现“全市涉法涉诉信访工作一盘棋”，提升信访工作科学管理水平。

（五）推进各项审判工作机制改革

（1）落实立案登记制改革。对符合条件的起诉当场立案，当场立案率达 95%。（2）探索推进刑事速裁程序工作改革。出台了《广州市审判机关刑事案件速裁程序试点工作实施方案》，参与起草并牵头联签《广州市刑事案件速裁程序试点工作实施细则》，保障了速裁程序试点工作的规范性和可操作性。至 2015 年 11 月 20 日，全市 11 个基层法院适用速裁程序审结案件3504件，占全市基层法院同期审结刑事案件总数的16.7%，适用速裁程序审结的案件数量居全国试点城市首位，平均结案时间为6.3个工作日，得到最高法院充分肯定。（3）探索减刑、假释案件审理模式改革。实行减刑、假释案件“裁前公示”，将罪犯相关信息通过互联网向社会公布。同时推行减刑、假释远程视频庭审直播制度，引入人民陪审员参与减刑、假释审理工作，邀请人大代表、政协委员旁听减刑、假释案件庭审。此外，建立减刑、假释裁判文书上网公开制度，接受社会监督。（4）创新少年审判机制。市中院设立全国法院系统首家“全国青少年法律与权益保护研究基地”，市中院“未成年人民事案件社会观护制度”和黄埔区法院“庭审四感模式”分别获评全国未成年人健康成长法治保障制度优秀事例和创新事例。市中院少年庭、黄埔区法院少年庭获评全国法院少年法庭工作先进集体，广州市少年审判工作得到最高法院领导批示肯定。（5）创新推进家事审判程序创新。黄埔区法院家事审判合议庭被评为“全国保护妇女儿童合法权益先进单位”。（6）推进破产审判改革试点工作。2014年，最高人民法院在全国启动了破产案件审理方式的改革试点工作，市中院被列入了首批试点法院名单。在市中院的积极策划和筹备之下，全国首个管理人自治组织——广州市破产管理人协会于2014年登记注册成立。协会下设破产清算公益基金在2015年正式启用，解决了制约企业破产法律程序顺利进行的机制性障碍。探索公司强制清算与破产清算的衔接、执行程序与破产程序的转换制度，推行管理人分级管理制度。（7）推进网上立案与电子送达。在全省率先实行网上立案机制，不断改进各项技术，网上立案平台在全国率先突破“预约立案”限制，受到了最高法院的充分肯定和国内众多媒体的广泛报道。推行电子送达，开发电子邮件送达民事诉讼文书专用平台，向受送达人送达有关诉讼材料，提高司法效率，减轻当事人诉累。（8）创新人民陪审员工作机制。完成人民陪审员“倍增计划”，新增人民陪审员 1513 名，建立人民陪审员随机抽选机制，全市人民陪审员参审率达 80% 以上。南沙区在全国率先聘任港澳籍人民陪审员，并开庭审理全国首件港澳陪审员参审案件。（9）为南沙新区和自贸区发展提供司法保障。探索在现有南沙区人民法院的基础上，增设“广东自贸区南沙片区人民法院”，实行两块牌子、一套人马。为服务南沙新区和自贸试验区建设，南沙区法院出台了《广州市南沙区人民法院关于服务保障中国（广东）自由贸易试验区广州南沙新区片区建设的意见（试行）》，与香港南沙联谊会、澳门南沙商会签署会商纪要，搭建多元化解涉港澳民商事纠纷的立体平台。

二、改革初步成效及存在的困难和问题

通过深化改革，有力促进了办案质效提升。2013 年，全市法院共受理各类案件 239950 件，办结 207487 件，比上年分

别增长 3. 35% 和 0. 71%；2014 年，全市法院共受理各类案件 269164 件、办结 229621 件，比上年分别上升 15. 02% 和 13. 61%；2015 年 1 至 11 月，全市法院共受理各类案件276366 件、办结 195839 件，同比分别增长 7. 13% 和 0. 09%。涌现出一批先进集体和个人，全市法院 234 个集体、1173 人次获市级以上荣誉，花都法院被推报为全国模范法院候选对象，天河区法院获评全国优秀法院，海珠区法院、花都区法院和市中院知识产权庭获记集体一等功，市中院陈海仪法官、彭亮法官和天河区法院陈宗桢法官荣立个人一等功。

在总结成绩的同时，必须看到，在贯彻落实党的十八届三中、四中全会精神，深化司法体制改革过程中，我们也遇到了一些困难和问题。

（一）关于如何进一步凝聚改革共识的问题

经过一段时间的学习、讨论、引导，广大干警对于司法改革的总体认识大大提高。目前，广大干警高度关注的主要有三个问题：一是法官员额的确定和法官遴选问题；二是职业保障问题；三是办案责任和追责问题。由于实际待遇没有提高，甚至担心原有的待遇可能会下降，部分干警感到困惑和迷茫。因此，司法改革工作，必须把思想引导工作摆上重要位置。同时，积极争取党委、人大、政府以及上级法院的支持，及时解决改革过程中出现的问题，激发干警改革热情。

（二）关于审判管理权与审判监督权的界定问题

案件审批取消后，院、庭领导仍可以通过审阅案件的形式行使审判监督权。在保证审判权独立、高效、有序运行的前提下，如何规范审判管理权、审判监督权的行使，更好地发挥院、庭领导的管理、监督权作用，如何加强法官的履职保障，避免合议庭难以承担案件责任而过度使用案件报送权，上述问题仍须在实践中不断探索解决。

（三）关于储备司法后备力量的问题

2011 年之后招录的政法编书记员，因五年内无法晋升法官，五年后能否担任法官也受法官员额的限制，部分青年干警工作积极性受到了影响，甚至选择离开法院。如何解决该部分同志的出路，为法院保留优质的司法后备力量，是改革中必须解决的问题。

（四）关于推进审判辅助人员管理改革的问题

在广州市委、市政府大力支持下，市中院先后招录合同制法官助理、书记员、辅警，深化审判辅助人员管理改革。有的基层法院在当地区委、区政府支持下，也增配了一定数量的合同制审判辅助人员。但从全市法院来看，审判辅助人员还有较大缺口，达不到省法院提出的法官、法官助理、书记员按1∶1∶1配置的要求，影响办案工作和司法改革的推进。

（五）关于审判执行分离改革的问题

2015年9月30日，广东省印发《广东省实行审判权与执行权相分离的体制改革试点方案》，尽管广州法院未被纳入第一批试点，广州市法院对实行审执分离、裁执分离进行了许多有益探索，但在推进改革中也遇到一些困难和问题，需要进一步研究解决。如执行权调整问题，改革要求在中院设执行局，在基层法院设执行分局，将涉及全市法院执行权、执行部门和执行人员的调整等问题。再如执行人员管理和待遇问题，改革后执行实施工作将由属于审判辅助人员序列的执行员负责，执行人员不属于法官序列，不能享受法官职务的待遇，由此导致目前从事执行工作的法官更愿意回到审判部门，届时执行人员不足问题将会凸显。如何建设专业化、职业化的执行工作队伍，需进一步研究解决。

三、当前司法体制改革推进情况

党的十八届五中全会提出坚持创新、协调、绿色、开放、共享五个发展理念。2015年12月2日，最高法院周强院长在最高人民法院贯彻党的十八届五中全会精神辅导报告会和党组中心组（扩大）学习交流会时强调，要深化司法体制改革，进一步提升司法公信力。司法改革进入攻坚阶段，要敢于担当、攻坚克难，以更大的决心、更大的智慧，坚定不移推进改革，努力破解制约司法能力、影响司法公正的体制机制障碍，确保改革取得实效。11 月 26 日至 27 日，最高法院李少平副院长在广东调研时指出，各级法院要以时不我待、勇于担当的精神，怀着强烈的责任感和使命感，进一步坚定改革信心，坚定不移地按照中央部署和最高法院要求，扎实有序地推进改革。全市法院要增强创新意识，以改革为动力，按照中央、省委、市委和上级法院要求，准确把握新形势下司法审判工作的特点和规律，深入研究和解决司法改革中的体制性、机制性问题，全面推进各项改革。在推进改革过程中，要紧紧依靠当地党委的领导、人大的监督和政府的支持，加强与检察、公安、司法等部门的沟通协调，及时解决改革过程中存在的问题和困难。

当前我们重点推进以下几项改革：

（一）推进第二批改革试点工作

按照省委部署，广东即将启动第二批司法体制改革试点工作，市中院和天河区、南沙区法院纳入试点范围。省委将于近期召开全省全面推进司法体制改革推进会，对第二批试点工作进行动员部署。市中院和天河区、南沙区法院要按照省委统一部署和试点的任务和要求，抓紧全面推进司法体制改革。一是明确改革的目标和任务。据中央批准的广东省司法体制改革试点方案，改革主要任务有四项，即改革审判权运行机制，完善司法责任制；完善司法人员分类管理制度，科学核定法官员额，完善人员职务序列管理；健全法官职业保障；建立全省法院经费、资产由省级政府财政部门统一管理制度。作为试点法院，要按照上级的要求和部署，全面推进相关改革工作。二是做好改革的思想动员和引导工作。要组织广大干警再次深入学习广东省司法体制改革试点方案和中央有关精神，明确试点工作的重大意义、任务和要求，联系干警的思想实际，引导大家摒弃模糊认识，积极参与改革试点工作。三是精心制定改革试点方案。市中院和天河区、南沙区法院要按照要求及时制定司法体制改革试点工作实施方案及其配套的子方案，按程序报上级审批同意后实施。未列入试点法院的其他 9 个基层法院，也要结合各院实际，积极探索推进司法改革工作。

（二）推进审判权运行机制改革

建立健全符合司法规律的审判权运行机制，是实现“让审理者裁判，由裁判者负责”的内在要求，是整个司法体制改革的核心。全市法院要按照《最高人民法院关于审判权运行机制改革试点方案》《广东省健全审判权运行机制完善审判责任制改革试点方案》等文件精神，深入推进审判权运行机制改革。一是抓好已出台具体实施方案的落实。市中院制定了《关于健全审判权运行机制完善审判责任制改革的实施意见》及其推进方案，各基层法院也制定了相应的制度，要继续抓好贯彻落实，进一步优化审判资源配置、明确司法人员职责和权限、完善权力清单制度、推进审判委员会运行机制改革、规范审判管理权和审判监督权的行使。二是完善司法责任制。要认真贯彻落实最高法院《关于完善人民法院司法责任制的若干意见》，科学合理地界定审判责任的范围及其承担方式，切实加强法官履职保障。三是完善司法廉政监督机制。严格落实党风廉政建设主体责任和监督责任。改进和加强司法巡查、审务督察和廉政监察员工作。建立领导干部干预司法活动插手具体案件记录、报告制度和法院内部人员过问案件记录、责任追究制度。依法规范法院人员与当事人、律师、特殊关系人、中介组织的接触、交往行为。四是进一步落实涉诉信访制度。完善诉访分离工作机制，健全涉诉信访终结机制，创新网络办理信访机制。推动建立申诉案件律师代理制度。探索建立社会第三方参与机制，增强涉诉信访矛盾多元化解合力。五是推进人民法庭审判权运行机制改革。按照市中院《人民法庭审判权运行机制改革试点工作方案》，全市五家人民法庭为期一年的试点工作已经届满。要贯彻落实《关于推进全省人民法庭审判权运行机制改革有关工作的意见》，及时总结广州市法院人民法庭审判权运行机制改革试点经验，进一步推进全市人民法庭审判权运行机制改革有关工作。争取由市委政法委牵头，联合市编办、市财政局、市人社局，召开全市人民法庭审判权运行机制改革推进会，进一步完善审判权运行机制，推进按照

“1∶1∶1”的要求组建审判单元，完善繁简分流，探索专业化审判，完善人员经费保障等工作。

（三）推进人员分类管理改革

一是选任员额法官。试点法院根据上级法院核定的法官员额数，按照《广东法院法官员额分配指导意见》，做好首批员额法官选任各项准备工作。要精心制定员额法官选任方案，明确选任条件与选任程序，综合考虑审判业绩、业务能力、理论水平和法律工作经历等因素，确保业务水平高、能独立办案的人员在员额内。非试点法院可暂不开展员额法官选任。二是合理配置审判单元。建立以主审法官为中心、配备必要数量审判辅助人员的新型审判单元，争取至少按照“1名主审法官+1名法官助理+1名书记员”的配置比例组建审判单元。三是进一步推进审判辅助人员管理改革。继续落实市中院“1+8”审判辅助人员管理改革方案，建立动态调配机制。争取党委支持，继续扩充非编审判辅助人员，争取全市法院法官、法官助理和书记员的比例至少达到1∶1∶1。加强与党委政府沟通协调，争取由市委政法委联合市编办、市财政局、市人社局发布有关审判辅助人员招录、管理、薪酬及经费保障的文件，在广州本地为审判辅助人员管理改革创设政策文件依据。四是完善法官业绩评价体系。建立科学合理、客观公正、符合规律的法官业绩评价机制，完善评价标准，将评价结果作为法官等级晋升、择优遴选的重要依据。建立不适任法官的退出机制，完善相关配套措施。

（四）推进执行体制机制改革

一是积极探索审执分离体制改革。按照《广东省实行审判权与执行权相分离的体制改革试点方案》，深圳、佛山、汕头、茂名和中山五个中院已启动审判权和执行权相分离的体制改革试点工作，试点工作至2015年12月结束。广州全市法院要借鉴试点经验，积极探索构建科学的执行权运行体制机制，积极研究和探索执行裁判庭和执行局、执行命令权和实施权、市中院执行局和各基层执行分局等之间的分工和配合，探索执行人员改革，加强执行机构队伍建设。二是健全执行联动机制。加快建设与上级法院互补的查控系统和失信惩戒系统。建设与当地国土、房管等部门的不动产网络查控系统，加大法院与各执行协助单位之间的信息共享，加大财产查控力度。不断完善广州市两级法院失信被执行人名单信息平台、采取强制执行措施信息公开平台以及拒不履行义务被执行人信息公开平台，并逐步扩大信息共享的行政部门范围，建成与当地联动部门的网络失信惩戒系统，推进广州市社会信用体系的建设。进一步完善执行精细化管理办案系统，实现关联案件信息共享和数据集约化管理。

（五）推进以审判为中心的诉讼制度改革

一是坚持以庭审为中心。强化庭审中心意识，推动建立以审判为中心的诉讼制度，确保庭审在保护诉权、认定证据、查明事实、公正裁判中发挥决定性作用，实现诉讼证据质证在法庭、案件事实查明在法庭、诉辩意见发表在法庭、裁判理由形成在法庭。二是加强科技法庭建设，完善庭审录音录像记录“三同步”机制。推进法庭数字化改造，2016 年底实现“每庭必录”，即每一个案件开庭均实现庭审“同步录音、同步录像、同步记录”。到 2017 年底前实现数字法庭覆盖率达到 100% 。三是强化人权司法保障机制。全面贯彻证据裁判原则，落实直接言词原则，严格落实证人、鉴定人出庭制度，严格实行非法证据排除规则。强化诉讼过程中当事人和其他诉讼参与人的知情权、陈述权、辩护辩论权、申请权、申诉权的制度保障。完善律师执业权利保障机制，强化控辩对等诉讼理念，禁止对律师进行歧视性安检，为律师依法履职提供便利。依法保障律师履行辩护代理职责，落实律师在庭审中发问、质证、辩论等诉讼权利。完善对限制人身自由司法措施和侦查手段的司法监督，加强对刑讯逼供和非法取证的源头预防，健全冤假错案的有效防范、及时纠正机制。

（六）推进诉讼服务中心建设

贯彻全国法院诉讼服务中心建设推进会精神，按照广东省法院《广东法院诉讼服务中心建设三年规划》要求，结合市中院《关于加强全市法院诉讼服务中心建设工作的意见》，进一步加强诉讼服务大厅、广州法院诉讼服务网、诉讼电子文书查阅平台、网上立案平台、电子邮件送达平台建设，构建综合性诉讼服务中心。进一步完善“12368”诉讼信息服务中心规范化建设。在审务通基础上，加快推进律师通、法官通的开发运用工作，推动形成“三通一平”的移动诉讼服务新格局。

（七）严格审限管理

明确审限制度约束主体不仅仅是法官，还包括司法辅助人员、司法行政人员；严格按照法律、司法解释规定的事由、程序进行审限的扣除、延长；建立法官存案量及审限（变更）公开制度；建立法官已完成工作量通报、超审限案件惩戒制度；研发专门的审限管理软件系统，提高审限管理水平。同时要加强办案质效管理、动态管理。

（八）推进其他改革

一是推进刑事速裁程序试点工作。进一步优化速裁工作制度和工作流程，完善法院启动速裁程序的权力和程序，加强和检察、公安、司法等单位的沟通协调，形成合力，积极推动符合刑事速裁条件的案件进入速裁程序。二是推进破产案件审理方式改革。整合广州市破产审判实践经验，进一步优化广州法院企业破产案件审理规程及公司强制清算案件审理规程，提高广州市破产审判工作效率。充分利用市中院作为最高法院指定的企业破产案件审理方式改革试点法院契机，积极探索破产案件审理方式改革，重点解决强制清算程序向破产程序的转化及衔接问题。三是推进南沙自贸区法院的建设。按照“两块牌子、一套人马”模式，推动在南沙区人民法院基础上增设“广东自贸区南沙片区人民法院”。规范自贸区法院运作，加强南沙自贸区司法工作。四是推动信息化建设。推动以服务法院工作和公众需求的各类信息化应用，2016 年底已建成人民法院信息化 3. 0 版。

我国的司法改革出发已久，漫漫长途多有曲折，一片沼泽过去之后，可能又迈入改革的深水区。广州法院在这一轮的司法改革中，本着领潮争先，勇当排头兵的精神，务实求真，小步匀跑，争取尝试广州模式的自选动作，为全国的司法改革贡献地区的体会和经验。

第三章　一起公众关注案件的判定法理

因持卡人的银行卡被人克隆取款，发卡行赔偿损失后，以其没有违约行为为由，要求盗码行和取款行承担其赔偿的金额。由于取款行在克隆卡取款过程中无违约行为，依法不承责；而发卡行和盗码行对于克隆卡的形成及取款成功，均存在一定程度的违约行为，应当各自承担相应的赔偿责任。

基本案情

交通银行股份有限公司广州某支行（以下简称交行某支行）诉称：2008 年 9 月 14 日，案外人欧阳某某持在交行某支行处开立的太平洋卡在建行某支行处分两次取款各 2500 元，共计5000元。2008年9月16日，欧阳某某打印存折时发现账户存款于2008年9月14日分五次共被支取15000元，手续费10元及被消费18000元，便向派出所报警。欧阳某某与建行协商赔偿未果，遂向法院起诉交通银行某支行和建行某支行，要求两者赔偿其损失33010元及利息。广州市中级人民法院于2009年作出（2009）穗中法民二终字第1224号民事判决，判令交行某支行向案外人赔偿款项15010元及利息，交行某支行也在2009年11月24日向法院支付相应款项。综上，建行某支行的过错导致了欧阳某某的资金损失，但因其两者不存在合同关系，而建行某支行与交行某支行属于代理与被代理的关系，建行某支行的过错责任导致了交行某支行对外赔付。因此，根据法律规定，建行某支行应就其过错责任向交行某支行承担赔偿责任，赔偿对外赔付的款项。为维护交行某支行的合法权益，特诉至法院，请求判令：（1）建行某支行赔偿在（2009）天法执字第5318号案中已垫付给案外人的款项15765.36元（其中垫付本金15010元、利息66.36元、诉讼费562元及执行费127元）及上述款项的利息（自2009年11月24日起至付清款之日止，按中国人民银行同期贷款利率计付）；（2）建行某支行承担本案诉讼费用。在原审诉讼期间，原审法院依据建行某支行的申请，追加浦发行某分行作为共同被告参加诉讼。

建行某支行辩称：不同意交行某支行的诉讼请求，建行某支行的ATM机被安装不明的设备，与持卡人储蓄卡的存款被第三人盗取没有直接、必然的因果关系，因为持卡人的损失是发生在取款环节，而办理取款的银行在办理取款之前理应对持卡人的储蓄卡进行审核和识别。根据另案的生效判决，已经明确认定是相关金融机构没有对储蓄卡的真实性尽到谨慎核查的义务，才直接导致持卡人的储蓄卡里面的存款被第三人凭克隆卡盗取，生效判决已经明确认定浦发行某分行未能识别克隆卡的行为与存款被盗之间具有直接必然的因果关系，所以浦发某分行应当为其未能识别克隆卡的行为承担责任。交行某支行发行的储蓄卡是磁条卡，磁条技术属于20世纪50年代的技术，二战之后已经开始使用，这种技术的防伪防盗水平相对较低。在芯片技术已经成熟多年并且已经被很多银行广泛采用的情况下仍然坚持使用落后的、容易被犯罪分子破解的技术，充分表明交行某支行从发行储蓄卡开始就没有太多的考虑持卡人的储蓄卡的资金安全，交行某支行也早已预见到使用这样落后的技术可能造成损失，所以交行某支行无疑也应当为其储蓄卡防伪防盗水平过低所造成的损失承担相应的责任。交行某支行在垫款之后并没有以任何的方式向建行某支行主张过权利，所以假设建行某支行需要承担部分责任，交行某支行也无权向建行某支行主张相应的利息，故交行某支行主张按照贷款利率计算利息没有任何法律依据。请求法院驳回交行某支行的诉讼请求。

浦发行某分行辩称：不同意交行某支行的诉讼请求。交行某支行提供的相关生效裁判文书并未明确涉案款项是在民生银行的 ATM 机取款还是在浦发银行的 ATM 机取款，从交行某支行提交的证据来说，只是显示持卡人使用储蓄卡和密码在 ATM 机上提款，并且从监控录像中也没有任何依据显示该储蓄卡为伪造。该行提供的自动柜员机是符合行业标准的设备，自动柜员机的信息处理流程是柜员机中的信息处理模块读取的信息及密码，经发卡行确认信息及密码两者正确并且匹配后自动柜员机才接收后续的查询、取现，故最终核对信息的是交行某支行，而非浦发某分行。浦发某分行的自动柜员机在取款当日即 2008 年 9 月 14 日进行的系统操作以及交易流水等没有异常的情况。综上所述，浦发某分行本身并没有过错，请求法院驳回交行某支行的诉讼请求。

法院经审理查明：案外人欧阳某某在交行某支行处开立了存折账号为 44190064202500001 × × × × 的通存通兑活期储蓄存款账户及为该账户开立了号码为 4055124511137 × × × × 的交通银行太平洋卡，并设定了储蓄密码。2008 年 9 月 14 日，欧阳某某持上述太平洋卡分两次在建行某支行共取款 5000 元后，账户内余额为 33024. 40 元。2008 年 9 月 16 日，欧阳某某持上述存折到交行某支行处换折并打印存取款交易记录时，发现账户存款于 2008 年 9 月 14 日分五次共被支取 15000 元及被消费 18000 元。欧阳某某随即向广州市公安局天河区分局石牌派出所报案，并于 2008 年 11 月 12 日起诉要求交行某支行及建行某支行承担上述损失的赔偿责任。该案经广州市中级人民法院于 2009 年 7 月 14 日作出（2009）穗中法民二终字第 1224 号民事判决，判处交行某支行向欧阳某某赔偿 15010 元及利息。交行某支行遂于 2009 年 11 月 24 日向欧阳某某支付了 15765.36 元，该款项包括欧阳某某损失的本金 15010 元、利息 66.36 元、诉讼费 562 元、执行费 127 元。交行某支行为证明上述事实，提供了相关的裁决文书及划款凭证。建行某支行和浦发行某分行对上述证据的真实性均无异议。

关于案外人欧阳某某的太平洋卡被盗刷的情况，广州市中级人民法院（2009）穗中法民二终字第 1224 号民事判决查明如下事实：（1）2008 年 9 月 14 日，欧阳某某到建行某支行持上述太平洋卡分两次各取款 2500 元，共计取款 5000 元，取款后账户余额为 33024.40 元。欧阳某某的太平洋卡被提现及消费 33000 元时间为 2008 年 9 月 14 日下午 16 时 7 分 54 秒至 16 时 16 分 38 秒期间，提取及消费地点分别为广州市白云区广花五路 69 号某超市首层的上海浦东发展银行的一台 ATM 机及广州市天河区员村某宝店，并因五次取现而产生手续费 10 元。（2）建行某支行提供的监控录像显示其支行内 ATM 机在 2008 年 9 月 13 日下午 17 点 40 分左右、19 点 40 分左右、19 点 55 点 55 分左右，有两名男子先是在无人干扰的情况下分别在该支行的一台 ATM 机的插卡口及屏幕上方安装了不明设备，后自行取走。在此不明设备安装期间有多名储户使用该台 ATM

机。建行某支行明确表示安装该不明设备的两名男子并非其银行工作人员。但2008年9月13日后的录像未予保留。（3）广州市公安局白云区分局新市派出所调取的监控录像显示，广州市白云区广花五路69号某超市首层的民生银行ATM机及浦发行某分行ATM机在2008年9月14日下午16时00分00秒至当日下午16时59分58秒期间，多名男子在上述时间段内分别利用该两台ATM机使用不同的银行卡提取大量现金，但在涉案的15000元的提取时间即2008年9月14日下午16时7分54秒至16时16分38秒期间内，取款人并非欧阳某某。（4）欧阳某某在诉讼过程中向交行某支行及建行某支行出示了相关的储蓄存折及太平洋卡用以证明其存折及卡并未遗失，交行某支行及建行某支行对此并无异议。（5）欧阳某某的15000元自广州市白云区广花五路69号某超市首层的浦发行某分行ATM机处被提取，并产生10元的手续费。

另查明：商业银行ATM交易信息处理流程为：受理行ATM信息处理模块读取银行卡的磁道信息或IC卡信息后，将磁道信息或IC卡信息以及持卡人输入密码的密文上送银联主机，银联主机将信息传递给发卡行主机，经过发卡行验证授权后，发卡行主机将处理结果通过银联主机返回给受理行，受理行ATM根据发卡行的处理结果进行后续的交易处理。处理完毕后，他行卡取款将被收取4元/笔的手续费，通常由受理行收取3.6元/笔，银联收取0.4元/笔。

裁判结果

一审法院判决：（1）建行某支行于判决发生法律效力之日起十日内向交行某支行支付10946.85元。（2）浦发行某分行于判决发生法律效力之日起十日内向交行某支行支付4691.51元。（3）驳回交行某支行的其他诉讼请求。

二审法院判决：（1）撤销一审判决第二、三项；（2）维持一审判决第一项；（3）驳回交行某支行的其他诉讼请求。

裁判理由

法院生效判决认为：本案为代理合同纠纷。本案的主要争议焦点有三：其一，对于欧阳某某在交行某支行处开设太平洋卡后被克隆取款15000元，交行某支行、建行某支行以及浦发行某分行是否均存在违约行为；其二，对于欧阳某某在交行某支行处开设太平洋卡后被克隆取款，涉案三家银行应当承担多少比例的违约责任；其三，交行某支行因克隆卡纠纷而赔偿给案外人欧阳某某的15638.36元款项是否有权要求建行某支行及浦发行某分行自赔偿之日起计付利息。

对于第一个争议焦点，根据查明的事实，首先，欧阳某某在交行某支行开设了设有密码的太平洋卡，克隆该卡者若要取款成功，必须获得欧阳某某的卡内信息及密码。结合本案实际，欧阳某某的15000元储蓄于2008年9月14日下午分五次被取走，主要是基于建行某支行的 ATM 机在 2008 年 9 月 13 日下午被人在插卡口及屏幕上方安装了不明设备，因欧阳某某在此时间曾在该处用卡，根据日常生活经验法则，欧阳某某的卡内信息及密码当在此时泄露。据此表明，因建行某支行未尽到其对银行客户的安全保障义务，直接导致交行某支行的客户欧阳某某的太平洋卡被人克隆，对于款项的损失，存在严重的违约行为。其次，对于欧阳某某的损失，交行某支行作为以营利为目的的开卡行，应当保证其向欧阳某某开具的太平洋卡具有相当的技术含量，为保证顾客的资金安全，技术标准应当达到不被轻易克隆的程度，方能达到其作为开户行的法定义务标准。基于欧阳某某的太平洋卡已经发生被人克隆取款的客观事实，表明交行某支行对于欧阳某某的损失，同样存在一定的违约行为。再次，浦发行某分行作为欧阳某某涉案 15000 元损失款项的受理行，其系代理交行某支行支付款项，该行与涉案太平洋卡被克隆的结果无关。同时，其代理交行某支行向欧阳某某付款过程得到了交行某支行的确认，且三家银行系使用同样技术标准的银联系统，故对于欧阳某某的损失，浦发行某分行不存在违约行为。综合上述分析，欧阳某某在交行某支行处开设太平洋卡后被克隆取款 15000 元，交行某支行、建行某支行存在违约行为，而浦发行某分行则没有违约。

对于第二个争议焦点，根据《中华人民共和国合同法》第六十条的规定：“当事人应当按照约定全面履行自己的义务。当事人应当遵循诚实信用原则，根据合同的性质、目的和交易习惯履行通知、协助、保密等义务。”因此，交行某支行、建行某支行以及浦发行某分行在欧阳某某持卡消费、取款的过程中，三方均应当遵循诚实信用原则，履行相应的通知、协助和保密等义务。结合上文分析，欧阳某某在交行某支行处开设太平洋卡后被克隆取款15000元，交行某支行、建行某支行存在相应违约行为，应承担相应的违约责任。依据查明的事实，两家银行的违约程度显然是不相同的。根据违约责任大小应当与违约行为程度相适应的准则，首先，考虑到欧阳某某的太平洋卡被人克隆取款，其直接原因是建行某支行的ATM机被人在插卡口及屏幕上方安装了不明设备，使得欧阳某某的卡内信息及密码泄露。在此前提下，导致欧阳某某的太平洋卡被人克隆取款，对于款项的损失，相对于交行某支行而言，属于更为严重的违约行为。故建行某支行应承担客户损失七成的违约责任。其次，由于欧阳某某是交行某支行的客户，交行某支行作为涉案太平洋卡的开卡行，依法应当保证其向欧阳某某开具的太平洋卡具有相当的技术含量，其技术标准应当达到不被轻易克隆的程度，基于欧阳某某的太平洋卡已经发生被人克隆取款的客观事实，表明交行某支行也存在违约行为，结合跨行取款需经发卡行验证授权的过程，因此其违约程度较之于建行某支行更轻。故交行某支行应承担客户损失三成的违约责任。再次，浦发行某分行根据上文分析在本案中不存在违约行为，故对于持卡人欧阳某某的损失，该行不必承担违约责任。

对于第三个争议焦点，即交行某支行因克隆卡纠纷而赔偿给案外人欧阳某某的15638.36元款项是否有权要求建行某支行及浦发行某分行自赔偿之日起计付利息。结合上述分析，交行某支行对于客户欧阳某某的损失存在违约行为，其无权要求承担全部利息损失；同时，建行某支行、浦发行某分行和交行某支行共同作为银联系统的组成部分，对于造成客户直接损失之外的部分；原则上是无法预见的。根据《中华人民共和国合同法》第一百一十三条："当事人一方不履行合同义务或者履行合同义务不符合约定，给对方造成损失的，损失赔偿额应当相当于因违约所造成的损失，包括合同履行后可以获得的利益，但不得超过违反合同一方订立合同时预见到或者应当预见到的因违反合同可能造成的损失。"因此，交行某支行因克隆卡纠纷而赔偿给案外人欧阳某某的15638.36元款项无权要求建行某支行及浦发行某分行自赔偿之日起计付利息。

综上所述，基于涉案克隆卡取款而导致交行某支行的15638.36元损失，交行某支行自身应承担三成责任即为4691.51元，建行某支行应承担七成责任为10946.85元。

案例注解

持卡人所持有的银行卡被第三人克隆取款或消费，从而引起赔偿纠纷属实践中的典型案例，本案的复杂性在于发卡行、盗码行和取款行都是不同主体，在发卡行向持卡人承担赔偿责任后，三者之间依据何种标准进行责任分担，现行法律并未明确。

一、持卡人所持银行卡被克隆伪造之原因分析

银行卡被克隆往往是由两个原因共同导致：一是银行卡内信息感应部件被复制；二是银行卡密码泄漏。从以往银行卡纠纷判例所查明的事实来看，卡内信息感应部件被复制，往往是发卡行提供的银行卡科技含量不足从而被犯罪嫌疑人所安装在ATM机或POS机上的侧录器复制所致。而密码泄露则有3种可能，一是持卡人本人未尽到妥善保管密码的注意义务，将银行卡密码向他人透露或在输入密码过程中没有避开旁人视线；二是犯罪嫌疑人在用卡设备上（ATM机或POS）上，安装有密码采集器或摄像头等盗码设备，偷窥密码输入过程，窃取密码信息；三是犯罪嫌疑人通过黑客侵入银行系统，通过了解到持卡人的其他信息，猜测出银行卡的密码。

二、发卡行、盗码行和取款行责任分担的法理基础

从责任基础来看，发卡行、盗码行和取款行的承责基础是违约责任，其责任分担依据为《合同法》第一百二十条“当事人双方都违反合同的，应当各自承担相应的责任”的规定。从合同关系来看，发卡行与盗码行、发卡行与取款行之间均是

委托代理合同关系，而发卡行与存款人之间是储蓄存款合同关系。本案中，发卡行对存款人的违约事由在于其提供的银行卡没有达到应有的技术标准，因科技含量较低而较容易被克隆。盗码行的违约事由在于没有提供安全用卡环境，对其设备上的被安装的盗码器没有及时识别，而取款行是否存在违约事由，实务界存在不同的观点。

对于克隆卡纠纷，持卡人通常以储蓄存款合同纠纷或银行卡纠纷为案由起诉发卡行。在此类案件审理过程中，如何确定发卡行和持卡人各自应承担的责任，通常需要查清银行卡是在何种条件下被复制卡内信息和泄露银行卡密码，同时也需要查清银行卡的科技含量如何，是否不会被轻易克隆。总结以往银行卡纠纷案件的处理原则，通常认定银行卡本身被克隆是发卡行的科技含量不足原因所导致；卡内信息和密码泄露则因持卡人本人的违约行为所致，除非双方有提供充分的证据予以反驳。基于此，本院此类案件的通常判决结果为发卡行承担70%损失的赔偿责任，而持卡人自身则承担30%的责任。

在上述前提下，当发卡行赔偿了持卡人的损失后，该行依据何原则向可能存在的盗码行和取款行追偿，如何确定克隆卡的成功制作的原因，也是分配银行之间责任承担的重中之重。首先，发卡行作为制作银行卡的主体，其通常发行磁条卡，科技含量极低，很容易被克隆，如果采用科技含量较高的芯片卡，则不容易被克隆。因此，发卡行导致银行卡被克隆的因素必不可少。其次，若是取款行被安装仪器复制卡内信息，同时安装摄像头盗取密码，那么取款行因疏于对银行设备的安全保障义务，亦是导致银行卡被克隆的原因。结合本案实际，持卡人的银行卡被克隆，终极原因是发卡行和盗码行的违约行为所致，根据我国《合同法》第一百二十条的规定，应分析案件的具体事实，依法在两个银行之间分担赔偿责任。在此需要特别指出的是，发卡行以代理合同纠纷起诉盗码行和取款行，以盗码行和取款行存在过错为由要求承责，尽管代理合同不属于有名合同，但是基于我国《合同法》第一百零七条规定的违约责任原则上适用无过错责任原则，因此，发卡行的追责理由系法律依据不当，依法不应采纳。

三、取款行是否应对持卡人的损失承担赔偿责任

当取款行与发卡行不属同一银行，同时取款行也没有被安装仪器或摄像头的情况存在，只是出于取款行与发卡行属于银联系统，第三人才能够持有克隆卡而在取款行处取款成功。在这种前提下，取款行是否应承责在实践中存在两种截然相反的观点。持肯定观点者认为，取款行与发卡行属于银联系统，取款行不能识别克隆卡，且在持卡人取款过程中收取了一定费用，原则表明取款行存在一定违约行为，基于利益与责任相符原则，取款行应该承担一定比例的赔偿责任。而持否定观点者认为，取款行与发卡行的取款系统均属于银联公司的子系统，

取款行与发卡行属于同一技术等级，取款行不能识别克隆卡，发卡行同样也不能识别，且取款行放出款项的前提是银行卡信息通过了发卡行的确认；更重要的是，取款行与克隆卡的形成不存在因果关系，也就是说，表面上是取款行放款，但在根本上，取款行对于持卡人的损失没有违约行为，故取款行不应承担赔偿责任。

对此争议，我们认为，取款行确实与克隆卡取款导致持卡人损失之间没有因果关系，取款行也没有违约行为，发卡行以代理合同纠纷提起诉讼要求取款行承担，不应得到支持。主要是基于以下两点：其一，取款行提供取款服务，是与发卡行共同协商一致的结果，基于合同的公平和平等原则，发卡行自身系统无法识别克隆卡，依法不能要求取款行的系统应当识别。况且，取款行在发放款项之前，卡内信息得到了发卡行的确认。因此，在技术层面，不应苛求取款行承责。其二，持卡人或者发卡行的损失的造成，最根本的原因是克隆卡的制作完成并取得了正确的密码。在此过程中，没有证据显示取款行在此过程中发挥了作用。因此，在合同的履行层面，不能认为取款行存在违约行为。据此，取款行不应对持卡人的损失承担赔偿责任，是合理合法的。

四、发卡行和盗码行是否可以继续向银联公司追偿

在本案判决生效后，对于持卡人的损失，发卡行和盗码行

之间依据代理合同进行了责任分担，然而，似乎问题并未终结，这是因为，银联公司与发卡行、盗码行建立有服务合同关系，发卡行和盗码行可能进一步依据服务合同要求银联公司承责，最终的责任才算真正厘清。

由于发卡行和盗码行、取款行的系统均由银联公司统一设计并实际负责运行，显然银行与银联公司之间存在服务合同关系，银行在实际过程中发生的损失，当然有权依约向银联公司追偿。结合客观实际，银联系统本身不能识别克隆卡，表明银联公司所提供的服务不能达到应有的技术标准，如果技术标准未达安全程度不属于免责约定的话，依据我国《合同法》第六十条“当事人应当按照约定全面履行自己的义务。当事人应当遵循诚实信用原则，根据合同的性质、目的和交易习惯履行通知、协助、保密等义务”的规定，银联公司应当根据违约程度向银行承担相应的违约责任。当然，如果涉案的商业银行或者银联公司对其可能的赔偿责任投保了责任险的话，最终的责任主体当是保险公司，这不但使得商业银行的经营风险得到预防，而且有利于我国金融市场的完善与成熟，应当引起相关部门的高度重视。

第四章　多管齐下破解案多人少难题

近年来，广州法院认真贯彻落实党的十八大以来的重要会议精神和最高人民法院《关于全面深化人民法院改革的意见》，运用改革思维，创新工作机制，破解案多人少难题，取得了较好成效。广州法院的实践与探索，为如何破解案多人少难题提出一种解困的样式。

一、案多人少的现状与困境

1999 年，广州全市法院结案首次突破 10 万件；2012 年案件受理数、办结数均突破 20 万件；2014 年，受理各类案件 269164 件、办结 229621 件，比上年分别上升 15.02% 和

13.61%；2015 年 1 至 9 月，受理各类案件 237672 件、办结案件 147663 件，同比分别增长 8.69% 和 0.07%。与此同时，法院人员编制数基本上没有增长。

（一）案多人少的原因

案多人少的困局，并非深化司法改革带来的连锁反应，而是在经济发展、社会转型、法治进步等大环境下，公民权利意识的增强、新法律法规的颁行、司法便民措施的采用等各种因素交织的结果，既有法院外部因素，也有法院内部因素。

从“案多”的角度来看。社会转型时期，矛盾纠纷多发易发。人们法制意识、权利意识增强，更多地用法律武器来维护自身合法权益。国家立法进程加快，法院处理纠纷的职能随之扩大。随着司法为民、便民政策的不断完善，诉讼收费标准大幅下调，降低了民众的诉讼成本，从而使得大量矛盾纠纷以诉讼的形式不断涌入法院。另外，诉讼与非诉讼相衔接的机制不完善，诉讼外的其他纠纷解决方式有待强化，导致社会上不断增多的矛盾纠纷难以在诉讼外有效化解，进而纷纷涌入法院。

从“人少”的角度来看。长期以户籍人口数为主要依据确定编制，中央政法专项编制增长缓慢，进人渠道不畅。人财物的增加，很大程度上取决于当地党委、人大、政府对法院审判工作的支持力度。审判资源配置不合理，院、庭长不办案或是很少办案，审判业务部门与综合后勤部门人员配置不当，不少具有审判职称的人员集中在行政、监察、宣传、后勤等部门，而法官流失又在某种程度上加剧了“人少”问题。

（二）案多人少的负面影响

一是影响审判质量和效率的提高。法官疲于应付，没有闲暇时间用来学习提高，知识与观念难以更新，面对不断出现的新类型、新情况纠纷，法官的司法能力面临挑战；出于对高结案率、低存案数的追求，加上审限的要求，法官没有足够时间用于必要的案件调查取证、裁判说理工作，匆匆下判，容易导致案件的质量无法保证，发改率上升；法官没有空余时间用来做当事人的调解、服判息诉工作，使得上诉率、信访率上升，进而使案多人少矛盾扩散到上级法院。二是影响社会矛盾的有效化解。前述问题必然使得通过审判工作有效化解社会矛盾纠纷功能未能很好发挥，不利于促进社会和谐稳定，容易引发新的矛盾纠纷，进而损害到司法的公信与权威。三是严重损害法官的身心健康。案多人少带来的长时间超负荷工作，使法官的身心负担过重，除了生理的压力以外，精神方面的压力也日益增大。

“案多”凸显出“人少”，“人少”影响到办案效率和质量，进一步加剧“案多”，陷入“案多”—“人少”—“案多”的恶性循环。

二、破解案多人少的对策

在当前法官员额制改革的背景下，化解案多人少矛盾，靠增加法官人数已不可能。破解法院案多人少的困局，需要坚持问题导向，综合施治，对症下药，通过法院外部案件分流机制的完善和法院内部工作机制改革创新来实现。

（一）如何解决“案多”问题

解决“案多”问题，可从三个层次入手。

（1）推动社会树立法治意识，尽力减少社会矛盾纠纷。通过延伸法院审判职能，积极参与社会治理，促进社会治理水平的提高。充分发挥司法建议、审判白皮书的作用，在审判执行工作中发现问题，总结经验，结合实际向机关、企事业单位提出建议，防患于未然。加强司法宣传工作，主动担当“谁执法谁普法”责任，开展法庭开放日活动，定期到中小学开展法制宣传，与媒体合办法制宣传栏目，加强重大典型案件和涉民生案例宣传，促进法制教育长效机制的形成，提高全社会的法制意识。

（2）完善多元化纠纷解决机制，减少纠纷进入诉讼程序。引导民众更多选择非诉讼渠道解决纠纷，缓解办案压力。要坚持党委领导、政府主导、综治协调，充分发挥各部门职能作用，引导社会各方面力量积极参与矛盾纠纷化解；要坚持人民调解、行政调解、司法调解联动，鼓励通过先行调解等方式解决问题；要坚持运用法治思维和法治方式化解各类矛盾纠纷。2011年以来，广州市全面开展诉前联调工作，法院充分发挥在诉前联调中的主力军作用，在预防化解矛盾纠纷、减少诉讼案件、维护社会和谐稳定方面发挥了应有的作用。

（3）对进入诉讼的案件，依法公正高效审结，尽可能压减进入二审、再审和执行程序的案件量。加大诉讼调解工作力度。发挥调解结案方式不上诉、利于执行的优势，缓解执行和二审法院法官办案压力。在坚持自愿合法的基础上，对家庭矛盾、邻里纠纷以及物业纠纷等案件优先考虑以调解方式处理。促使当事人服判息诉。组建专业合议庭，实行专业化审判，提高新类型案件审判质效。加强对口指导，解决好基层法院审判工作中的突出问题、普遍性问题，统一裁判尺度，切实提高一审案件质量。针对特定类型案件，将工作流程、常见问题以及处理方案、审理要点、文书制作模板等内容进行总结固化，形成审判指引，供法官参考。通过建立审判长联席会议与专业法官会议、裁判文书内部公开、参考性案例、疑难问题会商等制度，确保裁判标准统一。推进庭前、审中、判后释法答疑，让当事人赢得堂堂正正、输得明明白白。

（二）如何解决“人少”问题

尽可能压减案件数量，是从源头上缓解案多人少问题；而尽可能通过改革提升工作质效，则是破解案多人少问题的有效措施。

（1）合理调配人员和案件，推进审判资源配置改革。以审判工作为中心，把法官从繁琐的行政性、综合性事务中脱离出来，确保法官集中时间和精力投入办案工作。实行院、庭长和审委会委员办理重大疑难复杂案件、新类型案件以及社会关注的大案要案制度，按一定比例规定院、庭长的年度基本办案任务，体现院、庭长作为资深法官所具有的较高业务素质和办案能力。探索在中级法院辖区内，通过借调或挂职形式，统一调配法官，或者通过类型案件集中管辖、指定管辖方式，调配司法资源，促进辖区内不同基层法院人员、案件配比基本均衡。围绕执法办案第一要务，审判辅助部门要提高服务质量和意识，保障审判流程畅通无阻。

（2）深入推进审判权运行机制改革，减少内部办案环节。构建权责明晰的审判权力运行机制，是实现公正、高效司法的必要保障，是提高法官办案积极性的有效措施。广州市中级人民法院制定了《关于健全审判权运行机制完善审判责任制改革的实施意见》及其推进方案，落实合议庭设置、办案放权、办案监督、司法责任等关键性工作，实现“让审理者裁判，由裁判者负责”。改革案件审批制度，规定院、庭长原则上不签发本人未参与审理案件的裁判文书，将审判权落实到合议庭及审判委员会。进一步减少办案环节，提高法官办案效率。

（3）加大案件繁简分流改革，依法简化诉讼程序。坚持简单案件快速审、复杂案件精心审，用足用好小额诉讼程序、简易程序、速裁程序。广州法院在立案部门设立速裁组，对简单的一、二审案件进行快审快结。在2013年底启动轻微刑事案件快速办理机制，2014年10月正式开展刑事案件速裁程序试点工作，适用速裁程序的案件从立案到审结平均用时仅7天，大大提高了刑事案件的审判效率。在程序简化的同时，推行要素式民事裁判文书，简化裁判文书制作，节省法官办案时间。

（4）加大司法公开力度，倒逼司法公正高效。司法公开，既能带动审判执行工作质效的提升，又能为民众在接受司法服务时带来便利和透明，进而增加民众对法院工作的理解、支持与监督。广州中院坚持以公开促公正、以公正立公信的工作目标，以“开放、动态、透明、便民”为标准，重点推进审判流程、执行信息和裁判文书三大司法公开平台建设，通过推进网络诉讼服务中心平台建设，不断完善“12368”诉讼服务平台、诉讼电子文书查阅平台、网上立案平台、电子邮件送达平台、庭审网络直播、裁判文书上网等司法公开、便民服务系统，利用开通广州审务通（APP）和广州法院微信服务号等措施，使公众突破时间、地域限制，随时随地通过互联网、手机进行互动操作，查询所需内容，办理司法业务，有效提高司法透明度，保障当事人和社会各界的知情权、参与权、监督权，也大大节约了法官处理来电来信的时间。

（5）强力推进信息化建设，提高审执质效。通过信息化手段，为法官办案提供智能化服务，促进法官有效查明事实、准确适用法律，提高审判执行效率，也是解决人手不足的重要途径之一。广州中院近年来推进各类信息化系统的开发运用，先后建成了审判流程管理系统、电子邮件送达系统、办公 OA 及移动办公系统、“12368”诉讼服务平台等 20 多个软件系统，还建设了 60 个数字法庭系统、4 个远程提讯系统和视频会议系统等硬件平台，进一步强化信息化建设工作在促进审判执行工作效能、促进司法公开等方面的作用。对内则将信息化管理手段引入审判执行管理，依托审判执行管理系统，及时、全面、准确地采集反映案件及其审理过程情况的各类信息，便捷、高效、智能地提取生成统计数据，并最终实现自动采集，即时生成，实现案件立案、审判、执行及案卷归档、移送等工作流程环节全部统一网上管理。全面推行全市大集中式的执行流程管理系统与执行查控系统，并将该系统与广东省法院综合业务系统有机结合，实现执行信息共享。

（6）推进审判管理工作机制改革。完善流程管理，加强对案件流程节点的有效控制，强化对审限的预警提示和刚性管理，提高法定审限内结案率，杜绝隐性超审限。科学预测收案趋势和结案情况，制订年度规划，适时调整，联合政工部门，加强人员和案件的调配，根据案件收结存情况，督促各部门及时调整工作重心，合理掌握办案节奏。整合资源，开展集约送达、查询等事务性工作，依法简化简单案件送达、开庭、文书制作等环节，减少重复劳动，节省办案时间。

（7）推进法官正规化、专业化、职业化建设。提高法官司法能力和水平，对解决案多人少矛盾至关重要。近年来，广州法院在教育实践活动中引导法官筑牢司法为民的宗旨理念、坚定公正司法的价值追求。探索法官职业化新路子，推进审判专业化建设，成立金融审判、劳动争议审判、交通事故审判等专业审判庭和“城中村”改造纠纷等专业合议庭，开展审判业务专家管理改革试点。充分发挥资深法官“传、帮、带”作用，实行青年法官导师制，使青年法官尽快成长。举办“穗法学堂”，邀请资深法官或知名学者授课，加强审判业务知识培训和法官职业心理调适，提升业务能力，增强自我调节能力和抗压能力。积极组织开展文化活动，缓解法官的精神压力，激发法官的工作热情。完善落实绩效考核措施以及各项保障机制，把办案任务完成情况作为绩效考核和进入法官员额的重要依据，充分调动广大法官工作的积极性。

（8）推进审判辅助人员管理改革，及时补充办案力量。审结一起普通案件，通常会涉及60多个工作环节，其中半数以上可由辅助人员完成。广州中院审判辅助人员少，法官从事大量的辅助性工作。只有配置相应的辅助人员，才能让法官回归裁判权核心，专注于“审”与“判”。为此，广州中院建立配备充足、分类科学、结构合理、职责明晰、管理规范、激励有序的高效能审判辅助人员管理制度，明确了法官助理、书记员工作职责及与法官的合理配置比例（经过深入调研和论证，1 名法官至少配备 1 名法官助理、1 名书记员），确立了增补调配机制，以充分满足办案需求。通过推进审判辅助人员管理改革，促进了审判权运行机制改革，提高了司法效率。2014 年以来，广州中院法官人均结案数同比增长 21%。案子进了法院的门，就要干净利落、扶正祛邪、光明正大地走出去。加快公正与效率的步伐，是我们随时上紧钟表发条的司法责任。

第五章　应对和服务自贸区建设的法律思考

2014 年 12 月，国务院正式批复同意设立中国（广东）自由贸易试验区。2015 年 3 月 24 日，中共中央政治局召开会议，审议通过广东自由贸易试验区总体方案。广东自贸区涵盖广州南沙新区片区、深圳前海蛇口片区、珠海横琴新区三个片区，总面积 116.2 平方公里。其中，广州南沙新区片区，共 60 平方公里，占广东自贸区总面积的 51.6%。按照中央要求，自贸区要在构建开放型经济新体制、探索区域经济合作新模式、建设法治化营商环境等方面，率先挖掘改革潜力，破解改革难题。这给人民法院发展带来难得的机遇，也对人民法院审判工作提出了新要求，对人民法院的司法理念、司法能力提出了重大挑战。应对和服务自贸区建设，需要在审判机构建设、案件管辖、审判队伍建设和司法改革等方面进行积极地思考与探索。

一、广东自贸区的主要任务、措施

根据国务院2015年4月8日印发的《中国（广东）自由贸易试验区总体方案》，广东自贸区的主要任务和措施有：一是建设国际化、市场化、法治化营商环境。涉及优化法治环境，试点开展对内对外开放的执法与司法建设，对涉及自贸区投资贸易等商事案件，建立专业化审理机制；创新行政管理体制，建立行政权责清单制度；建立宽进严管的市场准入和监管制度，实施自贸区外商投资负面清单制度，减少和取消对外商投资准入限制等。二是深入推进粤港澳服务贸易自由化。涉及进一步扩大对港澳服务业开放，进一步取消或放宽对港澳投资者的资质要求、股比限制、经营范围等准入限制；促进服务要素便捷流动等。三是强化国际贸易功能集成。涉及推进贸易发展方式转变，鼓励融资租赁业创新发展，积极发展跨境电子商务，增强国际航运服务功能等。四是深化金融领域开放创新。涉及推动跨境人民币业务创新发展，推动适应粤港澳服务贸易自由化的金融创新，推动投融资便利化，建立健全自贸试验区金融风险防控体系等。五是增强自贸试验区辐射带动功能。涉及引领珠三角地区加工贸易转型升级，打造泛珠三角区域发展综合服务区，建设内地企业和个人“走出去”重要窗口等。按区域布局功能划分，广州南沙新区片区重点发展航运物流、特色金融、国际商贸、高端制造等产业，建设以生产性服务业为主导的现代产业新高地和具有世界先进水平的综合服务枢纽。

二、关于自贸区司法保障的若干思考

（一）自贸区审判机构建设：分步骤、差异化发展

1. 探索分步骤建设

设立适应自贸区建设要求的专门审判机构，合理配置审判资源，是正确裁判涉自贸区案件、统一法律适用、总结审判经验、培养专业化法官队伍的前提和基础。按照改革创新精神，自贸区所在地法院可根据所受理案件的数量、种类、性质等实际情况，先行先试，探索设立专门的审判机构。比较理想的做法是设立自贸区专门法院。当然，专门法院的设立涉及司法权力在地方一级的重新配置，需要深入调研论证和积极向上级争取。结合广州实际，现阶段可通过对现有司法资源的内部整合，实现自贸区审判机构分步骤、递进式发展。

（1）在中级法院层面，依托和整合现有审判力量，对涉自贸区的二审案件和重大一审案件实行集中审理。广东自贸区的特色在于主打港澳牌，将建立粤港澳金融合作创新体制、粤港澳服务贸易自由化，以及通过制度创新推动粤港澳交易规则

的对接。自贸区设立后，涉及国际贸易、跨国投资、国际金融、国际仲裁的纠纷必然增多，涉外涉港澳台地区商事案件将是涉自贸区案件的重要组成部分。由于目前对涉外涉港澳台地区商事案件实行集中管辖，涉外商事审判庭将是审理一、二审涉外、涉港澳台地区商事案件，申请撤销、承认和强制执行国际仲裁裁决，审查仲裁条款效力等案件的主要力量。以广州为例，广州中院自 2005 年成立涉外商事审判庭，专门负责审理涉外涉港澳台地区商事案件。除涉外商事审判庭外，广州中院还专门设有金融审判庭，集中审理金融类民商事案件，可直接服务自贸区人民币资本项目可兑换、金融市场利率市场化、人民币跨境使用、融资租赁等金融制度改革创新。在商事审判庭设有电子商务合议庭，对电子商务纠纷案件归口集中审理，以应对自贸区内即将蓬勃兴起的跨境电子商务服务，维护电子商务市场秩序。下一步，对涉自贸区的其他民商事、刑事、行政案件，[①] 中院相关业务庭将根据需要成立涉自贸区案件专项合议庭，对涉自贸区相关二审案件及重大一审案件实行集中审理，充分发挥专项合议庭优势，统筹两级法院相关案件审理工作，统一裁判尺度，提升司法公信力。

（2）在基层法院层面，探索专项合议庭—巡回审判—专

① 在中级法院层面，知识产权二审案件及部分一审案件，已有专门的广州知识产权法院负责审理。

门法庭—专门法院的发展思路。以广州南沙为例，南沙法院早年就设有专门的涉外涉港澳台地区专项合议庭。目前，该院涉外涉港澳台地区专项合议庭人员配置已拓展至10人，是审理涉自贸区案件的主要力量。目前，南沙法院正在申报设立广州市南沙区人民法院自贸区法庭，集中审理由南沙区人民法院管辖的涉及投资、贸易、金融、知识产权、房地产等方面的民商事案件。在自贸区法庭设立之前，针对自贸区南沙新区片区分为七大块的现状，南沙法院探索开展自贸区案件巡回审判，实现涉自贸区案件审判便利化。在设立专门的自贸区法庭时，应当考虑案件的种类、数量、性质等实际情况，充分注意自贸区法庭管辖权设置与现有审判机构管辖权设置的衔接，区分自贸区法庭与普通人民法庭在职能定位、发展路径上的区别，明确自贸区法庭的受案范围。如南沙法院目前已设有南沙、万顷沙、大岗、东涌四个人民法庭，申请设立的自贸区法庭，必须考虑自身特色，实行“错位发展”。自贸区法庭设立并运行一定时间之后，根据自贸区建设和发展实际，可再考虑设立某一类型案件的自贸区专门法庭，如自贸区知识产权法庭、金融法庭。受工作职责、功能定位和资源配备等方面的限制，专门法庭仍可能难以完全适应未来自贸区建设发展的要求。进一步健全和完善自贸区审判机构的目标是探索设立专门的自贸区法院。以设立自贸区法院为契机，可探索对广州市辖区内某些特殊类型案件，如涉外涉港澳台地区商事案件，实行集中管辖，以适应《中国（广东）自由贸易试验区总体方案》所提出的“对涉及自贸试验区投资贸易等商事案件，建立专业化审理机制”要求。

2. 寻求差异化发展

2013 年 11 月 5 日，上海浦东新区人民法院自由贸易区法庭正式挂牌成立，受理、审理依法由上海市浦东新区人民法院管辖的、与中国（上海）自由贸易试验区相关联的一审民商事案件，主要包括与自贸区相关联的投资、贸易、金融、知识产权及房地产等案件。2015 年 4 月 9 日，上海浦东新区人民法院自贸区知识产权法庭也成立。天津、福建目前也在积极筹建自贸区法庭。在广东省内，广东自贸区的另外两个片区，珠海横琴、深圳前海已经分别设有珠海横琴新区人民法院、深圳前海合作区人民法院。这两家法院，均承载着司法改革“先行先试”的任务，在机构设置、审判权运行机制、人员分类管理等方面均有别于传统意义上的基层人民法院，同时也是跨行政区划设立的基层法院。珠海横琴新区人民法院集中管辖珠海市辖区一审涉外、涉港澳台地区民商事案件，深圳前海合作区人民法院集中管辖原由深圳市辖区其他基层人民法院管辖的一审涉外、涉港澳台地区商事案件。上海自贸区主要在浦东新区，天津自贸区主要在滨海新区，而福建自贸区分为福州、厦门、平潭三个片区，广东自贸区分为广州南沙新区片区、深圳前海蛇口片区、珠海横琴新区三个片区。由于历史条件、行政区域划分、当前审判资源配置等因素不同，各个自贸区、同一自贸区内不同片区内审判机构的设置情况不尽相同，难以统一规划。科学的做法是立足区域定位，重视各个自贸区内现有法院设置情况、发展历史及区域定位的不同，推动各自贸区审判机构差异化发展。以南沙法院为例，该院兼具传统行政区域基层法院、国家新区法院、自贸区法院“三位一体”特征，而且南沙新区片区又分为七块，不宜完全照搬或复制其他地区的已有经验，必须探索符合自身特色的差异化发展道路。

（二）自贸区审判机构案件管辖范围的探讨

（1）专审民商事案件还是民商事、刑事、行政案件一并审？与普通的行政区域一致，自贸区也主要涉及三类案件。一是涉及自贸区投资、贸易、金融、知识产权等领域的民商事案件；二是涉自贸区的刑事案件；三是涉自贸区的行政案件。目前，上海市浦东新区人民法院自由贸易区法庭受理、审理依法由上海市浦东新区人民法院管辖的、与中国（上海）自由贸易试验区相关联的第一审民商事案件，主要包括与自贸区相关联的投资、贸易、金融、知识产权及房地产等案件。随着上海自贸区知识产权法庭的成立，上述受案范围会有相应调整。从上海的实践来看，自贸区法庭主要是管辖民商案件。除管辖民商事案件外，对于自贸区审判机构是否应管辖刑事、行政案件，有不同的看法。有观点认为，为突出自贸区审判机构专业化审判能力，集中审理民商事案件即可。也有观点认为，自贸区审判机构的设立目的在于服务和方便自贸区案件审判，从自贸区管理角度出发，应将自贸区内的行政、轻微刑事案件也一并审理。自贸区审判机构仅审理民商事案件，还是民商事、刑事、行政案件一并审理，须结合各自贸区、自贸区内各片区实际，不能一概而论，即便是只审理民商事案件，也可考虑某些特殊案件，如知识产权案件的“三审合一”问题。

（2）审理全部民商事案件还是部分民商事案件？对涉自贸区民商事案件的范围，目前也没有统一的认识。“涉自贸区民商事案件”的判断标准，大体可认为是指案件主体、法律关系、标的物指向自贸区的案件。具体到法律关系而言，民商事关系有以下情形之一的，可认定为涉自贸区民商事关系：①民商事关系的主体中有一方或双方的住所地、经常居所地或者主营业地在自贸区；②民商事关系的标的物在自贸区；③产生、变更或消灭民商事关系的法律事实发生在自贸区。[①] 有观点认为，为突出自贸区案件审理的专业性，自贸区法庭应仅管辖商事案件，不包括婚姻家庭、继承、劳动争议、侵犯自然人人身权及其他的传统民事案件。也有观点认为，应扩大自贸区

① 可参照《最高人民法院关于适用〈中华人民共和国涉外民事关系法律适用法〉若干问题的解释（一）》第一条关于“涉外民事关系”的认定标准。

法庭的案件受理范围，在商事案件外，将传统民事案件也纳入自贸区法庭审理范围。相比较之下，第一种观点比较科学，即自贸区法庭宜只管辖商事案件，将传统民事案件排除在外。当然，对某些自贸区区域，如果没有设置其他普通人民法庭，在设立自贸区法庭时，从案件饱和度、司法便民和避免司法资源浪费角度，将全部民商事案件均纳入审理，也是可以的。

（三）对自贸区若干具体法律问题的思考

（1）与外商投资纠纷有关的法律问题。根据《全国人民代表大会常务委员会关于授权国务院在中国（广东）自由贸易试验区、中国（天津）自由贸易试验区、中国（福建）自由贸易试验区以及中国（上海）自由贸易试验区扩展区域暂时调整有关法律规定的行政审批的决定》，除国家规定实施准入特别管理措施以外，对“三资企业”的设立、经营期限、合营、合作协议、合同、章程等重要事项，暂时停止实施有关的行政审批，改为备案管理，这就涉及“三资企业”相关合同的效力的认定问题。原来的做法是，对相关的合同，如果应当报经有关审查批准机关审查批准，在一审法庭辩论终结前当事人未能办理批准手续的，人民法院认定该合同未生效。现在有关审批暂停实施，裁判方法也应相应改变。“试验区内三资企业设立、分立、合并、经营期限、转让、终止等重大事项报批的停止，直接影响到涉及试验区内三资企业的民事案件的审理。在合同效力的认定方面，这些事项是否经过审批对当事人合同的效力不再有决定性的影响，合同当事人的意思自治会更大限度地得到尊重。”① “最高人民法院《第二次全国涉外商事海事审判工作会议纪要》和《最高人民法院关于审理外商投资企业纠纷案件若干问题的规定（一）》中的一些根据行政审批认定合同效力的规定在一定情形下对在试验区内设立的三资企业就不应再予适用。”② 因此，判断“三资企业”有关民事行为的效力，不宜再以是否经过审批为依据，而应该按照合同法、公司法或其他法律规定来认定。此外，关于外商投资企业的股权纠纷，根据《第二次全国涉外商事海事审判工作会议纪要》有关规定，“外商投资企业股东及其股权份额应当根据有关审查批准机关批准证书记载的股东名称及股权份额确定。外商投资企业批准证书记载的股东以外的自然人、法人或者其他组织向人民法院提起民事诉讼，请求确认其在该外商投资企业中的股东地位和股权份额的，人民法院应当告知该自然人、法人或者其他组织通过行政复议或者行政诉讼解决；该自然人、法人或者其他组织坚持向人民法院提起民事诉讼的，人民法院在受理后应当判决驳回其诉讼请求。”因为行政审批的存

① 最高人民法院课题组：《中国（上海）自由贸易试验区司法保障问题研究》，载《法律适用》2014 年第 9 期，第 33 页。

② 最高人民法院课题组：《中国（上海）自由贸易试验区司法保障问题研究》，载《法律适用》2014 年第 9 期，第 34 页。

在，司法实践中法院一般不直接判决确认外商投资企业股东地位和股权份额。现在暂停审批之后，是否可以直接判决也值得研究。

（2）企业注册资本登记制度改革所带来的问题。按照修改后的《中华人民共和国公司法》、国务院《注册资本登记制度改革方案》，公司注册资本实行认缴登记制（法律、行政法规以及国务院决定明确规定实行注册资本实缴登记制的公司除外），取消了首次出资额、注册资本最低限额、缴足年限的限制，放宽注册资本登记条件，公司登记时无需提交验资报告。这些企业注册资本登记制度方面的改革，虽适用于全国范围，但由于自贸区企业注册热度不减，情况尤为突出。新的公司资本制度、注册资本登记制度改革所引发的司法实务问题，如股东出资义务、出资责任问题，导致原有出资不足、抽逃出资的规则如何适用产生新的问题。资本信用转变为资产信用的情况下，如何通过案件裁判督促公司股东在其认缴的注册资本范围内对公司债务承担责任，依法保护债权人的利益，需要转变公司纠纷审判理念，相应调整裁判尺度。如在审理股东出资相关纠纷案件时，就应注意准确适用《最高人民法院关于修改关于适用〈中华人民共和国公司法〉若干问题的规定的决定》

的有关条款，依法认定股东抽逃出资行为。[①]

（3）自贸区金融创新给金融审判带来的问题。与《中国人民银行关于金融支持中国（上海）自由贸易试验区建设的意见》内容相似，中国人民银行、国家发展改革委等10部委联合印发的《关于支持广州南沙新区深化粤港澳台金融合作和探索金融改革创新的意见》，从支持南沙新区深化粤港澳台金融更紧密合作和支持南沙新区金融创新发展两方面，提出15条具体的支持政策。《中国（广东）自由贸易试验区总体方案》又强调深化金融领域开放创新，涉及跨境人民币业务、简化金融机构准入方式、人民币资本项目可兑换、利率市场化、跨境担保等创新。这些金融创新措施，可能导致融资租赁合同纠纷、委托理财纠纷、金融衍生品种交易、证券、期货、保险等纠纷大幅增长，且可能演变出新类型纠纷，或是原有纠纷出现新情况。比如，利率市场化后，司法裁判中经常采用的"中国人民银行同期贷款利率"能否继续适用存疑，[②] 进而引

---

① 如该决定第八条明确，公司成立后，公司、股东或者公司债权人以相关股东的行为符合下列情形之一且损害公司权益为由，请求认定该股东抽逃出资的，人民法院应予支持：（一）制作虚假财务会计报表虚增利润进行分配；（二）通过虚构债权债务关系将其出资转出；（三）利用关联交易将出资转出；（四）其他未经法定程序将出资抽回的行为。

② 陈丽、王潇：《涉中国（上海）自贸试验区商事（金融）纠纷的司法应对》，载《第二届中国自由贸易区司法论坛——自由贸易试验区扩围与司法保障研讨会论文集》，第336页。

起人民法院判决给付金钱义务的利率依据问题，这些问题需着手研究。

（4）自贸区知识产权审判问题。自贸区实施“境内关外”即所谓“一线放开、二线管住”的监管模式。在推动贸易便利化、加速物流快速流转的同时，大量涉嫌侵犯知识产权的货物有可能流入自贸区内。这些货物在自贸区内的进出境和进出关、生产加工和销售是否都构成知识产权侵权？其中有无例外？尤其是涉嫌侵犯本国知识产权商品的临时过境行为与贴牌加工出口行为是否可能成为例外？再进一步讲，在国外生产的带有我国注册商标或使用我国专利技术的货物未经我国专利或商标所有人许可输入自贸区即所谓“平行进口”的行为是否构成侵权？这些问题在自贸区内可能非常突出，亟待有权机构及时做出回应。[①] 以涉外定牌加工商标侵权纠纷的解决为例，就需要加快研究对涉外定牌加工是否构成商标侵权及相关法律问题，通过法律、司法解释或指导性案例对相关问题作出明确解释，在行政执法和司法审判中统一法律的适用，给予市场主体明确的行为评价和指引。[②] 在审判实践中如何把正常的贴牌

---

① 徐俊：《浅议自贸区对知识产权保护的影响与司法对策》，载中国（上海）自由贸易试验区法庭网。

② 孙黎、朱俊：《提升自由贸易试验区知识产权保护水平的思考——以上海自贸试验区知识产权案件审判为分析样本》，载中国（上海）自由贸易试验区法庭网。

加工行为与加工方擅自加工、超范围超数量加工及销售产品的行为区别开来，是加强自贸区知识产权司法保护的一项重要内容。

（5）涉自贸区破产审判问题。针对自贸区宽进严管的市场准入制度，需要进一步完善市场退出机制。随着公司法的修改，大大降低了公司市场准入门槛，在社会信用体系尚未完善的情况下，难免出现借设立公司圈钱、欠钱之后玩失踪、资不抵债等侵害债权人利益的现象。人民法院要妥善审理自贸区企业破产、清算案件，引导市场主体依法有序退出市场。同时，正确评估立案登记制度的实施对法院破产案件受理工作的影响，推进企业破产案件审理方式改革，提高破产、清算案件审判效率。

（6）自贸区企业“区内注册、区外经营”和“一址多照”问题。自贸区的优惠政策，吸引大量企业进入注册，而自贸区四至范围的有限性，又使得很多区内注册的企业在区外经营。国务院《注册资本登记制度改革方案》提出，简化住所（经营场所）登记手续，申请人提交场所合法使用证明即可予以登记，且对市场主体住所（经营场所）的条件，授权地方政府按照既方便市场主体准入，又有效保障经济社会秩序的原则，依法作出具体规定。企业住所登记的形式审查，使多个市场主体使用同一地址作为住所登记（即一址多照）在某种程度上成为现实。企业区内注册、区外经营，再加上一址多照，给审判执行工作带来不利影响。一方面，加大诉讼文书送达难度，降低了送达效率。在有些案件当事人的注册地址与营业地址相分离，或者实际上只有注册地址、没有实际营业地址的情况下，人民法院的文书送达乃至审理、执行工作都会受到影响。[①] 按照公司注册地址送达（如按照注册地址邮寄送达被退回、到注册地址张贴文书并拍照等）是否可以直接视为有效送达，这个需要研究。另一方面，增加了公司法人人格否认制度的适用难度。无论公司之间有无持股等关联关系，允许各自独立的公司使用同一地址注册并营业，容易造成法人财产的混同，进而造成法人人格的混同，有损于公司法人制度。[②] 注册地址相同，甚至工作人员也相同，给债权人分辨债务人、主张债权带来困扰，也容易引发公司法人人格否认问题。

（7）“走出去”企业法律风险的防范问题。自贸区要建设内地企业和个人“走出去”重要窗口。“走出去”成为很多企业以及产业发展的“刚性需求”，对域外法律规范，包括外国法及相关国际公约、惯例等的熟悉程度不足，将极大影响他们

① 最高人民法院课题组：《中国（上海）自由贸易试验区司法保障问题研究》，载《法律适用》2014 年第 9 期，第 35 页。

② 最高人民法院课题组：《中国（上海）自由贸易试验区司法保障问题研究》，载《法律适用》2014 年第 9 期，第 36 页。

向外发展的脚步和进程，甚至可能导致重大损失。[①] 如何防范“走出去”过程中的政治、法律和商业风险，如投资东道国征收和国有化管制措施、当地的劳工保护制度、美国和欧盟反垄断法的域外适用、对与外商签订的合同责任认识不足、产品侵犯他人知识产权的风险等，成为企业亟须解决的难题。人民法院要发挥司法审判职能，引导企业严格审查合同条款，认真谨慎对待纠纷解决机构和适用法律等条款的磋商，尽量选择在中国法院诉讼或由中国仲裁机构仲裁，并适用中国法律。必要时可借助人民法院对仲裁的司法审查职权，加强对外国机构仲裁不公的风险管控。

三、探索提高自贸区司法保障能力

（一）积极培育自贸区法官，提高审判队伍司法能力

自贸区面向全球的市场体系，法治化和国际化的营商环境，与国际接轨的投资和贸易规则，对法官的职业素养、专业能力提出了很高的要求。加强自贸区审判队伍的正规化、专业化、职业化建设，培育一批业务水平高、审判能力强，既精通国内外法律、又熟悉国际通行投资贸易规则和惯例的专家型、复合型法官，是司法服务和保障自贸区建设的基础性工作。

---

① 卫建萍、王治国：《“小法庭”护航“大未来”》，载《人民法院报》2014 年 11 月 16 日第四版。

（1）提高法官综合素质。适应广东自贸区港澳特色，积极培养精通普通话、粤语、英语三种语言，熟悉自贸试验区相关法律规则，具有良好的民商事审判专业能力和国际视野的高素质法官，充实涉自贸区案件审判力量。

（2）更新法官司法理念。为充分体现自贸区内公权机关“法无授权不可为”、市场主体“法无禁止即可为”的法治思维，及时更新法官司法理念，注重培养法官国际化、法治化、市场化意识，尊重商事主体意思自治，尊重商事仲裁。

（3）加强自贸区法律、政策研究，提高法官理论水平。以自贸区南沙新区片区为例，除了暂时调整有关法律规定的行政审批外，新区还出台了南沙金融改革创新 15 条政策、海关监管先行先试 16 条措施，并开展商事登记“一照三号”、“一个窗口”审批、“一支队伍”执法等改革。这就需要法官更新知识结构，及时研判、正确审理自贸区内新兴业态所引发的新类型案件。一是成立自贸区司法问题应对小组，熟练掌握在自贸区内调整实施的法律和行政法规内容，准确理解自贸区内投资、税收、贸易、金融等相关政策；二是依托高等院校、科研院所设立的自贸区研究机构，合作开展自贸区相关理论研究，如参与中山大学自贸区综合研究院、暨南大学中国（广东）自由贸易试验区研究院两家智库有关专题研究；三是积极参与“粤港澳法学论坛”“泛珠三角合作与发展法治论坛”等学术研讨，学习各地创新做法和实践经验，促进粤港澳、泛珠三角地区法学理论及司法实务的沟通交流。

（4）建立法官会商制度。在法院内部建立涉自贸区疑难问题会商制度，充分发挥审判长联席会议、专业法官会议的作用，探讨自贸区审判执行工作热点、难点问题，为独任法官或合议庭处理案件审理中的重大疑难复杂问题提供参考。针对类型案件制定审理指引，探索建立参考性案例制度，统一涉自贸区案件裁判尺度。

（二）推进审判权运行机制改革，提高涉自贸区案件审判质效

从规范审判权的运行、规范审判管理权的行使、规范审判监督权的实施和完善司法责任制度等方面，按照“让审理者裁判，由裁判者负责”的审判权运行内在要求，合理界定合议庭的配置、职责与权限，完善审判委员会制度，取消案件层层审批要求，推动业务庭实现扁平化管理。推进自贸区法庭审判权运行机制改革，紧紧围绕主审法官的选任、审判辅助人员配备、合议庭制度及主审法官联席会议制度等工作机制的完善，在案件数量较大、人员配备较充分的前提下，探索实行专业化审判。

（三）聘任专家陪审员和港澳籍陪审员，提高司法专业化水平和民主化程度

鉴于涉自贸区案件往往具有涉及国际贸易、跨国投资、国

际金融等专业性较强的前沿法学领域，可能遇到没有任何先例可循的新类型案件等特点，为提高涉自贸区案件的审判质量和效率，可探索推进专家陪审工作。从政府机关、科研机构、高等院校等法院外部机构吸收相关领域中具有较高专业权威、良好职业操守和实践经验丰富的专家学者、专业人士等，经过法定程序，聘任为专家陪审员。目前，广州中院已在中国人民银行广州分行、市外经贸局、省社科院等机构聘任专家陪审员3名。下一步，还将继续扩大涉外专家陪审员规模。南沙法院则依托地缘优势，积极落实《南沙新区条例》，拓宽人民陪审员选任渠道和范围，于2014年11月正式选任5名在南沙投资、工作或生活的港澳籍中国人士担任人民陪审员，充分体现司法民主与司法公开，提升司法公信力。

（四）建立、健全专家咨询委员会制度，解决自贸区新型、疑难法律问题

自贸区建设中遇到的新情况、新问题，反映到司法领域，必然产生审判工作中的新型、疑难、复杂问题。这些问题的顺利解决，需适当借助“外力”。广州中院在原有专家咨询委员会的基础上，成立专家咨询委员会涉外专业委员会，以解决部分案件中出现的专业技术知识欠缺和域外法的查明等问题，借助专家智慧进一步提升司法裁判的准确度、高效率。目前已从中国人民银行、银监会、保监会、外经贸局、高校科研院所等

机构中遴选6位专家为专家咨询委员会涉外专业委员会委员。南沙法院也成立专家咨询委员会，正式聘任来自中山大学、暨南大学、厦门大学、华东政法大学等省内外10所知名高校的14位专家学者担任该院专家咨询委员，其中具有国际私法、国际经济法等研究背景的专家有4名，占全部专家的28.57%。通过专家对自贸区发展过程中出现的法律问题，特别是自贸区投资、税收、贸易、金融等相关法律问题提供咨询论证和专家意见，充分发挥专家委员的“理论知识库”“社会智囊团”作用。

（五）进一步深化司法公开，提高自贸区司法透明度

自贸区良好的法治环境，离不开司法公开透明。比如，审判法庭数字化改造，实现庭审活动同步录音、同步录像、同步记录“三同步”；实行庭审网络直播；开通“12368”诉讼服务热线等等。广州法院在这些方面进行了探索，也取得了一定的成效。接下来，以服务自贸区建设为契机，我们将在完善审务通（审务信息公开移动服务平台，该平台将法院内部应用系统作为统一的公众服务数据来源，设立微信服务号和审务通APP两个服务窗口，提供集庭审直播、网上立案、电子文书送达、裁判文书查询、执行在线、电子档案查询等应用系统于一体的交互式服务）的基础上，推出专门为律师和法官提供诉讼服务的平台——律师通和法官通，实现“三通一平”的目

标（“三通”即审务通、律师通和法官通，“一平”即诉讼服务移动平台）。

（六）构建自贸区多元纠纷化解机制

借鉴国外 ADR 模式，建立化解自贸区民商事纠纷特邀组织名册，拓展商会组织、保险证券期货、融资租赁等行业协会参与矛盾化解，引入政府机构、社会团体、专业调解组织等参与调解，构建广泛而多元的纠纷解决平台。如南沙法院分别与香港南沙联谊会、澳门南沙商会签署会商纪要，建立涉港澳地区民商事案件商会协调机制。通过搭建规范化信息通报平台、预防式诉前矛盾化解平台、介入式诉中联动调解平台、辅助性诉后执行协调平台、融入式司法参与平台和服务性法制宣传平台，构建自贸区多元化解涉港澳民商事纠纷的立体平台。

（七）提升信息化水平，实现自贸区诉讼便利化

对外实行网上立案，推行以电子邮件方式送达民事诉讼文书，开通诉讼电子文书网络服务平台，完善执行信息公开平台，打造网上执行局等。在法院内部则积极构建“司法大数据”平台，通过信息化手段实现对审判信息、电子卷宗、庭审录音录像、典型案例、法律法规等司法资源的海量存储与综合运用。

（八）创新涉自贸区案件域外法查明、文书送达机制

自贸区金融、商贸、文化等领域投资的对外开放对法院在法律文书的送达、域外法律的查明与适用方面都提出了挑战。现代科技尤其是通讯技术的发展为域外法查明途径的拓宽提供了技术支持。探索涉外涉港澳地区法律多渠道查明途径，包括通过域外官方权威法律网站查找域外法、与高校合作建立域外法律法规数据库、委托相关的涉外部门提供、通过专家法律意见书的形式查找。发挥港澳籍商会组织、港澳籍人民陪审员的地缘优势和社会影响力，探索由其协助法院了解港澳籍案件当事人的信息，提高涉港澳地区案件的送达效率。针对自贸区设立之后出现的企业“区内注册、区外经营”情况，探索与工商登记部门合作，研究企业在注册登记时签署司法文书送达地址确认书的可行性，推动建立当事人确认送达地址并承担相应法律后果的约束机制。

第六章　试论公司股权侵权问题的法律适用

前言

公司制度是市场经济的基石。股权与股东、资本等一起共同组成了公司。而所谓的股权，又称股东权，一般是指投资主体基于其向公司认缴出资额或认购股份之后所享有的权利。我国《公司法》第四条规定："公司股东依法享有资产收益、参与重大决策和选择管理者等权利。"据此表明，作为公司股东所享有的股权，原则上包括这三大方面的权益。由于股权是股东享有的权利，必定存在被侵权的可能。因此，在十一届全国人大第十二次会议上通过的《中华人民共和国侵权责任法》（以下简称《侵权责任法》）将股权作为可能受侵权权利类型予以规定。该法第二条规定："侵权民事权益，应当依照本法承担侵权责任。本法所称民事权益，包括生命权、健康权、姓名权、名誉权、荣誉权、肖像权、隐私权、婚姻自主权、监护权、所有权、用益物权、担保物权、著作权、专利权、商标专用权、发现权、股权、继承权等人身、财产权益。"由于《侵权责任法》已于2010年7月1日起施行，但该法并无对侵权股权的法律适用作出具体的规定，导致侵权股权的法律适用存在不小的困难。为此，我们通过对近年来司法实践中涉及股权侵权类案件进行梳理，查找法律适用中存在的相关问题，力图总结出解决问题的实践思路，为此后该类案件的审理提出指导意见。

一、我国《公司法》对于股权侵权情形的基本规定

经2005年10月修订并于2006年1月1日开始施行的《公司法》和《证券法》，公司领域纠纷的可诉性确实大大增强。具体到股权侵权领域，立法层面考虑到主要可能存在十个方面的侵权情形：1. 股东滥用股权损害其他股东权利；2. 违法决议损害股东利益；3. 大股东妨碍小股东知情权的实现；4. 大股东利用控股地位妨碍小股东分红或优先认缴增资目的的实现；5. 股东转让股份时其他股东优先购买权的可能妨碍；6. 股东资格继承权可能受到的侵权；7. 公司高管损害公司利益进而影响到股东的实体权益；8. 公司高管直接损害股东利

益；9. 股东矛盾引发公司僵局导致股东权利的侵权；10. 公司清算组不当清算侵权股东权益。

相对应地法律规范主要为：规定股东滥用股权损害其他股东的权利的《公司法》第二十条；违法决议损害股东利益的《公司法》第二十二条；大股东利用控股权妨碍小股东公司经营知情权的实现的《公司法》第三十四条和第九十八条；大股东利用控股地位妨碍小股东分红或优先认缴增资目的的实现的《公司法》第三十五条；股东转让股份时其他股东优先购买权的可能妨碍的《公司法》第七十二条和第七十三条；股东资格继承权可能受到的侵权的《公司法》第七十六条；公司高管损害公司利益进而影响到股东的实体权益的《公司法》第一百五十条和第一百五十二条以及《证券法》第四十七条；公司高管违法行为直接损害股东利益的《公司法》第一百五十三条；股东矛盾引发公司僵局导致股东权利的侵权的《公司法》第一百八十三条；公司清算组不当清算侵权股东权益的《公司法》第一百九十条。

另外，在上市公司经营活动中，依据我国《证券法》的规定，可能存在侵权股权的情形主要包括：虚假陈述、内幕交易、操纵市场和欺诈客户。在司法实践中，目前主要的侵权股权行为是虚假陈述。我国《证券法》第六十九条规定："发行人、上市公司公告的招股说明书、公司债券募集办法、财务会计报告、上市报告文件、年度报告、中期报告、临时报告以及其他信息披露资料，有虚假记载、误导性陈述或者重大遗漏，致使投资者在证券交易中遭受损失的，发行人、上市公司应当承担赔偿责任；发行人、上市公司的董事、监事、高级管理人员和其他直接责任人员以及保荐人、承销的证券公司，应当与发行人、上市公司承担连带赔偿责任，但是能够证明自己没有过错的除外；发行人、上市公司的控股股东、实际控制人有过错的，应当与发行人、上市公司承担连带赔偿责任。”这是上市公司以虚假陈述方式侵害小股东利益的最直接依据。

二、广州中院股权侵权类案件的实践考察

近年来，广州中院的股权侵权类案件，主要呈现出以下四方面的主要特点。

（1）有限责任公司的股权侵权案件的案件数量基本平稳，而股份有限公司的案件数量则具有陡降陡升的趋势。有限责任公司的股权侵权案件每年维持在 40 件左右，而股份有限公司的股权侵权案件在 2009 年超过一百件，而 2014 年则不到十件。这表明，有限责任公司由于其规模较小，总体数量多，加上公司本身具有人合性特征，因此侵权股权的案件数量总体稳定。而股份有限公司领域，由于公司的数量小、规模大，规范本身规定侵权的范围窄，加上上市公司小股民数量的庞大，因此案件的发生往往呈现出暴涨暴跌的态势。

（2）股东个人的胜诉率高，总体维持在 70% 以上。这表

明，在商事领域中的个人都具有相当的理性和良好的法律意识，否则作为以营利为目的的商人确实不太会提起高成本的诉讼。

（3）有限责任公司领域的股权侵权案件类型较多，但也相对集中。经过统计，近年来，广州中院的股权侵权案件类型主要集中于股东知情权纠纷、公司高管损害公司利益纠纷、股东提起公司解散纠纷、盈余分配纠纷和股东会决议撤销或无效纠纷，该五类案件占股权侵权类案件的70%以上。

（4）股份有限公司领域的股权侵权原则上为系列案件，全部集中于上市公司的虚假陈述方面，而且调撤率高。近年来，以原广东科龙公司为被告的虚假陈述类案件最为典型。经统计，此类案件的调撤率为87.5%，高居所有商事案件的调撤率之首。

三、案件处理中存在的主要问题

第一方面，普遍存在的问题。（1）案件的审限过长。商人以追求营利为目的，其商事行为需要高效和安全。《公司法》是商法的重要组成部分，具有商法的典型特征。因此，商法具有迅捷主义和外观主义的特殊性质。由于商事活动瞬息万变，需要对彼此的纷争尽快做出判决，以结束不确定状态。根据调研我们发现，就商事股权侵权领域的二审案件，大多审理六个月左右的时间，加上一审已经累积的时间，前后需要一年左右。(2) 有限责任公司股权侵权类案件的调解率低。除却股份公司的虚假陈述案件外，有限责任公司的股权侵权案件大多偏裁决、少裁决，调解率明显不高，这可能导致纷争的进一步延续。如果商事侵权案件能够在短时间内以调解的方式结案，将会使得商事交易成本大大降低，充分发挥司法的社会效果。(3) 裁判活动缺乏司法能动性。商事活动具有相当的技术性，不同行业之间经营活动可能存在类似性。因法官没有规范行业经营的理念、案件审理的能动性不够，很少发出相关的司法建议，从而充分发挥司法的能动性。因此，对于具有普遍意义的股权侵权案件，在案件办结之后，最好向相关的行业协会或工商行政管理部门发出司法建议，避免此后类似纠纷的重复发生。

第二方面，具体类型案件处理中存在的问题。

(1) 公司股东知情权方面。在股东提起的知情权诉讼中，原则上有限责任公司的股东所提起，大多以股东的胜诉而告终，除非股东身份存疑或者股东有非常明显的不正当目的。但是，知情权诉讼并非没有法律适用上的争议。根据统计，知情权争议主要存在四个方面的问题：首先，有限责任公司的股东可否查阅公司的会计凭证。因为《公司法》第三十四条的查阅复制对象并没有包括会计凭证。其次，有限责任公司的股东可否复制公司的会计账簿或会计凭证。此问题存在的缘由是法律规范本身只是规定股东可以查阅会计账簿，并无规定可以复制，导致实践中存在两种不同的做法。再次，有限责任公司股东是否可以查阅、复制其成为股东之前的相关公司材料，在实践中也存在两种截然不同的观点。第四，基于有限责任公司的人合性特征，既然产生矛盾了，确实很难一下子得到和解，因此在一次知情权请求得到支持的情况下，下一次提起此类诉讼的时间间隔以多少为妥。另外，对于股东查阅账簿的要求，公司可以以不正当目的而拒绝，由于《公司法》本身对于何为不正当目的没有做出规定，因此实践中对于不正当目的的范畴往往存在争议，需要得到原则性的统一。

（2）公司高管损害公司或股东利益方面。对于公司高管违反法律、行政法规或者公司章程损害公司、股东利益的行为，究竟是损害公司利益还是股东利益，两者之间往往存在交叉，很难完全清晰判断。但是，在司法实践中，对于损害股东利益的行为，借助公安机关的侦查行为，一般比较容易认定，比如实践中发生过的大股东将小股东的股份进行转让等。然而，在实践中，公司高管损害公司利益，公司股东依据《公司法》第一百五十二条的规定，提起股东代表诉讼。由于规定有前置程序，因此股东提起诉讼存在一定的困难。其中法律适用中争议较大的问题为：公司高管的经营行为所存在的经营风险如何与公司高管的侵权行为进行区分；公司股东在怎样具体的情形下，可以直接提起股东代表诉讼，以维护公司的利益和自身的利益。上述两个问题所持的不同观点，可能导致案件判决结果的截然不同。

（3）公司解散方面。市场活动纷繁复杂，公司经营基于客观或主观的因素，难免可能碰到困境。而在特殊情况下，某些股东却基于个人利益的考虑，却放任公司处于僵局状态，使得另外的股东利益处于严重受损的状态。在这种背景下，公司股东提起解散公司之诉似乎是自力救济的唯一路径。在《最高人民法院关于适用〈中华人民共和国公司法〉若干问题的规定（二）》（以下简称《〈公司法〉司法解释（二）》出台前，由于《公司法》本身规定解散公司的理由是公司经营发生严重困难，通过其他途径不能解决。但何为经营困难，在实践中确实较难把握，因此公司解散的构成要件在不同经办人的心里会有不同。在《〈公司法〉司法解释（二）》出台后，由于有了较为具体的规定，处理起来就相对容易，只要严格按照司法解释的规定来适用法律即可。在实践中唯一仍存在争议的是，小股东提起解散公司诉讼，如果大股东同意小股东转让其股权而不同意解散，公司又符合《〈公司法〉司法解释（二）》解散条件之一，此种情形究竟是否应当判决解散，在实践中仍存在一定的争议。

（4）公司利润分配方面。股东按照其出资比例享有红利，这是股权的应有之义，本不应存在纠纷。但是在公司每年均有利润的情况下，控股股东不同意分配，又没有达到连续五年盈利的条件下，小股东可否提起诉讼要求公司按出资比例进行盈余分配。在实践中存在两种不同的观点，因此存在两种不同的判决。一种观点认为盈余分配是公司内部经营事务，司法不应介入，如果股东提起诉讼，应当驳回起诉。另一种观点则认为，股东与公司是两个不同的民事主体，公司有盈余而不进行分配是对股东利益的侵权，故应当支持股东的诉讼请求。两种观点以及两种裁判结果的存在，导致实践中产生了不少的问题。

（5）上市公司虚假陈述方面。小股民以上市公司存在虚假陈述为由，要求上市公司及其公司董事赔偿损失，由于最高院要求人民法院受理此类案件要以中国证监会的行政处罚为前提，否则不予受理。因此，只要是受理的案件，必定是存在虚假陈述行为，存在争议的，只是赔偿多少的问题。在实践中，要确定具体的损失数额，需要确定虚假陈述行为实施日、虚假陈述行为的揭露日、投资差额损失计算的基准日、股民的实际损失（包括投资差额损失、印花税、佣金和利息）、系统风险所致的损失额。只要确定了如上几个数据和日期，股民的损失即可大致计算。在司法实践中，最高人民法院《关于审理证券市场因虚假陈述引发的民事赔偿案件的若干规定》第十八条规定，“投资人具有以下情形的，人民法院应当认定虚假陈述与损害结果之间存在因果关系：（一）投资人所投资的是与虚假陈述直接关联的证券；（二）投资人在虚假陈述实施日及以后，至揭露日或者更正日之前买入该证券；（三）投资人在虚假陈述揭露日或者更正日及以后，因卖出该证券发生亏损，或者因持续持有该证券而产生亏损”。同时，该规定第十九条第（四）项规定，如果损失或部分损失是由证券市场系统风险等其他因素所导致时，虚假陈述与损害后果之间就不存在因果关系。因此我们的实践做法为：股民的实际损失及系统风险导致的损失，即为股民应得的赔偿。至于系统风险，原则上参考证券交易税的大盘指数来确定。实践中对这种做法，在国内司法界已无太大争议。

（6）其他方面。在有限责任公司领域，股东会决议无效或撤销，股东资格继承，股份转让时的优先购买权等纠纷，由于《公司法》本身规定的比较清楚，因此在实践中很少发生争议，案件处理较为统一，故在此不再赘述。

四、实践问题的解决思路

（一）具体审判业务以外的思路

（1）摒弃目前不同业务庭共同审理公司领域纠纷的情况，建议设立专业合议庭审理案件。审判工作同医学等工作一样，都有非常精细的专业化分工，只有专业化的分工，才能产生更高的效率和效益。正如亚当・斯密所言：“对于各种产业，不偏不倚地使其平均发展的国家，怕还没有……劳动生产力上最大的增进，以及运用劳动时间所表现的更大的熟练、技巧和判断力，似乎是分工的结果。”[①] 尽管有分工，但是仅仅因为分工而分工，是没有实际意义的，有的甚至可能走向反面。比如目前广州中院对于公司案件的审理，主要依据案件主体性质的不同而进行分工，忽略了案件内容性质的重要性。只有依照公司法律关系的内容进行分工，这样的分工才更具有科学性，更能提高效率。因此，我们认为，公司类纠纷案件尽量集中到商事审判庭的一到两个合议庭进行审理，这样既保证了裁判的统一性，也促进了裁判的专业性和效率性。

（2）在服从轮岗制度的前提下，确保公司合议庭成员的有序流动，以保障公司专业审判知识的积累和传承。清代学者郑观应曾说：“商理极深，商务极博，商心极密，商情极幻。”[②] 其言下之意，不外乎商事活动不是那么容易精通的。而公司法作为商法体系里一门重要学科，有其特殊的理论架构，对于从事公司纠纷案件裁判工作的法官，无疑需要长时期磨炼锻造，才可能对其有深刻而精确的了解。但是，在目前的制度背景下，在法院系统所实施的轮岗制度，应当得到不折不扣的执行。基于此，我们认为，在服从轮岗制度基本原则的前提下，应当保证从事商事审判的合议庭中至少有一个合议庭成

---

① （英）亚当·斯密著：《国富论》（上册），北京，商务印书馆1998年版，第5页。

② 顾功耘主编：《商法教程》，上海人民出版社2001年9月版，第1页。

员有五年以上的商事审判经验，使其能够将专业而宝贵的商事审判经验得以传承，不至于让三个“新鲜血液”来组成合议庭对公司类商事案件进行审理。法院政治部门在决定开展轮岗工作时，应当对此予以充分的考虑。

（3）定期进行公司业务的专业培训，进行严格的内部考核，并定期进行公司审判白皮书式的总结。公司是一门很活跃的学科，每隔一段时间会有创新的险种出现；而《公司法》作为规范公司业务的法律，自然需要适应这种发展变化。由于法官不能拒绝裁判，对于公司领域的新类型案件，只有在不断的专业学习过程中加以充电，而不能徒留于学习的形式。因此，法院教育培训部门应当结合商事审判的实际工作，定期邀请上级法院的专业法官或有相当实践经验的专家进行培训，在培训结束后，进行严格的考核，并施行合格制度，否则不能得到培训的学分。只有这样，才能使得培训得到实效。

（4）充分发挥司法能动性，对审判过程中发现的类别性问题，通过司法建议的形式，向工商行政管理部门和特殊的行业协议发出，指导行业规范，避免同类问题的再次发生。

（二）具体审判业务方面的思路

（1）股东知情权方面的争议处理。股东知情权诉讼原则多发生在有限责任公司领域，因此仅就有限公司展开论述。

对于会计凭证是否属于查阅范围的问题，我们认为，基于会计凭证是会计账簿和会计报告的基础，股东通过查账方式行使知情权的目的是了解公司的经营管理情况。从目的论的角度来看，如果仅仅凭会计报告和会计账簿并不足以了解公司的经营情况，因此查阅相关的会计凭证就应当成为知情权的应有对象，否则股东所享有的知情权就成了空中楼阁而毫无意义。

对于原告股东是否可以复制会计账簿或会计凭证的问题，因为《公司法》规范仅规定是可以查阅公司会计账簿，并无规定可以复制，所以在实践中存在两种截然不同的判法。广州中院审理的（2010）穗中法民二终字第 2258 号、2275 号案，以及（2011）穗中法民二终字第 669 号案件，均驳回了原告要求复制会计账簿的诉讼请求。我们认为，首先，有限责任公司本身由于股东人数较少，人合性特征明显，相互之间的信任当是共同经营管理的前提，不应当彼此保持太多的秘密；其次，可以查阅公司账簿，意味着股东可以仔细了解公司的账簿，并进而了解公司经营管理，如果查阅仅仅是看表面账簿的话，其知情权的主要目的将无法达成；再次，只要股东履行了其正当目的的证明义务，公司就应当允许股东了解公司的经营管理情况，当然包括复制公司会计账簿和会计凭证。所以，为充分保障股东的知情权，应当赋予原告股东复制会计账簿及其相应凭证的权利。

对于何为股东知情权的正当目的的问题，因股东认缴出资享有股份的主要目的是资产收益，因此原则上股东行使查账权的目的是为了保护自身的股东权，除此之外的权利，原则上当视为不正当的目的。实践中主要有为公司的竞争对手刺探公司秘密或敲诈公司的经营管理者。然而，究竟何为不正当目的，因时因地会有不同，因此，在认定是否为不正当目的时，当由公司承担举证责任，并综合公司的经营管理情况来认定。比如广州中院审理的（2010）穗中法民二终字第2007号案件，就以原告曾带人来公司闹事为由驳回其诉请，也是合适的。

对于股东间隔多少时间可以行使知情权的问题，由于公司是一个独立的市场主体，以为股东创造最大经济目的为目标，如果公司股东之间因一些小摩擦，导致小股东经常以知情权为由提起诉讼，不仅可能打乱公司的正常经营管理，而且可能增加公司的经营成本，不利于大多数股东的经济利益。因此，结合我国民事诉讼制度以及公司的会计制度，我们认为，如果公司不能及时满足股东的知情权，以六个月为间隔提起知情权诉讼为合理，否则将以不正当目的驳回其诉讼请求。

（2）公司高管损害公司或股东利益方面。实践中主要是两个方面的问题：其一，公司高管经营行为所面临的经营风险与公司高管的侵权行为如何区分；其二，股东在何种具体的情形下，可以直接提起股东代表诉讼。

对于第一个问题，俗话讲，商场如战场，商业机会可能稍纵即逝，作为公司的经营管理者，必须及时抓住机会，否则可能无法成就经营目的。但是，经营行为必须有边际，否则有可能脱离设立公司的初衷。结合我国《公司法》第一百四十九以及一百五十条的规定，对公司高管人员的经营行为的粗细边际均作出了规定。因此我们认为，只要是符合我国《公司法》第一百四十九以及一百五十条范围的行为，均是公司高管的侵权行为。除此之外，即便公司章程本身没有约定或者法律行政法规对此没有规定，也均是正常的经营行为，以此统一法律适用。在实践中，以公司高管因经营行为承担了刑事责任为由而认定其不必承担民事赔偿责任的做法，是与我国《侵权责任法》的规定不符的，应当予以纠正。具体如广州中院审理的（2010）穗中法民二终字第 1435 号案件，股东受让股份后，发现原高管违法偷税，导致被处罚，因而起诉高管因损害公司利益要求赔偿，经审理认定高管个人无获利，因此驳回诉请。这个判决值得商榷。

对于股东在何种具体情形下可以直接向人民法院提起股东代表诉讼的问题，我国《公司法》规定了穷尽内部救济原则。对于法条本身规定董事、监事拒绝或不作为的情形，股东提起代表诉讼当无异议。但是，对于何为“情况紧急、不立即提起诉讼将会使公司利益受到难以弥补的损害的”的情形，不同的主体从不同角度可能会得出不同的结论。我们认为，主要是基于诉讼时效将过期或者责任主体转移主要财产或主体资格即将消亡等情形，否则就应当驳回股东的起诉。此问题的解决原则，应当是严格控制情况紧急的适用范围，而不应该是放宽要求，避免无谓地增加公司的经营成本或打扰公司的正常经营行为。

（3）公司解散方面的争议处理。在此方面，最主要的争议是公司符合《〈公司法〉司法解释（二）》第一条有关具体解散条件的规定，但公司的其余股东同意小股东转让其股份而不同意解散。对此问题，我们认为，应当判决驳回原告的诉讼请求，具体的理由是：首先，公司已经成立，整个社会已经负担了相当的交易成本，如果解散公司，将会导致此前所付出的交易成本无法产生效益，而且会产生负效果；其次，既然大股东同意小股东转让其股份，表明大股东已经同意受让小股东的股份，意味着公司的僵局可通过股份转让得到解决。

（4）公司利润分配方面的争议处理。毫无疑问，公司经营系以营利为目的，公司股东的投资当然也以营利为目的。然而，当公司有营利后，掌控公司的大股东或股东会以公司利益为由，不分配利润，确实是经常发生的事情。在这种情况下，如果小股东提起诉讼，要求分配公司利润，究竟该如何处理？我们的看法是，如果公司章程所规定的利润分配条件没有成就或者公司股东会没有作出分配利润的决定，应当依法驳回股东的起诉；倘若公司章程约定的利润分配条件已经成就或公司股东会作出分配公司利润的决议，那么就应当支持小股东的诉讼请求。其主要理由是：首先，《公司法》没有规定当公司有利润而不进行分配时，小股东享有相应提起分红诉讼的权利；其次，是否进行公司利润的分配，属于公司内部经营管理的范畴，作为司法裁决机关的人民法院，不应该介入；再次，作为法官，并不具备公司经营管理的常识，并不比公司股东更有能力经营管理公司；第四，如果没有公司章程或股东会决议对分配公司利润的方案作出约定，人民法院即使受理此类案件，在实践中也无法进行具体科学的操作。

结语

尽管我国的《侵权责任法》对于股权受到侵害时的法律适用没有作出详细规定，但是根据侵权责任的基本原理，同时结合我国《公司法》和《证券法》的具体规定，同样可以构建起处理股权侵权案件的法律适用框架，本文即是在此方面做初步探索。

注：本文与法官王灯合著

第七章　论公司强制清算与破产清算的衔接

课题组负责人：舒扬　朱义坤　李震东

课题组成员：王天喜　赵彤　辛志奇　杨巍　谢江武
范晓玲　叶辉华

课题执笔人：谢江武　范晓玲

公司强制清算与破产清算是企业依靠公权力退出市场的两种重要机制。由于两种程序的调整对象、案件受理条件、程序的严格程度、司法干预程度、债权人在程序中的作用及法律后果等方面均有所不同，指引误入公司强制清算程序的企业“回归正道”显得尤为必要。本文从我国两程序衔接的现状出发，探讨影响两程序顺利转化的主要障碍及解决路径，以期为完善我国公司强制清算与破产清算衔接工作机制提供可行性的建议和对策。

一、公司强制清算与破产清算衔接现状

为全面了解两种程序的衔接现状，课题组充分调取了各项数据。为使调研基础数据更翔实，论据更充分，课题组力求在能力范围内更多地占有各种资料。首先，在广东省高级人民法院的帮助下，课题组调取了广东省 19 个主要地区中级人民法院的企业破产及公司强制清算案件的审理数据，并以图表形式进行分类统计；其次，课题组向广州市两级法院的法官、在册管理人发放调查问卷，问卷涵盖两种程序衔接前后涉及的各项问题，课题组共回收法官问卷 31 份，管理人问卷 12 份；再次，课题组搜集了国内外关于两种程序衔接的法律规定和研究成果；最后，课题组实地走访了北京、大连、长春、武汉、深圳等国内主要城市的中级人民法院，详细了解了上述法院公司强制清算程序与破产程序衔接案件情况，以及上述法院对两种程序衔接问题的主要看法。

通过对上述数据进行分类整理，课题组从法律规定、司法实践、理论研究等各个方面分别研究了公司强制清算程序与破产清算程序的衔接现状，具体情况如下：

（一）立法现状：法律规定数量少且可操作性差

在我国现行的法律及司法解释中，直接涉及公司强制清算与破产清算衔接问题的仅有以下八个条文：1.《中华人民共和国公司法》（以下简称《公司法》）第一百八十七条、第一百九十条；2.《〈公司法〉司法解释（二）》第十七条；3.《中华人民共和国企业破产法》（以下简称《企业破产法》）第七条；4.《最高人民法院关于审理公司强制清算案件工作座谈会纪要》（以下简称《纪要》）第32至35条。

《公司法》《企业破产法》是两种差异较大的法律制度，前者为实体法，后者为程序法，两者调整范围、调整对象均有所不同。公司强制清算与破产清算的衔接，不仅仅涉及程序衔接问题，更涉及法律衔接问题。且公司强制清算与破产清算是两种差异较大的法律程序，两程序转化时，涉及法律适用、清算机构、清算费用、清算事务等各方面的衔接，影响清算组、债权人、股东等各类主体的切身利益。对于这一重大而繁杂的程序衔接工程，法律仅仅以八条的篇幅完成制度设计，显然有失慎重。此外，仅有的八条规定也侧重原则性规定，而忽略实操性规定。简而言之，上述八条的规定可以概括为以下内容：谁有权在强制清算程序中提出破产申请及破产宣告申请、公司强制清算向破产清算转化的例外情形、程序转化后清算机构如何选定等，其主要意义在于启动破产程序。至于破产程序启动后，前后两种程序如何对接，则没有相应的制度设计。

（二）司法实践现状：两程序衔接案件尚未实现零突破

1. 公司强制清算案件总数逐年提升

课题组调取的数据显示，2008 年至 2013 年 6 月，广东省十九个主要地区的中级人民法院共受理公司强制清算案件 167 件，收案数呈逐年上升趋势。收案数从 2008 年的 11 件，已增长至 2012 年的 39 件，年均增长率高达 37.2%。其中，因统计时间和方法的限制，课题组仅统计了 2013 年上半年的受理情况，受理数为 23 件，尚有大量申请仍在审查阶段。且下半年是此类案件收案高峰期，2013 年全年收案数有望超过 40 件大关。随着公司强制清算案件收案数逐年上升，存在破产原因而进入公司强制清算程序的企业数量也将随之增多，由强制清算向破产清算转化的案件数量也可能随之日益增长。因此，开展两程序衔接的调研、解决两程序转化的窘境也显得尤为必要。

2. 被强制清算公司经营管理混乱、资产状况不清

调研数据显示，上述十九个地区的公司强制清算案件中，被清算企业以民营企业为主，国有企业居中，中外合资（合作）企业、外商投资企业、港澳台商投资企业较少。其中，在所有企业类型中，民营企业占比高达 74.4%。因公司制在我国起步较晚，多数民营企业虽具有资合的外衣，却无法摆脱人合性质的管理，企业一旦经营管理不善，即人走楼空，且企

业自身管理也较为混乱。大多数企业即使进入强制清算程序仍有被追偿股东责任的风险。同时，由于企业自身的不规范性及复杂性，导致清算组无法全面掌握企业资产状况，这也给强制清算向破产清算转化带来了障碍。

3．两程序衔接案件尚未实现零突破

如前文所述，公司强制清算案件的总体收案数逐年提升，但是转入破产程序的案件始终未实现零突破。除了对广东省各地法院受理的公司强制清算案件进行统计外，课题组还实地走访了武汉中院、北京一中院、北京二中院、大连中院、长春中院。在走访中，课题组发现上述法院亦无公司强制清算与破产清算衔接实例。不仅如此，就各地法院掌握的情况来看，全国目前亦尚无一例两程序转换的实操案例。与缺乏实操案例形成显著对比的是，各地均有进入强制清算程序后的企业符合进入破产程序的情形。这些案件因为各种原因徘徊在破产程序门外。例如，债权人及清算组怠于提出破产申请、法律制度支撑不够等原因，这些案件一般均以申请人撤回申请、不能清算或者不能完全清算等方式结案，而未选择转入破产清算程序的方式引导债务人依法退市。

（三）理论研究现状：以往的研究较少且时效性不强

课题组在中国知网、北大法宝等一系列数据网站上进行搜索，并对破产法论坛历年来的论文进行检索，发现直接研究公司强制清算与破产清算转换及衔接的文章十分稀少。经初步统计，截至目前，共有9篇文章重点研究这一问题，具体情况如下：

9篇文章，有7篇论文发表于《纪要》出台之前，占比高达77.8%。在2009年11月4日《纪要》实施以后，仅有2篇文章专门研究公司强制清算与破产清算衔接问题。之所以出现这一特点，是因为《纪要》出台之前，《公司法》《企业破产法》《〈公司法〉司法解释（二）》仅有四个条文调整两程序衔接问题。法律规定较为原则，留给理论研究的空白较多。自《纪要》出台以后，学术界对这一领域的关注度普遍降低。然而，从2009年至今，《纪要》的实施时间已逾三年，司法实践中又暴露出了许多亟待解决的新问题。且《纪要》本身的规定十分有限，而两程序的衔接问题十分繁杂，既往的理论研究已无法适应司法实践的需要。

二、推动公司强制清算向破产清算转化的必要性

（一）两程序不同价值取向的必然要求

根据《公司法》《企业破产法》及相关司法解释的规定，破产清算程序主要适用于出现破产原因的企业法人，而公司强制清算程序主要适用于非破产公司的清算。因为进入程序的前提条件不同，两种程序体现了不同的价值取向。在破产清算制度中，企业的财产状况已经不能满足全部利益相关者的分配需

求，利益冲突和分配博弈十分激烈。在这种博弈状态下，破产清算制度之直接价值追求在于对全体债权人的公平清偿，并为此提供了诸多实体和程序上的保障，如破产法上之债权人公平清偿原则、管理人制度、债权人会议等原则和制度。而与破产清算制度相比，公司强制清算制度是以默认企业资可抵债为前提，各方利益主体之间的矛盾相对缓和。公司强制清算制度之直接价值追求在于保护债权人利益的同时，必须保护公司股东或者投资人的利益，在该种制度下，债权人的利益保护明显弱于破产清算制度。因此，在公司强制清算制度中，如果公司已经出现破产原因，公司强制清算制度之保护股东或投资者利益之价值追求已无存在的可能性和必要性，同样公司强制清算制度之保证债权人完全受偿的价值追求亦无法得以实现。此时，如果不转入破产清算程序，全体债权人的合法权益由于没有破产法上相应制度及程序设置的规制，在公司强制清算程序中将无法得到切实的保护。公司强制清算制度及破产清算制度的价值追求都将无法实现，这将极大地破坏整个社会经济秩序。

（二）缓解债权人、股东或投资人利益冲突的应然选择

如果公司强制清算程序中发现破产原因，由于全体债权人已不可能足额受偿，不但公司、公司股东或投资者与债权人之间存在利益冲突，不同债权性质的债权人相互之间亦将产生利益冲突。此时如果不转入破产清算程序，以破产清算的相关法

律规定及制度设置对债务清偿程序进行导引和约束，上述利益冲突将无法得以有效解决。退一步说，从公司角度分析，如果在该种情况下不转入破产清算程序，公司股东将无法享受破产免责的救济，公司投资者有限责任制度亦无法得以实现，公司投资者与债权人之间的矛盾和债务关系将一直延续下去，从而使公司不能依据法律规定的退出市场机制合法地终止其法人人格，这也与公司投资责任有限制度及鼓励企业借助司法程序依法退出市场的立法本意相背离。

三、公司强制清算与破产清算衔接困境及出路

（一）公司强制清算与破产清算衔接的现实困境

1．权利主体怠于行使破产申请权

我国《企业破产法》在破产程序启动上实行破产申请主义。根据现行法律规定，有权提出破产申请的主体主要是债权人、债务人及依法负有清算责任的人。课题组认为，在公司强制清算程序中，有权提出破产申请的人特指债权人和清算组，而债权人及清算组怠于行使申请权是两程序无法顺利衔接的主要掣肘因素。

（1）债权人：缺乏充分的利益驱动。

债权人不积极行使申请权既有客观原因，又有主观原因。在客观上，公司强制清算程序中没有设定债权人会议制度，债权人无法全面掌握企业资产状况，缺乏提出破产申请的客观条

件；在主观上，债权人一般认为进入强制清算程序后，清算工作由清算组接管，其主观上缺乏另行提起破产申请的意识，而且从经济角度考虑，债权人也缺少主动申请的利益驱动。由于公司强制清算转入破产清算程序后，管理人需要对原清算组的工作进行重新梳理，需要耗费更多的经济成本和时间成本。因此，大多数债权人更倾向于在公司强制清算程序因无法清算终结后，直接依据《纪要》第 29 条及《〈公司法〉司法解释（二）》第十八条的规定，追究股东、董事、实际控制人等清算义务人的清算责任，而且这也是大部分债权人提出强制清算申请的根本目的。

（2）清算组：缺少有效的法律规制。

现行法律及司法解释并未对清算组提出破产申请的时限及相应的责任作出明确规定，由此导致清算组的该项工作缺乏有效的法律监督及规制。一是提出申请的时间限制不明。《〈公司法〉司法解释（二）》第十七条规定了清算组不提出破产申请的例外情形，即达成债务清偿方案。而上述规定并未明确清算组与全体债权人协商制定债务清偿方案的时限。对于是否提起破产申请以及何时提出破产申请，清算组享有较大的自主权，人民法院也无明确依据予以监督。二是对未提出申请的责任限制不清。现行法律及司法解释并未规定清算组怠于提出破产申请时应承担何种责任，亦未明确规定追责主体以及诉讼利益的归属问题。

2．两程序衔接的法律制度支撑不够

（1）缺乏可兹借鉴的历史经验。

从1993年到2013年，我国先后对《公司法》进行了四次修改，出现了五个版本的《公司法》。这五个版本关于强制清算与破产清算衔接的规定始终没有较大变化，都仅有一条法律条文，且仅有的条文内容几乎没有变动。1993年、1999年、2004年三个《公司法》版本都在第一百九十六条作出了同样的规定。2005年、2013年《公司法》的规定与之前并无较大区别，仅对清算组申请破产宣告的时间加以调整，从之前的“立即”改为“依法”。

（2）现行法律规定有待完善。

目前仅有《公司法》第一百八十七条、第一百九十条，《〈公司法〉司法解释（二）》第十七条，《纪要》32至35条对两程序的衔接问题作出了规定，且仅有的法律规定尚存在诸多问题。

一是两程序的衔接时点及衔接后的法律后果规定的较为模糊。现行法律并未对两程序的衔接时点及衔接后果作出明确规定。在司法实践中，不同主体提出的破产申请导致的程序衔接时点及法律后果存在明显区别。由清算组启动的破产申请需在人民法院裁定宣告企业破产后，才发生公司强制清算程序结束、清算组开始移交清算事务的法律后果；而由债权人启动的破产申请，则是在人民法院裁定受理破产申请后，即发生强制清算程序终结、清算组移交清算事务的法律后果。

二是关于清算事务移交主体的规定相互矛盾。《公司法》第一百八十七条规定，公司经人民法院裁定宣告破产后，清算组应当将清算事务移交给人民法院。而《纪要》第35条规定，如果原清算组中的中介机构或者个人不宜担任破产清算中的管理人或者管理人成员的，人民法院应当根据《企业破产法》和有关司法解释的规定及时指定管理人，原强制清算中的清算组应当及时将清算事务及有关材料移交给管理人。上述两项规定相互矛盾，造成人民法院在处理案件时莫衷一是。

三是关于两程序具体事务的衔接规定过于原则。公司强制清算程序向破产清算程序转化时，涉及法律适用、清算机构、清算费用、清算事务等方面的衔接。现行法律及司法解释均未提及两程序转化时的各种细节问题。例如，上述法律未规定两程序转化时清算组的报酬与管理人的报酬如何划分，清算组报酬的支付时段和支付方式，在强制清算程序中已完成的债权申报、债权确认、审计评估、合同清理、资产处置等工作如何承继，两程序转化后相关人员的责任如何追究等。而这些细节问题恰恰是保障两程序顺利衔接的关键所在。

（二）破解公司强制清算与破产清算衔接难题的基本思路

1．目标

通过完善现行法律及司法解释，搭建公司强制清算与破产清算衔接桥梁，设计简便、快捷、低成本的衔接路径，实现两程序的无缝对接。总体目标为：从源头上避免符合破产条件的企业进入公司强制清算程序，保证已进入公司强制清算程序的公司在出现破产原因的情况下平稳、有序转入破产清算程序。

2．基本思路

（1）有条件地限制债权人及股东之强制清算申请权。

课题组建议对案件实行分流管理，在受理审查阶段对债权人及股东的强制清算申请权加以限制。当债权人及股东提出强制清算申请时，如有明确证据证明被申请人资产不足以清偿全部债务，人民法院应告知申请人另行提起破产清算申请，申请人仍坚持申请对被申请人进行强制清算的，人民法院应当对其强制清算申请不予受理。而针对被申请人无财产、账册、其他重要文件或者主要财产、账册、重要文件等灭失，或者被申请人的人员下落不明等特殊情形，若申请人坚持申请对被申请人强制清算的，人民法院应当依法受理，并依照《纪要》第28、29条的规定执行。

（2）清算权利主体提出破产申请之障碍。

方法一：明确清算组怠于提出破产申请的责任追究机制。

一方面，明确规定清算组在公司出现破产原因时，应当向人民法院提出破产申请。有相关权利人协商制定债务清偿方案的，人民法院可中止对破产申请的审查。清算组未能在一定期限内与全体债权人达成债务清偿方案的，人民法院应当裁定宣告该公司破产。至于协商期限，课题组建议参照《企业破产法》第七十九条规定，参考重整计划的制订时间，以 30 天为限较为恰当。而债务清偿方案的执行期限则由人民法院视案件具体情况决定。未能达成债务清偿方案或者债务清偿方案不能执行的，人民法院应当裁定受理并宣告原被强制清算公司破产。

另一方面，完善清算组怠于提出破产申请时的责任追究机制。课题组建议采取多元化的责任追究机制：①降低清算组报酬。对于清算组怠于履行破产申请义务，尚未造成严重后果的，人民法院在确定清算组报酬时，可以适当予以减少。②限制任职资格。对于清算组怠于履行破产申请义务，经人民法院多次提示后尚不改正的，人民法院可更换清算组、将清算组中的中介机构或者个人从《人民法院管理人名册》中除名或者降低其在名册中的资格等级。③追究侵权责任。对于清算组怠于履行破产申请义务造成了较大损失，且行使权利的主体有证据证实损失大小的，清算组应当以实际损失为限承担责任。④判处罚金。对于清算组怠于履行破产申请义务造成了较大损失，但主张权利的主体无法证明具体损失数额的，课题组建议参考台湾地区"公司法"第八十九条[①]的规定，以罚金形式督

① 台湾地区"公司法"第八十九条：公司财产不足清偿其债务时，清算人应即声请宣告破产。清算人移交其事务于破产管理人时，职务即为终了。清算人违反第一项规定，不即声请宣告破产者，各处新台币二万元以上十万元以下罚款。

促清算组履行职责。至于罚金数额，可以设定为人民币一万元以上十万元以下。⑤追究刑事责任。对于清算组怠于提起破产申请构成犯罪的，可根据我国《刑法》的规定，追究清算组或者清算组相关人员的刑事责任。

方法二：赋予人民法院及被清算企业的上级监管部门在强制清算程序中的破产启动权。

课题组认为，当债权人及清算组怠于提出破产申请时，被清算企业的上级监管部门有权提出破产申请，人民法院亦可依职权启动破产程序。因为上级监管部门对下级企业具有监管职责，监管职责之一即为保证企业有序退出市场。当被强制清算公司清理工作陷入困境时，上级监管部门有责任更有义务适当介入。而人民法院作为中立的审判机关，当司法程序陷入僵局，人民法院依职权主动予以调整亦无不当。我国《证券公司风险处置条例》第 37 条已有类似规定。我国台湾地区亦存在相似做法，例如台湾地区“公司法”第三百五十五条规定：“法院于命令特别清算开始后，而协定不可能时，应依职权依破产法为破产之宣告，协定实行上不可能时亦同。”《日本公司法》中亦规定，在法院认为协定的成立没有前景、协定的实行没有前景，以及进行特别清算违反了公司债权人的一般利益，且清算中公司已构成破产程序开始原因的事实时，法院必须依职权依照破产法作出破产程序开始的决定；当协定被债权人会议否认或者不被法院认可，且清算中公司有构成破产程序开始原因的事实时，法院可依职权作出破产程序开始的决定。①

方法三：加大破产清算程序中股东、董事、实际控制人的赔偿责任。

债务人的股东、董事、实际控制人对于公司的经营管理享有充分的自主权，其在债务人出现破产原因且停止经营后未依法向人民法院提出破产申请的，应属于违反忠实、勤勉义务的情形，依法应当对债务人的债务承担连带赔偿责任。课题组建议在相关司法解释中明确上述情形下股东、董事、实际控制人的赔偿责任，以督促相关人员积极履行职责，同时避免债权人在债务人进入破产程序后丧失对债务人的股东、董事、实际控制人等清算义务人的追偿权。

（3）完善现行法律及司法解释的不足。

一方面，做好法律及司法解释之间的对接。一是明确两程序的衔接时点。无论是清算组还是债权人提出破产申请，均应以人民法院裁定受理破产申请并指定管理人的时点，作为两程序转化及清算组移交清算事务的时点。二是明确不同破产申请主体导致的不同法律后果。当清算组提出破产申请时，除了清算组与债权人、其他利害关系人达成债务清偿方案外，人民法

---

① 刘敏：《公司解散清算制度》，北京大学出版社2010年版，第224页。

院经审查后可以直接裁定宣告该公司破产。当债权人提出破产申请时，公司的投资者或者管理者为了避免破产宣告导致的法律后果、其他债权人为了避免破产清算的成本负累，有权申请对原被强制清算公司进行破产重整或者和解。

另一方面，制定公司强制清算与破产清算衔接细则。课题组建议以时间为主线，研究两种程序在衔接前、衔接时、衔接后需要解决的各种问题，并以此为基础形成相应的操作细则，为司法实践提供指引。总体而言，该操作细则包含以下几部分：一是两程序衔接的前置程序，包含出现破产原因的认定、破产申请的提出、两程序转化的例外情形等；二是两程序衔接时的若干实务问题解读，涵盖管理人的指定、原清算组的报酬计算、清算事务的移交等问题；三是两程序衔接后相关人员的责任追究机制，例如对原清算组的渎职行为的责任追究等。具体的制度构建将在本文的第四部分详细解读，在此不予赘述。

四、搭建公司强制清算与破产清算衔接路径的构想

（一）公司强制清算与破产清算衔接前若干问题的认定

1．被强制清算公司出现破产原因的认定

《公司法》第一百八十七条规定，清算组在清理公司财产、编制资产负债表和财产清单后，发现公司财产不足清偿债务的，应当依法向人民法院申请宣告破产。一般而言，清算组编制的资产负债表和财产清单是对企业财产状况的全面反映。

但在资产负债表和财产清单反映公司资产足以清偿全部债务的情况下，司法实践中还存在另外两种典型情况，导致清算组无法准确判断被强制清算公司是否已出现破产原因。一是资产的账面价值与实际可回收价值存在较大差异；二是因公司存在未计入账面的潜在或有负债而导致公司资产不足以清偿全部债务。因此，课题组认为，清算组应当依据已编制的资产负债表和财产清单，同时结合债权登记及审核情况、资产评估及处置变现情况来综合判断被强制清算公司是否已经出现破产原因。在此基础上，清算组可以制作清算报告，并据此向人民法院提出破产申请及破产宣告申请。

2. 公司强制清算程序中破产申请的提出

首先是提出破产申请的主体。根据《企业破产法》的规定，有权提出破产申请的人为债权人、债务人及依法负有清算责任的人。在公司强制清算程序中，债务人的意思表示已经被清算组替代，清算责任也应由清算组承担。所以，在公司强制清算程序中，有权提出破产申请的主体特指清算组及债权人。其次是提起破产申请的时间。在整个强制清算程序中，债权人均有提出破产申请的权利。至于清算组提出破产申请的时间，现行法律并未作出相关规定。为了督促清算组及时提出申请，我们建议要求清算组在发现公司具备破产原因后 30 天内提出破产申请。最后是提出破产申请的材料要求。如果债权人提出破产申请，除了提交《企业破产法》要求的材料外，还应当提交能够证明被强制清算公司资产不足以清偿债务的依据。至于清算组提出破产申请应当提交的材料，因为清算报告中已经全面反映了公司的资产状况，所以除了常规资料外，清算组另外提交清算报告即可。

3．公司强制清算程序中避免宣告破产的例外情形

《〈公司法〉司法解释（二）》第十七条规定了债务清偿协商制度，其根本目的在于追求清算效率最大化，即以比较小的投入获得较大的产出，通过协定方式确定债务清偿方案以尽快了结清算事务，同时实现非破产程序下解决公平受偿问题。这一制度设计本身具有合理性，它节约了司法资源和清算成本，提高了审判效率，保护了广大债权人的合法权益。但对于这一制度的法律属性，司法实践中有不同的理解，有人认为是清算组提出破产申请的前置程序，有人则认为是清算组提出破产申请的例外情形。课题组认为，债务协商清偿制度仅是避免债务人破产清算的例外情形，因为当事人有权自主选择采取何种方式实现自己的权利，法律不应当为当事人设置必须协商的负担。而且全体债权人达成一致意见十分困难，被强制清算公司的股东间经常相互“斗气”，清算活动中互相“抬杠”，往往不能通过清算组制作的债务清偿方案。同时法律及司法解释并未对债权人的表决方式、表决标准及如何做到决议内容不损害其他利害关系人的合法权益等问题作出明确的操作指引，债务清偿协定制度有可能因为耗时较长拖延清算进程。

因此，在具体的制度设计上，课题组建议：清算组向人民法院申请宣告被强制清算公司破产的，应同时书面通知被强制清算公司的股东、申报债权的债权人及已知的其他利害关系人。如被强制清算公司的股东或者债权人、其他利害关系人向清算组申请和解并附可行性和解预案的。清算组应当向人民法院报告，并组织被强制清算公司的股东、申报债权的债权人及相关利害关系人进行协商。自和解申请提交之日起 30 日内，清算组不能提交与全体债权人及相关利害关系人确认的有关债务清偿方案或者有关债务清偿方案人民法院不予认可的，人民法院应裁定受理对被申请人的破产宣告申请。

（二）公司强制清算与破产清算衔接若干实务问题解读

1. 清算机构的衔接

（1）管理人的指定。

课题组认为，对于不同的清算组人员，在清算机构衔接时应有不同的做法。清算组中的公司股东、高管、有关政府部门派出的工作人员原则上不能担任管理人及管理人成员，因为公司的股东、高管与公司有明显的利害关系，不符合《企业破产法》的规定。而清算组中的中介机构以担任管理人为原则，以不担任管理人为例外。因为清算组经过一定阶段的清算工作，对公司的资产负债等情况较为熟悉，并且破产程序中的工作与强制清算程序中的工作具有一定的衔接性。如果原清算组中的中介机构或者个人在名册当中，指定原来的清算组担任管理人符合债权人利益最大化的原则，但原清算组中的中介机构或个人怠于履行清算义务或者与本案有利害关系除外。

（2）原清算组报酬的确定及支付问题。

根据《纪要》第 34 条的规定，原清算组中的中介机构或者个人继续担任管理人或者管理人成员时，其所取得的报酬总额，不应超过按照企业破产计付的管理人或者管理人成员的报酬。但当原清算组中的中介机构或者个人不担任管理人或者管理人成员时，法律并未对原清算组报酬的法律性质及支付时间作出规定。课题组认为，原清算组报酬具有优先清偿的属性，原清算组报酬与管理人报酬同样可以由破产财产随时清偿。至于原清算组报酬的支付时间，课题组认为，除《纪要》第 24 条[①]规定的可以计付报酬的清算组成员的报酬在公司强制清算程序中即时支付外，原清算组中的中介机构的报酬原则上应当在破产程序中与管理人报酬同时支付。此外，原清算组的报酬应当与管理人报酬一起报债权人会议通过或经人民法院批准，但是两者的报酬总额不应超过按照被强制清算公司破产计付的管理人或者管理人成员的报酬。

---

① 《纪要》第 24 条：公司股东、实际控制人或者股份有限公司的董事担任清算组成员的，不计付报酬。上述人员以外的有限责任公司的董事、监事、高级管理人员，股份有限公司的监事、高级管理人员担任清算组成员的，可以按照其上一年度的平均工资标准计付报酬。

（3）原清算组与管理人间管理权的衔接。

课题组认为，若原清算组继续担任管理人，管理人与原清算组之间仅需履行形式上的交接程序，即在人民法院出具指定该中介机构或者个人为管理人的决定书后完成身份和职责的转换。若人民法院在原清算组之外另行指定管理人，受法院指定的管理人需要对原被强制清算公司进行全面的接管，并与原清算组就原被强制清算公司的管理权进行实质性的移交。原清算组需要对公司的公章、印鉴、证照、财务账簿（含会计凭证、财务报表）、资产权属证书、员工名册、公司档案资料、重要合同及其他文书资料等进行登记造册，并同时制作财产清单。在此基础上，管理人需要与原清算组进行现场清点和交接，并对原被强制清算公司的重大资产进行现场盘点。有关的接管及确认文件应当经原清算组及管理人加盖印章，并由双方的经办人员签字确认。同时，管理人应当与原清算组签署正式的交接文件，明确原被强制清算公司的管理权限及管理责任自交接完成之日起转移至管理人承担。在完成接管工作后，管理人及原清算组应将以上交接文件共同报送人民法院备案。

2. 清算事务的衔接

法院裁定受理对原被强制清算公司的破产申请后，原清算组应当向管理人移交所有书面资料及全部清算事务。管理人接管清算事务后，应当及时对清算事务进行审查。除有关清算事务有违反《企业破产法》或者其他法律强制性规定的情形外，管理人对原清算组已经完成的清算事务的法律效力应当予以承认。在清算事务衔接时，有以下几点需要注意：

（1）债权申报工作的衔接。

由于公司强制清算程序并不当然发生债权停止计息的法律后果，导致债权人所申报的债权数额（属于计息的债权）在公司强制清算期间仍会因计收利息和滞纳金而进一步增加。而附利息的债权自破产申请受理时起停止计息。管理人若依据债权人在强制清算程序中申报的数额确定债权，则与法律的规定相冲突。鉴于债权人在两种程序中提交的债权申报材料并无实质区别，所以，管理人接管企业后，应通知全体已知债权人重新提交债权申报表，但已在公司强制清算程序中提交的债权登记材料无需重复提交，仅对破产程序中申报请求发生变化的部分补充提交证明材料即可。

（2）债权确认工作的衔接。

对原清算组已登记的债权是否需要重新审查确认的问题，我国法律以及相关司法解释并无明文规定，各地法院对此所持的观点也不尽相同。我们认为，《企业破产法》对破产程序中的债权审查及确认程序作出了严格的法律限定，且需由人民法院最终裁定确认。而《公司法》仅仅是笼统规定公司强制清算程序中需要进行债权登记，缺乏强制性的程序要求，因此破产程序中对于确认债权的法律程序和标准远较强制清算程序更为严格。管理人对原清算组在公司强制清算程序中作出的债权确认结果不应直接予以认可，而应当在原清算组工作成果的基础上，重新对申报的债权进行审核，并提交债权人会议核查通过后，再提交人民法院依法裁定确认。

（3）清算审计及资产评估工作的衔接问题。

因为清算组和管理人聘请审计机构及评估机构的目的基本一致，审计报告或者资产评估报告的结论都是为清算组和管理人进行财产管理、处置财产及制作工作报告提供依据，所以清算组应以继续沿用原审计报告及资产评估报告为原则。但是，由于公司强制清算与破产清算对审计报告的基准日要求不同可能导致审计结论不同，评估报告在评估方法上的差异可能导致评估结论存在重大出入。所以，对于公司强制清算程序中已经出具的审计报告及资产评估报告，在进入破产程序后，管理人可以根据个案需要决定是否继续沿用原审计报告及资产评估报告或者重新聘请审计和评估机构进行审计、评估。

（4）已完成的合同清理工作的衔接问题。

进入破产程序前，清算组已经完成或者部分完成被强制清算公司所涉合同的清理工作。进入破产程序后，管理人对该清理结果是否应当直接予以认可？对此，我国法律以及相关司法解释同样并未作出明确规定，实践中也无统一、成熟的做法。我们认为，原清算组是人民法院依法指定、依法履行法定职责的机构，其依法完成的合同清理工作有法律效力。管理人对原清算组已完成的合同清理处置工作应予以认可，但仍应依据

《企业破产法》的相关规定对清算组的清理和处置结果进行核查，对于不符合《企业破产法》规定或者违反相关法律法规强制性规定的清理结果应不予认可。对于原清算组未清理或者履行期未届满的合同，管理人应当依照《企业破产法》的规定进行清理。

（5）已完成的资产处置工作的确认问题。

公司由强制清算程序转入破产程序之前，清算组可能已经完成了部分资产或者全部资产的处置工作。对于清算组已完成的资产处置工作管理人是否需要重新确认？我国法律以及相关司法解释同样并未作出明确规定。对此，我们认为：如果原清算组已完成资产处置方案的制订工作，但尚未对该资产进行处置，管理人应当停止该资产处置方案的执行；如果该资产处置方案符合《企业破产法》相关规定的，管理人应当继续沿用该资产处置方案，但需报债权人会议讨论通过后执行；如果原清算组已经按照资产处置方案完成了部分资产处置工作，上述资产处置工作中未完成部分原则上应当予以停止，该未完成部分停止处置不影响已完成处置部分的效力的，管理人应依据《企业破产法》的规定，重新制定该未完成部分资产的管理方案或者变价方案报债权人会议讨论通过；如果原清算组已经完成了资产处置工作，管理人应当进行核查，若资产处置工作中无《企业破产法》中规定的可撤销或者无效行为，管理人应当对原清算组已完成的资产处置工作予以认可。

（三）公司强制清算转入破产清算后相关人员责任追究问题

1．承责主体

根据现行法律及司法解释的规定，在公司强制清算程序中可能涉及的承责主体主要包括被强制清算公司的股东、董事、监事、高级管理人员、实际控制人及原清算组成员。《公司法》《〈公司法〉司法解释（二）》已对股东董事、监事、高级管理人员、实际控制人的责任追究问题作出了详细规定，本文在此不予赘述。关于清算组成员承担清算责任的情形，《公司法》第一百九十条、《〈公司法〉司法解释（二）》第二十三条已作出相关规定，《企业破产法》第一百二十七条、第一百二十八条也可以参照适用。

2．追责主体

根据《公司法》第一百八十九条、《〈公司法〉司法解释（二）》第二十三条、《企业破产法》第二十五条的规定，在原清算组成员给公司或者债权人造成损失时，债权人、股东、管理人均可向原清算组成员追责。如果清算组成员在从事清算事务的过程中违反了法律和行政法规，还可能因侵害客体的不同而承担相应的行政责任或刑事责任，因此在特殊情形下公权力机关也可能作为追责的主体。

3．关于清算组成员承担的责任类型

（1）民事侵权责任。对清算组民事责任的认定应当采用过错责任原则。只有当清算组在清算过程中有故意或者重大过失时，或者在从事清算事务时违反法律、行政法规或者公司章程的情形下，清算组成员才需对其行为导致的损害后果承担法律责任。对于清算组聘用的中介机构或工作人员，由清算组对外承担赔偿责任后，清算组另行依照合同和法律追究具有过错的中介机构或工作人员的相应责任。

（2）刑事责任。根据罪刑法定的原则，关于对清算组成员刑事责任的规定，不能突破现行的刑事法律，需要有明确的法律依据；所有刑事责任的追究，必须严格适用刑事法律的犯罪构成要件。我国现行《刑法》仅在第二百七十二条对清算组挪用资金的犯罪行为作出规定。当原清算组行为符合该条规定时，可由国家相关机关追究原清算组成员的刑事责任。

4．关于清算组成员的责任承担方式

清算组组成人员的不同，导致其责任承担方式有所区别。司法实践中，有单独由中介机构人员组成的清算组，也有由公司股东、董事、监事、高级管理人员与中介机构或者中介机构中的个人共同组成的清算组。单独由中介机构人员组成的清算组由该中介机构自行承责。由公司股东、董事、监事、高级管理人员与中介机构或者中介机构中的个人共同组成的清算组，该民事责任应当由全体清算组成员共同承担，清算组成员对该民事责任负连带责任。此外，清算组中的中介机构或者中介机构人员，除了依法须承担民事侵权赔偿责任或者刑事责任外，人民法院也可以根据其过错程度采取限制任职资格的管理性处罚措施或者处以罚款的方式追究其相应责任。例如，将其从法院管理人名册中除名，或在实施管理人分级管理的法院做降级处理等。同时，我们认为不宜对清算组的民事责任设置责任限额，因为设定赔偿限额不符合侵权法理，亦不利于督促管理人积极履行职责，但可以考虑进行如中介机构强制投保等保障制度的建设。

结语

随着我国市场经济制度改革的逐步深入，企业间的竞争逐渐呈现白热化，落后的产能将在激烈的市场竞争中逐步退出市场。然而，在现阶段，由于我国公司管理模式落后、社会诚信制度尚未建立，以致企业投资者依法退市观念淡泊，企业一旦经营管理不善即人走楼空的状况时有发生。公司强制清算程序已成为部分市场主体被动退出市场的主要形式之一。不仅如此，由于我国公司强制清算制度起步较晚、相关法律规定尚不完善、社会公众对公司强制清算与破产清算的认知度较低等原因，具备破产条件的企业经常误入公司强制清算程序的大门，致使债权人、债务人的股东及其他利害关系人的合法权益不能得到切实的保护。因此，引导“误入歧途”的企业“回归正道”是现阶段的当务之急。本次调研不仅剖析了两程序无法顺利衔接的主要障碍，还从两程序的调整范围、转化时点、破产申请提出的法律后果、两程序衔接中应当考虑的问题及两程序转化涉及的法律责任等方面进行解析，设计了一条科学、便捷的程序衔接路径。以期通过完善现行法律及司法解释，搭建起公司强制清算与破产清算衔接的桥梁，最终实现两程序的无缝对接。当然，完全解决上述两程序衔接中的问题，不仅仅需要在制度设计上加以完善，更需要从根本上建立并完善社会诚信制度，推行依法清算的理念。构建以企业自行清算为主、借助公权退市为辅的社会氛围，才是解决两程序转化的最终价值追求。市场通过自身的新陈代谢进行自我调整，才能保持永恒的活力和秩序。在完善的公司法治框架下，公司才能真正生得容易，死得坦然。

第八章　设立破产清算扶助专项基金制度的司法建议

为充分发挥《企业破产法》在完善优胜劣汰竞争机制、优化社会资源配置、调整社会产业结构等方面的作用，促使企业经法定程序依法退市，推动破产案件的受理，最高人民法院于2011年9月颁布了《最高人民法院关于适用〈中华人民共和国企业破产法〉若干问题的规定（一）》（以下简称《〈破产法〉司法解释一》）。该司法解释的施行，使企业破产案件收案数量大增。而企业破产案件一旦受理，必然面临着公告费用、审计费用、管理人或清算组报酬等费用的支出。无财产企业破产费用如何支付是一个世界性的难题，我国现行破产法亦无解决之道。《最高人民法院关于适用〈中华人民共和国公司法〉若干问题的规定（二）》（以下简称《〈公司法〉司法解释二》）颁布后，收案数量激增的公司强制清算案件也面临同样的强制清算费用无法支付的难题。由于被申请人无财产而法院又缺乏其他必要费用来源，无法启动破产清算程序或强制清算程序的企业破产案件和公司强制清算案件便被积压下来。这不但造成存案数量无法消减，而且法院乃至经办法官亦承受着法律规定无法落实的风险和来自当事人的责难，甚至出现了个别案件的当事人向市领导投诉的情况。于是，如何有效解决无财产企业破产案件和公司强制清算案件的启动程序经费问题，迫在眉睫。

一、起因：符合受理条件的案件没有财产支付启动清算程序费用

（一）概况

据统计，广州市两级法院受理的企业破产案件和公司强制清算案件，大部分集中在广州中院。而广州中院近年来受理的这两类案件，每年均有被清算企业没有财产支付启动清算程序的费用。这种困境在2012年更趋严重，在广州中院2012年新收的企业破产和公司强制清算案件中，此类案件有16件，占收案总数51.6%。

究其原因，多年来囿于现行体制、机制上的各方面原因，

法院对企业破产案件的受理态度并不积极。在 2007 年 6 月之前，法院受理的破产案件，主要为国有企业破产案件。在国有企业改制过程中，政府主导或上级主管单位主导的国有企业破产案件，往往有财政资金或上级主管单位的垫付款支付启动清算程序的费用，因此问题没有凸显。而 2007 年 6 月 1 日《中华人民共和国企业破产法》施行后，破产主体从原来的主要为全民所有制企业扩宽到所有的企业法人，这直接导致法院受理的企业破产案件类型多元化，非国有企业破产案件增多。而非国有企业的破产案件，往往没有财政资金和上级主管单位垫付资金的支持，当债务人没有财产时，启动破产清算程序的费用便无以支付，破产清算程序的启动遭遇客观困难。在无法启动程序的情况下，法院出于现实的考虑，不会轻易立案；即使立案受理，相关程序也无法进行。法院受理破产案件的通道不畅，程序进展的停滞，便会压制当事人申请企业破产清算的意愿。2011 年底《〈破产法〉司法解释》开始施行，明确降低企业破产案件的受理门槛，力图扭转各地法院对申请人提出的符合法律规定的受理破产案件条件的申请，以种种理由不予立案的不正常局面，这大大激发了广大申请人通过破产清算司法程序寻求权利救济的意愿。因此法院 2012 年的企业破产案件收案数量大大增加，缺乏启动清算程序经费的案件数量也相应增加。但是由于相关的费用难题未能得到解决，造成立案审查案件数量的积压，案件受理通道仍旧不畅，这压制了当事人申请企业破产清算的意愿，故 2013 年相关案件数量出现回落。

而在公司强制清算案件方面，2008 年《〈公司法〉司法解释（二）》实施后，法院开始受理公司强制清算案件。2009 年底《最高人民法院关于审理公司强制清算案件工作座谈会纪要》颁布，明确了公司强制清算案件的一些关键程序和主要问题，公司强制清算程序逐渐被当事人了解和应用。尤其是债权人通过申请对债务人进行公司强制清算来认定债务人无法清算或者无法全面清算，作为追究股东对公司债务的清偿责任的基础。而这类案件的被申请人，往往没有财产支付启动清算程序的费用。这种情况，在 2012 年凸显。而与企业破产案件一样，案件受理通道的不畅，清算程序的停滞，反作用于当事人的申请意愿，致使 2013 年该类案件申请数量回落。

从下列两个对广州市两级法院的无启动清算程序经费的企业破产案件和公司强制清算案件的统计表中，可发现存在无启动清算程序经费困境的案件，均属债权人申请企业破产清算或公司强制清算的情况。

无启动程序经费的企业破产案件统计表

（截至 2013 年 6 月 30 日）

所在法院	年份	案件数	债权人申请	债务人申请
广州中院	2009	2	2	0
	2010	3	3	0
	2011	2	2	0

（续上表）

所在法院	年份	案件数	债权人申请	债务人申请
广州中院	2012	8	8	0
	2013	1	1	0
小计		16	16	0
天河法院	2013	1	1	0
番禺法院	2011	1	1	0
	2012	2	2	0
海珠法院	2013	2	2	0
花都法院	2012	1	1	0
总计		23	23	0

无启动程序经费的公司强制清算案件统计表

（截至 2013 年 6 月 30 日）

所在法院	年份	案件数	债权人申请	股东申请
广州中院	2011	3	3	0
	2012	8	8	0
小计		11	11	0
天河法院	2011	3	3	0
	2012	2	2	0
番禺法院	2010	1	1	0
	2012	4	4	0
萝岗法院	2010	1	1	0
总计		22	22	0

广州中院无启动程序经费的企业破产及强制清算案件统计表

（截至 2013 年 6 月 30 日）

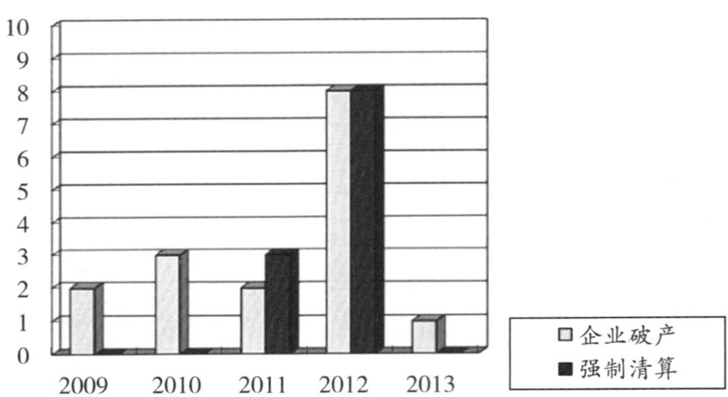

广州各区法院无启动程序经费的企业破产及强制清算破产案件统计表

（2010—2013 年 6 月 30 日）

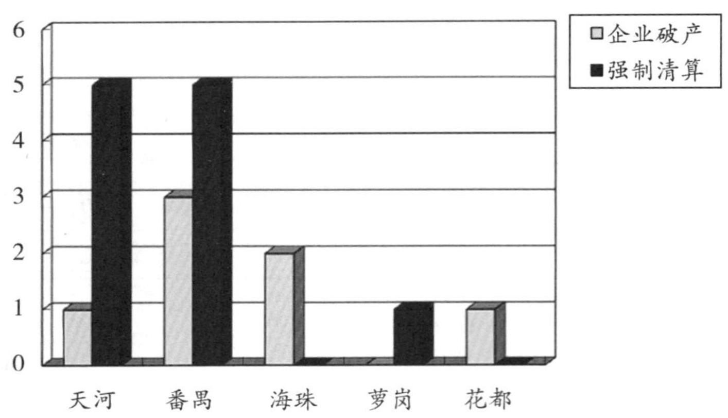

（二）解决问题的必要性

1．企业破产清算案件

在法律规定方面，根据《最高人民法院关于债权人对人员下落不明或者财产状况不清的债务人申请破产清算案件如何处理的批复》（法释〔2008〕10号）的规定，“债权人对人员下落不明或者财产状况不清的债务人申请破产清算，符合《企业破产法》规定的，人民法院应依法予以受理。债务人能否依据《企业破产法》第十一条第二款的规定向人民法院提交财产状况说明、债权债务清册等相关材料，并不影响对债权人申请的受理”；且根据《诉讼费用交纳办法》第二十条、第四十二条的规定，破产申请费不由申请人预交，而在清算后交纳，依法从破产财产中拨付。因此，即使债务人没有财产支付启动破产清算程序的费用，法院亦没有法律依据以此为由不予受理债权人对债务人的破产清算申请。

而在司法价值追求方面，目前在世界范围内已达成共识，应当通过破产程序检验债务是否存在欺诈行为，并通过撤销权等手段追索被债务人隐匿、非法转移的财产。如果将债务人“无产可破”的案件一律排除在破产程序门外，反而会形成鼓励债务人逃债行为的错误机制。①

---

①　王欣新：《破产法》，中国人民大学出版社2011年9月第3版，第102—103页。

因此，即使债务人没有财产支付破产清算费用，法院也应当依法受理相关破产清算案件；案件受理后开展破产清算程序的清算费用如何解决，成为法院面临的现实难题。

2. 公司强制清算案件

《公司法》第一百八十一条规定："公司因下列原因解散：（一）公司章程规定的营业期限届满或者公司章程规定的其他解散事由出现；（二）股东会或者股东大会决议解散；（三）因公司合并或者分立需要解散；（四）依法被吊销营业执照、责令关闭或者被撤销；（五）人民法院依照本法第一百八十三条的规定予以解散。"第一百八十四条规定："公司因本法第一百八十一条第（一）项、第（二）项、第（四）项、第（五）项规定而解散的，应当在解散事由出现之日起十五日内成立清算组，开始清算。有限责任公司的清算组由股东组成，股份有限公司的清算组由董事或者股东大会确定的人员组成。逾期不成立清算组进行清算的，债权人可以申请人民法院指定有关人员组成清算组进行清算。人民法院应当受理该申请，并及时组织清算组进行清算。"《最高人民法院关于适用〈中华人民共和国公司法〉若干问题的规定（二）》（法释〔2008〕6号）第七条规定："公司应当依照公司法第一百八十四条的规定，在解散事由出现之日起十五日内成立清算组，开始自行清算。有下列情形之一，债权人申请人民法院指定清算组进行清算的，人民法院应予受理：（一）公司解散逾期不成立清算组进行清算的；（二）虽然成立清算组但故意拖延清算的；（三）违法清算可能严重损害债权人或者股东利益的。具有本条第二款所列情形，而债权人未提起清算申请，公司股东申请人民法院指定清算组对公司进行清算的，人民法院应予受理。”而现实当中，每年均有大量的公司因为未能按时年检而被工商行政管理部门吊销营业执照，这些公司在被吊销营业执照时往往已经停止经营、人去楼空。根据上述法律和司法解释的规定，当公司被吊销营业执照，公司的法定解散原因出现，公司的清算义务人依法应在十五日内成立清算组对公司进行清算，逾期不清算的，债权人可以申请法院对公司进行强制清算。目前，广州市两级法院收到的公司强制清算申请，大部分是这种情况。而这类公司强制清算案件，被申请人往往没有财产支付启动清算程序的费用。

而根据最高院对申请再审人中国国旅贸易有限责任公司与被申请人长江农业开发有限公司强制清算案的处理意见，在企业法人解散但未清算、破产原因和强制清算原因竞合的情况下，债权人对是向人民法院直接申请债务人破产清算还是申请强制清算依法享有选择权。[①] 所以即便在理论上企业破产清算

① 刘敏：《破产原因和强制清算原因竞合时债权人依法享有申请破产清算或强制清算的选择权》，奚晓明主编、最高人民法院民事审判第二庭编《商事审判指导》总第31辑，人民法院出版社2013年4月第1版，第209—216页。

案件和公司强制清算案件的关键区别在于前者“资不抵债”，后者“资可抵债”，但由于这两类案件的制度来源分别来自《企业破产法》和《公司法》这两个并行的法律制度，在法律适用上便可能会出现竞合的情况，而最高院在案例中明确支持了申请人的选择权，故在司法实践中，这两类案件都可能出现符合受理条件但债务人却没有财产支付启动清算程序的费用的情况。

综上，依法应该受理的案件却遭遇缺乏启动清算程序经费的现实困境，让法律的规定难以落到实处，让法官和法院背负有法不依的风险和责难，问题亟待解决。

二、解决路径：设立基金扶助制度 VS 利害关系人垫款

在理论上，解决缺乏启动清算程序经费的问题，有以下几种方式：第一，交叉补贴，即有资产的案件补贴无资产的案件；第二，政府财政拨款补贴；第三，设置特殊的税收或行政收费取得资金；第四，用法院收取的案件申请费补贴；第五，由各方利害关系人垫款。破产监管人国际协会经调查 13 个国家和地区（调查的国家和地区是澳大利亚、英属维京群岛、加拿大、芬兰、爱尔兰、泽西、墨西哥、新西兰、泰国、英国、北爱尔兰、美国、中国香港地区）的公司和个人的破产司法实践，目前采用第一、二种方式的有 6 个国家和地区，采用第五种方式的有 9 个地区；第三、四种方式则几乎没有国家

采用。[1] 而在我国的司法实践中，目前主要采用的是第一、二、五种方式的解决思路，具体表现为设立基金扶助制度和利害关系人垫款两种形式。

（一）基金扶助——交叉补贴和政府财政拨款补贴的制度化

沿着交叉补贴的思路，有人在实践中提出在确定案件管理人或清算组时“肥瘦搭配”，将有资产的清算案件和无资产的清算案件捆绑在一起，确定同一个管理人，以达到管理人从有资产的清算案件中获得的报酬，补贴无资产的清算案件的费用支出的目的。然而，理论上可行的“肥瘦搭配”的方式在现实制度框架下却常常被弃用。其原因在于：其一，出于廉洁司法的考虑，目前我国司法实践中对破产管理人和公司清算组的确定，除另外有规定的重大案件之外，大都采用摇珠的随机性确定方式。将案件“肥瘦搭配”缺乏制度依据，也存在有悖于现行随机确定管理人规则的嫌疑。案件何为“肥”，何为“瘦”，在没有明确规定的情况下无疑增加了法官的自由裁量权和操作空间，也增加了法官被质疑的风险。故从法官到法院领导，均缺乏实践这种方式的动力。其二，案件的出现具有时间性和偶然性，“肥”案不一定会和“瘦”案同时对量地出现，或者无“肥”案有“瘦”案，或者“肥”案很少，“瘦”

---

① 参见奚晓明主编：《最高人民法院关于企业破产法司法解释理解与适用》，人民法院出版社 2007，第 175 页。

案却很多。这让“肥瘦搭配”的方式缺乏现实基础。鉴于此，在广州中院的司法实践中，虽然“肥瘦搭配”的思路早有人提出，却至今没有成功实施的案例。

相比“肥瘦搭配”这一点对点的交叉补贴方式存在的弊端，设立基金扶助这一面对点的交叉补贴方式，由于其更具有合法性和合理性，逐渐被各地法院接受和实施。在有资产的案件中的管理人或清算组报酬中按一定比例抽取资金建立基金，以弥补无资产的清算案件的费用支出。基金制度在管理人或清算组自愿的基础上，从有资产的案件的管理人或清算组报酬中抽取资金，符合意思自治的原则，亦未损害债权人的合法权益，具备合法性；抽取资金的比例和规则普遍适用于各个有资产的案件，接受补贴的各个无资产案件亦一视同仁，避免个别对待的随意性，使法官和法院免受质疑，具备合理性。目前，深圳、无锡等地的法院已经相继设立了类似的基金制度。

同时，政府财政拨款补贴这一方式也被引入扶助基金制度，成为扶助基金的来源之一。以往只有在大型国有企业政策性破产案件中才会有政府财政拨款补贴，扶助基金的设立，重新给予了政府拨款的合理理由。目前，深圳中院已经成功获得深圳市政府每年 200 万元的财政拨款，作为其管理人援助基金的资金来源之一。

（二）利害关系人垫款——权宜之计

纵使设立专项基金有百般好处，但由于其设立涉及新制度的建立与现行制度的兼容等创造性行为、各部门之间的协调等全局性调整，受制于各地法院的现实情况，难度不小，目前我国仅有个别法院成功设立了专项基金。而相比而言，由利害关系人垫款，是目前最切实可行的解决方式，这也是我国企业破产法司法解释的制度选择。《最高人民法院关于审理企业破产案件确定管理人报酬的规定》第十二条规定："管理人报酬从债务人财产中优先支付。债务人财产不足以支付管理人报酬和管理人执行职务费用的，管理人应当提请人民法院终结破产程序。但债权人、管理人、债务人的出资人或者其他利害关系人愿意垫付上述报酬和费用的，破产程序可以继续进行。上述垫付款项作为破产费用从债务人财产中向垫付人随时清偿。"该司法解释规定的初衷是由于债务人转移财产等欺诈行为必然会影响到利害关系人的利益，这些利害关系人具有在破产程序中通过管理人行使撤销权、挽回经济损失的利益驱动，由该部分利害关系人垫付一部分款项使破产程序继续下去，符合包括垫付人在内的各方当事人的合法利益。[①] 垫付的主体包括债权人、管理人、债务人的出资人或者其他利害关系人。垫付的利益驱动主要在于：其一，增加破产财产。通过破产清算程序中追回或发现被转移、藏匿的企业财产，或者要求债务人股东补

① 参见奚晓明主编：《最高人民法院关于企业破产法司法解释理解与适用》，人民法院出版社 2007，第 175—176 页。

足不实的出资等途径，使“无产可破”变得“有产可破”，债权人能够得到更多受偿，管理人能够获得更多报酬。其二，追究责任或免除责任。通过继续推进破产程序，证实高管人员违反忠实义务、或股东滥用股东权利和公司有限责任制、怠于履行清算义务等事实，债务人的出资人进而据此依法追究高管人员的责任，债权人进而据此依法追究公司股东的责任；或者债务人的股东通过垫付费用继续推进清算程序，避免被追究怠于清算的责任。

正因为利害关系人垫款方式的切实易行，在没有设立专项基金的情况下，广州中院的司法实践中已解决缺乏启动清算程序经费问题的案件均是采用这种方式。在司法实践中，大都是动员申请人（债权人或债务人）或债务人股东等利害关系人垫付相关费用。主要是出于考虑申请人提出启动清算程序申请，多少对清算程序的开展存在一定的利益驱动；而债务人股东是债务人的清算义务人或者上级主管单位，其有意愿或责任推动清算程序的进行。而对于管理人垫付，在面对广州市两级法院和在册管理人的调查问卷反馈信息中，35 家中只有 2 家选择管理人或清算组垫款，管理人没有一家选择管理人或清算组垫款的方式。无论是法官还是管理人，均不愿选择管理人或清算组垫付的方式，主要是考虑到在缺乏财产的清算案件中，管理人和清算组在清算程序中不但付出了劳动，而且面临拿不到报酬的局面，如果此时还要他们垫付费用，对管理人和清算组而言太不合理太不公平。

纵使利害关系人垫款的方式在实践中解决了一些问题，但其无疑也存在着局限性。首先，垫付没有强制性。债权人、管理人、债务人的出资人或者其他利害关系人没有任何法定义务垫付相关费用，垫付建立在利害关系人自愿的基础上。正因为缺乏法定义务的依据，上述司法解释的条文表述，采用的是"愿意""可以"等温和、非强制性的词语，体现的是一种倡导性的规定。因此，当利害关系人不愿意垫付相关费用时，利害关系人无需因此承担任何法律责任，法院亦没有任何法律依据对不愿意垫付费用的利害关系人采取任何措施。所以，当利害关系人不愿意垫付时，这种方式完全失效；其次，垫付的利益驱动不具有必然性。当破产财产增加的希望渺茫，债权人和管理人均缺乏投钱的动力。当大股东下落不明，小股东觉得自己也是受害者，也不愿意垫款开展清算。当缺乏利益驱动时，这种方式完全失灵。因此，利害关系人垫款的方式并不能解决所有存在缺乏启动清算程序经费问题的案件。

三、制度构想：基金扶助制度的具体设计

利害关系人垫款的方式存在局限性，设立基金扶助制度，方是解决缺乏启动清算程序经费问题的长效机制。最高院在阐述其关于企业破产法司法解释的理解与适用时，也表示设立专项基金，解决"无产可破"但又有必要继续进行破产程序的

企业的破产费用问题，是我国完善企业破产制度的必然发展方向。[①] 而行之有效的基金制度，需要从以下几个方面进行考量和构建。

（一）资金来源：管理人报酬、财政拨款、社会赞助

资金来源是基金设立需要解决的首要问题。

1. 管理人报酬

从有资产的破产案件的管理人报酬中，按一定比例提取，作为扶助基金的资金来源，是目前最常用也是最可行的方式。深圳中院和无锡中院的基金制度均采用了这种资金来源。

这一方式，建立在管理人自愿自治的基础上，体现的是管理人互助互救的原则。如果从破产企业的财产中直接提取资金，缺乏法律依据，也会损害该案债权人的合法权益，容易引起该案债权人的不满和投诉；而从管理人在企业破产案件中依法可获取的报酬中提取，在得到管理人的认可的前提下，并无法律和法理的障碍；而管理人为了自身工作的开展和长远的职业发展考虑，亦有互相援助的利益驱动，且这一利益驱动是普遍而稳定的，而非只针对个案的具有偶然性的。因此，实行管理人行业内部的援助救济，从管理人报酬自身获取基金来源，再从中支取以作为清算费用及管理人报酬无法支付时的补偿，

① 参见奚晓明主编：《最高人民法院关于企业破产法司法解释理解与适用》，人民法院出版社 2007，第 175—176 页。

成为当下最可行的解决办法。

2. 财政拨款

企业破产法是衡量一个国家是否是市场经济的重要标准之一，其作用的发挥必须通过人民法院受理和审理破产案件来实现。没有财产但又有必要进行破产程序的企业的破产费用问题不能得到解决，必然会积压大量应通过司法清算程序的企业不能依法定程序退出市场，不但在微观层面存在职工权益无法得到合法保障而引发不稳定因素、非法转移企业财产和违反企业管理职责的行为得不到纠正、侵害国家或其他债权人合法权益的行为得不到追究等等隐忧，而且也会在宏观层面严重扰乱市场经济秩序，对我国市场经济的国际形象造成负面影响。破产费用的问题并非法院在司法层面可以彻底解决的问题，政府作为社会的管理者，在这方面应当有所作为。因此，政府财政拨款作为专项扶助基金的资金来源之一，具有正当性和合法性。

但由于财政拨款涉及政府财政支出的统筹安排，当地政府对相关问题的认识程度不一，缺乏明确的法律规定和政策指引，就破产费用问题申请财政拨款的批准难度较大。深圳中院也是在采用抽取管理人报酬作为资金来源的方式运作其管理人援助资金一段时间之后，在合适的契机下，经过多方沟通协调，才成功获得了深圳市政府每年200万元的财政拨款，作为其破产案件管理人援助资金来源之一。因此，该资金来源可行，但不易行。

3．社会赞助

由于无财产企业破产费用问题的解决具有一定的公益性，故有获得有能力的热心社会人士或机构、与破产清算业务有较密切关系的企业如资产管理公司的资金赞助的可能性。但目前这仅仅是个设想，尚无成功的实例。

（二）基金账户的设置和管理主体：法院 VS 行业协会

目前，我国已经设立管理人援助基金或类似基金的各地法院，基本是在法院账户下设立基金专项账户，由法院对基金账户的收支进行管理。这种模式实际上可行，也取得了一定的效果。其好处是法院对基金账户的收支具有较大的掌控权，易于实现对管理人的监督。但其弊端是法院需要在其中投入较多的时间和精力，需要法院内部负责案件的业务庭和负责财务的行装处之间的协调，而且需要防范操作过程中的权力行使带来的廉政风险和避免外界的质疑。在我们对基金账户的设置的调查问卷中，最多的选择是“另行独立设置基金账户”，次多的选择才是“在法院账户下设立专户”。

而在现行组织结构下，如果不在法院账户下设立专户，那么只能在别的机构账户下设立专户。目前构成管理人队伍的机构有律师事务所、会计师事务所和清算事务所，已经存在的行业协会有律师协会和会计师协会。如果在现行组织里选择设置基金账户的主体，无论是律师协会，还是会计师协会，都因为主体代表的不全面性，而容易引发争议和猜疑，也不利于基金账户的共建共管；如果选择某一个中介机构作为设置基金账户的主体，虽然简便，但却是更加不现实，因为除了会引来更多的质疑之外，还会带来基金的资金流转在税收管理上视为该中介机构的收支需要缴税等问题。

因此，我们需要探索另外一条可行之路。目前我国各地管理人行业自治组织是缺位的，根据《最高人民法院关于审理企业破产案件指定管理人的规定》，管理人队伍由律师事务所、会计师事务所和破产清算事务所构成，而律师事务所有其行业自治协会——律师协会，会计师事务所有其行业自治协会——会计师协会，这两协会之间并无共通和交集，且无法涵盖破产清算事务所，故并无现成的行业自治协会；而另行成立一个新的行业协会又遭遇行政体制下对社会团体组织新设立的审批较为严格等困难，故新破产法实施六年来，鲜闻有统一的管理人队伍行业自治的管理人协会的成立。管理人队伍长期处于一种分而治之的局面，靠法院的一纸名册联系在一起。这无疑是不利于法院破产清算案件审理业务的开展和管理人队伍的发展壮大的。现状有必要得到改变。广州中院敏锐地捕捉到国家对社会团体组织的新设审批条件放宽的契机，及时敦促管理人自行申请成立管理人协会，作为管理人队伍的行业自治组织。目前相关申请工作正在有条不紊地进行。

而管理人协会一旦成立，专项扶助基金账户便可以设置在管理人协会的账户下。这样，主体代表的全面性问题可以迎刃而解；管理人对基金账户共建共管的思路有了可以依托的组织基础；源于管理人互救互助原则的基金制度得到更符合本意的构建。

（三）基金扶助范围

基金的扶助范围各地法院的实践有共通之处，也各有差异。例如，深圳中院在其《破产案件管理人援助资金管理和使用办法》中，从否定和肯定两个角度规定了其管理人援助资金的援助范围，首先列举了不属于管理人援助资金的援助范围的情形：债务人无财产可支付破产费用但有利害关系人垫付破产费用超过10万元的破产案件；债务人财产虽然少于10万元，但足以支付破产费用的破产案件；利害关系人垫付破产费用虽然少于10万元，但足以支付破产费用的破产案件；债务人财产超过10万元或者债务人财产和利害关系人垫付破产费用合计超过10万元的破产案件。然后列举了管理人援助资金可用于支付的费用：管理、变价和分配债务人财产的费用；管理人执行职务的费用；管理人的报酬；档案保管费用；法院认为应当支付的其他费用。

又如，无锡中院在《无锡市中级人民法院关于管理人报酬基金的管理办法》中规定了管理人报酬基金的补偿对象："管理人报酬基金用作下列企业破产案件中管理人报酬过低或无法计算时的补偿：（一）债务人没有财产或仅有少量财产，导致债务人最终清偿的财产价值总额为零或极低，即使按《确定管理人报酬的规定》第2条规定的比例上限计算管理人报酬，该报酬仍不足以支付工作成本的。（二）债务人或债权人提出的破产申请被驳回，导致未发生债务人的清偿，管理人报酬无法计算的。（三）债务人财产绝大部分设立了担保，导致可用于计算管理人报酬的基数极低，最终确定的报酬金额不足以支付工作成本，且不能通过向担保权人收取适当报酬予以弥补的。（四）重整、和解等案件中管理人工作量极大，即使按《确定管理人报酬的规定》第2条规定的比例上限计算管理人报酬，该报酬仍不足以支付工作成本的。”同时规定了管理人报酬基金补偿的例外情形：“（一）管理人已经发现或应当发现债务人无财产可供分配，但未及时请求人民法院裁定终结破产程序，且继续进行破产管理工作，导致管理人工作成本增加的，管理人报酬基金对增加的工作成本不予补偿。（二）债权人、债务人的出资人、政府主管部门或者其他利害关系人对管理人报酬低于管理人工作成本的差额已予补偿或部分补偿的，管理人报酬基金对已补偿的部分不再补偿。（三）管理人存在违反勤勉、忠实义务等过错情形的，管理人报酬基金不予补偿。”

通过上述两个法院的相关规定可以看到，管理人报酬均属于基金补偿的范畴，而深圳中院的规定着力于支付破产费用，无锡中院的规定着眼于管理人的工作成本。

对于广州中院而言，根据我们问题的突出点，基金的着力点会首先在于启动清算程序的费用，如公告费用、审计费用等，然后在于程序进行和终结的费用，包括管理人报酬、企业注销费用、档案保管费用等。

深圳中院和无锡中院的相关基金使用规定均是适用于破产清算案件。但缺乏启动清算程序的经费的问题，不仅存在于企业破产案件中，也存在于公司强制清算案件中。在我们研讨的过程中，有管理人提出，基金的补偿范围，应仅限于企业破产案件，而不能适用于公司强制清算案件。经过一番思量，我们倾向于目前基金的补偿范围还是限于企业破产案件为宜。首先，没有财产的公司强制清算案件，往往是存在破产原因和强制清算原因竞合的情况，债权人完全可以通过申请对债务人进行破产清算来寻求救济；其次，债权人申请对没有财产的公司进行强制清算，最终目的往往是为了根据《〈公司法〉司法解释二》的规定追究股东的赔偿责任，根据“谁受益谁出钱”的法理原则，债权人垫付相关清算费用具有合理性；再次，如果基金的补偿范围包括没有财产的强制清算案件，债权人通过申请公司强制清算来追究股东责任几乎没有成本，恐怕会引发大量的相关申请，基金将入不敷出，司法资源也不堪负荷；最后，在基金成立之初，资金量不大，运作模式也处于探索阶段，不宜将基金的适用范围放得太宽。如果基金通过有效运作之后资金量增大、运作模式日趋成熟，可再考虑拓宽基金的补偿范围。

（四）基金的管理

由于深圳中院和无锡中院都是采取由法院作为基金的设置和管理主体的运作模式，所以他们对基金的支取，均是采取管理人申请、法院审批的程序；由法院进行资金的管理和收支凭证的存档。而如果由管理人协会作为基金的设置和管理主体，在“共建共管”的原则下，基金的支取程序应由全体管理人同意通过的章程作出具体规定，可以是由具体经办案件的管理人向管理人协会提出申请，协会再根据章程规定的内部审批程序对资金是否应该支付及其支付额度进行审查和决定；由管理人协会对基金的资金进行管理和对基金的运作凭证进行存档。

虽然在由管理人协会作为基金设立和管理主体的运作模式下，管理人对基金的运作具有较大的自主权，但管理人依法应向法院报告工作，法院应当对基金的设立和运作进行适度的指导和监督，力求基金的设立和运作合法、合规、合理。

出于基金为救助而非为营利的设立宗旨，对支付金额的确定，应适用补偿原则，公告费、审计费等按实际支出确定额度；对管理人报酬的补偿，仅求能对管理人的工作成本给予适度补偿，而不包括管理人在一般情况下从事破产清算管理工作所能获取的利润，在一定范围内允许随机选任管理人情形下职业风险的存在。

此外，扶助基金账簿公开是基金运作接受各方监督的重要保障。基金管理者应当对基金账户内的资金收支和运作情况登记成簿，并附相关原始凭证，向法院和管理人协会会员名录内的中介机构或个人公开并接受检阅。

四、展望：问题分阶段逐步解决

目前，在广州中院2012—2013年度管理人名册内的15家机构管理人和9位个人管理人基本就关于成立广州市破产管理人协会和破产清算扶助专项基金的设想达成了一致意见，拟由每家机构管理人向基金注资2万元共30万元构成基金的启动资金；在按最高人民法院规定的标准确定管理人报酬的情况下，如果每件破产清算案的管理人报酬超过10万元，则超过10万元的部分提取10%汇入基金，以此构成基金的资金来源。基金用于垫付管理人协会会员担任管理人的破产清算案件完成法定程序必须开支的费用。在基金的管理方面，15家机构管理人分成三批，每一批5家（各含1家会计师事务所，负责管账），采取轮流集体管理，各管一年。①

① 轮流集体管理的模式可能导致管理的松散和不稳定，是否最终采用该管理模式存在争议。有意见认为由全体管理人推举委员会来管理基金更合理和可行。最终的管理模式仍需进一步研讨，由发起和参加管理人协会的成员共同决定。

管理人协会的设立工作目前也在稳步进行。预计管理人协会成立之后，便可申请成立基金账户，按管理人之间的约定进行注资。有了资金和运作章程之后，先解决现存的缺乏启动清算程序经费的企业破产案件，存在类似问题的公司强制清算案件，或者动员申请人垫付费用，或者动员申请人选择申请破产清算，或者留待基金运作模式成熟时再行解决。基金的资金来源，可以同时寻求政府的财政支持；考虑到政府的财政拨款不可能一蹴而就，政府给管理人协会的基金拨款的可能性也不大，故以法院为主体申请政府财政拨款为宜；待政府财政拨款落实后，可以考虑法院的基金和管理人的基金两者并行运作的模式或者研讨两者合并运行的模式。

清算扶助专项基金制度作为一项新的制度，我们没有太多的经验可以借鉴，探索符合广州地区实际情况的制度建设，是一项需要“摸着石头过河”的创新性工作。基金制度设立之后，仍需边实施边完善，最终使缺乏启动清算程序经费的企业破产清算案件和公司强制清算案件均妥善地逐步解决，以达到广州法院对企业破产清算案件和公司强制清算案件的受理和审理通道顺畅，打造广州法院的破产清算和公司强制清算审判品牌，进而树立起广州法院良好的司法形象。

第九章　论二手房买卖合同纠纷的善处

从20世纪90年代起步的房地产市场经过二十年的长足发展，交易对象的主体从一级市场逐渐过渡到二级市场，二手房买卖逐渐并必将成为房地产交易的最主要形态。近年，因二手房买卖引起的纠纷呈现增多趋势，且出现了许多与一手房买卖纠纷截然不同的纠纷类型，亟待司法实践予以回应。但与此同时，专以二手房买卖作为对象的系统研究却相对薄弱，下文拟以对近三年广东省各级法院在二手房买卖纠纷案件审判的司法实践为基础，对二手房买卖纠纷领域进行系统分析研究，既包括对已有的审判实践处理意见较统一的法律问题进行归总梳理成形，也包括对审判实践中有意见分歧的典型疑难问题进行分析，在借鉴参考最高院发布的同类案例、各地法院成形的指导意见基础上，提出处理意见，形成以下调研报告。

一、二手房买卖纠纷案件的情况概要

（一）纠纷发展趋势

从广东全省的数据来看，各地纠纷数据不平衡，例如广州中院近三年共收案2185件，年增长率23%；东莞中院、佛山中院、惠州中院近三年总收案均在200件以下，年增长率不明显；潮州中院、茂名中院、梅州中院、清远中院、汕头中院近三年总收案则均在50件以下。同一城市也分区域发展情况不同而变化，例如天河区法院、越秀区法院近年年均收案数量在200件以上，总体呈上升趋势；荔湾法院年均收案80件，花都法院年均收案60件，从化法院、增城法院年均收案50件，萝岗法院、南沙法院、黄埔法院年均收案20件左右。上述数据显示，二手房买卖纠纷数量基本上与当地房地产市场发育情况正相关，越趋成熟的市场，二手房纠纷数量越多，增长趋势明显；处于房地产市场发育发展期的区域，二手房纠纷数量基数小，增长趋势不明显。

（二）纠纷受国家房产政策、楼市行情影响大

广州地区基层法院2011年收案数普遍高于其后两年。据统计，广州天河区法院2011年收案432件，2012、2013年收

案均350件左右，海珠区法院、白云区法院、荔湾区法院、番禺区法院均出现类似数据变化，其中越秀区法院2011年收案达491件，而此后的2012年至2013年年收案则处于150件左右，广州中院的收案则在2012年达到峰值，可见国务院出台限购限贷政策，对二手房买卖纠纷爆发关联作用明显。此外，广州天河区法院数据显示，诉请继续履行合同的案件与诉请解除合同案件的比例从2012年的1∶1，至2013年、2014年下降为1∶3.37、1∶3.67，降幅明显，与限贷限购政策出台后部分房屋买卖合同无法实际履行存在一定关联。市场行情波动亦易引发违约纠纷，广州市越秀区法院数据反映，近年越秀区房价增幅较大，出卖人“主动违约”终止买卖或“一房两卖”情况增多，而白云区法院数据反映，2015年第一季度二手房买卖纠纷涨幅超过100%，与近段时间房价下行有关。

（三）纠纷类型呈多样化、法律关系趋于复杂

与一手房屋买卖纠纷主要集中在逾期交房、逾期办证这两类型不同，二手房买卖纠纷可以出现在交易的各个环节，包括拒不履行、迟延履行、限购限贷无法履行、一房数卖、借名买房、处分共有房产、连环买卖、户口纠纷等。纠纷涉及的法律关系除了买卖关系之外，通常还间杂有居间关系、租赁关系、数个买卖关系、共有关系、借名关系、抵押关系、代理关系等。

（四）审理难点多、调撤率低

与一手房买卖纠纷相比，二手房买卖合同纠纷当事人双方争点多，相关证据材料较少，事实查明困难，统一裁判规则匮乏，个案审理的价值取向不清晰。从审理结果上看，多数法院均反映，二手房买卖纠纷的调撤率低于同时期其他类型纠纷，反映出二手房买卖纠纷中双方争议较大，矛盾难以调和，诉讼中双方往往是不同方向的诉讼。例如一方要求继续履行，而另一方坚持解除合同，调解工作较难开展。

二、二手房买卖合同纠纷的典型问题研究

从广东全省法院审判实践的情况看，二手房买卖合同纠纷案件存在着一些普遍性的问题，这些问题在其他省市的审判实践中也同样存在。这些具有共性的问题，有的处理意见较为一致，但有些疑难问题的处理意见并不一致，容易造成裁判不一。下文将以二手房买卖合同纠纷案件中，较为常见的纠纷问题作为线索，进行逐个分析研究并提出具体的法律适用参考意见，以期为审判实践提供切实可行的指引。

（一）关于未取得房屋权属证书的房屋买卖

在二手房买卖的情形中，出卖人在签约时尚未取得房屋权属证书只有一种可能，即出卖人尚未自上一手房屋产权人处继受取得房屋产权，此时，出卖人出售其尚未取得产权的房屋，

构成无权处分。关于无权处分行为的效力，在《合同法》颁布后有过很多争论，加之《城市房地产管理法》第三十八条第（六）款规定尚未取得房产权属证书的房屋不得转让，以至于在较长时期内，都认为上述情形中买卖合同为无效合同。随着民事理论发展，区分了效力性的强制性规定和管理性的强制性规定，合同领域也越来越倾向作有效认定，如何更好保护当事人利益，上述买卖合同是否应作有效出现分歧。

最高人民法院于2013年出台《关于审理买卖合同纠纷案件适用法律问题的解释》，其第三条规定，当事人以无权处分为由主张合同无效的，不予支持。其立法理由是认为，无权处分不影响合同的有效性，只要在履行期限届满时取得处分权即可。如果在履行期限届满时仍不能取得处分权的，则承担履行不能的法律后果，这种处理方式对于合同相对人的保护比将合同认定为无效更为周全，也更符合双方当事人订立合同时的本意。《物权法》第十五条规定的区分原则也为这种处理思路提供了法律基础。因此，出卖人未取得房屋产权证书而签订买卖合同属于无权处分，不构成合同无效。当事人仅以出卖房产时尚未领取权属证书为由，请求确认合同无效的，应不予支持。但如因未取得房屋产权影响合同履行，致使买受人无法办理产权过户手续、合同目的落空的，买受人可以依据有效的买卖合同要求出卖人承担违约责任。如果买受人要求立即办理过户，可以事实上不能履行为由，释明买受人变更诉讼请求。

【参考意见】买受人仅以出卖人签订合同时未取得房屋权属证书为由请求确认合同无效的，不予支持。出卖人在买卖合同履行期限届满时仍未取得房屋所有权，致使买受人不能办理房屋所有权转移登记，买受人请求解除合同的，可予支持。买受人要求出卖人承担违约责任的，可综合考虑合同双方过错、所造成的损失等因素进行处理。

（二）关于抵押房屋的买卖

《担保法》第四十九条第一款规定："抵押人转让抵押物未通知抵押权人或告知买受人的，转让行为无效。"在很长一段时间内，由于物权变动区分原则尚未确立，实践中都是将合同效力与合同的履行混为一谈，直接适用上述法律规定，认定未经抵押权人同意而签订的买卖合同为无效合同，这种处理意见在理论界则一直备受质疑。《最高人民法院关于适用〈中华人民共和国担保法〉若干问题的解释》第六十七条虽规定了抵押权的追及效力，但也未对这类转让合同的效力给出明确意见。

从学理上分析，抵押权与所有权同为物权，依照物权法定的原则，两项物权各自有明确的权利界限。房屋所有权人依法对房屋享有占用、使用、收益和处分之权利。抵押权人对房屋的交换价值享有优先受偿的权利。抵押权并不完全覆盖所有权。因此房屋产权人将房屋设定抵押后，并不丧失除抵押负担以外的其他权能，即抵押人只是负有保障抵押权人对房屋交换价值的优先受偿的义务，抵押权人所享有的以交换价值优先受偿的权利，并不足以排斥或阻断所有权人的处分权。因此抵押人仍可以行使其所有权能中的处分权，与买受人签订买卖合同转让抵押房屋，即使未通知抵押权人或未经抵押权人同意，买卖合同仍是有效的。

从体系解释的角度，根据最高人民法院的《关于审理买卖合同纠纷案件适用法律问题的解释》规定，出卖人尚未取得房屋所有权、无权处分所签订的买卖合同，尚为有效合同，根据举重明轻的原理，出卖人就设定有抵押权的房屋签订买卖合同，更应为有效合同。

《物权法》第一百九十一条规定："抵押期间，抵押人未经抵押权人同意，不得转让抵押财产，但买受人代为清偿债务消灭抵押权的除外。"《物权法》并未否认未经抵押权人同意转让抵押物所签订合同的效力，而是允许买受人通过清偿债务的方式消灭抵押权，也即承认了抵押权的追及效力。如果买受人代为清偿债务消灭抵押权，则扫除了买卖合同的履行障碍，可以实现买卖合同目的取得抵押物的所有权；如果买受人不代为清偿，则履行障碍仍存在，买受人无法实现合同目的，则依合同约定或法律规定清结出卖人与买受人的法律关系。综合分析，转让抵押物而签订的买卖合同，不因未经抵押权人同意而无效，但在抵押涂销前或买受人替代履行清偿债务前，履行合同转让房屋存在障碍。

诉讼中，买受人的代为清偿如何实现，存在一个实际操作的问题。买受人仅表示同意代为清偿债务，尚不足以消灭抵押权，如果法院判决买受人代为清偿后房产过户，而买受人事实上又不具备代为清偿能力，容易导致判决成为一纸空文，各方法律关系处于未决状态，法律效果不佳；但如果要求买受人须在诉讼中现实地代为清偿消灭抵押权，又存在是否要给予合理期限等待买受人现实清偿的问题，而且会产生“先有蛋，还是先有鸡”的循环式难题。对于买受人而言，在未确定可以办理过户之前，现实地代为清偿需冒很大风险，不甚可取。较为可行的操作办法是，只要买受人同意并能够代为清偿的，法院即可判令买受人在清偿后办理过户。判断买受人“能够”代为清偿，可以由买受人提供担保或现实地清偿。

合同约定的转让期限届满，因抵押未涂销而导致合同无法履行，买受人合同目的无法实现的，买受人可以请求解除合同，并可依照合同约定清结双方法律关系，买受人因此遭受损失请求出卖人赔偿的，还需要综合考虑双方过错、造成损失的金额等因素酌情处理。

对于出卖人在缔约时隐瞒房屋已抵押的事实，令买受人在违背真实意思状态下签订了买卖合同的，符合《合同法》第五十四条规定的欺诈情形，买受人可以依法行使撤销权获得救济。

【参考意见】房屋抵押权存续期间，出卖人未经抵押权人同意转让抵押房屋的，不影响房屋买卖合同的效力。

合同约定的履行期限届满，因抵押登记仍未涂销致使无法办理房屋所有权转移登记，买受人请求解除合同的，可予支持。买受人要求出卖人承担违约责任的，可综合考虑合同双方过错、所造成的损失等因素进行处理。

买受人要求继续履行合同办理房屋所有权转移登记的，应当追加抵押权人为第三人。法院可以释明买受人变更诉讼请求，经法院释明后坚持不变更的，对其诉讼请求不予支持，但买受人同意并能够代为清偿债务消灭抵押权的除外。

出卖人故意隐瞒房屋已抵押的事实与买受人签订的买卖合同，买受人可以向人民法院请求撤销。

（三）关于查封房屋的买卖

查封的效力是限制产权转移，被查封房屋限制办理产权过户登记手续，也即查封影响的是合同的履行，而且因查封而导致合同不能履行是一时的不能履行，查封一旦解除，合同仍具备履行的条件。因此，根据《物权法》第十五条规定的区分原则，双方就查封房屋签订买卖合同，合同效力不受查封事实影响。在合同有效的情况下，法院可以根据查封状况对买受人的履行请求作出相应处理，买受人请求判令出卖人在解封前办理过户登记手续的，人民法院应向其释明变更诉讼请求，经法院释明后坚持不变更的，驳回该项诉讼请求。买受人要求出卖人继续履行合同并在该不动产解封后办理过户登记手续的，应予支持。合同约定的履行期限届满仍无法解封办理过户手续，导致买受人合同目的无法实现的，买受人亦可以据此请求解除合同，请求出卖人承担违约责任。

房屋被查封的事实属于房屋交易中的重大事项，直接影响买受人的真实购房意愿，如果出卖人以隐瞒、欺诈的手段就查封房产与买受人达成的买卖合同，买受人可以依据《合同法》第五十四条第二款规定行使撤销权。

双方签订买卖合同后，房屋被查封的，买受人如对该房屋主张实体权利，请求继续履行过户的，此时，买受人所主张的权利与法院为实现执行债权所进行的执行行为相冲突，两项权利必须协调处理，依照《民事诉讼法》第二百二十七条的规定，买受人应通过案外人执行异议途径予以审查救济。

【参考意见】出卖人与买受人就查封房屋签订房屋买卖合同，当事人请求确认合同无效的，不予支持。合同约定的履行期限届满时因强制措施仍未解除，致使无法办理房屋所有权转移登记，买受人请求解除合同，可予支持。买受人要求出卖人承担违约责任的，可综合考虑合同双方过错、所造成的损失等因素进行处理。买受人请求判令出卖人在解封前办理过户登记手续的，人民法院应向其释明变更诉讼请求，经法院释明后坚持不变更的，驳回该项诉讼请求。

出卖人故意隐瞒房屋被查封的事实与买受人签订买卖合同的，买受人可以向人民法院请求撤销。

买卖合同签订后，办理过户登记手续之前，房屋被依法查封的，买受人请求出卖人办理过户登记手续，应依照《民事诉讼法》第二百二十七条处理。

（四）关于无权代理的买卖

无权代理人以他人名义签订买卖合同，他人不予追认的，该买卖合同因缺乏有效的合意而不成立，该买卖合同不对被代理人发生效力。当然，在无权代理人构成表见代理情形下，应优先适用表见代理的相关规定，让无权代理人的行为后果仍归于被代理人，即可以认定被代理人与相对人之间的买卖合同成立，以保护善意相对人，被代理人与无权代理人之间关系则由两者自行清结。

值得注意的是，无权代理人与相对人签订的买卖合同，在不构成表见代理的情况下，对被代理人不具有约束力，对行为人与相对人也同样不具有约束力，在行为人与相对人之间亦不成立有效的买卖合同关系。因为行为人并无以自己名义成立合同的意思，而相对人亦没有以行为人作为交易对象作出买卖的意思表示，相对人所为意思表示是指向交易对象为被代理人，行为人所为意思表示亦表明是代理被代理人的，在相对人与行为人之间并无与对方成立合同关系的一致意思表示。因此，相对人与行为人之间因缺乏买卖房屋的一致意思表示而不成立买卖合同关系。

此时，相对人所收受的定金或接受的履行，因缺乏合同依据，无权继续持有或享有，无权代理人可以以不当得利为由，请求相对人返还。

对于相对人而言，根据法律规定，其可以请求行为人承担责任。至于行为人应承担的是什么性质的责任，有观点认为，行为人应承担缔约过失责任，也有观点认为行为人应承担代理权限默示担保责任，还有认为行为人应承担的是法律上之特别责任。不论是将这一责任定性为什么性质，其区别也就均在于确定赔偿范围。各国的通说认为无权代理人应向相对人承担损害赔偿责任。至于赔偿范围，从民法的基本原则考虑，如公平合理、自己责任、损失填平等因素考虑，行为人应赔偿相对人因信赖行为人有代理权缔约而遭受的损失，包括缔约费用及机会损失。从这个角度看，行为人承担的更接近于缔约过失责任。

包括处分共有房产过程中，签约共有人一方承诺可以取得另一共有人的授权，但最终另一共有人不同意追认时，签约共有人亦应对其承诺未能兑现向相对人承担相应责任，对于应承担的责任如双方有约定则从约定，无约定则由相对人举证其遭受的损失，由行为人予以赔偿。

【参考意见】无权代理人以他人名义签订买卖合同，未能取得他人追认的，买卖合同不成立，但无权代理人构成表见代理的除外。相对人请求无权代理人赔偿因买卖合同不成立造成的损失的，人民法院可以根据双方过错程度酌情予以支持。

（五）关于借名买房

借名买房人与出借人之间口头或书面约定，借名人出资购买房屋，但房屋产权登记在出借人名下，在一定条件成就时或某些障碍消除后，出借人再将房屋产权过户到借名买房人名下。在借名买房人与出借人发生纠纷时，借名买房人往往要求确权或将房产过户登记到己方名下。

借名人能否确认房屋所有权归其所有，存在观点分歧。有观点认为，借名人是实际出资人，在查明登记在出借人名下是虚假的，借名人才是真实的房屋所有权人的情况下，其请求确权应予支持。本文认为，借名人不享有房屋所有权，其确权请求应予驳回，理由如下：其一，借名人并不享有事实的所有权。《物权法》规定的事实所有权为该法第二章第三节规定的各种情况，其中显然不包括出资行为。因此借名人不享有事实的所有权，其要求确认所有权缺乏事实基础；其二，借名人拟以出资购买的方式即依法律行为，从出卖人处继受取得房屋所有权，根据物权取得法定的原则，基于法律行为取得所有权，依登记发生效力，因此借名买房人只有登记才取得所有权，由于借名人并未完成法律上的登记，因此其尚未取得房屋所有权；其三，出借人保留了与借名人的真意，对外作出了购房的意思表示，并与出卖人达成买卖房屋的一致意思表示，并办理了过户手续，因此出借人已取得了房屋所有权，这一事实是借名人与出借人的真实意思及追求的结果，根据一物一权的原则，出借人享有房屋所有权，则借名人不享有房屋所有权。基于上述三点理由，借名人主张其享有房屋所有权，请求确权不应支持。

借名人仅对出借人享有依约定请求履行过户的债权。而且在借名人向出借人请求办理过户时，实质就是想将其与出借人的内部关系转化，取得具有对世性的权利外观，将其对出借人的权利转化为对抗外部债权人的效力。此时应当考虑区分借名人与出借人的内部关系和出借人与债权人的外部关系分别处理。首先，在借名人与出借人的内部关系上，双方存在通谋的虚伪意思表示和真意保留，即双方一致对外隐瞒了借名人想购买房屋的真实意图，同时对外作出虚伪表示，即由出借人购买房屋；同时双方还达成了一致意见，即达到某种条件或期限时，出借人协助借名人办理过户登记手续，使借名人成为登记的产权人。在外部关系上，出借人与出卖人达成了买卖房屋的合意，并通过登记取得了房屋的产权；出借人的债权人信赖登记，与出借人发生债权债务关系。

在不涉及外部关系的情况下，依照私法自治的原则，借名人与出借人之间的法律关系可以依照双方约定处理，即出借人为借名人办理产权过户登记，使借名人具备对世性的权利外观，当然还有一个前提是不违反请求过户当时的国家政策。

当房屋有牵涉外部关系时，借名人与出借人之间协议约定不得对抗信赖登记的债权人，因此在债权人已经对房屋设定过户限制的情况下，例如已经查封、抵押等，借名人请求出借人办理过户手续的请求不应得到支持。

同理，在房屋被执行查封时，借名人以其为房屋实际所有权人为由提出执行异议的，如前所述，因其并不享有房屋所有权而不应支持。如借名人对房屋主张实体权利，即其实际出资，并且与出借人存有过户约定，是否足以阻却执行的问题，值得探讨。有观点认为，符合《最高人民法院关于民事执行中查封、扣押、冻结财产的规定》第十七条规定情形的购房人可以对抗执行，借名人实际出资、占有房屋的情形，也可以比照该条约定对抗执行。本文认为，第十七条是对善意购房人的特别保护，针对的是符合特定条件、且无过错的购房人，借名人并非善意购房人，其不办理房屋登记，而是将房屋产权登记在他人名下的事实是明知并且是其追求的结果，其完全可以预见登记在他人名下的法律后果和风险，其对于房屋未登记在其名下是存有过错的，因此并不具有给予特殊保护的情理基础，因此不应支持其执行异议。在北京高院《执行异议之诉意见》中也持相同观点①。

【参考意见】借名买房人依照借名协议约定，请求出借人依约履行协助办理房屋过户登记手续的，经审查房屋不存在查封、抵押等限制过户的情形，且不违反诉讼时的国家政策的，可以

---

① 陈浸、李馨：《执行异议之诉案件裁判思路与操作》，中国法制出版社 2012 年 8 月版，第 244 页。

支持。借名买房人请求确认房屋所有权归其所有的，不予支持。

借名买房人以其是房屋实际所有权人为由，提起执行异议请求停止执行的，不予支持。

（六）关于共有人一方出卖共有房产的买卖

在房屋买卖交易实践中，房屋登记为共有，或者登记在部分共有人名下，但属于共有房产，部分共有人以自身名义或全部共有人名义出卖共有物。在这种情况下，其他共有人主张出卖行为无效，要求返还原物，或者部分共有人主张解除合同或者相对人要求继续履行，该如何处理？

对于部分共有人出卖行为的处理，实践中存在三种观点：第一种观点认为合同无效，双方权利义务应按无效合同进行清理。[①] 主要依据是 1984 年 8 月 30 日《最高人民法院关于贯彻

---

① 上海市高级人民法院《关于审理“二手房”买卖案件若干问题的解答》第 2 条

问：未经房屋共同共有人同意，出卖人对外签订的“二手房”买卖合同，效力如何认定？

答：审判实践中，经常遇到房屋共有人以其他共有人擅自处分共有财产为由，主张其他共有人对外签订的“二手房”买卖合同无效。对此问题，应区别不同的情形分别处理。一是房屋出售时，权利登记仅为出卖人一人的，基于不动产的公示、公信原则，买受人有理由相信出卖人系房屋的完全权利人，其与出卖人之间签订的买卖合同，应认定为有效；但如有证据证明买受人存有过错，与出卖人恶意串通，损害其他共有人利益的除外。二是房屋出售时，权利登记为数人的，基于部分共同共有人不得擅自处分共有财产的法律规定，在其他权利人事后不予追认的情况下，应认定买卖合同无效；但买受人有理由相信出卖人有代理权，符合表见代理构成要件的，应确认买卖合同有效。

执行民事政策法律若干问题的意见》第55条及1988年1月26日《最高人民法院关于贯彻执行〈中华人民共和国民法通则〉若干问题的意见（试行）》第89条的规定。第二种观点是认为效力待定，即如出卖行为取得其他共有人的追认或同意，则合同有效。如未征得其他共有人同意，则出卖行为归于无效。主要依据是《中华人民共和国合同法》第五十一条的规定。第三种观点认为，除非买卖双方构成恶意串通，否则应当认定合同有效，但合同能否正常履行则区分具体案情而定。如果有证据能够证明系共有人共同意思表示的，则合同应当继续履行，否则，合同应当解除。

我们认为，第三种观点更为可取，即部分共有人擅自出卖共有物并不必然导致合同无效，而仅能影响合同的正常履行。合同无效的观点主要来源于1984年8月30日《最高人民法院关于贯彻执行民事政策法律若干问题的意见》第55条规定的“非所有权人出卖他人房屋的，应废除其买卖关系。部分共有人未取得其他共有人同意，擅自出卖共有房屋的，应宣布买卖关系无效。买受人如不知情，买卖关系是否有效应根据实际情况处理。其他共有人当时明知而不反对，事后又提出异议的，应承认买卖关系有效。”1988年1月26日《最高人民法院关于贯彻执行〈中华人民共和国民法通则〉若干问题的意见（试行）》第89条规定的“共同共有人对共有财产享有共同的权利，承担共同的义务。在共同共有关系存续期间，部分共有人擅自处分共有财产的，一般认定无效。但第三人善意、有偿取得该财产的，应当维护第三人的合法权益，对其他共有人的损失，由擅自处分共有财产的人赔偿。”而效力待定的观点来源于《中华人民共和国合同法》第五十一条的规定。但前述司法解释已被《最高人民法院关于人民法院审理买卖合同纠纷案件适用法律问题的解释》第三条的规定予以修正，而《城市房地产管理法》第三十八条则并未明确规定未经共有人书面同意时的转让共有房产行为无效。从《中华人民共和国合同法》限定合同无效情形的具体规定来看，更是反映出立法尽可能使合同归于有效以保护交易安全的立法精神。至于对《中华人民共和国合同法》第五十一条规定的无权处分行为效力的理解，自《最高人民法院关于人民法院审理买卖合同纠纷案件适用法律问题的解释》出台后，效力待定的观点已经逐渐被摒弃。因此，在部分共有人出卖共有房产的场合，除非存在《中华人民共和国合同法》第五十二条所规定的情形，否则一般应当认定买卖合同有效。对此，应当由主张合同无效的一方当事人就存在《中华人民共和国合同法》第五十二条第二项所规定的事由举证证明。

在合同有效的情况下，如果买受人一方要求继续履行合同，交付标的物及办理产权转移登记手续，还应当区分出卖人的行为是否构成无权处分来定。依据《中华人民共和国物权法》第九十六条及第九十七条的规定，在没有特别约定的情况下，任何一个共有人均有管理共有财产的权利，但在处分共有房产时，在按份共有的情形下，应当征得三分之二以上共有人的同意，在共同共有的情形下，应当征得全部共有人的同意。在未满足前述条件的情况下，部分共有人的行为构成无权处分。在无权处分的情况下，基于合同有效但无法正常履行，买受人无权要求部分共有人承担继续履行合同义务，而仅能要求其承担相应的违约责任。但在出卖行为为全体共有人共同意思表示，且买受人为善意时，部分共有人的出卖行为应当按有权处分处理。

有权处分应当具备共有人形成共同意思表示及买受人为善意两项要素。在处理部分共有人出卖共有房产纠纷中，涉及其他共有人权益与买受人权益的平衡。其中，其他共有人的权利属于共有权，而房屋是共有关系尤其是家庭婚姻关系得以存续的基础，对共有房产的处分直接关系到共有关系的维系与稳定，尤其是夫妻共有财产直接影响到基本权利范畴内的居住权的正常行使，故对该项权利的保护体现为对公民基本权利的保障。买受人的权利虽然在性质上属于一般的合同债权，但针对的主体是不特定的交易活动主体，直接影响整个社会范围内的交易秩序，故对该类权利的保护体现为对公共交易安全的保障。因此，对该类纠纷的处理涉及两种权益的衡平。

一方面，基于对交易安全的保护及公平原则，对于共同意思表示的形成存在合理信赖的证明标准应当以一般表见代理中的合理信赖为标准。共有关系中的共有人之间往往存在特殊的财产关系或者身份关系，尤其是共同共有关系通常是建立在某种特殊身份关系的基础上。绝大多数情况下，作为共有关系基础的家庭关系或婚姻关系是正常的，共有人之间具有共同的利益，一方实施的日常生活行为通常也与另一方的意志、利益相符合。基于这种身份关系的私密性，即使其中出现异常，他人通常也无法取得相关信息。对于就共同出卖共有物达成共同意思表示一项，其他共有人比买受人的举证能力更强。在此情况下，要求买受人按照通常标准举证证明部分共有人出卖共有房产已征得其他共有人同意，事实上赋予了买受人更高的注意义务。因此，对于部分共有人出卖共有物已征得其他共有人同意的合理信赖，虽然应当将举证责任分配给买受人一方，但证明标准可低于一般表见代理中的合理信赖的标准。比如，买受人能举证证明其他共有人明知或应知出卖行为而不表示反对的，应视为同意。另一方面，基于对其他共有人权利的保护，要求买受人在与部分共有人签订买卖合同受让共有财产时，应当为善意。关于善意的判断标准，首先约定的价款应当公平合理，其次是应当对出卖物是否属于共有房产尽到一定的审查注意义务。在出卖物为夫妻共有财产的场合，即使共有财产登记在夫妻一方名下，如果确有证据证明买受人一方明知房产为夫妻共有房产，则买受人无权要求出卖人继续履行合同，甚至无权要求出卖人承担违约责任。当然，在这种情况下，基于公示、公信原则，买受人基于对房管部门登记的合理信赖的利益也应当受到保护，即应当责令对买卖合同的履行提出异议的一方对买受人明知或应知出卖物为夫妻共有财产的事实承担举证责任。

综上，部分共有人出卖共有物，买受人请求出卖人交付或办理产权转移登记手续的，一般不予支持，如买受人能举证证明其有理由相信出卖行为为全体共有人共同意思表示且为善意的，可予支持。

此外，为保障其他共有人的合法权益，尤其是在夫妻一方出卖共有房产的情况下，同时也为避免其他共有人滥用权利另行提起确认合同无效之诉或第三人撤销之诉，达到恶意拖延诉讼的目的，在部分共有人出卖共有房产纠纷案件中，如买受人一方诉请继续履行合同，因出卖行为是否所有共有人的共同意思直接影响买卖合同的正常履行，则应向买受人一方释明是否追加其他共有人参加诉讼，以便查明该项事实。①

【参考意见】房屋的部分共有人出卖房屋，其他共有人以

---

① 《北京市高级人民法院关于审理房屋买卖合同纠纷案件若干疑难问题的会议纪要》（20141216）京高法发〔2014〕489号第七条：房屋共有权利人的诉讼地位与责任承担夫妻一方转让登记在自己名下的法定共有房屋，买受人要求继续履行合同办理房屋过户登记，法院应当对出卖人（登记方）的行为是否构成无权处分或无权代理进行审查，并释明买受人可以申请追加夫妻另一方作为共同被告或第三人参加诉讼，买受人不申请的，法院可以通知夫妻另一方作为无独立请求权第三人参加诉讼。夫妻另一方以出卖人构成无权处分为由要求追回房屋的，可以作为有独

未经其同意为由主张买卖合同无效的，一般不予支持，但出卖人与买受人恶意串通的除外。

买受人请求部分共有人办理房屋产权过户登记手续的，法院可以释明追加其他共有人为共同被告，其他共有人不同意出卖房屋及协助办理过户登记手续的，一般不予支持，但出卖人占三分之二以上的共有份额或买受人有理由相信买卖合同为共同共有人共同意思表示的除外。

因部分共有人擅自出卖共有物致使标的物所有权不能转移，买受人要求出卖人承担违约责任，或者要求解除合同并主张损害赔偿的，应予支持。

部分共有人擅自出卖共有房屋，买受人已善意取得的，其他共有人主张追回房屋，不予支持。其他共有人请求出卖人赔偿损失的，应予支持。

立请求权第三人参加诉讼。夫妻另一方向法院表示同意出卖人转让房屋的，可以不追加其参加诉讼。

经审查夫妻另一方追认出卖人的处分行为或有证据证明其以自己的行为同意履行的，构成对房屋过户登记债务的加入，应当判决夫妻双方共同为买受人办理房屋过户登记手续；出卖人的行为构成《最高人民法院关于适用〈中华人民共和国婚姻法〉若干问题的解释（一）》第17条第（2）项或《民法通则》第66条第1款规定的，该买卖合同对夫妻另一方具有约束力，应当判决夫妻双方共同为买受人办理房屋过户登记手续。

（七）关于买受人善意取得的认定

善意取得，又称即时取得或即时时效，是指买受人善意受让无权处分人转让的不动产或者动产，即可取得该物的所有权。我国《民法通则》未确认善意取得制度，但是在我国司法实践中，却承认善意购买者可以取得对其购买的、依法可以转让的财产的所有权。最高人民法院《关于贯彻执行〈中华人民共和国民法通则〉若干问题的意见（试行）》第89条指出："第三人善意、有偿取得该财产的，应当维护第三人的合法权益。"随着《物权法》的颁布，不动产的善意取得制度正式在我国确立。根据《物权法》的规定，可将不动产善意取得界定为：第三人出于善意信赖不动产登记簿的登记，而与登记记载的权利人发生交易，并且该转让的不动产已经登记于该第三人名下，此时，若登记记载的权利人与真正权利人不符，善意第三人也即时取得不动产所有权，而不受真正权利人追夺，真正权利人只能请求登记记载的权利人或有过错的登记机关赔偿损失。

不动产善意取得制度在房屋买卖合同纠纷中适用于以下情形：（1）一房数卖；（2）无权处分他人房屋；（3）共有人一方擅自处分共有房屋。不动产善意取得的构成要件，最高人民法院印发《关于贯彻执行 < 中华人民共和国民法通则 > 若干问题的意见（试行）》第八十九条规定，"共同共有人对共有财产享有共同的权利，承担共同的义务。在共同共有关系存续期间，部分共有人擅自处分共有财产的，一般认定无效。但第三人善意、有偿取得该财产的，应当维护第三人的合法权益；对其他共有人的损失，由擅自处分共有财产的人赔偿。”《物权法》第106条规定了四个要件：（1）出卖人对让与的不动产无处分权。对财产的处分权是属于财产所有人的，如果出卖人有权处分则不适用善意取得。（2）买受人受让该财产时是善意的。财产的善意取得以买受人的善意为条件，如果买受人具有恶意，则不得适用善意取得。（3）买受人取得不动产是基于合理的价格。善意取得是以有偿取得为前提条件，买受人在取得财产时，必须以相应的财产或金钱支付给出让人。无偿取得不动产的，不适用善意取得制度。（4）已作权利的变更登记。登记是不动产物权存在的主要表现形式，如果买受人没有及时作权利的变更登记，也就没有善意取得适用的余地。

“善意”是一种主观心理状况，很难为局外人所知，而且社会生活实际纷繁杂乱，如何正确判断买受人是否“善意”成为司法审判中的一个难点。本文认为应注意以下几个问题。

（1）“善意”标准。我国《物权法》没有给予界定。有专家学者认为，“善意首要的和基本的含义是不知情，针对善意取得制度而言，善意即是不知道出让人为无权处分人。其次，需要考虑的是，善意是否包含无过失因素。”[①] 针对是否包含过失因素，则有两种不同的观点：第一种观点将善意和过失作为两个独立的问题来看，认为善意不包含无过失。第二种观点是将善意与无过失结合在一起，认为善意一定是排除了过失，至少是排除了重大过失。对于善意本身是否包含无过失的要求，各国立法例也不尽相同。《日本民法典》的要求最严，善意内含了对买受人无过失的要求，如果买受人具有轻微过失也不构成善意。可见，在善意的标准界定上现行的法律规定及众多学者观点还是倾向于从买受人主观上进行判断，认为其主观无过错或者无恶意即可构成善意。至于善意是否包括无过失，不应该给予买受人过高的要求，善意只要是无恶意即可，只要符合一般人的注意义务标准，没有重大过失，没有明显之过错即可。买受人信赖房屋登记簿中关于不动产登记的记载，不知道出卖人无处分权，即推定买受人为善意，只有在“明知”不动产登记与真实权利人不一致的情况下，才不构成善意。这是基于登记产生的公信力，这种公信力免除了善意买受人审慎地发现登记与实际不符的义务。即便怀疑，也因这种登记公信力而打消怀疑继续交易，仍属善意的范畴。

在实践中衡量“善意”与否的具体标准有：第一，出卖

---

① 杨震：《物权法》，中国人民大学出版社2009年5月版，第152页。

人是否具有足以让买受人信赖的权利外观。对于买卖标的物，买受人一般没有法定义务了解物权的真正归属及出卖人是否有处分权，且无恶意则其为善意。若买受人出于职业需要或特殊情况，对权利转让人及物权归属有法定了解义务而未了解的，则不能认定为善意。第二，转让时交易价格是否合理，是否明显低于房屋的市场价或者该地段房屋近期内的正常交易价格。同时买受人是否实际支付了全部或按合同支付了部分购房款，付款行为有无银行汇款凭证或者现金支取凭证。第三，买受人与出卖人的关系以及买受人对出卖人的态度，如果双方之间关系密切，存在近亲戚、朋友、同事等关系，则有可能存在恶意串通，可结合具体情况认定为恶意。第四，交易场所的综合因素，如达成合同时有无经过房产中介等。第五，依正常交易习惯和买受人的专业及文化知识水平判断，其对交易情况有无尽必要的注意义务。如交易过程中有无到现场查看房屋，是否了解房屋内住户的情况等。

（2）关于“明知”的举证责任。一般来说，应采用“谁主张，谁举证”的举证责任方式，由主张恶意一方对证明买受人与出卖人之间存在恶意串通承担举证责任。但实践中，原告要举证证明出卖人与买受人有恶意串通行为（即买受人是否明知）往往存在一定难度，因为恶意串通行为大多较隐蔽，对于买受人是否恶意，在取证上往往十分困难，因此也可采用推定的方法。《最高人民法院关于民事诉讼证据的若干规定》

第九条将“根据法律规定或者已知事实和日常生活经验法则，能推定出的另一事实”的情形规定为当事人无需举证证明的事实之一。实践中，恶意串通的主要表现形式就是双方虚构交易行为，可以从双方的履行行为，包括付款、交付、占有使用这些要件是否有充分事实证据予以证明进行分析。即通过对其行为中不合常理情况的分析，可推定其在行为当时是否存在主观恶意。例如，下列情况可作为推定买受人存在恶意的考量因素：一是买受人以明显低于市场价格购买又无其他正当理由的；二是买受人为转让人的近亲属或好友，关系密切，容易产生恶意串通；三是依买受人的知识、经验足以发觉转让人有可疑情况的情形。

（3）关于“明知”的主体。在单个买受人直接同物权让与人进行交易的情况下，该买受人即为“明知”的主体。在多个买受人与同一物权出卖人进行交易的情况下，其中任何一个买受人“明知”即可妨碍善意推定。在买受人通过委托代理人与出卖人进行交易的情况下，任何一个代理人“明知”即可阻却物权变动的发生。

（4）关于善意的时间衡量标准。我们认为，登记申请之后的“明知”不妨碍物权变动，其登记申请前的正当性导致登记程序具有合法正当性，应得到法律承认和尊重，故应以签订合同到申请登记时为宜。

（5）不动产善意取得制度中“取得标准”的理解。《物权法》明确将不动产善意取得中的“取得”规定为登记，即以物权已经变动为标准。在不动产未过户登记至善意买受人名下前，不成立不动产的善意取得，在原产权人明确表示不同意的情况下，买卖合同构成法律上的履行不能，买受人要求继续履行买卖合同办理房屋过户登记的，法院应当判决驳回其诉讼请求。房屋买卖合同解除的，善意买受人有权要求出卖人承担违约责任。

【参考意见】符合下列条件时，买受人构成善意取得：(1) 买卖合同有效；(2) 买受人为善意；(3) 买卖双方之间转让房屋的交易价格合理，且买受人已实际支付了全部或部分房屋价款；(4) 房屋已办理所有权转移登记。

其中“善意”的判断标准为：买受人信赖房屋登记簿中关于物权登记的记载，不知道出卖人无处分权即推定买受人为善意，但房屋原权利人确有证据证明或依照相关事实能推定买受人与出卖人为恶意串通或买受人明知出卖人为无权处分的除外。善意的判断期间为买受人签订合同至申请办理房屋所有权转移登记之时。

（八）关于二手房买卖中“阴阳合同”的处理

实践中，双方当事人就同一房屋买卖签订有数份合同，分别用于不同的用途。用以递交房管部门办理过户、纳税的合同俗称“阳合同”，双方私下另签订一份合同，俗称“阴合同”。

"阳合同"其中约定的交易价格一般是双方用于办理房屋过户登记的价格，低于双方真实交易价，以逃避交易税费，其内容不体现双方真实意思，也非双方实际履行的合同，其中的价格条款更是以合法形式掩盖逃税的非法目的，因此应归于无效。"阴合同"中的价格条款才是双方真实的交易价格，也是双方真实意图的体现。阴阳两份合同就房屋价款、履行方式、履行时间等约定存在不一致的，应认定符合当事人真实意思表示的约定条款才有约束力，非真实意思表示的条款对当事人没有约束力。当事人通过"阳合同"达到避税的目的，可向主管部门发出司法建议处理。

【参考意见】双方当事人就转让同一房屋先后签订数份买卖合同，合同中关于房屋价款、履行方式等约定不一致，当事人就此产生争议的，人民法院应当综合考虑合同签订时间、实际履行情况、同类房屋市场交易价等因素，确定符合当事人真实意思表示的合同条款。

（九）关于一房数卖合同的履行

在审理一房数卖纠纷案件时，如果数份合同均为有效且各买受人均要求履行合同，应按照已经办理房屋所有权转移登记、已办理预告登记、已合法占有使用房屋、已付清全部或大部分价款以及买卖合同成立先后等顺序确定权利保护顺位。恶意办理登记的买受人，其权利不能优先于已经合法占有该房屋的买受人。对于买卖合同的成立时间，可综合合同在主管机关的备案时间、合同载明的签订时间以及其他证据证明的合同签订时间等因素进行确定。无法取得房屋的买受人请求解除合同，并要求出卖人赔偿房屋差价损失、履约费用等损失的，可予支持。但买受人依据最高人民法院《关于审理商品房买卖合同纠纷案件适用法律若干问题的解释》第八条的规定，要求出卖人承担不超过已付购房款一倍的赔偿责任的，因属二手房买卖，不予支持。

【参考意见】出卖人就同一房屋分别与数个买受人签订买卖合同，在合同均为有效且买受人均主张出卖人履行合同转移房屋所有权的情况下，一般应按照以下顺序确定买受人的权利保护顺位：

（1）已经办理房屋所有权转移登记的；

（2）已经办理房屋所有权转移预告登记手续的；

（3）已经合法占有使用房屋的；

（4）已经付清全部或大部分价款的：

（5）均未实际履行，合同成立在先的。

已经合法占有使用房屋的买受人举证证明已办理房屋所有权转移登记或预告登记的买受人在其合同成立时知道或应当知道房屋已被其他买受人先行占有的，应优先保护已经合法占有使用房屋的买受人。

（十）关于连环买卖合同的履行

连环买卖合同是指以同一标的物签订的一连串买卖合同，即买受人与出卖人签订合同后，买受人又以出卖人身份就同一标的物与他人签订的买卖合同。[①] 连环买卖合同的法律特征为：第一，连环合同在法律上是数个独立的合同；第二，所谓“连环”仅指标的物的连环而并非法律意义上的连环，每个合同的权利义务不能传递到其他合同；第三，连环买卖合同的标的物的同一性。

对认定连环买卖中后一手房屋买卖合同的效力，理论界和司法界对此问题持两种观点：一种观点认为，虽然签订了房屋买卖合同且已实际交付房屋，但因产权当时未办理过户至出卖人名下，根据《合同法》第五十一条“无处分权处分他人的财产”以及第五十二条第（五）项“违反法律、行政法规的强制性规定”的合同无效，他们之间的房屋买卖合同违反了上述规定，是无效的。另一种观点认为，房屋买卖合同是当事人在自愿、平等基础上签订，是当事人的真实意思表示，买卖后的房屋产权登记不是合同生效的要求，而是合同一方当事人应当履行的义务，是物权变动的要求。所以，能否办理房屋过

---

① 参见《中国审判案例要览》（1993年综合本），中国人民公安大学出版社1994年版，第807页；王利明《连环合同中的无效撤销和解除问题》中国民商法律网，2002年3月15日。

户手续，影响的是标的物的所有权是否依法转移，而买卖合同是一种债权合同，标的物是否转移对合同本身的效力并无影响，故合同应为有效。本文同意上述第二种观点，即合同应为有效。

最终买受人依据有效合同以其合同相对人或者初始出卖人为被告提起诉讼，请求协助办理房屋所有权转移登记的，为明确各方之间的权利义务关系，保障各合同当事人的抗辩权利，法院应释明追加参与房屋买卖的其他当事人作为被告参加诉讼。

物权的归属影响甚大，房屋连环买卖中数买受人均未取得登记时，比较合适的解决方案是将诉争不动产的所有权赋予取得占有的买受人。在司法实践中，连环买卖主要争议的是可否判决省略中间登记。我们认为，即使各方当事人达成省略中间登记的合意，亦不应支持，主要理由是：（1）判令省略登记不利于国家税收征收；（2）省略登记不能在登记簿中如实反映物权变动的真实情况；（3）省略登记给中间转让人规避限购政策、规避楼花限制转让政策留下空间；（4）省略中间登记不利于明确各次交易的税负主体，为下次纠纷留下隐患；（5）与判令依次办理过户手续相比，省略登记并不明显利端。

【参考意见】房屋经多次买卖，均未办理所有权转移登记，最终买受人以其合同相对人或者初始出卖人为被告提起诉讼，请求协助办理房屋所有权转移登记的，人民法院应释明追加参与房屋买卖的其他当事人作为被告参加诉讼。买卖合同均有效且各被告的抗辩理由不成立的，应判决各当事人依次办理房屋所有权转移登记。

（十一）关于买卖合同不成立、无效、被撤销或因违约解除后的赔偿责任问题

损失赔偿是二手房买卖合同纠纷中常见的问题，一般发生在合同履行中违约所产生的赔偿责任与合同被撤销或被宣告无效后产生的缔约过失责任。这一问题与二手房交易中的其他问题交织并存，在一房多卖、连环买卖、阴阳合同、共有房屋擅自处分、无证售房、中介问题、承租人优先购买权等纠纷中均有可能出现。二手房买卖损失赔偿中，是否包括房屋差价损失是司法实践的一个焦点问题。

首先，关于房屋差价损失的认定。我国《合同法》第五十八条、第九十七条明确了合同无效、被撤销或者解除后，除需恢复原状或者采取其他补救措施，当事人还可以根据履行情况和合同性质，采取其他补救措施，或者请求赔偿损失。目前理论界多数人认为，损害赔偿主要包括以下几种：1. 合同无效、被撤销或者解除后，因恢复原状而发生的损失；2. 管理维修标的物所发生的费用；3. 无过错方因返还财产本身所支出费用。以上几种情况均为直接损失。合同无效、被撤销或者解除后赔偿损失一般限于直接损失，但如只赔偿直接损失致使

双方利益明显失衡，还应赔偿间接损失。间接损失具体可分为可得利益损失和信赖利益损失，而通说信赖利益损失赔偿范围除了直接损失，还包括间接损失，即也包含了可得利益损失。

在房屋买卖中，如守约方要达到合同正常履行的利益状态，必然要以当前市场价购入或卖出房屋。由于房地产市场是波动的，当前的房屋市场价和订立合同时双方约定的房屋价格之间存在差价。这种差价就是无过错方的可期待利益损失，也是合同双方在订立合同时应该能够预见到的。可得利益损失与信赖利益损失虽然不是实际的财产损失，但它是可以预期得到的利益损失，即在合同正常履行情况下，合同当事人能够实际得到的财产利益。为此，首先必须确定合同如能履行时，无过错方所应获得的利益；其次则要确定因为合同无效或解除而迫使守约方所处的现实利益状态。二者之间的差距即为无过错方所遭受的间接损失，而赔偿违约可得利益与信赖利益损失的限度就是合同如能履行时无过错方获得的利益与现实利益状态的差距。关于房屋差价损失标准的具体确定，可参照以下方式：如双方对房屋差价有约定或事后达成一致的，应尊重当事人的意思自治，从其约定。双方不能协商确定的，实践中可以委托具有评估资质的专业机构进行评估或者比照最相类似房屋（首先是同幢相同楼层及房型；其次是相邻幢同楼层及房型；再次是相同区域内房屋）的市场成交价与买卖合同约定价格之差确定房屋差价损失。

确定房屋差价损失的时间节点应从保护守约方的利益出发，以守约方的选择和请求为基础，结合合同约定的履行期限届满之日、违约方的违约行为确定之日、确认合同解除或无效之日、评估之日以及审理中房屋的涨跌情况等，予以合理确定。该时间节点应当是一个对双方来讲都相对固定、明确，且不受人为因素、市场因素影响的时间。司法实践中，如原告提起以解除合同、赔偿损失为目的的案件诉讼，此时被告的违约行为已经发生，原告也明知，那么该时间节点可确定为起诉之日。

同时，根据《最高人民法院关于审理买卖合同纠纷案件适用法律问题的解释》第二十九条规定："买卖合同当事人一方违约造成对方损失，对方主张赔偿可得利益损失的，人民法院应当根据当事人的主张，依据《合同法》第一百一十三条、第一百一十九条、本解释第三十条、第三十一条等规定进行认定。"第三十条规定："买卖合同当事人一方违约造成对方损失，对方对损失的发生也有过错，违约方主张扣减相应的损失赔偿额的，人民法院应予支持。"第三十一条规定："买卖合同当事人一方因对方违约而获有利益，违约方主张从损失赔偿额中扣除该部分利益的，人民法院应予支持。"因此，在认定和计算房屋差价损失时，应从无过错方主张的可得利益赔偿总额中扣除其未采取合理措施不当扩大的损失、其亦有过失所造成的损失、其因对方违约获得的利益以及取得利益需要支出的必要交易成本，并综合考虑双方履约情况等因素予以确定。

在买卖合同不成立、无效、被撤销或因违约解除后，购房款利息及房屋使用费如何处理，也常常成为争议的焦点。我们认为，解决这一争议，应辨明购房款利息及房屋使用费的性质。对于购房款利息与房屋使用费的性质，实务中存在不同意见，一种意见认为，购房款利息为购房款的法定孳息，房屋使用费属于因合同取得的财产，二者均不属于合同无效的损失，应作为因合同取得的财产予以返还，据最高人民法院《关于蔡某与大连经济技术开发区龙某房地产开发公司、原审第三人某专修学院商品房买卖合同纠纷一案请示的答复》内容亦反映房屋使用费应作为买受人所获得的利益返回给出卖人。另一种意见则认为二者均属于合同无效的损失，房屋买卖合同被确认无效或解除的，应将购房款利息与房屋使用费作为一方的损失进行处理，在最高人民法院《关于审理商品房买卖合同纠纷案件适用法律若干问题解释》第九条规定因出卖人原因造成买卖合同无效或被撤销、解除的，买受人可以请求返还购房款、利息、赔偿损失，并无规定买受人应返还房屋使用费，可见购房款利息、房屋使用费均是作为损失，按过错原则予以处理，而非作为法定孳息纳入相互返还范围。本文同意第二种意见。

买卖合同不成立、无效、被撤销或因违约解除后，买受人要求出卖人赔偿购房款利息或出卖人要求买受人赔偿房屋使用费的，应按照《合同法》第五十八条、第九十七条的规定，根据各自的过错程度进行相应处理。如商品房买卖合同生效后，因买受人未能按期付款等违约行为导致合同解除的，出卖人向买受人主张房屋使用费，应予支持。而因出卖人未能交房、办证等原因导致合同解除的，买受人系依据合同约定占有使用该房屋，故出卖人向买受人主张房屋使用费，不予支持。

对于房屋使用费的标准，可按房管部门公布的同期同地段同类房屋租金参考价标准，从房屋交付之日计算至返还房屋之日止。

【参考意见】买卖合同不成立、无效、被撤销或因违约解除，一方当事人要求另一方赔偿房屋差价损失的，可以酌情支持。损失赔偿的数额可参照房价差额范围，结合原告的实际支出、履行合同情况、过错程度等酌情确定。购房款利息及房屋使用费作为买卖双方各自损失，可以根据各自过错情况予以处理。

对于房价差额，如双方对计算方式有约定的从其约定；双方无约定或不能协商确定的，可以委托具有评估资质的专业机构进行评估或者比照最相类似房屋的在起诉日的市场成交价与买卖合同约定价格之差确定。

（十二）关于以全权委托公证替代过户登记的买卖

在买卖合同中，双方并未约定办理交易过户手续的具体期限及方式，或者虽然约定了但同时又约定出卖人办理全权委托买受人办理交易手续的公证手续的内容。实践中，这类情形并不多见。这类合同一般出现在买受人为专业炒房人的场合，在限购政策实施的背景下，中介公司为促成交易收取中介费，也会在未向出卖人充分说明交易风险的情况下恶意促成该类合同的订立，个别情况下，买卖双方基于办理交易过户手续的特殊需求，也会订立该类条款。

与通常的封闭交易方式不同，这种买卖合同是典型的不封闭交易行为，因为未指定最终落户人，买受人可能进行多次买卖且未办理过户手续，那么，每个交易环节都可能存在违约的风险，而出卖人对于最终的交易对象无法了解和控制，对可能出现的交易风险亦无法预知和掌控，但依据民事代理理论，这种风险是应当由出卖人承担的。

在签订合同之初，出卖人可能并未意识到其中可能存在的重大风险，在实际履行过程中，出卖人突然意识到了并拒绝办理公证手续，或者要求直接办理交易过户手续，而买受人则坚持要求办理委托公证手续。在此情况下，应当如何评价委托公证条款的效力？出卖人能否要求撤销全权委托公证条款？如果出卖人不履行办理委托公证手续、拒绝交易，是否构成违约，买受人能否要求出卖人承担继续履行的违约责任？双方能否请求解除合同？

关于这类问题的处理，实践中主要存在两种观点：第一种观点认为，办理全权委托公证的条款一般不认定为无效，如果买受人坚持要求出卖人按该条款履行义务，而出卖人明确表示反对，且双方就未能就此达成补充协议的，则任何一方均可主张解除合同。如因此导致买受人合同目的无法实现，则可要求出卖人承担相应的违约责任。理由是：出卖人办理全权委托公证手续属于买卖合同的其中一个条款，其目的在于设定出卖人履行办理交易过户手续义务的方式，这种方式的建立有赖于出卖人的单方授权行为。在出卖人拒绝实施的情况下，买受人无权强行要求出卖人建立，但可要求出卖人承担相应的责任，如要求出卖人以其他方式履行办理交易过户手续义务。如出卖人拒绝以其他方式履行办理交易过户手续义务，因此而导致买受人合同目的无法实现，买受人可主张解除合同，并要求出卖人承担相应的违约责任。如买受人拒绝接受出卖人以其他方式履行办理交易过户手续义务，则无权要求出卖人承担违约责任。另一种观点认为，包含出卖人办理全权委托公证手续条款的买卖合同应作无效处理，当事人的相应诉请应依据无效合同清理原则进行处理。理由是：全权委托代理包含不同情形，包括规避限购政策、炒房等，双方逃避税收规定或规避限购政策规定的意思表示很清晰。全权委托公证的买卖关系中，第一手买受人不以将标的物过户到自己名下为目的，而是为了取得向下家交易的机会，虽然出卖人与第一手买受人之间形式上成立委托代理关系，但实为买卖合同关系，这种以名义代理代替实质过户的行为事实上造成逃避税收征管规定或规避限购政策规定的后果，损害了国家利益，符合以合法行为掩盖非法目的的特征，故应当认定无效。

我们认为，第一种观点更为可取。出卖人办理全权委托公证手续条款是买卖合同条款的组成部分，双方订立该条款的目的在于设定一种有别于一般形式的双方共同直接办理的交易过户手续办理手段。这种约定本身是双方当事人的真实意思表示，并不存在违反法律法规禁止性规定而导致无效的情形。即使该条款的实际履行导致规避限购政策或税收征管规定的后果，且有证据能反映双方存在规避的合意，也仅仅是该条款无效，而不因此而导致整个买卖合同无效。而且，对于双方是否存在规避的合意，不能仅仅依据合同存在该条款这一事实本身来判定。因为，规避限购政策或税收征管规定的利益归于买受人，出卖人缺乏与买受人合意规避的动机，尤其是在出卖人知晓全权委托公证条款可能损害己方利益的情况下，双方达成规避的合意更是超出普通公众的一般认知。而在第一手买受人未实际寻得下一手买家，因此而导致交易最终止于出卖人与第一手买受人之间的情况下，也不存在规避税收征管规定的情形。出现规避限购政策或税收征管规定的后果，更多的是基于买受人在取得授权之后的不当履行行为，而非买卖双方在订立该条款时达成的合意。更何况，实践中，双方在买卖合同中约定出卖人办理全权委托公证手续条款并非仅仅是为了规避限购政策或税收征管规定。个别情况下，出卖人基于自身实际情况，为节省人力、物力，才约定全权委托买受人办理交易过户手续。因此，笼统地以规避限购政策或税收征管规定为由认定该类合同无效，既不符合交易实际，也不利于保障双方当事人的合同权益。

因办理全权委托手续实质上是在买卖双方之间建立一种委托合同关系，而这种委托合同关系的建立有赖于出卖人的单方授权行为。在出卖人拒绝实施的情况下，基于缔约自由的原则，买受人无权强行要求出卖人建立，而只能要求出卖人承担相应的违约责任。虽然如此，出卖人依照该条款拒绝履行义务，并不必然要承担相应的违约责任。如前所述，办理全权委托公证手续仅是双方约定的出卖人履行交易过户手续义务的一种方式，在该种约定方式无法实现的情况下，双方仍可以通过共同直接办理的方式实现转移标的物所有权登记的合同目的。因此，如果双方因该条款产生纠纷，对纠纷的处理仍应当立足于实现合同目的的内在需求。如果一方的诉求背离了该合同目的，并使相对方的合同权益处于重大危险状态，除非签订合同之初，出卖人已经清楚知晓该条款所存在的巨大风险并自愿承担，否则，其诉求不应得到支持。而且，出卖人知晓风险并自愿承担的举证责任应当加之于买受人。因为，依常理，出卖人不可能在明知的情况下将自身置于如此巨大的交易风险之中，除非是双方恶意串通签订了虚假的买卖合同。举例来讲，如果买受人付款义务已经履行完毕，出卖人要求直接办理交易过户手续，而买受人则坚持要求办理全权委托公证而不同意直接办理交易过户手续，因该履行方式不会加重买受人的责任，也不会损害买受人的利益，而且能够实现双方的合同目的，买受人的诉求明显背离双方签订买卖合同的初衷与本意，在这种情况下，出卖人可主张解除合同，且无需向买受人承担违约责任。只有当出卖人拒绝继续办理全权委托公证手续，同时又不采取其他方式履行过户手续义务，导致买受人合同目的无法实现的情况下，才需要向买受人承担相应的违约责任。

【参考意见】合同约定由出卖人为买受人办理全权委托公证手续，出卖人请求确认该条款无效的，不予支持。出卖人请求撤销或变更该条款的，可以依照《合同法》第五十四条审查处理。

出卖人拒绝办理全权委托公证手续，买受人请求出卖人继续履行办理义务的，不予支持。因此导致买受人合同目的无法实现，买受人主张解除合同并要求出卖人承担违约责任的，可予支持。

（十三）一方当事人违约情况下的合同履行

实践中，因为房产交易市场的行情变化，基于自身利益最大化的考虑，通常会出现在合同履行过程中，甚至在合同履行初始，一方当事人明确表示拒绝履行合同义务，甚至以主动承担违约责任的方式要求解除合同，而守约方则要求继续履行合同。这种拒不履行是违约方在无合同依据和法律依据的情况下，纯粹基于主观意愿上的不愿意履行而拒绝履行，而不包括《合同法》第一百一十条所约定的事实或法律上无法履行的情形，也不包括《〈合同法〉司法解释（二)》第二十六条所规定的情势变更情况下的合同解除，因为这两种情形均属于法定的解除或变更合同的情形，不在本次探讨范围内。

这种情况下，违约方主张解除合同，并主动要求承担违约责任，守约方则要求继续履行合同，法院能否支持？对于这类问题的处理，实践中存在三种观点：第一种观点认为，不应支持违约方以主动承担违约责任的方式主张解除合同的行为。理由是，在一方当事人违约的情况下，违约方应承担继续履行、采取补救措施或者赔偿损失等违约责任，但具体承担何种违约责任，选择权应当在于守约方而非违约方。因此，违约方基于自身的违约行为主张解除合同，不应当支持。守约方要求继续履行合同的，应当予以支持①。第二种观点认为，应当支持违

---

① 北京市高级人民法院《关于审理房屋买卖合同纠纷案件适用法律若干问题的指导意见（试行)》（2010 年 12 月 22 日京高法发〔2010〕458 号）第二十一条：房屋买卖合同履行过程中，一方当事人构成根本违约的，守约方有权解除合同，违约方不享有合同法定解除权。如果因不可抗力或情事变更等原因，致使合同目的无法实现的，合同双方均有权要求解除合同。第二十二条：房屋买卖合同签订后，一方当事人不同意继续履行，愿意以承担相应违约责任为代价解除合同，而另一方坚持要求继续履行，经审查合同继续履行不存在现实困难的，应当判决双方继续履行合同，但合同另有解约定金等约定或符合《合同法》第一百一十条规定情形的除外。

约方以主动承担违约责任的方式主张解除合同的行为。理由是，在签订合同之初，双方均对对方可能存在违约的情形应当存在合理预期，尤其是双方在合同中约定了违约责任的具体标准时，违约方以主动承担违约责任的方式主张解除合同并未超出双方预期，也符合双方约定。特别是当继续履行合同会对违约方极为不利的情况下，允许违约方以主动承担违约责任的方式解除合同，不会造成双方利益的失衡。第三种观点认为，应当区分合同的履行阶段、违约方的履行成本、履行行为的性质等因素进行综合认定。基于维护交易安全及约定必守的原则，对于一方故意违约，并主张解除合同的，原则上不予支持。例外情况下，如果违约行为发生在合同履行初期，而且违约一方继续履行的成本确实过高，合同约定的违约责任足以弥补守约方的损失，则可允许违约方以主动承担违约责任的方式解除合同，而不宜判令继续履行。对于商事交易合同，则不适用例外情形，均应判决继续履行。

我们认为，第三种观点更为符合合同法立法精神，更有利于公平合理地维护双方当事人的合同权益。一方面，约定必守是合同得以存在的根本，对合同双方当事人来讲，签订合同的根本目的在于通过相对方的实际履行行为实现自身的合同目的，最终达到合同双方利益的双赢，合同法的立法精神也在于从秩序的层面为这种双赢提供保障。即使是合同约定了违约责任的具体内容，法律也明确规定了违约责任的承担标准与方式，该约定与法定的主要目的也在于通过事先的警醒及事后的制裁，敦促双方正常履行合同义务，而不在于赋予当事人任意解除合同的权利。如果认定当事人动辄可基于自身的违约行为主张解除合同，则会纵容违约方单方趋利避害的不诚信行为。在这种情况下，不但当事人的合同权益无法得到切实保障，而且整个社会的交易安全和秩序也会被损害。另一方面，依据经济分析法学派的“效率违约”思想，合同法的功能已经由“单纯惩恶扬善的工具”成为一种“合理划分商业风险的法律手段”，基于效率性原理，违约行为在一定程度上被赋予正当性。在合同签订之初，双方当事人均对相对方在合同履行过程中的违约存在一定的合理预期，正是基于此种合理预期，约定及法定违约责任才得以应运而生。当双方据以缔约的基础经济形势发生变化，导致一方当事人从违约中获得的利益将超出其向另一方作出履行的期待利益时，该方当事人通常会选择主动违约并承担违约责任的方式来规避自己可能或已经实际遭遇的风险。基于诚信原则，守约方应当按照缔约时的明示或默示的承诺容忍违约方的这种避险行为。从救济方式来讲，如果继续履行合同会导致违约方的权益明显受损，甚至无法弥补，那么守约方要求违约方以承担继续履行的方式承担违约责任的权利应被限制。当然，基于前述理由，这种例外情形应当严格限制。具体来讲，应当根据合同的履行情况、违约方继续履行需支付的成本、合同目的等情况，综合考量违约方继续履行是否会导致违约方权益遭受重大损失、违约方承担违约责任和继续履行合同对守约方的合同利益可能造成的不利影响是否存在实质区别等因素，来确定这种例外情形是否成立。其中的权益应当不限于合同权益，但应当与合同的履行密切相关，是否存在实质区别应当以一般公众的普通认知为标准。如果继续履行会导致违约方权益遭受重大损失，且继续履行和承担受领违约责任对守约方的权益不存在实质区别，则可认定例外情形成立。例如，如果买受人在交付定金之后即拒绝继续履行合同，而合同约定的违约金支付标准足以弥补出卖人的损失，或者买受人的经济情况突然严重恶化（如自身或家人突生重大疾病），导致其客观上丧失付款能力，或者出卖人对出卖房屋享有重大精神利益（例如出卖物为祖屋、保有学位房），出卖人解除合同对买受人的权益不致造成实质损害，则可支持买受人或出卖人以主动承担违约责任的方式主张解除合同。但是，如果继续履行对守约方同样具有重大的意义，例如，买受人的目的在于购买学位房，为履行合同已将自有物业出售，无处可居，这种情况下，应当保护买受人的合同权益，认定合同继续履行。

需要注意的是，在存在例外情形的情况下，具体到当事人双方诉讼请求的处理，是同时支持违约方解除合同的诉请和驳回守约方继续履行合同的诉请，还是同时驳回违约方解除合同的诉请和守约方继续履行合同的诉请，实践中也存在争议。一种观点认为，即使规定例外情形，也不代表可以背离约定必守的基本原则，如果支持违约方解除合同的诉请，显然就背离了该原则。因此，在这种情况下，仅能通过驳回守约方继续履行合同诉请的方式敦促守约方行使合同解除权，而不能直接确认违约方的解除权。另一种观点认为，如果仅驳回守约方继续履行合同的诉请而不支持违约方解除合同的诉请，不但在逻辑上形成悖论（因为合同要么继续履行，要么解除，除此之外，不存在第三种可能），而且会使合同陷于一种混乱状态，也令合同当事人无所适从。

实践中，对于合同是否明确约定了解除权一项，涉及对合同条款的理解与解释。对此，我们认为，如前所述，基于约定必守的原则，应从严把握判断标准。除非合同有明确使用诸如“任何一方有权”等不存在任何歧义的字眼，否则，合同中有关提前解除合同时应承担的具体违约责任的条款约定不应当扩大解释为任意解除权的约定。

【参考意见】一方当事人拒不履行合同，并主张解除合同的，除合同有明确约定之外，一般不予支持。

守约方请求继续履行合同，如继续履行合同会导致违约方权益遭受重大损失或履行费用过高的，可以释明守约方变更诉请为解除合同、赔偿损失，守约方不变更诉讼请求的，可予驳回其诉讼请求。

（十四）关于对待给付的履行问题

买卖合同属于典型的双务合同，出卖人让渡房屋所有权，取得购房款；买受人支付购房款，取得房屋所有权。在合同中，出卖人交付房屋、办理房屋过户登记手续，与买受人支付购房款之间构成对待给付，通常约定为同时履行。在一方违约的情形下，另一方起诉要求对方履行义务，对于己方义务应否一并处理、如何处理，实践中存在针锋相对的两种观点。

一种观点是认为无需或不应加判己方义务，主要理由有：（1）民事诉讼不告不理原则。诉讼为一方当事人提出的，其诉讼请求仅要求判令对方履行义务及承担违约责任，对方并没有反诉要求本方履行义务，在本方没有提出诉讼请求，对方没有反诉的情况下，缺乏当事人诉请基础，无从落判，如果没有诉请而判决本方履行义务，程序不当。（2）关于本方履行义务的问题，如果本方在获得对方的履行后没有按照合同约定履行己方义务，对方可以另案起诉解决。归总起来，这一观点的理由是从裁判程序的角度考量。

另一种观点认为应当同时加判己方履行，理由是：（1）权利义务相对等原则。房屋买卖合同是双务合同，双方当事人互负债务，相互履行。在合同约定上，双方的履行也是交叉进行，各自权利义务相互制衡。买受人要求出卖人过户，其前提必然是其已适当履约，即适当履行付款义务。在买受人没有适当履行其付款义务的情况下，出卖人可以行使同时履行抗辩，在出卖人请求买受人履约时，买受人也享有同时履行抗辩。如果法院判决支持过户请求，必然要对买受人的付款义务做出交代。同理，法院判决买受人付款，亦需对出卖人的过户义务给出意见。（2）出于判决结果的考虑。上述纠纷案件均是出现在一方违约，拒不履行合同时，另一方提起的诉讼。这时，守约方的诉请必定只指向对违约方义务的强制履行，而不会涉及对自己义务的强制。如果机械适用不告不理原则，只判出卖人过户，而不判买受人同时履行付款义务，将导致双方利益失衡。即法院通过判决，强行改变双方权利制衡的状态，其判决结果失却公正，在平等保护当事人合法权益方面有失偏颇。例如广州中院处理的黎某房屋买卖纠纷案中，法院判决合同继续履行，仅判令出卖人过户，而没有判买受人同时付款，引发出卖人强烈不满，信访投诉不断。（3）减少诉累的考虑。在一次房屋交易过程中，过户与付款是两项对等的权利义务，法院既然判令继续履行合同，则出卖人必须过户，买受人必然要付款，法院判令强制一方履行义务，对方却不履行对待给付，该方已不可能诉讼解除合同，而只能诉请对方履行对待给付。与其等到判决一方履行后，对方又不履行对待给付再行诉讼，不如在同一诉讼中将对待给付一并解决。（4）只判一方履行义务、不判对待给付，令对方获得对待履行的风险增大。法院判决过户，买受人取得房屋产权，如果不在同一判决中判令买受人限期内付款，而是待出卖人另案诉请付款，一旦买受人资信变差，且有充足的时间将已取得的房屋转卖套现，出卖人将房、财两空。法院只判决买受人付款的案件中，也会发生在同样的情形，增加了买受人的风险。

本文认同后一种观点，在对待给付合同中一方起诉请求对方履行义务，对方提出同时履行抗辩的，法院应释明询问该方是否同意履行其己方义务，如果己方表示同意履行的，可以在判决支持对方履行的同时，加判该方履行义务，如果己方不同意履行己方义务，则对方的同时履行抗辩成立，驳回其诉讼请求。

【参考意见】买卖合同约定交付房屋或办理房屋过户登记手续与支付购房款为对待给付同时履行，一方当事人请求对方当事人履行合同义务，对方提出同时履行抗辩的，应释明该方当事人是否同意履行己方义务，如该方当事人明确表示同意履行己方义务的，可以判决双方同时履行各自义务；如该方当事人明确表示不同意履行己方义务的，驳回其诉讼请求。

（十五）用以担保借款的买卖

实践中，用以担保借款的买卖纠纷分为以下情形：

一种情形是借款人与出借人在订立借款协议，约定借款人到期无法偿还债务时，出借人取得借款人名下房产，同时双方另行签订房屋买卖合同，并办理预告登记或过户手续。借款人到期无法偿还债务，主张房屋买卖合同无效。

另一种情形是借款人与出借人在订立借款协议同时，约定借款人到期无法偿还债务时，出借人有权代为出卖借款人名下房屋用以偿还贷款。借款人到期未清偿债务，出借人以借款人名义与第三人订立买卖合同，借款人主张出借人与第三人订立的买卖合同无效。

这类纠纷往往以买卖合同纠纷的名目出现，但审理过程中，当事人的诉由或抗辩中则不可避免地会提及一项借款事实，此时应当注意分辨当事人签订买卖合同的真实意图，是真实的借款外加真实的房屋买卖，还是以房屋所有权的让渡担保履行债务。我国《物权法》不承认让与担保，也不允许流质抵押[①]，因此这类以事先让渡所有权的方式担保债务履行违反物权法定原则，不受法律保护。一方当事人请求确认为实现此种担保方式的买卖合同无效，回转所有权的，可以支持。即使当事人事先仅签订房屋买卖合同，未办理产权过户手续，约定债务期满不履行，则履行房屋买卖合同办理过户手续的，则买卖合同本质构成流质抵押，亦为法律所禁止，不予保护。

当前，在商事思维逐渐代替民事思维的背景下，尊重当事人自由意志以及法无禁止皆可为、有约必守自己责任的观念深入人心，流质抵押无效的正当性也在经受挑战。流质抵押无效的理论基础，一是避免债权人对债务人的压榨，获得远超债权价值的财产，二是防止债权人获得溢价利益而造成对其他债权

---

① 江苏省高级人民法院民一庭：《以物抵债若干问题研究》，载于《民事审判指导与参考》总第58辑。

人不公。再往前推一步，两个无效的理论基础实际上均是基于对同一事实的认知，即抵债时房屋价值未经结算归于债权人，将会导致不公的结果。如果当事人约定在房屋所有权转移时，房屋价值需经现实结算的，则因流质抵押导致不公的顾虑不复存在，也即令其无效的事实基础因此丧失，此时仍令其无效似无必要。中国台湾地区民法修改后，其873条承认了流质条款的相对有效性，并规定了所有权转移时，应结算抵押物的现实价值，体现对流质抵押无效制度的深入检讨，以及更加务实的立法态度。

从以上分析可见，构成流质抵押的房屋买卖合同无效，不论其是否已经办理过户手续，均不受法律保护，这是法律的明确规定。在最高院审理的广西嘉美房地产开发有限责任公司与杨伟鹏商品房买卖合同纠纷案[①]中即坚持这一原则。但同时还应注意到，买卖合同约定在转移所有权或确定抵债时，双方需对房屋价款进行现实结算多退少补的，这种买卖合同与“债权人压榨债务人”“减损债务人偿债能力损害其他债权人”的情形无涉，也与流质抵押条款有明显区别，似无令其无效的正当理由。实践中令其有效，不仅不损害各方利益，而且是符合

---

① 最高人民法院裁判文书选登《广西嘉美房地产开发有限责任公司与杨伟鹏商品房买卖合同纠纷案》，载于《民事审判指导与参考》总第58辑。

各方利益，有利于各方利益实现的，令其有效更符合正义观念，更具说服力。

在双方约定债务到期无法偿还时，出借人可以代为出售房屋的，出借人取得的仅是房屋的处分权，并非直接获得房屋所有权，其处分房屋对外签订合同时必定出现房屋现值的确定以及与借款人结算购房款。因此，此时的房屋买卖合同不构成流质抵押，不应归于无效。当然，如果出借人与买受人恶意串通压低房屋价格，损害出借人利益的，出借人可以基于被代理人的身份依法行使撤销权，以维护自身利益。

【参考意见】借款人与出借人订立借款协议，约定借款人到期无法偿还债务时，出借人取得借款人名下房屋，同时双方另行签订房屋买卖合同。借款人主张房屋买卖合同无效的，可以支持。

借款人与出借人在订立借款协议同时，约定借款人到期无法偿还债务时，出借人有权代为出卖借款人名下房屋用以偿还贷款。借款人到期未清偿债务，出借人以借款人名义与第三人订立买卖合同，借款人主张买卖合同无效的，一般不予支持。但借款人可以证明出借人与第三人恶意串通、损害借款人利益的除外。

（十六）以房抵债的买卖

债务履行期届满后，债务人到期无法偿还债务，债权人与债务人约定以房抵债，并据此签订房屋买卖合同，过户前，债务人又反悔的，债权人能否请求借款人继续履行过户？

在履行期届满后，双方达成房屋买卖合同，此时的买卖合同显然不可能是作为未来债务的履行担保，可摆脱可能是“流质抵押”的困扰。买卖合同的履行目的是替代、清偿已届履行期的债务，使原债务消灭，故应将其纳入债务履行方式——以物抵债、代物清偿协议来考虑。

从学界通说看，以物抵债、代物清偿均是实践性协议，在实践中，最高院的多个案例[①]也坚持了代物清偿的实践性要求。就以房抵债形式签订的买卖合同而言，只有在实际履行过户后才发生债务清偿的后果，双方原债务才消灭。在债务人未实际履行过户前，双方之间的真实的法律关系仍是原债权债务，故双方仍应回归到真实的法律关系中去解决各自的债权债务关系，主张履行以房抵债协议，不应支持。只有这样才符合双方的真实法律关系，也才是对债务人、债权人以及其他债权

---

① 见《甘肃省工业交通投资公司与平凉崆峒水泥有限责任公司出资纠纷案》《成都市国土资源局武侯分局与招商（蛇口）成都房地产开发有限责任公司、成都港招实业开发有限责任公司、海南民丰科技实业开发总公司债权人代位权纠纷案》《宁夏秦毅实业集团有限公司与中国农业银行股份有限公司中宁县支行金融借款合同纠纷案》，载于《最高人民法院司法观点集成（第二版）·民事卷二》；最高人民法院民一庭：《债务清偿期届满后当事人间达成以物抵债协议但未履行物权转移手续，该协议效力如何确定》，载于《民事审判指导与参考》总第58辑。

人最公平的处理方式。对债权人也不会存在保护不周的问题，因为债权人虽不能依据以房抵债协议直接取得房屋的所有权，但债权人仍可以申请房屋拍卖变卖，以房屋价款得到清偿。在北京高院2014年12月发布的《关于房屋买卖合同纠纷案件疑难问题的会议纪要》中也有类似的观点。

在债务人实际履行房屋过户之前，债务人房屋已被法院执行查封时，债权人以其已与债务人达成以房抵债的买卖合同为由，提出执行异议主张实体权利请求停止执行的，如前所述，由于债权人尚未取得房屋的所有权，甚至也不享有请求债务人履行过户义务的请求权，对房屋并不享有足以阻却标的物转移交付的实体权利，故其所提执行异议不应支持。此种处理意见还可以防范债务人与某一债权人串通将有限的财产归于某一债权人，损害其他债权人的道德风险。债权人的原债权经审查确认的，可以申请参与分配。

还有一种用以清偿债务的买卖合同值得注意，即双方签订买卖合同，约定了房屋的单价、总购房款，并约定了购房款与债务的结算关系，具备普通房屋买卖合同的全部外观，而且从文义上解读，双方的真实意思不是以房屋所有权冲抵债务，而是以债务抵消购房款，此时的买卖合同是否仍认定为以房抵债协议，存在疑义。

在调研过程中，多数意见认为，由于以房抵债的意思与以债务抵消购房款的意思，往往仅仅在于当事人说法之不同，条款本身并没有本质区别，很难严格界定区分，因此不赞同对后者作不同的认定和处理，否则很难操作，而且也会令债权人规避以房抵债的实践性要求，损害债务人利益，产生不良社会导向。但最高人民法院在山西某房地产开发有限公司诉山西某某房地产开发有限公司、山西某建设发展有限公司纠纷案中，认为“某某公司在承诺书中载明‘若不能按上述约定支付项时，以某某房地产名下的某某写字楼，作价3000元/平方米折抵给贵公司’，该条款属于以房屋折价抵偿债务条款”，并最终维持了判令某某公司以房产抵顶欠款的原审判决[①]，结果上似乎是突破了以房抵债的实践性规定，是否意味着以房抵债实践性规定已有所松动，值得思量。我们认为，在最高院有明确意见之前，还是坚持代物清偿的实践性规定为宜，江苏省高级人民法院民一庭就以物抵债问题形成的会议纪要也持同一观点。

坚持以房抵债类房屋买卖合同的实践性规定，并以此作出区别于普通房屋买卖合同的处理结果，在具体案件审理中会增大法院查明事实的难度，对法院查明买卖合同背后真实法律关系、判断当事人的真实意思提出更高要求，在出现类似案件时有必要提高敏感度，加大事实审查力度。

【参考意见】债务履行期届满后，债务人无法偿还债务，

---

① 刘琨《以物抵债协议不宜认定为流质契约》，载于《人民司法》2014年第2期。

债务人与债权人签订房屋买卖合同或以房抵债协议，债务人请求确认合同无效的，不予支持。

债务人拒不履行房屋买卖合同或以房抵债协议办理过户手续，债权人起诉请求办理房屋过户手续的，应释明债权人变更诉讼请求为债务人履行原债务，债权人不变更诉讼请求的，驳回诉讼请求。

（十七）关于房屋面积差异

二手房买卖是现房交易，房屋面积已经通过测绘确定，合同约定的面积即是房产证面积，因此在房屋交易过程中，通常情况下是不会出现面积差异。但实践中，常因以下两种特殊情况发生面积差异纠纷：买受人取得房屋后重新测绘，新测绘结果与房产证记载面积不一致，或者出卖人出售房屋时房屋尚未取得房产证，买卖合同按照出卖人与开发商的预售合同中约定的面积约定，出卖人取得房产证与预售合同约定面积存有差异。

在上述情况下，买受人要求出卖人赔偿面积差异损失，是否支持？对此，有必要考察二手房买卖交易的实际情况。二手房买卖中，由于房屋已经建成，是特定化的房屋，而且双方都会实地查看现场，故二手房买卖中最常见的是约定按套计价，虽合同中也出现有面积条款，但并非约定按面积计价。双方约定按套计价，应从约定，不因面积差异而结算房款。

买受人重新测绘而确定房屋实际面积与证载面积不一致的，买受人能否依据履行瑕疵要求出卖人赔偿损失？我们认为，双方合同约定买卖的房屋是现实的特定房屋，双方已实际查看确认其现状，只要出卖人在交付时，是以现状交付，则已经完成适当履行，并无瑕疵履行之说。至于房产证中对面积的记载，只是对房屋特定性状的描述或说明，即使其中描述有误，也不构成房屋实物交付上的瑕疵，而且即使对房产证中面积的描述有误，因买受人是以实物购买，故房产证中面积记载有误，也不足以导致买受人对标的物产生重大误解，因此买受人也不能以重大误解请求撤销价格约定。对于出卖人在出卖时尚未取得房产证，故以预售合同约定的面积作为房屋面积，最终房产证面积与约定面积出现差异的情形，也可类比上述意见。除了一种情形，即出卖人虽未取得房产证，但房屋已有测绘面积或事实上已经颁发了房产证，但出卖人知道或应当知道而故意隐瞒房屋实际面积，仍以预售合同约定的面积与买受人签约，影响买受人对价格的判断的，买受人可以欺诈为由，请求撤销或变更价格条款，并请求赔偿损失。

【参考意见】买卖合同约定房屋按套计价，房屋实际面积与买卖合同约定面积出现差异，买受人请求出卖人赔偿损失的，除买受人举证证明出卖人有欺诈或故意隐瞒外，一般不予支持。

（十八）关于二手房房屋质量问题

房屋质量问题从是否易于发现可以分为表面瑕疵和隐蔽瑕疵[①]，从产生的原因可以分为出卖人使用不当造成的瑕疵和自然老化造成的瑕疵以及建造不当造成的瑕疵。在一手房买卖合同中，出卖人对房屋具有瑕疵担保责任自无疑义，但在二手房买卖领域，是否也可类推适用出卖人的瑕疵担保责任，一旦出现质量问题概由出卖人负责，值得商榷。

二手房买卖中出现的质量问题也不外乎上述情况，由于情况各不相同，可作个别分析论述。首先，就表面瑕疵而言，二手房买卖是现房买卖，买受人查看房屋现场是当然的和必要的，对于房屋的现状和表面瑕疵（出卖人故意隐瞒的除外）应是清楚的，并已作为购房对价的考虑因素，其购房行为表明对该表面瑕疵的认可。因此在购房后，买受人亦无理由再就房屋的表面瑕疵向出卖人提出赔偿请求。

其次，对于自然老化形成的质量问题。由于自然老化是房屋正常使用状态下不可避免的现象，自然老化积累到什么程度、在何时出现质量问题，是不可预见的固有风险，根据“风险由击中者承担”的理论，这类质量问题如果发生在出卖之前，由出卖人承担，发生在出卖人交付之后，则由买受人承

① 奚晓明主编：《最高人民法院关于买卖合同司法解释理解与适用》，2012 年 6 月版，第 279 页。

担。这类质量问题通常是裂缝、渗漏等，因此常常是与表面瑕疵的处理原则相结合解决责任承担问题。

再次，对于因出卖人使用不当引起的质量问题，如装修、改建、改变用途等造成房屋隐蔽瑕疵，买受人接收房屋后才发现的质量问题，由于买受人在签约时无从知晓，故也不能从买受人的购房行为推断其已认可并接受这项质量瑕疵，而且出卖人对出现这类质量问题有过错，故应当向买受人承担瑕疵给付的赔偿责任。

最后，争论最大的是由于建造原因导致的质量问题，出卖人是否承担赔偿责任的问题。如前所述，如果由于建造原因导致的质量问题已经外化，买受人查看过现场后购买房屋，则房屋质量问题的后果依合意转由买受人承受；如果由于建造原因导致的质量问题尚未外化，买受人在不知晓房屋存在隐蔽瑕疵的情况下购买房屋，购得后才发现该隐蔽瑕疵的，出卖人是否应承担瑕疵担保责任。我们认为，出卖人不应对建造原因导致的质量问题承担瑕疵担保责任，理由如下：其一，二手房买卖中的出卖人并非建设单位，其对房屋建造过程不具有可控性、可预知性；其二，二手房买卖中的出卖人并不具有检验房屋质量的能力，在隐蔽瑕疵外化之前，其并无能力获知房屋存在质量问题；其三，因建筑材料不合格、建筑结构隐患、偷工减料等建造原因造成质量问题，是建设单位及施工单位的责任，出卖人对此并无过错，房屋建成后通过验收、发证，足以令人相信其质量合格，出卖人购买这样的房屋及转售过程中并无疏忽或可苛责之处；其四，根据《建筑法》《商品房销售管理办法》《建筑工程质量管理条例》相关规定，施工单位及建设单位对于建筑物的主体结构质量终身负责，因此建设单位及施工单位是最终的责任承担主体。因此出卖人不应承担建造原因的瑕疵担保责任。对于买受人而言，其也并非丧失了救济，买受人可以基于使用人的身份，请求建设单位或施工单位承担赔偿责任，而且这种追责方式更符合过错责任、自己责任的民法原理，尤其是在经过多手转让的情形，无必要令早已稳定结束的合同关系再生波澜，也令追偿关系简化易行。

需要说明的是，如果出卖人在出卖时故意隐瞒已经出现的质量问题，例如通过修饰墙面、遮挡等手法转嫁质量问题所致的损失，出卖人违背诚信缔约原则，由此致使买受人作出错误意思表示，在接收房屋后合同目的不能实现或遭受损失的，买受人可以行使撤销权或请求赔偿损失。

由于二手房屋既不同于一般商品，也不同于一手房第一次销售，不宜直接套用普通商品买卖合同中的质量瑕疵担保责任或产品责任确定出卖人的质量瑕疵担保责任。但二手房的出卖人对于房屋质量问题应如何承担责任，目前国内尚缺乏专门研究，仅上海市高级人民法院《关于审理“二手房”买卖案件若干问题的解答》中给出了处理意见。在调研中发现，审判部门对上述处理意见仍有不同声音，意见是否妥当有待时间检验。

【参考意见】买受人因房屋质量问题提起诉讼，请求出卖人承担赔偿责任的，应举证证明房屋质量问题系由出卖人原因造成，或出卖人故意隐瞒该房屋质量问题。

（十九）关于户口迁移

二手房买卖中，常会涉及户口迁移的问题。由于户口关系到入学、就业、社保等事项，出卖人户口不迁移，也会对买受人落户造成不便，因此合同通常会约定出卖人应将户口迁出。但当出卖人不兑现户口迁移的承诺，买受人请求判令出卖人迁移户口的，此时需要考虑户口迁移属于何种性质的行为，户口管理属于行政管理范畴，户口如何迁移、迁移至何处均需由行政部门依照行政管理规定履行的行政职能，并非可以由双方当事人协商约定的事项，也不属于法院可以通过适用民事法律可以解决的事项，因此，对迁移户口的请求应不予处理。出卖人不依约迁移户口，合同约定有相应违约责任的，买受人请求出卖人依约承担违约责任，可以支持。买受人请求出卖人就未履行迁移户口义务赔偿损失的，应对损失金额进行举证。

【参考意见】出卖人拒不履行约定的迁移户口义务，买受人请求出卖人承担违约责任赔偿损失的，可以支持，损失金额由买受人举证。买受人请求判令出卖人迁移户口的，不属于民事案件审理范围，不予处理。

（二十）关于四至未定房屋的买卖

在商铺类的二手房买卖中，出卖人将商铺在图纸上分割出售，尚未作实物间隔，买受人请求办理过户手续的，因房屋四至尚未确定，房屋尚未特定化，更无法进行过户登记前的实地测绘，因此事实上不具备过户登记的条件，此时应向买受人释明后驳回其诉讼请求。

【参考意见】合同约定的房屋四至尚未确定，买受人请求出卖人依照合同约定办理房屋过户登记手续的，不予支持。

（二十一）关于合同约定不明导致合同无法履行或合同目的无法实现的处理

合同约定不明的，根据《合同法》第六十一条、第六十二条规定，当事人可以按交易习惯确定或按照有利于实现合同目的的方式等，但在有些情况下，上述规则仍无法解决约定不明的问题。例如在房屋买卖纠纷中，双方仅明确了标的物及价款，对于其他履行细节如履行方式、履行先后顺序协商不成，出卖人要求一次性付款，买受人坚持按揭付款，各不相让，或者出卖人要求先付款再过户，买受人要求先递件再付款，各持己见以致合同无法履行，或超过合同约定的最后履行期限的。一方请求解除合同的，鉴于合同事实上已无法继续履行，为了能让双方从陷入僵局的合同关系中脱离出来，减少损失进一步扩大，故可以支持解除合同的请求，双方恢复至合同订立前的状态。由于合同无法继续履行系由双方约定不明且无法协商一致造成，双方对此均有过错，故一方请求另一方承担违约责任，不予支持。

【参考意见】因合同约定的履行方式、履行先后顺序不明，双方未能补充协议或达成一致意见导致合同无法履行或合同目的无法实现的，一方当事人请求解除合同，可以支持。一方当事人请求对方当事人承担解除合同的违约责任的，不予支持。

（二十二）关于居间人原因导致的买卖合同解除

居间人在二手房买卖中，承担居间、代理的义务。通过其居间服务，买卖双方达成买卖合同，但由于居间人服务瑕疵，可能造成买卖合同无法履行、违约解除。例如居间人未善尽其如实告知义务，未向买受人披露标的物抵押查封事实，未充分披露房屋存在质量问题或周边不利环境等重大事实，隐瞒“凶宅”等，或未说明限购政策让买受人误以为具有购房资格等，或迟延履行协助办理按揭、网签过户等服务以致达到合同约定解除条件等，最终结果是买卖合同无法履行、违约解除的，根据《合同法》第一百二十一条的规定，违约方不得以居间人原因抗辩免除在买卖合同中应当承担违约责任，各方当事人另有约定的除外。违约方的损失可以根据与居间人的居间合同关系予以追偿。

【参考意见】因居间人原因导致合同解除，违约方应向守约方承担违约责任，违约方承担责任后再向居间人追偿，各方当事人另有约定的从约定。

（二十三）限购政策与办理房屋过户手续的关系

限购政策规定，买受人购买住宅房屋时，应当具备购房资格，不具备购房资格的买受人，不得办理过户手续。在审判中，买受人起诉请求判令出卖人为其办理住房过户登记手续的，应当举证证明其具备购房资格，或不属于限购对象。2013年底，广东省高院与省住建厅、省司法厅联合发文《〈关于在审判执行、办理公证工作中落实住房限购政策的意见〉的通知》（下称《通知》），规定买受人起诉请求办理过户手续的，应当提交购房资格证明，具备购房资格的，方可判决办理过户手续，而购房资格证明则由当地房管部门出具。在实践中，由于房管部门出具购房资格时标准不一，例如有的以买受人查询当时的资格状况出具意见，有的则以买受人购房当时的资格状况出具意见，也由此造成裁判的混乱，对于那些有确切证据证明买卖合同签订履行是在限购政策出台之前，但起诉时买受人已属限购对象的，是否一刀切适用限购政策不予支持其过户请求，存有较大争议。对此，我们认为，限购政策属于房地产行政管理规范，由限购地区的房地产管理机关具体制定落实措施的标准和规则。因此，买受人是否具备购房资格，该次买卖是否应适用限购政策，均属于当地房地产管理部门予以审查的范畴，由法院作出审查和评价不甚妥当，故仍应坚持《通知》中的要求，买受人请求办理过户手续的，应当提供房管部门出具的《购房资格证明》，或房管部门答复该次房屋买卖不适用限购政策的意见，具备这些条件，即房管部门认可买受人的此次购房行为符合国家政策，法院方可判令支持买受人的诉讼请求。

【参考意见】买受人起诉请求出卖人为其办理住房过户登记手续的，应当举证证明其具备购房资格，或不属于限购对象。

三、二手房买卖合同纠纷的审理要点

二手房买卖合同纠纷因标的物的特定性，呈现特有的纠纷特点和类型，针对这些特定性，在审判实践适用法律过程中，需特别注意以下审理要点：

（一）坚持合同效力与合同履行的相区分原则

《物权法》确立了合同效力与物权变动的区分原则。这一原则在二手房买卖合同纠纷领域的体现，即为合同效力与合同履行过户相区分的原则。在标的物限制转移的情形，应当区分合同效力与合同履行，分别评价。当前的审理思路是合同效力尽可能作有效认定，存有过户限制情形的，如未取得房产证、查封、抵押、无权处分等均不影响合同的效力，导致无法履行过户的，均以有效合同无法履行处理。

（二）坚持探明当事人的真实法律关系

二手房买卖合同因主体多样散见，交易隐蔽、监管较少，常常出现双方当事人隐瞒真意、虚伪表示，利用买卖合同的合法形式以达到非法目的或规避不利政策。因此在审理过程中，需要坚持以探明当事人的真实法律关系为审理要点，还原当事人的真意，对当事人的法律关系给予正确评价，避免以形式论事，使法院裁判沦为当事人的工具。

（三）注重发挥法院的释明引导功能

二手房买卖合同纠纷双方当事人的民事主体特征较为明显，其法律素养、政策把握均有所欠缺，在诉讼中也常常忽略现有强制性法律法规对合同履行的影响，未能恰当选择诉请方向，最终影响诉讼效果。因此这类纠纷在审理过程中，需要法院加强释明功能，引导当事人作出正确的诉讼选择，减少诉累。

四、结语

强调“审理者裁判，裁判者负责”的新一轮司法改革已经启动，作为改革目标之一的审判责任制对合议庭和法官的专业性提出更高要求。尤其是全国范围的裁判文书统一上网，各地同类型纠纷全部面向社会同时公开，接受“挑刺”，统一各类型案件的裁判尺度显得必要而迫切。期望本次调研梳理提炼的审判经验，能够为二手房买卖合同纠纷案件领域统一裁判尺度提供助益。

第十章　涉法涉诉信访的现状及对策

课 题 组 组 长：舒扬　瞿卫东
课题组副组长：罗红燕　谢平　郑志柱
课 题 组 成 员：马作武　苏喜平　王泳涌　陈嘉贤
赖杏杏　周冠宇　汪婷
课 题 执 笔 人：周冠宇　苏喜平　王泳涌　郑志柱
赖杏杏　汪婷

内容摘要

根据广州两级法院近年来涉诉信访情况分析发现，涉诉信访一直呈高位运行状态，且不断增长。信访人诉求多样化明显，其中反映“久拖不判”“久拖不执”的问题最为突出。缠访、过激访等现象已经严重威胁法院正常工作秩序，但同时通过信访发现案件确有错误的比例极低。

从社会环境、历史传统等宏观角度和“诉”“访”纠缠等微观角度分析，导致上述问题的原因有很多。转型期矛盾冲突增多、社会保障体系不完备造成客观上诉讼纠纷增多；我国悠久的信访历史传统、公众法治意识不足等，则使诉讼参与人习惯性选择信访的方式与法院对话；法院的内部管理问题加深了信访人与法院的矛盾；现行涉诉信访制度带来了种种弊端，尤其是其人治型的治理手段、以维稳为标准的信访考核机制、终结制度的缺失，都极大地影响了司法权威的树立。

在中央提出的涉诉信访法治化改革的大命题下，课题组提出了对涉诉信访进行法治化引导和精细化管理的改革路径和完善对策。法治化改革首先要明确划分行政权和司法权的权力边界，规范党委、政府公权力运行；其次要提高法院行使审判权的独立性，重塑司法权威；再次从程序上完善再审审查制度，建立无理访终结机制。对涉诉信访案件进行精细化管理主要侧重于法院内部工作流程的改造，如诉、访分离机制的建立、涉诉信访信息系统的统一和完善、建立涉诉信访案件分级分类处理制度、通过提高司法效能进行源头治理、依法加强对过激访的惩罚规制措施。

孕育一种更加宽容、法治化的社会权力权利生态是为解决涉诉信访问题的终极目标。

关键词：涉诉信访　司法权威　法治化引导　精细化管理

涉法涉诉信访现状与对策

下文以广州两级法院近年来的涉诉信访①情况为分析样本，从社会环境、历史传统等宏观角度和“诉”“访”纠缠等微观角度对涉诉信访现象的成因和弊端进行深入调查研究，在中央提出的涉诉信访法治化改革的大命题下，把握法治化改革时机，提出对涉诉信访进行法治化引导和精细化管理的改革路径和完善对策。

---

① 2004 年 4 月，最高人民法院在长沙召开的全国涉诉信访工作会议中首次提出了“涉诉信访”的概念，涉诉信访是指“那些应当被人民法院受理的纠纷或是已经进入诉讼、执行程序的案件中的有利害关系的公民、法人或其他组织对人民法院的作为或不作为或是生效裁判采用书信、电子邮件、传真、电话、走访等形式，提出申诉、申请再审或是提出其他与人民法院审理案件有关的事项，依法由人民法院处理的活动。同时也包括一些当事人向人民法院信访的同时，向其他国家机关信访，其他国家机关接访后通过一定方式促使人民法院完成某种诉讼行为”。由于本课题为法院系统内部开展的调研，且重点之一是如何科学设定由法院处理的涉诉信访事项，因此课题组采用最高院 2004 年提出的较为广义的涉诉信访概念，在较全面的基础上区分不同类型的涉诉信访事项，厘清应由法院处理的信访事项与各类型涉诉信访的处理方式。

一、广州两级法院的涉诉信访现状

（一）涉诉信访数量居高不下

1. 全市涉诉信访总量常年居高不下

如表一所示，近五年全市涉诉信访量一直保持高位运行，每年均超过 9000 件。2006—2009 年涉诉信访曾一度有降低趋势，但之后两年间又再度呈现上升趋势，2011 年全市法院涉诉信访量比之 2009 年上升了 11.30%。

表一：广州全市法院 2007－2011 年涉诉信访数量（件）

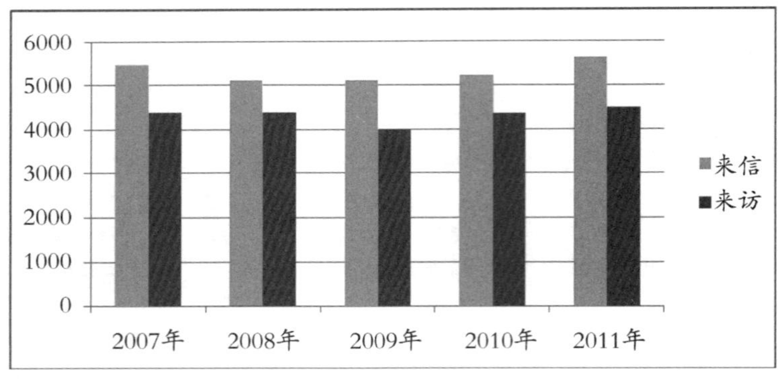

2. 较之基层法院，广州市中级人民法院（以下简称市中院）承受了更大的涉诉信访处理压力

2006—2011 年，市中院年均受理涉诉信访案件 5836 件，而 12 家基层法院年均共受理涉诉信访案件 4338 件，市中院年均收案量是全市 12 家基层法院年均总收案量的 1.35 倍。

2007—2010 年，全市法院涉诉信访量的增长与审判、执行案件数的增长基本一致，涉诉信访量占审判、执行案件数的比例相对稳定，案访比（即审判、执行案件数与信访案件数的比率）基层法院为 38.46∶1，市中院则为 6.67∶1（包括向中院反映基层法院问题的信访）。2011 年，基层法院涉诉信访量与审判、执行案件数比例下降至 47.62∶1，但市中院却上升至 4.76∶1（包括向中院反映基层法院问题的信访）。

3. 向受诉法院信访仍是信访人主要的信访渠道，但信访人存在着向上级聚拢的趋势

2008—2011 年，市中院、基层法院受理的涉诉信访案件中直接向受案法院信访的分别为 11523 件、7772 件，分别占同期涉诉信访总数的 58%、48% 以上[①]。我们对信访人发放的问卷材料反馈回来的信息也与数据统计相一致：515 名接受调查问卷访问的信访人中，有高达 374 名信访人向受诉法院信访过。整体而言，全市涉诉信访量 2010 年比 2009 年上升了 5.43%，其中市中院上升了 12.76%，而基层法院却下降了 3.01%；2011 年比 2010 年上升了 5.57%，其中市中院上升了 20.68%，而基层法院却下降了 14.66%。可见，近三年广州市涉诉信访数量总体有所增加，但主要集中于市中院，信访人

---

① 数据说明：2006、2007 年广州中院并未对涉诉信访案件的来源进行分类登记，为确保数据有效，故该项分析自 2008 年开始取数。

存在着向上级聚拢的趋势。

（二）涉诉信访诉求呈现多样、发散特点

1. 信访人诉求的多样性比较明显，但总体而言，市中院涉诉信访主要集中在审判，基层法院则主要集中于执行

2006—2011 年，市中院受理的涉及审判的信访案件 21565 件、涉及执行的信访案件 6060 件，分别占市中院同期受理涉诉信访案件总数的 61.56%、17.3%；相较而言，基层法院同期受理的涉及审判的信访案件 8412 件、涉及执行的信访案件 10444 件，分别占基层法院同期受理涉诉信访案件总数的 32.32%、40.13%。出现差异的主要原因在于：市中院主要负责各类案件终审，故案件审判类涉诉信访量相对较多；而大部分的一审案件由基层法院受理，按照法律规定，一审法院负责生效法律文书的执行，故基层法院执行类涉诉信访量较多。

2. 从涉诉信访针对的问题来看，当事人反映法官“久拖不判”“久拖不执”等情况的反映类信访成为最突出的信访针对问题

2008—2011 年，市中院此类信访分别为 2027 件、2887 件、2958 件、3798 件，分别占市中院同期受理涉诉信访案件数的 39%、59%、54%、57%，四年共 11670 件，占比 53%；基层法院同期此类信访分别为 1806 件、1597 件、1521 件、1051 件，分别占基层法院同期受理涉诉信访案件数的 42%、

38%、37%、30%，四年共5975件，占比37%。[①] 其他比较多的类型还包括反映情况（占两级法院四年总数的23.50%）、申请再审及申诉（占两级法院四年总数的6.03%），其他类型（均不到总数5%的）还包括要求开具裁判文书生效证明的，请求咨询法律问题的，要求判后答疑的，要求转交、转递材料的，投诉法官审判作风问题或者廉政问题的，要求见承办法官的，要求减免缓诉讼费的，请求督促基层法院工作的以及其他无法实现的诉求等。

（三）重复访、多头访、过激访等失范信访现象较严重[②]

1. 信访人惯用多头访和重复访的方式进行缠访

2006—2011年，全市法院受理的涉诉信访中重复访8946

---

① 数据说明：2006、2007年广州中院并未对涉诉信访案件针对的问题进行分类登记，为确保数据有效，故该项分析自2008年开始取数。

② 本次调研中所指“特殊涉诉信访方式”主要指：(1)“多头访”是指信访人就同一案件分别向两个或两个以上的国家机关信访；(2)“重复访”是指信访人就同一案件先后向同一国家机关提出了两次或两次以上的信访；(3)“越级访”是指信访人向受案法院的上级法院或与上级法院同级的党委（包括但不限于纪委、政法委）、人大、政府（包括但不限于信访局）、检察院等国家机关信访；(4)“集体访”是指两人或两人以上就同一案件共同提出的信访，包括《信访条例》中的“群体访”和“集体访”；(5)“过激访”是指采取在法院及其他单位门口或其他公共场所拉横额、呼口号、穿状衣、静坐、绝食、跪地、咒骂、自伤或伤人、撕毁法律文书、冲击办公场所等过激行为的信访。如信访人的信访涉及两个或两个以上的上述特定信访类型，分别统计。

件、多头访5386件，共14332件，平均每年2389件，是信访人最常用的特殊信访方式。从我们的问卷调查来看，515名受访问信访人中，374人向受诉法院信访过，171名向受诉法院同级党委和国家机关信访过，228名向受诉法院的上级法院信访过，83人向上级党委和国家机关信访过，而去过最高人民法院和中央国家机关信访的分别为38人和27人。这说明，在向受诉法院信访之外，同时向其他党和国家机关信访成为较为普遍的现象。

2. 近三年过激访、越级访增长迅猛

以市中院为例，2006年至2009年间过激访的案件数呈现出低位、平稳状态，年均35件。但2010年和2011年过激访呈现急速攀升，分别为83件、106件，同比分别上升了137%、27.71%。6年间，市中院越级访2006年、2007年逐步攀升，2008年、2009年略有下降后于2010年再次升高，2011年首次突破500件，达到518件。而与之相对应的是，我们的问卷调查显示，515名受访问信访人中，高达381名信访人认为目前我国存在“大闹大解决、小闹小解决、不闹不解决”的现象。而在信访实践中，甚至出现了信访人推着坐轮椅的残疾人作道具、雇佣大批农民工信访等现象，甚至有些当事人委托了具有更专业的法律知识、更丰富的信访经验涉诉信访代理人，个别基层法院还曾经出现职业信访代理人伪造当事人委托书、并以代理人身份过激访和将救助款项占为己有的现象，并受到刑事处罚。

表二：广州中院2006－2011年越级访、过激访趋势示意图（件）

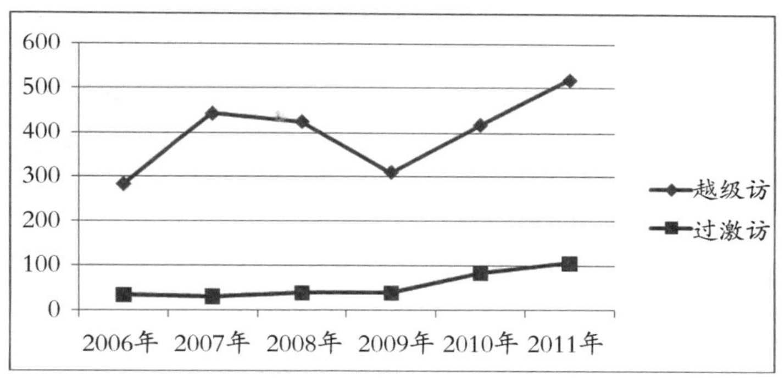

3．“诉中访”“执中访”现象严重

2011年市中院受理的涉诉信访案件中，其相关联的诉讼案件尚在一、二审、再审审理中的有1347件，尚在执行中的有2039件，共3386件，占当年市中院涉诉信访收案总量的51.20%。同年，广州各基层法院受理的涉诉信访案件中，此类案件分别有1141件、1465件，共2606件，占当年基层法院涉诉信访收案总量的74.60%。在515名受访问信访人中，135名在立案阶段即开始信访，122名在一审阶段开始信访，39名在二审阶段开始信访，合计高达296名信访人，在案件尚未作出生效裁判之前就开始信访，属于典型的“诉中访”现象。

（四）涉诉信访导致案件被再审、改判的比例极低

2006—2011年间，市中院受理再审申请数6227件，再审立案数1531件，即经审查立案再审数只有再审申请数的24.59%，仅占市中院六年总审判案件数的0.75%；经再审发改的案件共376件，占市中院六年总审判案件数的0.18%；而在2006—2011年间，市中院受理涉诉信访案件总数为35032件，经再审发改的案件只占信访案件总数的1.07%，即平均93.46件信访案件涉及的诉讼案件中，才有1件被再审发改。

各基层法院受理再审申请数874件，再审立案数451件，经审查立案再审虽占再审申请数的51.6%，但也仅占基层法院六年审判案件数的0.05%；经再审发改的案件共90件，占基层法院六年总审判案件数的0.01%。而在2006—2011年间，各基层法院受理涉诉信访案件总数为26027件，经再审发改的案件只占信访案件总数的0.35%，即平均每285.71件信访案件涉及的诉讼案件中，才有1件被再审发改。

二、涉诉信访的成因探析与弊端分析

（一）涉诉信访现象的社会和历史背景

1. 转型期矛盾冲突增多与社会保障体系不完备

改革开放后，我国经济社会的快速发展，在市场经济改革

路径中，各种利益主体地位越来越自主，不同地域、不同族群的发展差距却在拉大，使我国步入社会矛盾凸显期。这些矛盾充斥到社会各个领域，如贫富差距悬殊引发社会冲突、公共权力腐败挫伤了民众对国家和法治的信心、国企改革的代价承担不均。特别是占人口绝大多数的农民和城市低收入人群处在社会最下层，他们并没有分享到改革发展的成果。如果这些人因矛盾纠纷诉到法院，因社会保障机制不完备，很多案件的结果会直接影响到他们的生存和日常生活，也强化了他们对胜诉结果的追求。在诉讼结果未能如愿或者未能通过执行程序实现权利的情况下，一些当事人或利害关系人，转而通过向包括受案法院在内的有关机关和领导投诉、信访，以寻求法律程序之外的救济，造成了涉诉信访大量出现的现象。于是，各地、各级法院在面对“诉讼爆炸”带来的强大工作压力的同时，不得不设置专门人员来处理信访事件；法官在审理案件的同时，不得不就各类信访事件进行接访、答复、汇报。

2. 信访历史传统的惯性与公众法治意识不归位

中国有着悠久的信访历史传统。从尧舜时期的“进善之旌”到西周的“路鼓”和“肺石”制度，及至唐朝形成的以“邀车驾”“挝登闻鼓”“立肺石”“上表”四种信访方式构成的较完备的信访体系，清朝则达到封建社会信访制度最完备的阶段①，“告御状”“拦轿申冤”等典型的古代信访方式通过戏剧、小说等文学作品在民间不断流传且深入民心，实在意义上的信访，实际上已成为本土特色的民众政治参与形式，存在于中国各个历史朝代，形成了巨大的历史惯性。

中华人民共和国成立后，为反对官僚主义和“拨乱反

① 参考胡中才：《古代信访史话》，湖北人民出版社，2000年版，第8—15页。其中“肺石”源于西周时期，当时时宫门外设置“肺石”，由于石头是红颜色的，形状像肺，故名肺石，以使百姓有不平之事能够击石鸣冤。北宋的沈括在《梦溪笔谈》描述道：“其制如佛寺所击响石而甚大，可长八九尺，形如垂肺。”为什么形如肺呢？“肺主声，声所以达其冤也”，同时肺石也寓意着官府和老百姓同肺腑、共呼吸的意思。西周时以肺石转达穷苦百姓有冤无处申告的上诉，无兄弟子孙、老弱病残的人，如果有冤屈要上诉周王，就在宫门外肺石上站三天，相关人员就接受他们的诉状，并报告周天子，同时还要处罚不上报冤情的地方官员。

“登闻鼓”是中国直诉制度中延续时间最长、应用最为广泛和普遍的直诉方式。登闻鼓，源自传说中的西周“路鼓”制度。据《周礼·夏官·大仆》记载，西周“建路鼓于大寝之门外，而掌其政，以待达穷者与遽令，闻鼓声，则速逆御仆与御庶子”。就是说在西周时期，有冤屈的平民，以及有紧急要事要告诉周王的人，就击打路鼓，此时大仆须立即召见看守路鼓的官员，根据他们了解的情况，报告给周王，这就是路鼓制度。

“邀车驾”的通俗表达即为拦轿告状，指在皇帝出行时，以拦路申冤的方式申诉的总称。邀车驾较早的记录见于《后汉书·杨政传》，其中记载了杨政邀车驾拦出行的皇帝为其老师鸣冤直诉，并最终救出老师之事。

上表制度就是通过上呈文书向皇帝上诉申诉冤情，以期得到昭雪或者减免。自古到今，文书诉事都是下层向上层统治阶级反映情况所采用的常用方式。

正”，中国共产党积极鼓励人民用来信、来访等方式表达各种意见，民众的信访权利成为反对官僚主义的话语工具。[①] 1957年5月第一次全国信访工作会议通过了《中国共产党各级党委机关处理人民来信、接待群众来访工作暂行办法（草案）》，初步形成了具有中国特色的信访制度。信访制度从古至今成为民众表达诉求、主张权利的习惯性方式。“法律文化论”者梁治平先生也曾言：“‘信访’制度是一种重要的有着深厚社会基础的国家制度……这种制度模式与传统的模式非常接近，因此，毫不奇怪，支持这种制度的社会心理和行为方式也与传统极为相似，如各式各样的上访鸣冤、各种形式的上层干预、舆论的介入、高层的批示等。许多动人的故事，如果改变其中人物的语言和服装，一定古今难辨。”[②]

我国现行的法律体系与司法制度移植自西方国家，与我国传统法文化理念缺乏有机融合，特别是程序正义、法律事实、举证责任等理念，尚未为多数民众所知晓、接受，尤其是来自

---

① 对中华人民共和国成立后，信访工作的定位、思路详见李秋学：《新中国建立后中共信访权利观的生成、情境、语境与困境》，《湖南师范大学社会科学学报》2007年第4期，第83—86页。

② 参见梁治平：《法治：社会转型时期的制度建构———对中国法律现代化运动的一个内在观察》，2004年2月29日，http：//www. law - times. net，2007年9月30日。转引自林来梵、余净植：《论信访权利与信访制度——从比较法视角的一种考察》，《浙江大学学报（人文社会科学版）》，2008年5月，第27页。

社会底层或偏远区域的民众。在发放的调查问卷中，75%的信访人以及约63%的社会民众认为“如果法官公正，案件事实总是能被彻底查清的”；71%的信访人以及约72%的社会民众认为“法院应当保证所有生效裁判都执行到位”；64%的信访人以及约49%的社会民众认为“如果原告起诉没有道理，法院就不应该受理”等。这些数据在一定程度上反映社会民众法治意识较为薄弱、重视实质正义而无视程序正义的心理态势。在涉诉信访处理中也发现部分信访人是因未保存证据或举证不利而被判败诉，或因无法提供被执行人财产线索而致无法执行，这反映出我国民众的诉讼能力偏低的现实。

是寻求无需任何专业知识的信访救济，抑或进入高度专门化的司法救济？在无法进入司法权威性语境又对司法公信力难以信服的情况下，信访人自然愿意做信访的“熟练工”，而不愿做司法救济中的“无知者”。

3．司法公信力缺失与涉诉信访现象之间的恶性循环

司法公信力的要义在于社会公众在意识形态领域对司法行为的认可程度。在司法公信力处于良好的状态下，司法裁判就容易被当事人或社会公众所接受，社会公众就会相信法律、相信司法、支持司法、尊重司法，司法权威就能得到真正维护。相反，如果司法公信力低下，当事人或社会公众对司法裁判行为和结果难以信服和认同，就会寻求一种法外途径进行救济；另一方面，当事人对既定判决不服，希望通过信访来推翻裁判

或重新启动再审，或在法律程序尚未完成前，希望通过信访来对审判施压，事实上确有部分当事人通过信访实现了这种目的。在问卷中，719 名法官对于在工作中有否遇到过因涉诉信访最终改变了案件处理结果的情形的问题，选择“没有”的有 324 人，占 45%；选择“有，但极少遇到”的有 257 人，占 36%；选择“有，并不少见”的有 114 人，占 16%；而选择“很多”的有 11 人。综上，约有 53% 的法官曾遇到过因涉诉信访最终改变案件处理结果的情形。我们难以统计通过涉诉信访最终改变案件处理结果的真实案件数量，但从处于审判一线法官对上述问题的选择，可以得出涉诉信访确实在一定程度上影响了司法独立和司法公正，进一步消解了司法权威和司法公信力。即使我们承认通过涉诉信访纠正了一些司法不公案件，从表面上看有利于实现司法公正。但实际上，每一个这样信访案件的解决，都是对民众对法官之上“超级法官”期望的强化。最终形成一个背离法治精神的怪圈：由于司法缺乏权威性，人们怀疑裁决的公正性，而通过涉诉信访实现了其目的，司法权威性被进一步弱化，又促使更多的当事人选择走上涉诉信访之路。这样，法院的涉诉信访制度就陷入两难境地，一方面，它是一种权利救济的途径，民众的期望值很高；另一方面，越是有所作为，就越在无形中损害了法院的权威，继而引发更大规模的信访。如此循环往复，非但没有有效化解不断涌现的社会矛盾，反而更深伤害了法院的权威。①

（二）现行涉诉信访制度的法治精神缺失

1．涉诉信访人治型的治理手段与法院审判权独立性的冲突

为了解决信访问题，各级党委政法委及政法部门出台了各类工作制度，如案件交办制度、领导包案制度、领导干部“大接访”制度等，这些人治型的治理手段成为目前信访工作的主要方法。但涉诉信访不同于一般信访，信访人的诉求往往是围绕着司法权提出，但法治精神及人民法院审判权的独立性、终局性决定了涉诉信访的工作机制应当从一般信访机制中脱离出来。上述制度均是通过领导个人或党委政法委等途径来解决涉诉信访问题，虽然对改变司法机关和党政机关工作作风、快速高效处理民刑案件、纠正错捕错判案件起到了一定的积极作用，但同时也强化了“依靠领导是解决问题的便捷途径”这一带有强烈“人治”色彩的意识导向，给非正常信访人提供了“便利”，越级上访、进京上访屡见不鲜。但其更深刻的危害在于为司法程序外的力量干预司法提供了便利。对此，有学者认为，个别人大代表到法院去监督、视察，其实常常是对某个具体案件进行干涉。这种情况往下推演，会导致司法权的进一步弱化和萎缩。上级法院可以发正式的监督函给下

① 李茂华、陈雪梅：《法院涉诉信访制度之利弊分析及进路选择》，《广东行政学院学报》第20卷第4期，第41页。

级法院，政法委、人大内司委也可以发函到法院来，还有领导在一方当事人反映材料上的批示也来了。有的法院对上级法院或人大内司委转来的批示，一般都专门有一个部门负责督办，这样的监督函、批示，从院长、副院长、庭长层层阅处下来，同样作为“理性经济人”的职业法官，其选择是不言而喻的[①]。

2．现行信访处置制度对信访行为的逆向激励

首先，“青天意识”的文化传统鼓励了越级访和进京访。在封建文化中，包拯、海瑞等“青天”形象深入民心并产生了“清官崇拜”“权力崇拜”的文化传统。在民众思维观念中，“青天”具有两个显著特征：一是“青天”存在于高层，越是基层的法官越有贪赃枉法的可能，因此信访人总是寻求越级访或要求见领导；二是“青天”存在于远方，越是本地法官越有与对方当事人勾结的可能，因此信访人总是倾向于进省或进京上访。其次，涉诉信访制度的结果取向主义，极易诱导信访人采取过激行为，将自己的诉求“问题化”。现有的涉诉信访处置制度，是以为信访人实现实质正义为导向，采取的是结果取向主义。有学者分析指出，“结果取向主义，是指这样一种决策进路：决策主体对不同决策方案的可能后果进行评

① 王平、孙海龙：《提高公信力是司法改革的关键：一位法学教授的挂职感受》，载于《中国改革》2005 年第 6 期，第 44—45 页。

估，然后选择一种实现某一给定的组织目标的角度看似乎最有吸引力的方案，可欲结果的获得是决策正当性的标准。接访官员对信访问题的处理，是建立在对处理可能引发的多种多样的后果进行综合衡量判断基础上，根据实际情况作出具有灵活性的结论。面对众多的信访要求，哪个能优先获得救济，取决于‘后果严重性’；救济方案的选择上取决于哪种方案能带来最大的社会效果。接访官员的决策标准具有引人注目的‘选择性执法’特征，更加关注‘个别正义’的实现，具有相当大的偶然性和不可预测性。正是这种结果主义取向的决策进路，使信访群众懂得，要想有效获得救济，就必须把事情‘闹大’，至少看上去会导致严重的‘后果’”。[①] 信访人“大闹大解决、小闹小解决、不闹不解决”的认识，驱动他们将采取失范的信访行为来促进问题的解决，成为信访行为的逆向激励。

3. 以维稳为标准的信访考核机制间接影响法院依法独立审判案件

在维护稳定的政治任务面前，人民法院依法行使审判权的独立性难免会受到影响。[②] 面对涉诉信访案件的办理压力和办

---

① 熊云辉、邓周和军：《分而治之　和谐共存——信访制度与司法制度比较分析》，载于《法治论坛》第八辑。

② 张敏、戴娟：《困惑与出路：转型期法院涉诉信访制度的理性探究》，载于《法律适用》2009年第6期，第72页。

结难度，在面对“诉中访”时，法官为了实现政治任务，以及对案件结果的社会效果和政治效果追求，也避免增加自己的信访工作量，法官可能主动或被动地考虑信访人的诉求，在法律允许的边缘范围内变现或部分变现信访人的目的。在调查问卷中，719 名参与调查的法官对于“在处理过的涉诉信访案件中，是否存在为了令信访者息诉罢访而满足其依法不能满足的诉求的情况”的问题，有 55% 的法官选择“没有”，24% 的法官选择“有，但只是极少数的情况”，9% 的法官选“有，这种情况并不少见”，3% 法官选择“有，这是常见的做法”，另有 6% 的法官选择“有，只要信访人员的信访对法院造成较大压力，一般都会尽量满足其诉求”。可见，曾在处理涉诉信访案件中为了令信访者息诉罢访而满足其不能满足的诉求的法官比例达到 42% 。即使我们考虑被调查者与信访人的立场不同而在一定程度上可能会影响该统计数据的准确性，但该比例也是令人吃惊的。

4. 涉诉信访终结制度的缺失与司法终局性的冲突

司法审判作为纠纷解决的终局机制，应当是权利义务最终的确定标准，但在涉诉信访中，存在部分生效案件仍然可以通过信访实现改变的可能性，使矛盾纠纷没有了终局性渠道。涉诉信访的无休止更使矛盾纠纷陷入无法最终解决的怪圈，司法的既判力受到挑战。在我国目前的审级制度设计中，刑事、民事、行政三大诉讼法都没有对当事人的申诉权利给予实质性限制，特别是对申诉次数没有明确限制。[①] 在实践中，即使当事人的权利义务由终审判决固定下来，或者已经超过了诉讼法规定的申请再审时限，当事人仍然可以通过非常规信访手段动员法院依职权启动再审程序，事实上生效的判决仍处于不确定状态，“一些诉讼案件当事人对于几年前、十几年前甚至几十年前生效的裁判仍然申诉不止，各级机关对于经过几次、十几次、几十次处理过的涉诉信访，还转交给法院复查，司法资源遭受极大浪费，司法权威性、终极性受到严重冲击，其示范效应又促使涉诉上访愈演愈烈，乃至直接影响到社会和谐和国家权威”。[②] 上述状况的出现主要是由于法院对涉诉信访如何审查未设立严格的程序规范，导致法院对涉诉信访的复查活动因无明确规范而处于无序状态。[③] 对此，最高法院于 2010 年下发了《人民法院涉诉信访案件终结办法》，对中央政法委交办的进京无理访案件规定了终结程序，但基层法院缠访闹访的案件，大都不属于这类案件，且该《终结办法》规定的严苛的终结审批程序使得实际工作中极少案件能通过该程序而终结。

---

① 魏治勋：《涉诉信访的“问题化”逻辑与治理之道》，载《法学论坛》2011 年第 1 期，第 45 页。

② 张敏、戴娟：《困惑与出路：转型期法院涉诉信访制度的理性探究》，载《法律适用》2009 年第 6 期，第 74 页。

③ 同上注②。

（三）涉诉信访折射的法院内部管理问题

1. 诉访未分离是涉诉信访数量高位运行的技术性原因

在对信访诉求多元化的现状分析中，我们了解到至少一半的信访是“诉中访”和“执中访”。进一步分析，其中真正属于案件超审限或经办法官存在不当行为的情形其实并不多，主要原因仍在于案件经办法官与当事人沟通不畅，当事人急于了解案件审判或执行进展却又未能及时联系到经办法官，往往转向涉诉信访。在案件尚未作出生效裁判之前就开始信访，属于典型的“诉中访”现象。严格来说，“诉中访”“执中访”应纳入“诉”的处理范畴，在处理流程上应由法院信访部门将相应材料转交业务庭经办法官处理。2009 年 1 月 13 日，在全国法院第二次立案审判工作会议上，最高人民法院副院长苏泽林同志指出：“建立健全诉访分离工作机制，最根本的是要建立全国诉访分离的统一标准。一般而言，属于本级法院管辖，具有起诉、上诉、申诉与申请再审内容的来访，属于诉的范畴，除此之外的应属于访的范畴”①。但目前诉与访的分离标准并未明确，在涉诉信访统计中并未将“诉”剔除出来，这也是目前涉诉信访数量居高不下的原因之一。从广州中院的数量来看，如果诉、访统计分离，涉诉信访案件数量将会有大幅

---

① 《努力践行科学发展观，自觉满足人民群众的立案审制新期盼》，载《人民法院报》2009 年 2 月 5 日。

下降。

2. 司法效能不足是涉诉信访产生的诱发性原因

在案多人少的矛盾未得到解决前，案件需要延长审理期限或在较长的时间内审结是一种普遍现象。但“迟到的正义非正义”，时间成本也是当事人进行诉讼时需要考虑的因素，通过信访向法官施压以期案件能够尽快解决就成为一种较为普遍的现象。另外，裁判文书说理性不足、部分法院工作人员素质不高和工作作风问题都是产生信访的诱导性因素。面对当前社会矛盾复杂化、是非对错并非一目了然的案件现状，部分法官不注重裁判文书的说理，其裁判结论自然不足以令当事人信服。在释法不足或析理不明时，当事人很容易便转向投诉、信访。一些审判人员不注意自己的言行，在办案过程中对当事人不够尊重，未允许当事人充分行使诉讼权利等情形，也是当事人信访的原因。更严重者，极少数法官或执行人员为谋私利而枉法裁判、受贿渎职，影响了法院的威信，令信访人对法院和法官做出负面预判，从而引发强烈的涉诉信访行为。

3. 当事人与法官的沟通渠道不畅是涉诉信访产生的递进式原因

当事人对法院“案多人少”的办案压力是有一定认知的，因此，在案件“久拖不决”“久拖不执”时，当事人作为案件的直接利益相关者，关注案件的办理情况和进展是合理要求。但目前法院并未能提出当事人与审判人员的双向互动沟通平台，当事人只能通过信件或办公电话联系法官，但信件麻烦、效率低而且是单向的。审判人员往往因开庭、合议或各种会议、学习等事项不能在第一时间接到当事人的电话。在这种沟通平台不畅的情况下，因法院接访是窗口值班制，当事人就转而求助信访渠道。这就是“诉中访”“执中访”情况突出的原因所在。因此，畅通当事人行使案件知情权、监督权的渠道，是减少这类涉诉信访案件数量的关键环节和有效途径。在这方面，法院可以做得更为主动，及时告知当事人诉讼须知、开庭信息、案件进展、中止中断等事由，并且能够对当事人提出的问题有所回应。

三、涉诉信访的法治化引导与精细化管理

2013 年中央政法工作会议提出“要引导涉法涉诉信访问题在法治轨道内妥善解决”①，明确了国家在涉法涉诉信访工作改革中的基本思路。这与学界关于涉诉信访制度改革的主流

① 2013 年 1 月 7 日，中央政法委书记孟建柱在全国政法工作电视电话会议上提出要“积极推进‘四项改革’，努力提高执法司法公信力。……政法机关要站在全面推进依法治国的战略高度，从更好地维护人民群众根本利益、维护司法权威、维护社会和谐稳定出发，以实施修改后的刑事诉讼法和民事诉讼法为契机，把依法维权与依法办事有机结合起来，引导涉法涉诉信访问题在法治轨道内妥善解决，确保群众的诉求解决得更好、信访秩序维护得更好。”

观点一致[①]。在目前的政治和社会语境下，原本作为诉讼救济途径之外的补充性救济机制，涉诉信访制度担负了过多的法外救济功能，如是背景下提出涉法涉诉信访改革，有助于涉诉信访制度回归司法程序，实现涉诉信访制度在法律轨道内的有序健康运行。同时，通过精细化管理提高涉诉信访的处理效率，以因应常年居高不下的涉诉信访纠纷数量、减少因信访处理不及时而产生的重复访现象，则可被视为涉诉信访法治化的具体实现路径。

（一）引导涉诉信访问题在法治轨道内解决

1. 明确权力边界，规范党委、政府公权力运行

在我国，政治动员机制强大，而司法效能、处理信访能力还比较有限的情况下，基于维护社会稳定的社会治理首要价值目标，党委、政府需要借助公权力才能解决部分涉诉信访纠纷，尤其是转化成诉求表达失范行为的过激信访纠纷。此时，党委、政府不是处理涉诉信访的专门机构，但却是处理涉诉信

---

① 近年来，伴随着涉诉信访实践与形式理性司法技术日益加剧的紧张关系，学界关于涉诉信访改革的争论一直未曾停止。主要观点有三种：一是鉴于处理信访实践对裁判既判力和司法独立的冲击，主张取消涉诉信访，甚至取消信访制度；二是主张对既有的涉诉信访制度进行升格，将其纳入党委政府综治信访维稳工作中一并谋划；第三种主流观点主张将涉诉信访制度纳入诉讼化轨道，同时在程序上实现与目前司法程序的衔接。

访纠纷的当然机构，制度层面表现为：（1）对含有不稳定因素的信访维稳纠纷的限期办结、督办、包案制度；（2）对一般涉诉来信来访的交、转办制度。

党委、政府成为参与涉诉信访处理的当然部门的原因是多方面的[①]：第一，群体性聚集、围堵行政机关、封堵公共道路、以自杀自焚相威胁等诉求表达行为已经影响到党委、政府辖区内的社会稳定，从实施社会治理的最基本要求看，党委、政府不得不介入这类纠纷的处理；第二，最容易引发信访失范行为的纠纷往往涉及旧城改造、土地征收、社会保障等问题，这类问题往往与政策相关；第三，司法机关缺乏执法权的强大保障，相较而言，党委、政府可以依靠政治动员机制调动行政资源，甚至通过给予一定的“法外利益”促使信访人“息诉罢访”，具有纠纷解决的比较优势；第四，近年来，从中央到地方都将维稳纠纷化解纳入社会治安综合治理的绩效考核目标，并且明确了相应的行政责任；第五，出于对此类纠纷处理失当而形成的政治风险担忧，司法机关形成了依靠党委、政府化解纠纷的路径依赖。

在这种涉诉信访处理模式下，党委、政府势必将着眼点放

① 顾培东（2007）曾对非常规性纠纷解决机制中党委、政府牵头的主体动员机制进行了分析，参见顾培东：《试论我国社会中非常规性纠纷的解决机制》，载《中国法学》2007 年第 3 期，第 9 页。

在抑制外部冲突上，或许并不拘泥对纠纷中利益主体之间权益关系的应然规则的尊重。[①] 因此，为了平息过激信访纠纷，党委、政府的公权力往往会介入到个案的处理中。例如，要求对诉讼程序已经终结的纠纷重新启动司法程序，要求司法机关在裁判的利益平衡过程中对过激信访行为人适当倾斜，要求司法机关动员利益相对方适当妥协，要求司法机关启动司法救助机制等。这些现象在可能带来消解司法权威、助长信访人“小闹小解决，大闹大解决，不闹不解决”等一系列问题的同时，更有可能强化涉诉信访制度原本不应具备的权利救济功能，并导致权利救济制度结构冲突、信访资源过度透支、政治资源内耗和政治生态失衡，形成所谓的“低效率‘锁定’状态和恶性的路径依赖”[②]。

从问题形成机理的角度，打破这种恶性循环的关键在于切断信访人不合理的制度预期，以法治渐进式改革的思路，亦即为党委、政府公权力设定合理边界，让涉诉信访回归涉诉信访，让司法理性成为判断信访诉求合理与否的唯一标准。同

---

① 参见顾培东：《试论我国社会中非常规性纠纷的解决机制》，载《中国法学》2007 年第 3 期，第 10 页。

② 庄士成（2011）认为，传统文化中的“清官”理念、信访制度初始设定的人治基因和特殊历史时期形成的权利救济功能成为信访制度变迁的三重路径依赖，它导致人治信访、功能错位和无效率机制恶性循环等信访困境。参见庄士成：《我国信访“困境”的制度成因——一个制度经济学的分析视角》，载《政治与法律》2011 年第 8 期，第 70 页。

时，加快司法改革步伐，健全信访诉求表达机制，在司法独立的旗帜下重塑司法权威。

规范党委、政府公权力运行，在制度设计层面，首先要求改革目前的各级党委、政府的限期办结、督办和包案制度，取而代之以纠纷信息传递功能为核心的转办制度。理由在于，限期办结、督办和包案制度在运行中交办主体泛化，行为边界极其模糊，是涉诉信访制度中党委、政府公权力介入司法权的主要方式。司法机关为了完成限期办结、督办、包案任务，极易牺牲程序理性转而以社会稳定为首要价值目标。在转办制度下，党委、政府对信访人来访信息只甄别、登记、转送，不处理，也不对信访纠纷的司法处理进行干预，从而为司法机关处理涉诉信访问题提供独立的外部政治和社会环境。

此外还需要考虑的问题是，取消限期办结、督办和包案制度是既有涉诉信访处理制度的一项较大变革，完成制度转换需要一定的时间，在实然层面如何在这段时间中降低制度转换成本？一是如何消解涉诉信访的逆向激励，即在限期办结、督办和包案制度取消初期，如何消解信访人基于路径依赖对党委、政府能够帮助其实现信访诉求的预期？首先，将维护社会稳定的价值目标投射到党委、政府信访接待部门的工作态度作风上，最大限度避免因释理不清造成信访人行为升级，造成重复访等失范行为；其次，通过告知书的形式向信访人传递明确的处理信访职责分工信息，避免信访人产生“党委、政府和法院间相互推诿”的错误认识；再次，建立高效率的信息传递机制，在信访人来访后迅速将相关案件转办，司法机关迅速反应，向信访人传递涉诉信访纠纷应当由司法处理的信号。二是党委、政府退出涉诉信访治理后，过激信访行为如何处理？党委、政府基于社会治安综合治理的职责，对所有过激的诉求表达行为都置之不理不具有现实可行性，亦不利于社会和谐稳定。但其处理行为也应合理设定边界，具体来说，党委、政府只在诉求表达行为超越了正常界限且危及社会公共安全、公共秩序或侵犯公共利益时才进行规制，且规制行为只针对过激行为本身，而不对引发过激行为的诉求合理与否进行判断，恪守“将行政的还给行政，将司法的还给司法”的原则。

2. 提高法院行使审判权的独立性，重塑司法权威

如同硬币的两面，涉诉信访的法治化引导一方面要求党委、政府的公权力退出涉诉信访的具体处理，另一方面要求法院有所担当、“为所当为”。如前所述，传统的涉诉信访制度模式冲击了司法独立，消解了司法权威。“为了防控涉诉信访，法律不再是法官审执工作中所要考虑的唯一的、有时甚至也不是首要的因素，维护稳定的政治任务，以及对案件审执中的社会效果和政治效果的追求，左右着法官的思维，有时甚至取代了法官的法律思维。”① “面对涉诉信访，‘法官无上司’

---

① 张文国：《试论涉诉信访的制度困境及其出路》，载《华东师范大学学报（哲学社会科学版）》2007 年 3 月，第 88 页。

的谚语不再有效，法官不仅有上司，而且有很多有形的和无形的上司。……领导的批示和当事人的缠访都可以启动一个法外的司法程序，都可能改变一个既定的判决。司法程序的正当性和安定性，生效判决的强行性和不可变更性，在涉诉信访面前发生了动摇。”[①] 这些问题所带来的后果是，当事人不相信司法裁判具有终局性，有些人甚至在诉讼尚未终结时转而寻求信访渠道。究其原因，在我国“清官”情结和“青天”意识浓厚的法文化背景下，信访人往往需要一个更强的权威来解决纠纷。这一权威可以是司法，也可以是党委、政府、媒体等其他的纠纷解决主体。当有一个比司法权威更上位的权威主体（党委、政府）存在，且这两者之间的处理信访职能分界模糊时，信访人出于机会主义考虑，寻求司法外权威主体的救济就成为更优的选择。因此，只有在法院独立行使审判权的基础上重塑司法权威，才能从根源上解决信访人在诉讼程序外寻求救济渠道的问题。

在法院独立行使审判权的基础上重塑司法权威，在具体实现路径上，应该坚持以下三点：

一是司法权在与国家权力关系中保持不受其他权力干涉的独立性。在现代法治社会，宪法依靠其权威来限制公权力，保

---

① 张文国：《试论涉诉信访的制度困境及其出路》，载《华东师范大学学报（哲学社会科学版）》2007 年 3 月，第 88 页。

障公民私权利。然而，基于公权力主体作为理性经济人对稀缺资源的利益最大化追求，公权力运行可能产生权力滥用、权力寻租、腐败，进而侵害公共利益、公民利益的现象。此时，只有依靠独立司法机关的救济与裁判，才能使得实施利益侵害的人受到惩罚并付出代价，使受害人得到公正的补偿和合法的救济，使滥用权力者受到制裁。因此，以审判权为核心的司法权独立使司法权运行不受外来干预，最大限度避免了公权力“既当运动员又当裁判员”现象，这对限制公权力、保障私权利具有重要意义。

二是法院、法官审判案件不受行政机关、社会团体和个人的干预。司法权独立包括法院独立和法官独立两个具有内在联系的不可分割的部分。我国司法权独立的依据直接来源于宪法，《中华人民共和国宪法》规定“人民法院依照法律规定独立行使审判权，不受行政机关、社会团体和个人的干涉”。法院独立，亦即同级法院之间、上下级法院之间在各自管辖范围内的相互独立。法官独立，亦即合议庭与法官裁判案件均不受其他组织、个人的影响，承担不同职责的法官之间可能会存在行政领导关系、业务指导关系，但这些关系最终不应当影响法官作为居中裁判者的独立决策。

三是因涉诉信访而启动的司法程序不受维护社会稳定等法外价值目标的影响。以“诉中访”为例，信访的压力和维护稳定的政治任务，使得法官不能超然于当事人在庭审中的情绪和言行，而有些当事人正是抓住了这一点，想尽办法促使法官作出有利于自己的判决。[①] 与之类似，如果因信访而启动的司法程序，如再审之诉在审查时依然会受到当事人失范过激行为的影响，“小闹小解决、大闹大解决”的心态依旧无法消解，反而会使法院担负更多的维稳压力。要从根本上降低程序理性外的超预期收益，压缩机会主义空间，减少信访人诉求实现的或然性，法官必须做到信访人信访诉求的实现与否仅以实定法律规范为参照依据。在这种方式下，以形式理性为特点的司法程序和具有安定性特点的法律规范将稳定地、持续地调节社会利益、处置纠纷、救济损害，并有助于对后续同类信访纠纷的处置形成正面示范效应。

3. 完善再审审查，建立以听证为必经程序的无理访终结制度

涉诉信访制度的法治化引导最终要与既有的诉讼程序相衔接。再审审查就是涉诉信访与诉讼程序相衔接的制度环节。对于判决生效后的涉诉信访纠纷，应该纳入再审审查制度处理。同时，应该建立有限度的再审审查制度，对于经过再审审查认定判决、裁定没有问题的，通过涉诉信访终结制度终结司法处理环节。

---

① 张文国：《试论涉诉信访的制度困境及其出路》，载《华东师范大学学报（哲学社会科学版）》2007 年 3 月，第 88 页。

（1）涉诉信访制度与诉讼程序制度对接。

诉讼程序终结后，有的当事人仍然通过非正常信访途径寻求法院依职权启动再审程序。遵循程序正义的理念，应该构建以听证程序为必经程序的审慎的无理访终结程序。

其一，对于诉讼程序终结后的信访诉求，启动听证程序甄别诉求合理与否。听证可以由信访部门随机组织审判人员进行，也可适当吸收人大代表、政协委员作为社会力量代表参与，以提高听证结果的社会公信度。

其二，对于经听证程序认定，属于生效判决可能错误的信访纳入再审制度，告知信访人依照法定程序向特定的人民法院申请再审。

其三，在再审制度的设计上，应明确领导批示、上级指令、行政命令均不能作为启动再审的条件，不能替代信访听证程序。审查程序实行一审终局制，对于已经超过提起再审期限的信访，信访部门发现生效判决可能错误，可以依职权启动再审，但也应以一次为限。

其四，对于经听证程序确定为无理访的，由法院信访部门备案后，将最终结论书面送达信访人，并终结司法处理环节。认定无理访还有三个问题需要厘清：一是认定标准；二是认定程序；三是认定结果。[①] 结合广州市涉诉信访现状，无理访的

① 胡道才、刘慎辉、魏俊哲：《徐州法院涉诉信访情况调查及对策》，载《人民司法》2005年第3期，第46—48页。

认定标准可归结为“三无”，即涉诉信访所涉及的诉讼案件结果无错误、程序无瑕疵、信访人的要求无理。由于涉及信访人的切身利益，无理访的认定程序应当从严。首先，无理访的认定对象严格限定在已经用尽诉讼程序或信访人坚持不依法按诉讼程序办理的涉诉信访案件，当事人的合理诉求已经处理到位，实际困难已经妥善解决，审判、执行案件没有瑕疵，当事人仍然继续缠访闹访的信访案件；其次，在具体的程序上，由信访部门启动终结程序，原承办部门提供原审、再审或复查的有关法律文书、申诉材料、历次复查情况、息诉工作记录、案件综合报告等材料，信访部门组织听证并征求原审承办部门意见后，就案件是否存在错误、程序是否存在瑕疵、信访人的诉求是否有理提出意见，经主管院长报审委会讨论确定终结结论。案件认定为无理访后，除将终结结论送达信访人外，还可向社会公示，并通报同级人大、党委、政府。案件终结后，法院即不再受理同一信访人就同一事项的信访诉求。

（2）司法处理环节终结之后的处理。

如前文所述，司法权的程序理性决定了其不可能从根本上满足信访人的所有诉求。因此，应该建立涉诉信访末端的以人民代表大会制度为核心的权威救济机制。人大权威救济机制的宪政依据来自人民代表大会作为我国的权力机关，其代表组成具有广泛性；作为民意机关，拥有广泛的民意基础，通过监督程序作出的决定容易赢得民众的支持和认可；作为监督机关，拥有对司法机关的监督权。[①] 制度设想是：将目前分散于政法委、法院的救助功能上移到人大内务司法部门，对于经过法院处理，特别是司法处理环节终结后的涉诉信访案件，信访人不服处理结果的，可以向人大提出监督申请和司法救助申请。人大依监督职权对程序公正（即不对实体问题）进行监督，也可要求法院报告相关情况，并视情况启动救助程序。

（二）推行涉诉信访案件的精细化管理

1．进入控制：明确诉、访分离标准

“诉”“访”纠缠现象呼唤诉访分离机制。一般而言，诉访分离中的“诉”，是指当事人或利害关系人向有管辖权的法院提出的与审判有关并依据诉讼法的规定、适用诉讼程序予以解决的请求，包括起诉、上诉和申请再审等告诉类诉求，还包括法律和司法解释规定的提出异议和申请复议等异议类诉求。“访”是指当事人通过来信或来访的形式向法院反映一般不能启动司法程序的问题和事项。“诉”是法律规则下、司法程序内的权利保障方式，强调司法裁判的功能与作用；“访”是司法程序外、非常态的权利救济途径，侧重于民主监督与个案正义的实现。对于“诉”，要坚持以审判方式进行审理，充分保障当事人的程序权利；对于“访”，主要依法教育息访，辅之

---

① 孙大雄：《信访制度功能的扭曲与理性回归》，载《法商研究》2011 年第 4 期，第 55 页。

以必要的审判手段，综合施治，予以化解。诉访分离，不是机械分离，而是辩证分离，实质上是理念之合与程序之分的有机统一。2009 年，在全国法院第二次立案审判工作会议上，最高人民法院副院长苏泽林同志指出“建立健全诉访分离工作机制，最根本的是要建立全国诉访分离的统一标准。一般而言，属于本级法院管辖，具有起诉、上诉、申诉与申请再审内容的来访，属于诉的范畴，除此之外的应属于访的范畴”。[①] 据此，诉访分离的判断原则应有三：一是因诉讼是解决纠纷、保障权利的常态方式，故对某一请求应先考量其是否属于诉的范畴；二是考察该请求的实质内容，如具备诉权、在法律上可作为诉讼案件受理，则应属诉之范畴；三是存在“诉中有访、并行不悖”的情形，如在诉讼过程中，信访人提出法官存在违法办案问题等。根据上述原则，可归纳诉[②]访分离的具体运用标准如下：

其一，民事案件的再审申请人及刑事案件、行政案件的申诉人对已经发生法律效力的判决、裁定等不服，在两年内向有管辖权的法院申请再审或申诉的，属于诉。超过两年才申请再审或申诉的，或申请人、申诉人不符合法定主体资格的，或向没

① 苏泽林：《努力践行科学发展观，自觉满足人民群众的立案审判新期待——在第二次全国立案审判工作会议上的讲话（2009 年 1 月 13 日）》，载最高人民法院立案庭编：《立案工作指导》，人民法院出版社 2009 年版，第 8 页。

② 此处“诉”作广义理解，包括立案、审判和执行。

有管辖权的法院申请再审或申诉的，或法律及司法解释已明确将申请的内容排除在法定申请再审或申诉范畴之外的，属于访。

其二，当事人、利害关系人依据民事诉讼法提出的执行异议、复议和申诉案件属于诉；执行过程中其他情形则属于访。国家赔偿确认案件中，国家赔偿案件的申请人不服法院不予确认违法裁定书或赔偿决定等，依据中华人民共和国《国家赔偿法》第三十条规定向法院提出申诉的，属于诉。

其三，当事人就处于一审、二审、再审程序中的案件向法院反映情况的，属于诉，纳入相应诉讼程序处理。

其四，来访人向法院反映的无需或者不能启动诉讼程序的事项，如反映法官及其他工作人员态度、作风和廉政问题、设备设施问题、人事问题、向法院提出工作意见和建议、以及反映事项不属于法院主管或管辖的情形等，属于访。

一般来说，法院应在涉诉信访立案前进行审查，属于诉范畴的请求，应引导信访人通过法律途径解决，不宜作为信访案件处理，在具体处理程序上，应该转送诉讼服务中心处理。另外，在处置方法上也应充分体现诉访分离的原则：一是对“诉”和“访”编立不同的案号字号，调整司法统计口径，将程序内的诉从信访中分离出来；[①] 二是借鉴佛山市顺德区法院

---

① 苏泽林：《努力践行科学发展观，自觉满足人民群众的立案审判新期待——在第二次全国立案审判工作会议上的讲话（2009 年 1 月 13 日）》，载最高人民法院立案庭编：《立案工作指导》，人民法院出版社 2009 年版，第 8 页。

的做法，对投诉有理的涉诉信访案件重新指定承办法官；[1] 三是通过再审审查和审判监督程序对部分案件以诉的方式进行分流，使能够进入诉讼程序的请求从一般意义的涉诉信访案件中分离出去，并按照法定的诉讼程序予以解决。

2. 流程控制：进行信访案件处理的内部流程改造

（1）建立统一的涉诉信访信息收集、分析和协调平台。

及时、准确、系统地掌握涉诉信访信息，是实现涉诉信访有效处理的前提，而统一的信息收集、分析和协调平台客观上需要一个强有力的涉诉信访综合管理机构。以广州中院为例，在目前的涉诉信访制度中，承担涉诉信访信息收集、处理职能是立案庭下设的信访室，其职责包括接访登记、分类转办、督促反馈、处理应急事件、与信访局等法院外信访单位联络协调以及主办各类涉诉信访文件。这从层级关系看存在权力架构的矛盾，信访室作为立案庭下设科室，无法对与立案庭平级的各审判执行业务庭处理信访案件进行督办；在发生重大或紧急事件时往往需要通过院领导进行协调，审批步骤多、处理效率低；且将涉诉信访与立案放置在一起，不利于两者的专业化。在此次基层调研中，几乎每个法院都提及缺乏高层级、独立涉诉信访管理部门带来的处理困境。

---

① 《诉访分离的顺德经验》，载《人民法院报》2010 年 8 月 19 日第 5 版。

可以考虑借鉴北京市第一中院制定《关于加强涉诉信访工作的若干意见（试行）》和佛山市顺德区法院成立独立建制的“涉法涉诉信访科”[①] 的实践经验，将信访室从立案庭分离，并将其定位为与各审判执行业务庭同级的独立的涉诉信访综合处理部门，并建立一整套的涉诉信访案件组织协调、会商联动、联合接访、应急处置、督办反馈、责任查究机制，着力解决涉诉信访工作力量的有效整合问题。

在上下级法院信访室的工作关系上，建议参照各审判业务庭的做法，将其定位为上下级业务指导关系，并明确涉诉信访系统内的信息传递、案件传送机制。此外，作为涉诉信访综合处理机构的信访室应该具有强有力的协调能力，协调各部门处理信访事项，但不应干预不同业务部门对信访事项的实体处理。信访室还应该发挥信息分析功能，适时、准确地把信访信息、整体工作态势提供给法院决策部门，并向有关部门进行通报，必要时可向社会通报，提示有关部门和社会公众对某些情况予以关注。

（2）进行涉诉信访案件处理的流程改造。

在涉诉信访制度运行中，法院对信访个案的处理流程始终是最重要的环节，也是制度功能“落地”的最重要载体。在

---

① 《诉访分离的顺德经验》，载《人民法院报》2010 年 8 月 19 日第 5 版。

既定的社会、司法语境下，涉诉信访处理的内部流程改造尤其应当注意以下几个方面的问题：①最大限度吸收现有资源和制度供给，降低制度优化成本。以广州法院为例，可充分依托已较为成熟的审判管理系统、档案管理制度、部门结构等要素，尽量少触动现有格局，不增加法院在人、财、物方面的额外负担。②通过渐进式改造降低制度变动带来的波动。首先，不宜完全推翻现有的涉诉信访制度，而应该将改造重点放在既有结构的调整和要素的重新组合上。同时，不宜进行“一次性”改造，“跃进式”的改造可能产生根基不牢、流于形式等一系列问题，可通过区域推进、试点先行，并根据反馈结果对改造方案予以调整，最后再推而广之。③以切实可行为要件。在司法资源稀缺的情况下，重点选取小而关键的局部制度为切入口，带动整体工作的较大提升。在制度设计导向上，以信访人、信访工作者的需求为核心，并将其对制度实用性的评价作为判断流程优化成效的重要依据。④注重与既有外部的有序衔接。就广州法院而言，包括涉诉信访登记系统平台与审判管理系统、纪检监察管理系统的衔接，涉诉信访信息反馈信息平台与所涉案件经办法官的转办、反馈机制的衔接。

涉诉信访的流程管理机制的具体设计思路如下。

改造后的涉诉信访处理流程图

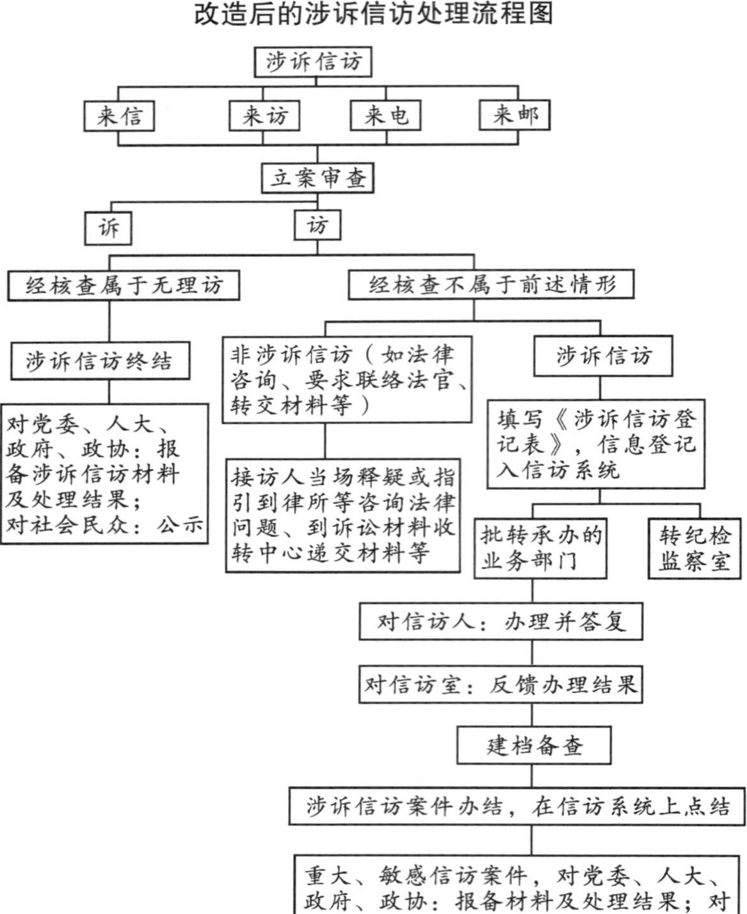

第一阶段：甄别及“诉”和“访”的分流。①进行诉、访事项甄别；②对属于“诉”范畴的来访事项，转送诉讼服务中心处理；③对属于“访”范畴的，由信访部门处理。

第二阶段：对“访”的分流。①分流无理访事项，经甄别属于无理访的，启动无理访终结程序；②分流“类信访”事项，即信访人为法律咨询、联络法官、递交材料等非对立案、审判、执行行为或结果不满的信访，接访人可当场释疑或指引信访人到律所或公益机构咨询具体法律问题、到立案庭咨询窗口查询法官电话或通过诉讼服务中心联系经办法官、到诉讼材料收转中心递交材料等；③建档登记，对于涉诉信访，必须详细登记《涉诉信访登记表》，同时将信访人基本信息、信访类型、信访诉求、相关案号等信息完整、全面登记入审判流程管理系统；④自动关联，通过完善审判流程管理系统，在涉诉信访案件登记相关诉讼案号后，已审结的由系统自动导入该诉讼案件的起（上）诉状、答辩状、保全情况、质证笔录、开庭笔录、裁判文书等；未审结的由系统自动导入该诉讼案件的起（上）诉状、答辩状，方便接访人了解案情、准确答疑。

第三阶段：转办。①根据信访案件内容，对人的信访转交纪检监察室处理，对事的信访转交经办部门处理。在《转办单》上明确涉诉信访处理的反馈时间和形式，并适当提示经办法官关于信访人的特殊情况，如存在过激访、媒体关注等。②改进流转程序，改进审判流程管理系统，令系统在转办中显示“移”、在经办法官签收后显示“办”、在办结后显示“结”、遇特殊情形需要中止办理的显示“止”、超过办理期限的显示红色，以有效控制涉诉信访案件的办理过程。

第四阶段：反馈。每一建档的涉诉信访案件要求经办部门必须进行两方面处理：答复信访人和反馈信访部门。为加快处理速度和简化操作，信访建档后，在审判流程管理系统中自动生成《处理审批表》，以选项方式设置处理结果，供经办法官便捷选填。重大要案需经院庭领导审批的，由系统自动转至具有审批权限的领导处，审批完成后返回信访部门。至此，经办人对于涉诉信访案件的办理工作方算完毕。

第五阶段：归档。涉诉信访案件经由信访部门专职信访员在系统中进行结案登记，也应像诉讼案件般进行装订归档、留存备查，同时建立完整的电子档案，入档材料应包括但不限于信访人提交的申请和证据、《转办单》、经办法官复查案件或处理过程产生的材料、《处理审批表》以及媒体报道或外单位转来相关材料等。

（3）建立涉诉信访案件分级分类处理制度。

在目前的处理信访实践中，信访人来访后，信访部门如认为来访诉求需业务庭和原经办人处理，一般直接将信访材料转交业务庭和原经办人，除上级交办、督办案件外，对其他案件不作跟踪和督办。因此，信访人因业务庭和原经办人不予答复而重复访的事件时有发生。但同时，涉诉信访案件数量规模整体偏大，并非所有案件都具有现实维稳风险，对所有信访案件适用同样的督办、交办程序既不可能，亦无必要。现行平均着力的处理信访方式，一方面容易分散信访工作者的处理信访精力，无法集中力量处理重大、敏感信访案件，也容易使简单信访问题复杂化。

可以借助信息化手段，建立涉诉信访分级、分类处理机制。具体设想是根据信访案件的社会稳定风险等级，将涉诉信访分为四级。接访后，由专职信访工作者将涉诉信访案件信息登记入系统，评估其社会稳定风险系数，并据此划分等级。根据各等级的处理原则，按照各自处理流程处理信访。处理信访过程中，如发现新情况，可调整当前的社会稳定风险等级。

3. 源头控制：以提高司法效能为重点减少“诉中访”

从前文的数据分析可知，信访人来访所针对的问题中有大量针对法官“久拖不判”“久拖不执”和司法作风问题，在2008—2011年四年间，这类问题占总体来信来访量约53%。因此，要改变涉诉信访数量高位运行态势，压降这一部分的涉诉信访量是重要的工作内容，也是从根源上预防和减少涉诉信访矛盾的重要手段。针对“诉中访”的具体类型，提高司法效能尤其可以考虑从以下两个方面入手：一是加强司法作风建设，提高司法能力，重点是提高诉讼调解、庭审驾驭、裁判文书制作技能和认识把握社会矛盾、社情民意的能力。同时，应该克服司法不规范、不文明做法，杜绝工作简单粗暴、态度冷横硬推，最大限度消除涉诉信访诱因。二是加强审判管理，通过设立科学的审判管理机制，加大对调解撤诉率、上诉率、申诉申请再审率、案访比、判后答疑回访率等审判效果指标的绩效考评力度，强化案结事了的工作导向。对案访比高的办案人员或案件承办人答疑不及时、敷衍塞责导致当事人越级、进京信访的，应在审判业绩考核中有所体现。在涉诉信访法治化引导的前提下，通过强化司法行为监督功能，反观法院的司法行为，并以此作为改进司法作风的依据，应当也是涉诉信访法治化改革的一个基本取向。

4．惩罚控制：加强对过激访的规制

法院在处理涉诉信访时，固然要防止简单划一、刻板僵化地适用法律，但同时也要防止假社会效果之名行无原则迁就之实的倾向，甚至满足信访人的“法外诉求”。但当前，部分法院出于维稳考虑或顾忌媒体，对过激访多持“宽容”态度，正与我国政治体制赋予法院过多“社会治理”[①] 职能息息相关，但却危害甚剧。一方面影响法院正常工作秩序和法官人身安全，并且不实控告、恶意诬陷直接影响法院权威，降低司法公信力；另一方面，对过激访采取经济补助等息事宁人的温和做法，容易引发“羊群效应”，造成其他正常信访人产生“非

① 有学者指出，对于一些案件的司法个别化处理，司法的功能只能成为辅助手段，法院更多地应当承担社会治理机构的角色职能，“作为一个治理机构，它在整个法律体系中的作用，正是要解决无法用形式理性去解决的实质理性问题，即治理问题。”参见赵晓力：《基层司法的反司法理论？——苏力〈送法下乡〉》，http：//www. law - thinker. com，最后点阅时间2013年2月28日。

竞争型弱势化”[1]心理。美国学者斯托夫认为，“人们总是将自己的命运与那些和自己的地位相近、又完全不同于自己的人或群体做反向比较的结果，产生被相对剥夺感，一旦这种心态变得很强烈，将成为社会不满和社会动荡的重要根源”。[2]

在目前的信访工作中，部分信访人，特别是部分信访老户，存在一定的心理问题迹象，包括偏执型人格、受迫害臆想症状等。“心病还需心药医”，心理疾病的医治必须尊重科学，充分发挥专业人员的专业能力。因此，建议法院有针对性地设置专门的心理工作室，并通过购买专门社会服务方式，聘请专业的心理医生对部分信访人进行心理辅导和心理干预，相关费用列入财政预算。同时，考虑到信访人对与案件没有关系的非法院工作人员容易产生信任感，可以通过引进法律志愿者或者公职律师参与接访，充分利用社会力量有效提升接访能力和效果，同时也能增进公众对法院工作特别是信访维稳工作的理解和支持。

对过激访进行适当规制是重要且必要的。对于缠访、闹访者，原规定可对其按照《城市流浪乞讨人员收容遣送办法》收容遣送，“孙志刚事件”后，收容遣送制度于2003年8月1

---

① 李强：《警惕“非竞争型的弱势化”》，http：//politics. people. com. cn/GB. 13402390. html，最后点阅时间2013年2月28日。

② 余少祥：《弱者的权利：社会弱势群体保护的法理研究》，社会科学文献出版社2008年版，第134—135页。

日被废止，但对缠访、闹访行为却未有替代性处罚制度跟进，仅有一些原则性规定，制度供给严重不足是当前缠访、闹访严重的重要原因之一。如何有效规制过激访行为，武汉中院、成都中院的做法可借鉴。武汉中院与武汉市公安局经协调，在武汉中院信访大厅外设立警务室，可及时处置信访人的过激行为，有效保障法院工作秩序。2009 年 2 月 23 日 9 名信访人在成都中院外严重闹访，成都市公安局介入并经过缜密侦查，获取了闹访人员犯罪的证据，后来这 9 名闹访人员全部都被判处三年以下有期徒刑。成都中院还会同检察院、公安局联合发布了《关于切实维护信访秩序、依法处置非正常上访行为的通告》，成都市公安局曾多次拘留过到成都中院严重闹访的违法人员，信访秩序大为好转，严重闹访行为近乎绝迹。

结语　孕育一种更加宽容的法治化的社会权力权利生态

涉诉信访作为信访现象的一种，其存在本身就是政治文明的表现。2003 年收容遣送制度被废除后，信访“井喷”现象诠释了这种关联关系。然而，涉诉信访中暴露的无视司法权的独立性和终局性倾向，以及与这种倾向呼应的“包案”“领导干部大接访”之解决路径依赖，与当代法治精神不相吻合。可以预见，随着对“被精神病”现象的治理、以及劳教制度的改革，我国的社会权利生态将进一步宽容，“信访”“涉诉信访”作为普通民众表达意愿、甚至参与政治的一种形式，只会增加不会减少，从这个意义上讲，我国的法治化进程总体是在可喜地进步。但是，在法治大厦内部，如何协调其中子项目之间的关系，还有很多功课要做。如何在保障民众表达意愿的权利同时推进司法机关独立行使裁判权、司法程序公正等法治价值的建立，值得我们思考。法制教化是容易被想起的办法，但与公共权力的法治化配置相比，后者更具有核心意义，它将以制度的力量促成民众法治意识的形成。即使在历史传统沉重惯性和社会转型时期各社会板块不平衡运动的双重作用下，沿着法治化的治理路径，一种更加宽容的有序的社会权力权利生态呼之欲出。在这种社会生态中，涉诉信访将变迁为公民理性表达诉求的制度文明。

第十一章　民间借贷及合伙企业为之担保的案例点评

【当事人介绍】

甲方：出借人（自然人）

乙方：借款人（自然人，同时是丙方的负责人和合伙人）

丙方：担保人（普通合伙企业）

丁方：丙方合伙人（自然人）

戊方：丙方合伙人（自然人）

【案情简要】

2013 年 8 月，甲方与乙方签订《短期借款合同》，甲方向乙方出借 500 万元，借款期限自借款到乙方指定收款账户之日起3个月，利息为月利率2%。之后，甲方与乙方协商将借款本金提高至1000万元。甲方累计共向乙方支付1000万元。2015年8月初，甲、乙双方签订《确认书》，对上述借款情况进行了确认。借款发生后，乙方曾有用自己在合伙企业中的应得收益款项由丙方开出支票支付其自己所欠甲方的本金和利息。2015年8月末，甲方又与乙方签订《承诺及保证函》，内容为：截至2015年8月，乙方尚欠甲方借款本金500万元及相关利息××万元（利率为月息2%），乙方承诺于2015年9月底前全部还清本金及至9月底前的欠息，丙方为乙方的上述债务本息承担连带保证责任。乙方仅在借款人处签名，丙方一栏有与合伙企业丙方名称一致并相仿的公章（该公章目前未经司法鉴定确认是丙方的公章），但乙方并未在丙方一栏处签名。

丙方称从未就《承诺及保证函》中涉及的债务进行担保的事宜召开过合伙人会议，更没有合伙人一致同意担保的决议。

丙方的公章未在公安机关备案。

因乙方未按时还款，甲方起诉至法院，要求乙方偿还借款本息以及合伙企业丙方、及合伙企业丙方的合伙人丁方、戊方均对乙方的上述债务承担连带清偿责任。

【一审判词认定】：

（1）丙方的公章未在公安机关备案，故无法确定检材而进行鉴定，丙方应对此承担相应的法律后果，因此对《承诺及保证函》予以采信；

（2）乙方作为丙方负责人加盖有丙方式样公章的行为能够构成《合同法》第五十条规定的表见代表行为，公章的真实性已不起决定性作用；

（3）丙方的担保行为未经合伙人一致同意，不影响对外担保合同的效力。

（4）丁方、戊方因不是本案适格主体裁定驳回原告起诉。

综上，一审支持了原告除对丁方、戊方之外的诉讼请求。

丙方认为一审认定事实及适用法律错误，提起上诉。

【诉讼各方的意见】

甲方的意见：

（1）乙方以丙方的名义对外从事的法律行为，包括签署《承诺及保证函》，提供丙方出具的支票偿还涉案债务，均构成表见代理。

（2）若丙方认为他人使用假冒公章并假借丙方的名义对外从事业务，丙方在正常情况下，应早已报警处理，但丙方未作出任何行动，明显是知悉乙方的借款行为并同意为乙方进行担保。

（3）即使乙方的行为属于越权，但已构成表见代理，且丙方有代偿行为，因此能够认定丙方对乙方的债务承担保证还款责任。

（4）丙方的公章未进行备案，不排除丙方同时使用多枚公章。

乙方的意见：

（1）对于借款的事实和利息均无异议，且甲方在起诉后，其自己已偿还了20万元的利息。

（2）不同意甲方对《承诺及保证函》形成、来源及加盖公章的说法。对《承诺及保证函》担保人一栏处所谓的丙方公章的真实性也有异议。

丙方的意见：

（1）《承诺及保证函》中的“所谓丙方的公章”加盖的形成及来源一审并未查清，判决不应采信《承诺及保证函》是乙方作为丙方的负责人代表丙方真实出具的。

（2）丙方从未授权乙方签署《承诺及保证函》，无论《承诺及保证函》担保人一栏处有无合伙企业（丙方）的负责人乙方的签名均不能视为乙方能有效代表丙方行使职务行为而代表丙方同意担保的意思表示。

（3）《承诺及保证函》担保人处的公章不是丙方的真实的印章，一审判决拒绝丙方提出的以可以证明是丙方长期（或这段期间）对外使用的公章为检材而进行鉴定的申请，而直接认定《承诺及保证函》对丙方产生约束力，违反程序公证没有法律依据。

（4）丙方出具的支票虽被乙方用予偿还了其相关债务，

但这不能认定丙方就同意为乙方担保，该支票的钱款是乙方在丙方的合法所得或只能证明丙方提供了支票给乙方使用而已，如何使用是乙方自己的意思表示。

（5）乙方在本案中所有的行为均不是行使合伙企业负责人的职务行为，乙方借钱的用途并不是为合伙企业进行融资，一审判决引用《合同法》第五十条规定认定乙方的行为构成表见代理，属适用法律错误。

（6）一审判决引用《合伙企业法》第三十七条以及第九十七条的规定来认定第三十一条为管理性强制性规范而非效力性强制性规范，从而认定丙方应承担连带担保责任，属适用法律错误。

（7）本案的《承诺及保证函》中表述的担保范围仅是：500 万元的本金及 9 月底前的欠息。

丁方、戊方观点：

合伙人对合伙企业承担连带责任必须是在合伙企业无法承担责任时才成立，本案中合伙人与债权人既无合同关系也无直接担保关系，更何况合伙企业丙方仍正常经营，现在就直接要求合伙人对本案承担责任并列为诉讼主体，程序违法，应予驳回。

【案件分析】

一、判决对《承诺及保证函》是乙方提供的事实予以采信，并结合丙方的支票被用于偿还乙方的债务从而认定

丙方担保的意思表示真实，过于主观和轻率

（1）从一审材料演绎的事实和过程看，本案甲方在第一次庭审时确认，该函件是乙方制作并盖好丙方的印章直接交给甲方的，而乙方却提出该函件是甲方制作好后找到他，他让员工去盖章的而非他本人亲自加盖公章；但第二次庭审，甲方却确认该函件的盖章就是在丙方的负责人（乙方）的办公室看着乙方自己直接加盖公章的。甲方自己两次庭审中对案涉函件中的公章加盖形成说法不一致，而且乙方也在庭审中对丙方的公章真实性提出了异议的陈述，显然，法庭理应对案涉《承诺及保证函》的公章与丙方长期使用的公章进行鉴定，以确保程序上不缺失公正。《合同法》第三十二条规定，“当事人采用合同书形式订立合同的，自双方当事人签字或者盖章时合同成立。”该条规定表明，当事人的签字或者盖章都可以使合同成立。当事人的签字，包括自然人本人或者其委托代理人签字，企业法人或者其他经济组织的法定代表人、负责人或其委托代理人签字。《民法通则》第四十三条规定，“企业法人对它的法定代表人和其他工作人员的经营活动，承担民事责任。”该条规定表明，企业对法定代表人或其他工作人员在从事与企业相关的经营活动时的行为后果承担责任。而案涉的《承诺及保证函》的内容是涉及乙方个人的借款及担保事宜，与丙方的经营活动没有任何关系；而盖章可以产生合同成立的

效果，合同上盖章的意义在于证明该合同的内容是印章记载当事人的意思表示，此时合同上的印模具有证据的作用，必须是加盖真实印章的合同，其权利义务才由该当事人承受。现《承诺及保证函》上的印章目前不能充分证明是丙方真实长期使用的印章，当然不必然代表丙方的意思。甲方向法庭主张应采信“《承诺及保证函》是丙方真实出具的”根据是盖章的过程，但庭审中甲方自己对盖章的过程，也存在前后两种矛盾说法，为查清证伪，理应鉴定。

（2）法庭以丙方的公章没有进行备案无法确定检材为由，拒绝丙方的公章鉴定申请。但我国实行公章自愿登记备案制度而非强制备案。法庭就事实上错误地赋予了非强制性的登记备案制度具有了唯一的强制性的对外公示效力，确认了“没有备案就应该承担不备案的风险”的说法。即使丙方的公章没有进行备案，但丙方如果可以提供在该段时间前后对政府部门或其他业务往来过程中使用过的公章的资料作为检材就应当进行公章鉴定。如丙方提供的检材在公信力及数量上都可以符合公章鉴定的要求，而且丙方已经尽最大能力履行了举证义务，但甲方却反对鉴定的或对鉴定结论不予认可的话，则应由甲方举证证明，而不应将举证责任错误分配给丙方。《承诺及保证函》是否合法有效，直接影响丙方应承担的法律责任。若《承诺及保证函》上的公章经鉴定是丙方真实的公章，才具有认定丙方是否承担担保责任的前提，才能进一步去论证丙方是否应该承担担保责任；若《承诺及保证函》上的公章不是丙方真实的公章，那么《承诺及保证函》就极有可能是一份无效的担保协议。在《承诺及保证函》无效的情况下，才有进一步讨论是否存在表见代理以及过错等行为的必要。法庭在尚未查清《承诺及保证函》中案涉公章与丙方提供的检材是否一致的情况下，直接论述乙方的行为是否构成表见代理，容易引起缺失必要程序的诟病。

（3）丙方支票由乙方使用偿还债务不能简单认定是代表了丙方作出的担保行为。根据《票据法》的相关规定，支票是出票人签发的，委托办理支票存款业务的银行或者其他金融机构在见票时无条件支付确定的金额给收款人或持票人的票据，仅代表见票即付的行为，即使支票发生质押，也仅说明票面金额这部分的债权优先实现而非代表出票人对其他协议中的所有债务要承担担保责任。

（4）根据《合伙企业法》第三十一条等相关规定，按我们的理解，更倾向认为未取得全体合伙人一致同意，擅自以合伙企业名义为该合伙事务执行人或他人提供保证担保理应无效。其法理依据罗列如下。

①合伙企业不同于有限公司或股份公司。有限公司或股份公司有独立法人人格及财产权，而合伙企业无独立法人人格及财产权，合伙企业财产其实是合伙人共同财产。

②《合伙企业法》第二十五条规定，“合伙人以其在合伙

企业中的财产份额出质的，须经其他合伙人一致同意；未经其他合伙人一致同意，其行为无效，由此给善意第三人造成损失的，由行为人依法承担赔偿责任”。上述法律条款明确规定，对未经其他合伙人同意某一合伙人以其在合伙企业的财产份额出质的，出质无效且由行为人赔偿善意第三人。执行合伙事务的合伙人未经全体合伙人一致同意，以合伙企业名义为他人担保，其实是以合伙人共同财产作担保（以合伙企业名义作保证的，甚至是以合伙人共同财产及各合伙人其他财产作担保），其性质显然重于某一合伙人擅自以其在合伙企业中的财产份额出质。按举轻以明重的法律解释规则，对执行事务合伙人未经其他合伙人同意，擅自以合伙企业名义为他人提供担保的，也理应认定为无效担保且应由行为人赔偿善意第三人。

③对擅自以合伙企业名义提供的担保，主张担保有效、债权人无需审查合伙人一致同意的一大理由，是维持交易安全、稳定及公平。但实际效果并非如此。债权人主观上应当知道以合伙企业名义提供担保须全体合伙人同意，客观上作此审查也非常方便可行。而其他合伙人要及时发现擅自担保很难或者要付出更大代价。如果未经其他合伙人同意擅自以合伙企业名义为他人担保有效，甚至让其他合伙人承担无限连带责任，对其他合伙人极不公平并损害合伙投资安全性、稳定性、经济性，最终只会让合伙企业制度被抛弃，对社会交易安全和稳定性并不利。立法及司法中应考量价值取向和社会经济性。

二、判决适用法律有待商榷之处

（1）法庭引用《合同法》第五十条规定："法人或者其他组织的法定代表人、负责人超越权限订立的合同，除相对人知道或者应当知道其超越权限的以外，该代表行为有效"，认定乙方的行为构成表见代理，属适用法律的一己之见，可能进入误区从而发生错误。

首先，根据《最高院关于当前形势下审理民商事合同纠纷案件若干问题的指导意见》第四点关于正确把握法律构成要件，稳妥认定表见代理行为的规定："合同法第四十九条规定的表见代理制度不仅要求代理人的无权代理行为在客观上形成具有代理权的表象，而且要求相对人在主观上善意且无过失地相信行为人有代理权。合同相对人主张构成表见代理的，应当承担举证责任，不仅应当举证证明代理行为存在诸如合同书、公章、印鉴等有权代理的客观表象形式要素，而且应当证明其善意且无过失地相信行为人具有代理权。"结合本案，乙方尚不存在客观上具有代理权的表象。丙方并非是担保公司，从事的也是需要领取相关金融许可证的担保服务业务，乙方用丙方的名义为自己个人的债务提供担保，乙方的行为与丙方的经营行为没有任何关联，甲方无可认定乙方具有客观上的代理权表象，即不能仅仅以乙方当时是丙方的负责人，就理所当然地认为乙方能够代表丙方的一切行为。且甲方也不是善意无过失的第三人，所谓善意，是指与合伙企业及其对外代表合伙人交易的第三人没有故意或明知的串通，也不了解合伙企业的内部限制规则及参与交易的合伙人的实际状况。甲方与丙方曾有多年各种业务的往来，理应知道合伙企业做出的任何行为都必须经过合伙人的决议。《合伙企业法》第三十一条明确规定，合伙企业为他人提供担保的，应当经全体合伙人一致同意。法律有此项规定，司法实践中均应认定甲方应当知道合伙企业对外担保需经合伙人一致同意。在丙方没有提供合伙人决议同意担保的情形下，法庭本应认定甲方应当知道乙方以丙方名义提供担保超越了权限。法庭如依法认定为甲方应当知道乙方以丙方名义提供担保超越了权限，则不应适用《合同法》第五十条认定该代表行为有效的规定。甲方自 2013 年向乙方出借款项后，直到《承诺及保证函》出具之时甲方从没有向乙方提起过还款诉讼。但却在丙方所谓公章出现在《承诺及保证函》的担保人一栏处之后不到三个月时间，甲方就提起本案诉讼，要求丙方承担连带担保责任。可以认为，还有一种可能性是客观存在的，甲方为了收回借款，不排除与主债务人乙方暗结勾连，侵害丙方的合法权益。

法庭在甲方未充分举证且存在过失的情况下，并在甲方应当知道在未经丙方合伙人决议同意乙方无权代表合伙人对外担保的情形下，以未经查证属实的行为“乙方指示员工盖章”作为构成表见代理行为的基础，适用法律失当，自然会得出偏离正确的结论。

其次，表见代理成立的前提是，负责人所代理的行为理应属于该企业的正常经营活动。本案中，乙方以丙方的名义为个人债务提供担保，显然不是丙方的正常经营活动，而是需要上诉人全体合伙人一致同意的特殊行为。

再次，丙方从未授权乙方代表丙方签署《承诺及保证函》，既然乙方没有任何法定的或约定的授权，超越权限又从何谈起？

（2）法庭引用《合伙企业法》第三十七条以及第九十七条的规定来认定第三十一条为管理性强制性规范而非效力性强制性规范，从而认定丙方应承担连带担保责任，属适用法律有误。

首先，合伙企业区别于公司企业的一个重要特征是，合伙企业更加突显人合性。因此，《合伙企业法》第三十一条才予以明确规定，合伙企业为他人提供担保的，应当经全体合伙人一致同意。假若如法院所判，乙方指示员工盖章的行为代表丙方的行为，是违背了合伙企业的法律特殊性，人合性的特点便无从谈起。

其次，《合伙企业法》第三十七条规定的不得对抗善意第三人适用的前提条件是，合伙企业与善意第三人存在业务或交易的关系，且合伙人的行为属于合伙人执行合伙事务以及对外代表合伙企业的权利的情况。结合本案，乙方在未得到丙方的授权下以丙方的名义为其个人债务提供担保，不属于执行合伙事务的行为。因《承诺及保证函》上的公章是虚假的，乙方亦未在担保人处签字，乙方代表合伙企业的权利从何体现？法庭仅以未经查证属实的乙方单方的陈述“指示员工去盖章”就认定乙方代表合伙企业的权利尚感依据不足。

再次，《合伙企业法》第九十七条规定合伙人给合伙企业或其他合伙人造成损失的，依法承担赔偿责任。该条款是基于合伙企业的特殊性，即合伙人需要对合伙企业的债务承担无限连带责任而设置的，目的是为了保护合伙企业以及其他合伙人的合法权益。但法庭却认为丙方最终可以通过向乙方追偿而得以赔偿，因此《合伙企业法》第三十一条属于管理性强制性规范，应该属于对法律条文的错误解读。判断强制性规定是属于效力性强制性规范还是管理性强制性规范的判断标准，可以从三个方面考虑：①看该强制性规定是否有明确规定了违反的后果是合同无效；②看违反该强制性规定继续履行合同是否会损害国家、集体、第三人利益及社会公共利益；③看违反该强制性规定是否会违背我国相关法律的立法宗旨。结合本案情况，虽然《合伙企业法》第三十一条没有直接表明违反的后果是合同无效，但如果丙方需要对乙方的个人行为向甲方承担连带担保责任，那么必然会损害第三人即丙方的合法利益，甚至有可能扩大至丙方合伙人丁方、戊方的合法财产，而且也与《合伙企业法》为了保护合伙企业及其合伙人的合法权益的立法宗旨相违背。因此，法庭是随意地解读《合伙企业法》的相关规定。

三、本案的担保范围仅是：500 万元的本金及 9 月 30 日前的欠息

假使本案的担保成立，根据《承诺及保证函》的内容，"乙方承诺于 2015 年 9 月 30 日前全部还清本金及至 9 月 30 日前的欠息，丙方为甲方的上述债务本息承担连带保证责任"。该约定已经明确了担保的范围是：500 万元的本金及 9 月 30 日前的欠息。法庭判决丙方对乙方 500 万元的本金及至实际清偿之日止的利息承担连带清偿责任是容易引起争议，值得商榷。

总而言之，民间借贷及合伙企业为之担保的现象比较普遍，由于牵涉面较广，法律的相关规定还需要衔接和磨合。因此，对发生在这一领域的个案，需要有针对性的研究分析，根据诉讼的个别情况认真细致地判罚，才有可能达到息诉罢访、案结事了的司法效果。

第十二章　2013—2015年度广州中院涉外、涉港澳台地区民间借贷纠纷案件审理情况分析

课题组主持人：舒　扬

主要参加者：姚义堂、林幼吟、王美英、刘洁珺、张明艳、方卓迪、朱志亮

课题执笔人：刘洁珺

一、民间借贷法律规制的发展情况

民间借贷作为一种常见的经济现象，在我国已经有至少三千年的历史。早在战国时期，就已经出现了放款取息的借贷方式。随着生产发展，社会分工扩大，剩余产品出现，产生商品

交换，贸易、商业活动开始繁荣起来，货币应运而生。借贷活动也逐渐以货币作为中介，货币借贷行为逐渐多起来，实物借贷活动则逐渐式微，这一趋势延续至今。

中华人民共和国成立后，历经社会主义改造，民间借贷受到国家政权的挤压而几近消失，仅是以个人之间互助友情借贷的形式小范围存在。改革开放初期，伴随着乡镇企业迅猛发展带来的巨大资金需求，民间借贷再次活跃起来，不少城市都出现了私人钱庄，并高息揽储和放贷。其后，虽然我国的正规金融获得了长足发展，但却一直无法满足高速经济增长导致的资金需求，民间借贷因此获得了较大发展，借贷规模和范围空前。同时，为逃避监管和打击，相当一部分民间借贷还转到“地下”运营。浙江温州方兴钱庄的试办，就展现了改革开放后民间借贷兴衰的样本。

在《最高人民法院关于审理民间借贷案件适用法律若干问题的规定》出台之前，我国并没有哪一部法律法规对民间借贷进行专门规范，有关规范民间借贷法律关系规范较为分散，主要以下面三种形式呈现。

1.《中华人民共和国宪法》（以下简称《宪法》）、《中华人民共和国民法通则》（以下简称《民法通则》）、《合同法》《刑法》等基本法律及相关司法解释

我国《宪法》从基本法的角度确立了公民合法财产不受

侵犯的权利，为民间借贷的合法性提供了宪法上的保障；[1]《民法通则》规定“依法成立的合同，受法律保护”以及“合法的借贷关系受法律保护”；[2]《合同法》第十二章则在《宪法》和《民法通则》的基础上对借款合同进行了专章规定，但大部分条款是对金融机构借款合同的规定，对自然人之间借款规定较少；《刑法》则对民间借贷中涉嫌犯罪的行为作出了规定，如第 175 条第 1 款的高利转贷罪、第 176 条的非法吸收公众存款罪和第 192 条的集资诈骗罪等。其他法律如《物权法》《担保法》等对民间借贷中的相关问题也有所涉及。

最高人民法院针对民间借贷也出台了一些相关司法解释，如《关于人民法院审理借贷案件的若干意见》《关于审理非法集资刑事案件具体应用法律若干问题的解释》等，对上述涉及民间借贷的基本法律规定在司法活动中的具体适用进行解释。

2. 部门规章和通知

这种形式下的民间借贷法律规范在数量上是最多的，如 1996 年中国人民银行制定的《贷款通则》第 61 条对企业之间

---

① 《中华人民共和国宪法》第十三条：“公民的合法的私有财产不受侵犯。国家依照法律规定保护公民的私有财产权和继承权。”

② 《中华人民共和国民法通则》第八十五条：“合同是当事人之间设立、变更、终止民事关系的协议。依法成立的合同，受法律保护。”第九十条：“合法的借贷关系受法律保护。”

借贷作出规定，1998年中国人民银行《关于贯彻国务院〈非法金融机构和非法金融业务活动取缔办法〉有关问题的通知》、1999年中国人民银行《关于取缔非法金融机构和非法金融业务活动中有关问题的通知》等对国务院出台的《非法金融机构和非法金融业务活动取缔办法》作出了细化规定，此外还有2007年国务院办公厅《关于依法惩处非法集资有关问题的通知》、2008年中国银监会办公厅《关于做好当前处置非法集资工作有关问题的紧急通知》等。相较于法律的滞后性，这些通知规定对于一定形势下民间借贷问题的处理具有重要意义，但政策的易变性使得这种规制方式缺乏稳定的预期，也与依法治国的基本理念背道而驰。

3. 各地方法院出台的指导性意见

司法实践中，有些地方法院针对当地民间借贷的具体情况也相继出台了一些指导性意见，如浙江省高级人民法院《关于审理民间借贷纠纷案件若干问题的指导意见》、重庆市高级人民法院《关于审理民间借贷纠纷案件若干问题的指导意见》、江苏省高级人民法院《关于当前宏观经济形势下依法妥善审理非金融机构借贷合同纠纷案件若干问题的意见》等，对当地民间借贷纠纷案件的处理起到了一定的指导作用。

无论是最高人民法院的司法解释，还是各种规章、政策、命令，包括地方法院的指导性意见等，都只是在现行法律规定的范围内对民间借贷具体问题进行的补充和完善，充其量只是一种细化规定，不会也不可能有什么大的突破。由于民间借贷的规范内容在数量上总体偏少，实践中产生的很多问题无法可依，与其重要性明显不相称。

面对民间借贷无法可依的情况，最高人民法院审判委员会于2015年6月23日第1655次会议讨论通过了《最高人民法院关于审理民间借贷案件适用法律若干问题的规定》，并于2015年8月6日公布，于2015年9月1日起施行。该司法解释是一个历史性进步，突破了传统观念对民间借贷的诸多限制，创造了很多全新的规则，确定了新时期解决民间借贷纠纷的新尺度，不管在理论上还是时间上都具有重要的意义。

二、2013—2015年度广州地区涉外、涉港澳台地区民间借贷案件审理情况

分析民间借贷案件在其他民商事案件中的收案比例，显示民间借贷已经成为社会主要纠纷矛盾来源，也是法院工作面临的难题之一。

（一）受经济因素影响，一审收案数量逐年攀升

截至2015年12月20日[①]，广州中院共新收一审、二审涉

① 数据统计起算时间为2012年12月21日。

外、涉港澳台地区民间借贷纠纷案件（以下均简称为民间借贷案件）189 件[①]，其中新收一审案件 86 件，新收二审案件 103 件。广州中院在 2013 年度新收民间借贷案件 47 件，包括一审案件 17 件、二审案件 30 件；2014 年度新收民间借贷案件 72 件，包括一审案件 26 件、二审案件 46 件；2015 年 12 月 20 日前新收民间借贷案件 70 件，包括一审案件 43 件、二审案件 27 件（如图表一所示）。

图表一

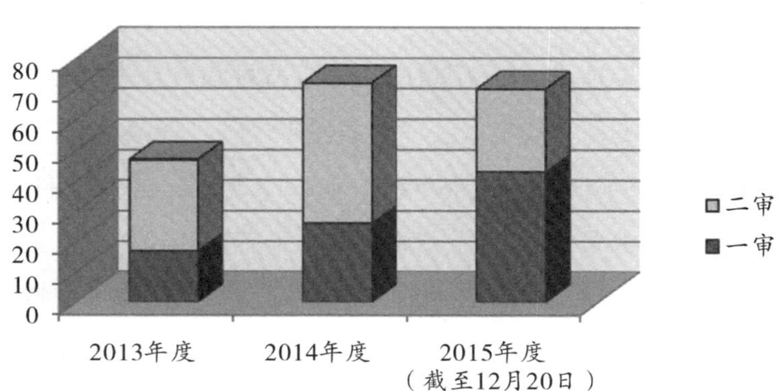

新收案件（件数）	2013 年度	2014 年度	2015 年度（截至 12 月 20 日）
一审	17	26	43
二审	30	46	27
总数	47	72	70

① 案由包括民间借贷纠纷和企业借贷纠纷。

根据图表一可见，近三年新收一审案件数量在不断攀升，特别是2015年度新收一审案件数量比2014年度的增加65.4%，截至2015年12月20日，新收一审案件数量已达到2013年度和2014年度一审案件收案总和，显示民间借贷案件的争议标的不断上升，在司法实践中，案件的复杂程度也不断增加。

由于民间借贷具有随意性和粗放性的特点，借贷双方往往是熟人关系，故在民间借贷案件的处理中，对于事实清楚的案件，双方当事人通过法院做工作，一般更容易和解或调解。截至2015年12月20日，广州中院审结民间借贷案件和企业借贷案件共141件，其中审结一审案件49件、二审案件92件。2013年共审结63件，其中审结一审案件20件、二审案件43件；2014年共审结36件，其中审结一审案件9件、二审案件27件；2015年12月20日之前共审结42件，其中审结一审案件20件、二审案件22件。在审结的案件中，撤诉或按撤诉处理的案件共23件，经调解结案的案件共13件，调解率和撤诉率分别为16.31%和9.22%（如图表二、表三所示），而广州中院涉外商事案件2015年1—9月份的调解率和撤诉率仅为3.46%和8.85%。

图表二

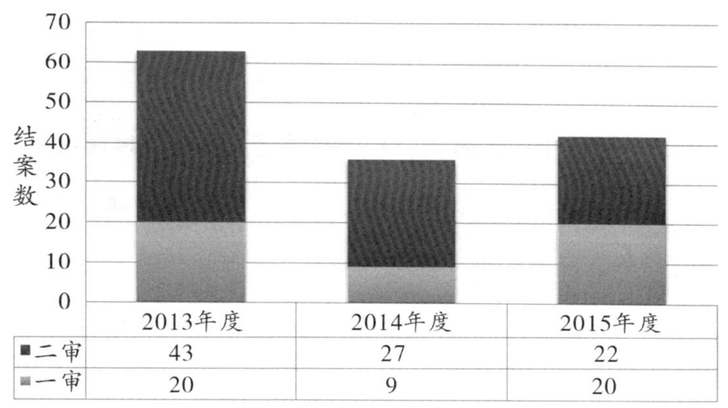

	2013年度	2014年度	2015年度
■二审	43	27	22
■一审	20	9	20

图表三

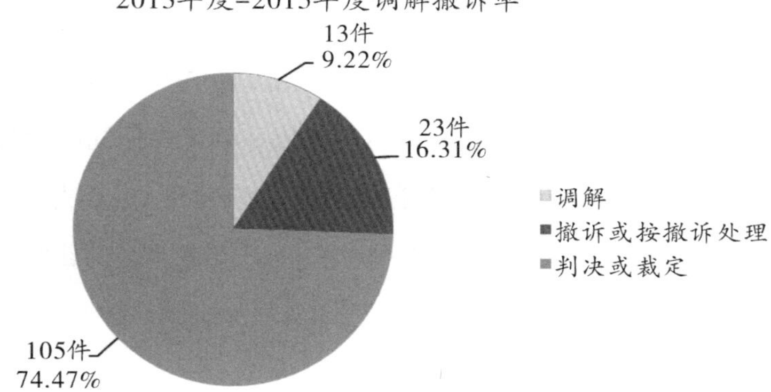

由上述数据可见，民间借贷案件的调解撤诉率相较于其他民商事纠纷案件略高，这是因为民间借贷纠纷的主体通常是熟

人圈里的人，即该纠纷往往发生在亲属之间、朋友之间、同事之间等，双方大多是因为信任才发生借贷关系，法院在做调解工作时相比其他民事纠纷案件更为容易，借贷双方也更容易达成和解或调解协议。

（二）涉外主体多样化，港澳台地区主体与内地紧密联系

在2013年—2015年审结的案件当中，牵涉的涉外主体呈多样化趋势，牵涉的国家和地区包括：美国、加拿大、澳大利亚、英属维尔京群岛、马来西亚、厄瓜多尔、萨摩亚、日本、德国、巴基斯坦、叙利亚、新加坡、新西兰、越南，中国香港地区、澳门地区、台湾地区。其中，牵涉香港地区诉讼主体的案件有91件，占全部审结案件的67%。其次，位列第二的是美国，有10件，紧跟其后的是加拿大和澳大利亚，分别有8件和6件。根据上述数据，港澳台地区的诉讼主体占全部审结案件的75%，港澳台地区主体与内地紧密联系，但同时也可以看出，在涉外、涉港澳台地区民间借贷案件中，借贷法律文书以及借贷程序中均存在一定的缺陷，导致出现大量的纠纷案件（如图表四所示）。

图表四

涉外主体国家和地区分布图

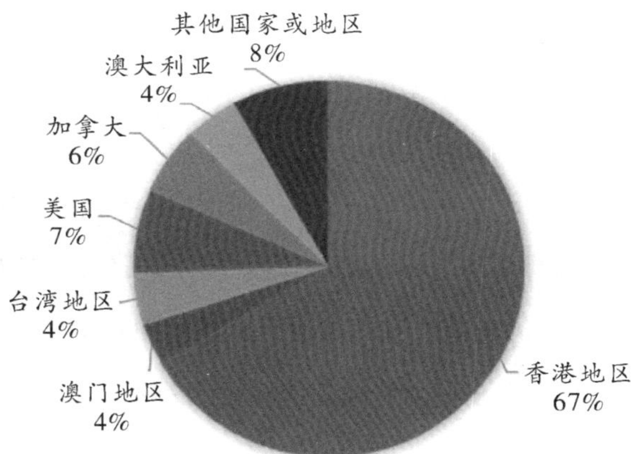

其中，原告为涉外主体的案件有 70 件，被告为涉外主体的案件有 67 件，第三人为涉外主体的案件有 11 件①，分别占总体案件数的 49.65%、47.52%以及 7.8%。

在 2013—2015 年期间审结的案件中，由于涉外诉讼主体经合法传唤未到庭参加诉讼而缺席判决的案件有 17 件，缺席判决率达到 12.06%。这种情况的存在也会给民间借贷案件审理带来诸多的负面影响，主要是：一是公告案件大幅上升。案件被告或第三人下落不明，特别是涉外诉讼主体下落不明，必须要先通过外交途径或司法途径进行委托送达，送达不成功后

① 由于部分案件原告、被告、第三人均为涉外主体，故总数会大于审结案件总数。

再进行公告送达，涉外主体的公告期为三个月。由于送达程序的繁复，大大延长审理的时间，影响当事人合法权利的保障。二是借贷事实难以查清。被告或第三人不到庭参加诉讼，案件只能缺席审理，这对于案件事实的查明造成了很大障碍。三是案件的调解、撤诉率得不到提高，案件自动履行少，进入法院强制执行的比例高，且执行难度大，债权人的债权长期难以实现，从而加深了债权人对司法的公正性和法院公信力的怀疑。

（三）民间借贷案件审理难度大，疑难问题多

长期以来，由于我国金融法律体系相对不健全，民间借贷存在一定的负面影响，其粗放、自发、紊乱的发展一直游离于国家金融监管体系的边缘，其盲目、无序、隐蔽的缺陷日积月累叠加凸显，民间借贷风险渐增，隐患愈加突出。[①] 在《最高人民法院关于审理民间借贷案件适用法律若干问题的规定》出台之前，只有《合同法》分则第 12 章规定了借款合同的规则，但在实际发生的民间借贷活动中存在很多具体问题。在《最高人民法院关于审理民间借贷案件适用法律若干问题的规定》施行以后，虽然很多司法实践中的问题得到解答，但仍

① 杜万华：《〈最高人民法院关于审理民间借贷案件适用法律若干问题的规定〉的背景、原则和重要内容》，http://weibo. com/p/1001603872817086394361? from = page_ 100106_ profile&wvr = 6&mod = wenzhangmod&sudaref = www. baidu. com。

有不少疑难问题亟待解决。比如民间借贷真实性的审查、本金和利息的界定、夫妻共同债务的认定、企业间借贷纠纷、与其他法律关系的交叉等问题（如图表五、六所示）。

图表五

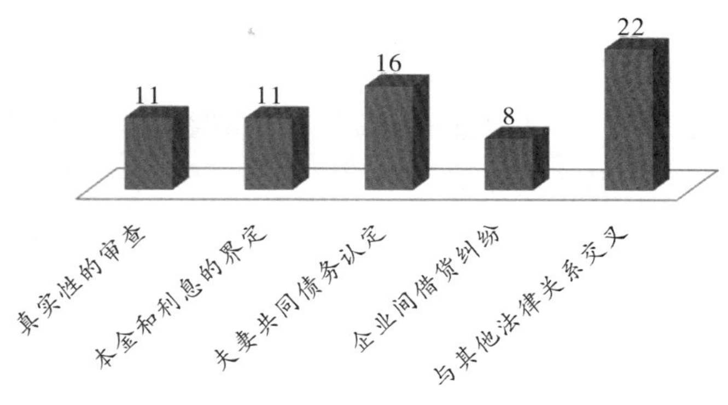

图表六

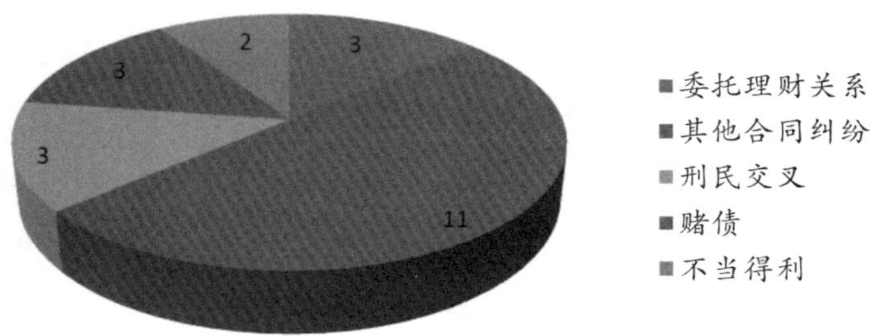

民间借贷纠纷案件数量大，加之案件的多样性和复杂性，给人民法院审理民间借贷案件带来了很多困难。

三、民间借贷的疑难问题

（一）涉外、涉港澳台地区民间借贷适用法律

在司法实践中，关于涉外、涉港澳台地区民商事纠纷案件的法律适用法律法规主要有以下几个：《中华人民共和国涉外民事关系法律适用法》《最高人民法院关于适用〈中华人民共和国涉外民事关系法律适用法〉若干问题的解释（一）》《最高人民法院关于审理涉外民事或上市合同纠纷案件法律适用若干问题的规定》《最高人民法院关于审理涉台民商事案件法律适用问题的规定》《最高人民法院关于认真贯彻执行〈关于审理涉台民商事案件法律适用问题的规定〉的通知》。

《合同法》第一百二十六条“涉外合同的当事人可以选择处理合同争议所适用的法律”之规定，故在审理中法院会先审查双方是否在合同中有约定适用法律，或者在庭审中询问双方是否同意适用中国法律；其次，根据《中华人民共和国涉外民事关系法律适用法》第四十一条的规定，“当事人可以协议选择合同适用的法律。当事人没有选择的，适用履行义务最能体现该合同特征的一方当事人经常居所地法律或者其他与该合同有最密切联系的法律”。法院会根据合同签订地、合同履行地因素确定与合同最密切联系的法律。

（二）民间借贷真实性审查

民间借贷案件的事实审查，是民间借贷案件审查的难点和

重点。民间借贷案件的基本事实，包括借贷合意是否形成、款项是否交付、本金数额、利息约定等多个方面，其中借贷事实是否真实发生是民间借贷案件的首要基本事实，也是全案展开的基本依据。《最高人民法院关于审理民间借贷案件适用法律若干问题的规定》第十六条对民间借贷事实的审查作出了详细的规定，该条规定："原告仅依据借据、收据、欠条等债权凭证提起民间借贷诉讼，被告抗辩已经偿还借款，被告应当对其主张提供证据证明。被告提供相应证据证明其主张后，原告仍应就借贷关系的成立承担举证证明责任。被告抗辩借贷行为尚未实际发生并能作出合理说明，人民法院应当结合借贷金额、款项交付、当事人的经济能力、当地或者当事人之间的交易方式、交易习惯、当事人财产变动情况以及证人证言等事实和因素，综合判断查证借贷事实是否发生。"

在广州中院审理的民间借贷案件中，审结案件大约有7.8%是对民间借贷的真实性存在争议的。一般而言，法院要求原告就借贷关系的发生承担举证责任，并要求原告提供相应的证据予以证明，如提供借款合同、借据、转账凭证、收据等。但由于民间借贷具有随意性和粗放性的特点，有部分案件的原告无法提供完整的证据证明借贷关系的存在，如在（2011）穗中法民四终字第114号案中，一审法院认为仅凭收据不足以支持其主张借款给被告的事实，故认为原告证据不足并驳回其诉讼请求。二审时原告又提供与借款相关的其他证据以及证人证言以证明借贷关系的存在，广州中院经过综合分析，认为提供的收据、证人证言等证据能相互印证，故认定了原告与被告之间的借贷关系并据此予以改判。此外还有如（2012）穗中法民四初字第102号以及（2013）穗中法民四终字第94号，均是无法提供借款合同，但提供了银行转账凭证、对账单等作为证据证明借贷关系，法院也是结合其他相关证据以及当事人的陈述由此认定借贷关系的存在。

此外，还有部分案件的被告抗辩借款合同、收据等系受胁迫而签订的。在广州中院审结的案件中，有6件案件的被告主张借款合同、借据等系对方通过胁迫的手段签订的，部分案件还提供了报警记录作为证据，但由于报警记录上并未明确记载被告受到威胁或胁迫，故法院均对上述案件的被告关于受胁迫的抗辩不予采信。

（三）本金与利息的界定

民间借贷的本金数额和利息作为借款合同的核心内容，当事人在订立借款合同时一般都会对本金和利息作出明确约定。但现实中有的出借人为了确保利息的收回，在提供借款时会将利息从本金中扣除，并要求借款人据此出具借条，造成借款人借到的本金实质上是扣除了利息之后的数额。这种做法虽然使出借人的利息在出借本金时就可以收回，减少了借款风险，却损害了借款人的合法利益，使借款人实际上得到的借款少于合同约定的借款数额，影响借款人资金的正常使用，加重了借款人的负担，也给本金的认定带来了困难，在借贷双方之间非常容易引起纠纷。为了解决借款实践中经常出现的预先扣除利息的问题，《合同法》第200条对预先在本金中扣除利息作出了禁止性规定："借款的利息不得预先在本金中扣除。利息预先在本金中扣除的，应当按照实际借款数额返还借款并计算利息。"而《最高人民法院关于审理民间借贷案件适用法律若干问题的规定》第二十七条也对该类问题作出明确规定："借据、收据、欠条等债权凭证等载明的借款金额，一般认定为本金。预先在本金中扣除利息的，人民法院应当将实际出借的金额认定为本金。"广州中院在2013年—2015年间审结的民间借贷案件中，涉及本金和利息认定的问题的案件有11件，占审结案件的7.8%。

本金是民间借贷关系中的核心内容，本金数额的确定是双方在借贷关系中权利义务的基础实施，因此本金的认定在民间借贷案件中至关重要。一般情形下，借款人会向出借人出具借款凭证载明借款金额、利息、还款期限等基本借贷事实。借款凭证在司法实践中一般会作为认定民间借贷本金的依据。借款凭证的形式多样，一般以借据、收据、欠条等方式出现。随着计算机技术和电子商务的快速发展，除传统的借据、欠条、收据，交易活动中还出现很多新型的资金往来方式，如电子银行、支付宝、财付通等网上支付方式。根据《民事诉讼法》，这些新型的支付方式的记录也可以作为证据证明当事人之间的债权债务关系。在诉讼过程中，如果借款人对民间借贷关系的存在没有异议，借据、收据、欠条等借款凭证载明的借款金额，一般可认定为本金。但当当事人主张的本金金额与债权凭证金额不一致时，法院应当合理分配举证责任。当原告主张的本金金额大于债权凭证时，原告应当提供证据对其主张加以证明；当被告主张本金金额小于债权凭证金额时，则应由被告提供相应的证据加以证明。如广州中院审理的（2011）穗中法民四终字第 123 号、（2012）穗中法民四终字第 105 号、（2013）穗中法民四初字第 36 号、（2014）穗中法民四终字第 117 号，被告在上述案件中均抗辩原告在出借借款时已经扣除了利息、保证金等款项，本金金额小于债权凭证，但均无就其抗辩举证，故法院对上述案件被告的抗辩均不予采纳，并根据债权凭证确定本金。

此外，部分案件还出现原告请求利息过高的问题。《最高人民法院关于审理民间借贷案件适用法律若干问题的规定》第二十六条对民间借贷利率作出明确的限制，而在该司法解释出台之前，法院对于利息的认定适用 1999 年实施的《合同法》第 211 条以及《最高人民法院关于人民法院审理借贷案件的若干意见》第六条的规定，借贷利息限制在银行同类贷款利率的 4 倍（包含利率本数）以下，超出此限度的，法院对超出部分的利息不予保护。在民间借贷案件中，法院都会对双方关于利息的约定进行严格审查，对于利息约定过高的案件都会按照银行同类贷款利率 4 倍的标准进行调整。而被告对于利息过高的抗辩权是法定权利，如在（2014）穗中法民四初字第 37 号案件中，原告主张被告在签订借款合同时同意在任何情况下均放弃违约金标准过高的抗辩，故因按照合同约定的标准计算违约金，但广州中院以该条款因规避法律规定而无效，违约金过高的抗辩权并不因当事人书面或口头放弃关于违约金标准过高的抗辩而放弃。

（四）夫妻共同债务的认定

一直以来，夫妻共同债务的认定都是民间借贷案件中的难点问题。在广州中院 2013 年—2015 年二审审结的案件中，改判的案件有 10 件，其中因牵涉到夫妻共同债务的认定问题而改判的案件就有 7 件，占改判案件中的 70%。由此可见，夫妻共同债务的认定问题是民间借贷案件中最为棘手的问题之一。根据我国《婚姻法》的规定，夫妻共同债务是指夫妻双方在婚姻关系存续期间，夫妻一方或双方为维持共同生活的需要，或出于为共同生活目的从事经营活动所负的债务。夫妻共同债务具有两个基本特征：一是需产生于双方婚姻关系存续期间；二是需用于夫妻共同生活或共同生产、经营活动。符合上述条件，不论是以夫妻一方或者双方的名义所负的债务，都应属于共同债务。关于是否在双方婚姻关系存续期间的问题，由于该条认定系以法定的登记实施作为认定依据，故在司法实践操作中上较为容易。但在关于认定借贷是否“用于夫妻共同生活或共同生产、经营活动”，无论是对于纠纷的双方或债务人的配偶，在举证上均存在一定困难，需要案件的承办人员在当事人的陈述及更接近事实的一方当事人所举证的零散证据基础上进行综合判定。在判定的时候，除了当事人举证证实夫妻有共同举债的合意之外，还可以通过以下几个方面判断夫妻是否为“共同生活”所负的“共同债务”。第一，判断有无共同生活的客观事实。有学者认为，夫妻关系存续期间，判断夫妻是否共同生活，主观上要看夫妻双方是否有共同生活的愿望，客观上是否有共同的住所、有无履行相互扶助的义务、有无共同承担家庭其他义务等各种因素。比如在（2014）穗中法民四终字第65号案件中，关于争议款项是否属于夫妻共同债务的问题，案涉的款项涉及两笔，广州中院认为其中一笔100万元部分的债务并无证据证明使用于夫妻共同生活，也无证据证明该笔款项系在夫妻关系存续期间形成的，由此认定该100万元部分并不属于夫妻共同债务。第二，判断有无共同负债的主观需要。现有的理论领域及司法实践中，对夫妻共同债务的分类主要有两个方面：一是生活性债务，是指婚姻关系存续期间，夫妻双方或一方因共同生活需要所引起的债务。二是经营性债务，是指夫妻为共同生产、经营活动中发生的负债。比如在（2012）穗中法民四终字第116号案中，一审法院认为涉案借款发生在两被告婚姻关系存续期间，且被告一未能提供证据证明原告与第三人即其配偶明确约定为个人债务，并认为经营公司期间所获得的收入用于家庭生活，故认定为夫妻共同债务。广州中院二审则认为本案诉讼提起的基础是另一生效民事判决所确定的债务，涉案债务最初只是公司所欠原告的款项，后系本案第三人出具还款计划书以债的加入形式自愿承担而形成的债务，并无证据证明第三人与被告有共同举债的合意，也无证据显示此债务所带来的利益用于家庭共同生活，故认定该笔债务为第三人的个人债务，并对此予以改判。由此可见，法院在判断是否为夫妻共同债务时，应注意审查实际债务人或其配偶是否具有从事生产与经营活动的客观事实与条件，如债权人主张系为债务人的生产、经营活动需要而向其交付的借款，对此也应适当分配债权人承担初步的举证责任，举证不能的，债权人应承担相应的不利后果。第三，判断有无确切的资金流向。比如在（2013）穗中法民四终字第 20 号案件中，广州中院在二审时认为两被告为夫妻，并无证据证明原告和被告在借款时明确约定为个人债务，也无证据证明两被告约定对婚姻关系存续期间所得的财产归各自所有以及原告知道该约定，且根据被告在庭审中的陈述，其购房贷款还贷的款项来源于原告借款给被告购买的商铺的租金和出售商铺所得款项，故广州中院据此认定为夫妻共同债务。

（五）企业间借贷的认定

在《最高人民法院关于审理民间借贷案件适用法律若干问题的规定》出台之前，最高人民法院在一些相关的司法解释中一再强调企业之间借贷属于无效。如在 1990 年最高人民法院在《关于审理联营合同纠纷案件若干问题的解答》第 4 条第 2 项中就明确指出："明为联营，实为借贷，违反了有关金融法规，应当确认合同无效。"其后在 1991 年和 1996 年，最高人民法院分别在《关于刘某某与钟山县某某塑料工艺制品厂之间是否构成联营关系的复函》以及《关于对企业借贷合同借款方逾期不归还借款的应如何处理的批复》中均明确规定企业之间的借贷合同属无效合同。然而在现实中，企业间存在巨大的借贷需求，催生了一系列企业之间的间接借贷运作模式。特别是近年来随着我国社会主义市场经济的不断发展，许多企业尤其是中小微企业在经营过程中存在着周转资金短缺、融资渠道不畅的发展瓶颈，企业通过民间借贷或者相互之间拆借资金成为融资的重要渠道。

在 2013 年—2015 年间，广州中院受理企业借贷纠纷的案件共 8 件。在所有企业借贷纠纷案件中，审结的为 3 件，其中 1 件因当事人申请撤诉而结案。在审结的两个案件中，对于企业之间的借贷合同的效力认定有截然不同的结果。在（2014）穗中法民四终字第 115 号案件中，一审法院根据《最高人民法院关于对企业借贷合同借款方逾期不归还借款的应如何处理问题的批复》中“企业借贷合同违反有关金融法规，属无效合同”的规定，认定案涉借款合同属无效合同，并判决被告除清偿借款外还应返还该笔款项占用期间的利息，广州中院二审也维持了一审法院的判决。而在（2013）穗中法民四初字第41号案件中，广州中院认为原告企业和被告企业均为不具备从事金融业务的企业，提供资金的原告企业也并非以资金融通为常业，并未通过本次借款获取高额利息，不属于违反国家金融管制的强制性规定的情形，故认定案涉借款合同合法有效。

《最高人民法院关于审理民间借贷案件适用法律若干问题的规定》的出台，对企业之间的民间借贷进行了有条件的放开和认可，即企业为了生产经营的需要而相互拆借资金，司法应当予以保护。该规定将企业之间的借贷合同的效力限定于是为了生产经营需要。根据这一条规定，企业与企业之间的合同的有效是要视乎该合同是否是为了生产和经营需要而订立的借款合同。如果作为生产经营性企业的借贷目的不是为了生产经营，而是变成一个专业放贷人，甚至从银行套取现金再去放贷，这种行为还是违反国家强制性法律规定，而这样的借贷合同也是无效的。

（六）民间借贷关系与其他法律关系交叉的处理

在现实中，经常存在当事人因为其他纠纷引起债权债务关系，但却以民间借贷的形式来确认这些债权债务的情况。常见的有买卖、委托理财、股权转让、合伙纠纷、不当得利等。在债权人起诉时，如果债务人提出抗辩，法院都会审查案件的事实及相关的法律关系，并要求债务人提供相应的证据，如债权债务是因为其他法律关系引起的，不应适用民间借贷的相关法律关系，而是应该适用相对应的法律关系，但有关借款凭证可以作为审理查明案件的证据使用。以下就几个容易与民间借贷关系混同的法律关系进行分析。

1. 委托理财关系

委托理财案件是指因委托人和受托人约定，委托人将其资金、证券等金融性资产委托给受托人，由受托人在一定期限内管理、投资于证券或期货等金融市场，并按期支付给委托人一定比例收益的资产管理活动所引发的合同纠纷案件。委托理财案件属于金融纠纷案件的一种。现实中，有的当事人双方在合同中约定，委托人将资产交由受托人进行投资管理，受托人无论盈亏均保证委托人获得固定本息回报，超额投资收益均归受托人所有的（即约定保证本息固定回报条款），这种情形应属于“名为委托理财、实为借贷关系”的情形；还有一种情形是当事人将资产交由受托人进行投资管理，但在投资出现亏损时以民间借贷纠纷提起诉讼并请求受托人返还全部款项。比如在（2013）穗中法民四终字 67 号案件中，原告向法院起诉主张被告向被告的父亲借款 91 万元用于炒股，且被告与其父亲签订了借据对借款予以确认。被告则否认存在借款关系，并主张是受其父亲的委托从事股票交易。最终，一审法院和广州中院均根据相关证据、证人证言以及对客观情况的分析，认定了被告与其父亲之间并不存在借贷关系，而属于委托理财关系，并驳回了原告的诉讼请求。另外在（2014）穗中法民四终字第11、12号案件中，原告起诉称被告因投资公司而向原告借款，双方约定借款期限半年，利息为本金的50%，双方并非签订书面协议，被告承诺视项目盈利状况按日支付利息，原告提供转账记录以证明其主张。被告则主张案涉款项并非借款，而是原告委托被告进行投资的款项，所付利息为分红。一审法院认为仅凭银行转账记录不能充分说明双方之间存在民间借贷关系，对于借贷关系的其他要件如借款期限、利息、用途等，原告未能提供书面约定，仅有口头陈述。综上，一审法院驳回原告的诉讼请求。广州中院二审认为原告未对借款的合议提供证据予以证明，故认定民间借贷关系不能成立。

由此可见，民间借贷关系与委托理财关系虽有相近之处，但二者有着根本的不同，法院在审理时应注意审查证据，并结合证据、当事人陈述、证人证言等审查双方是否具有借贷的合意，从而确定是民间借贷关系还是委托理财关系。

2. 其他合同纠纷与民间借贷纠纷的认定

民间借贷纠纷属于合同纠纷的一种，是众多引起债的发生的其中一种法律关系，容易与其他合同纠纷混同，比如股权转让纠纷、投资纠纷、融资租赁合同纠纷、买卖合同纠纷等。广州中院在2013—2015年间，共审结了11件案件涉及其他合同纠纷的认定，其中牵涉到合同类型是股权转让合同和投资合作合同最多。在上述案件中，原告均系以民间借贷关系提起诉讼，请求被告返还款项。而由于部分案件的原告作为主张存在民间借贷关系的一方，并未提供证据证明双方之间存在借贷的合意或借款已经实际交付，比如（2011）穗中法民四初字第42号案件、（2012）穗中法民四初字第12号案件。

《最高人民法院关于审理民间借贷案件适用法律若干问题的规定》第15条规定："原告以借据、收据、欠条等债权凭证为依据提起民间借贷诉讼，被告依据基础法律关系提出抗辩或者反诉，并提供证据证明债权纠纷非民间借贷行为引起的，人民法院应当依据查明的案件事实，按照基础法律关系审理。"因此，在借贷法律关系中，被告对双方基础法律关系的效力或履行事实提出抗辩，并提供证据证明纠纷确因其他法律关系引起时，法院会对当事人进行释明。如当事人同意在法院释明后同意按照其他相应法律关系审理案件，法院应当按照其他相应法律关系重新审理案件，以通过程序的公正实现结果公平。

3. 刑民交叉

在民间借贷案件中，经常出现刑民交叉的问题。广州中院在2013年—2015年审结的案件中，涉及刑民交叉的案件有3

件。3 件案件的处理结果都是不同的，在审理刑民交叉的民间借贷案件，决定民事案件是否继续审理，判断标准是刑事犯罪问题与民间借贷案件的事实本身是否有关联。比如在（2014）穗中法民四初字第 30 号案中，广州中院认为案件可能涉嫌经济犯罪，需移送公安机关侦查处理，故根据《最高人民法院关于在审理经济纠纷案件中涉及经济犯罪嫌疑若干问题的规定》第十一条，对原告的起诉予以驳回。而在（2010）穗中法民四初字第 50 号案件中，原告向法院起诉请求返还本金人民币 500 万元及利息，而案涉款项中的 400 万元经过法院生效的刑事判决和裁定认定属于被告通过诈骗行为所得，系被告实施犯罪行为所得的赃款，故对关于返还该部分款项的请求，广州中院不予支持。而对于另外的 100 万元部分，广州中院则认定系合法有效的民间借贷法律关系。另外还有在（2012）穗中法民四初字第 105 号案件中，被告主张因本案另一被告涉嫌伪造国家机关证件、公章印章罪而被逮捕，其伪造的公章是案涉借款合同上的公章，该刑事案件与本案有关，故应根据《最高人民法院关于在审理经济纠纷案件中涉及经济犯罪嫌疑若干问题的规定》第十一条的规定裁定驳回起诉。广州中院审理后认为，刑事案件虽与本案有牵连，但与本案不是同一法律关系，故对被告的主张不予采纳。

根据《最高人民法院关于审理民间借贷案件适用法律若干问题的规定》第五—八条的规定，在出现刑民交叉的案件中并非简单的遵循“先刑后民”的原则处理，而是应当坚持具体问题具体分析、具体处理的做法。如第六条规定，如果人民法院在审理一方当事人主张涉嫌犯罪，但与民间借贷纠纷案件事实本身没有关联的，民间借贷纠纷案件继续审理，有关涉嫌犯罪的线索、材料可以移送公安或者检察机关。但同时，该规定第七条又明确规定，如果民间借贷案件的审理必须以刑事案件的审理结果为依据的，人民法院则应当裁定中止审理。因此对单个民间借贷合同效力的判断完全可通过民事诉讼程序进行，对照合同有效的要件对民间借贷纠纷作出处理，并无必要等待刑事程序的终结。

4. 赌债

赌博是国家明令禁止的违法活动，对于明知其所出借的款项系他人用来从事违法活动而仍然出借的，其借贷关系不受法律保护。赌博产生的债务常以借条、欠条等形式存在，借条上往往不会注明该债务系赌博债务。尽管赌债在形式上与一般债务相似，但它是基于非法的事实而产生的一种债务，因此涉赌的债权债务是不受法律保护的。被告抗辩案涉借款系赌博债务，往往需要就其主张举证证明，否则应承担举证不能的后果。广州中院在 2013 年—2015 年间审结的案件中，有 3 件案件被告主张案涉借款为赌债，但应被告并未提供证据证明其主张，故法院对其主张均不予采纳。

法官在审理民间借贷案件中发现存在涉赌因素时，都会从严审查借贷关系的合法性。从审结的案件看，原告不仅要举证证明其与被告借款事实的存在及款项的实际交付，还应就借款形成的时间、地点、经过、借款资金来源及资金交付方式、约定的借款用途、还款期限、还款方式、利息、在场人等有关细节进行详细说明，以举证证明该借贷关系合法有效。同样，被告反驳借贷关系主张赌博债务也需举证证明，除了借条上的内容能反映出与赌博有关的信息，还可以提供无利害关系的证人证言证明借贷系因赌博而形成的债务、债务人与债权人之间经常的赌博关系，如果找不到任何证据证明其主张，除了债权人自认，法院一般不将此类民间借贷认定为赌债。

5. 不当得利

不当得利，是指没有法律根据取得利益而使他人受到损失的事实。目前我国民事立法关于不当得利只有两个条文，一是《民法通则》第九十二条："没有合法根据，取得不当利益，造成他人损失的，应当将取得的不当利益返还受损失的人"；二是《最高人民法院关于贯彻执行〈中华人民共和国民法通则〉若干问题的意见（试行）》第一百三十一条规定："返还的不当利益，应当包括原物和原物所生的孳息。利用不当得利所取得的其他利益扣除劳务管理费用后，应当予以收缴。"

不当得利与民间借贷是性质完全不同的纠纷，虽然从广义上说，它们都属于引起债发生的原因，但不仅法律属性不同，构成要件也存在着重大的差别。不当得利是引起债权债务关系的依据之一，是除了合同、侵权行为、无因管理之外的一类独立的引起民法上债权债务关系的法律事实，而民间借贷只是借款合同的其中一种类型。但在实践中常常会看到当事人往往在不当得利纠纷诉讼中败诉后，又向法院起诉民间借贷纠纷；或者先主张民间借贷纠纷，在败诉后又主张是不当得利。比如在（2013）穗中法民四终字第 13 号案件中，原告在另案中曾以民间借贷纠纷提起诉讼，后撤回起诉，随即在本案中以不当得利纠纷提起诉讼请求被告返还款项，一审法院结合双方提供的证据及双方在庭审中的诉辩综合分析认为涉案款项可能是案外人的投资款，故认定本案款项性质并非不当得利并驳回原告全部诉讼请求。广州中院认为一审法院将举证责任全部分配给原告属法律适用错误，对被告的主张及证据未作任何审查认定，属事实认定不清，故裁定发回重审。尔后，在重审中一审法院认为原告主张的不当得利的法律关系性质与其根据案件事实认定的不一致，故裁定驳回原告起诉，二审法院亦裁定维持原裁定。

由此可见，对于案件性质的认定，法院会根据双方提供的证据及当事人陈述等综合分析，如发现当事人请求的法律关系性质与案件事实认定不一致，法院会向当事人进行释明。

四、风险防范与解决方法

（一）完善民间借贷的法律文件

由于历史原因和现实原因，加之民间借贷双方很多时候都存在亲缘关系，很多当事人在民间借贷的法律文件方面的准备较为欠缺，比如借贷双方没有签订书面的借款合同或者即使签订了借款合同，合同约定内容也过于简单，这对债权人的利益构成一定威胁。因此，民间借贷最好签订书面形式的借款合同。而借款人收到借款后书写借据，借款人还款后由贷款人出具收款条，或在借据上标注更有利于对债权债务关系的确认以及还款情况。

借款合同作为法院认定民间借贷关系最重要的一项证据，借贷双方在签订借款合同时内容应尽量的充实，内容一般应包括借款种类、币种、用途、数额、利率、期限和还款方式等条款。此外，借款合同中最好写明双方的联系方式，包括住址、电话、电子邮件。还需要注意的是，借款人为某企业法定代表人的，则应要求其写明实际是其个人借款还是为企业作借款，视情况要其写明共同承担归还或承担连带偿还责任。

借贷双方应保存好所有与民间借贷相关的材料，如借款合同、借据、收据、转账凭证、还款凭证等，以便在诉讼中更好地保护自身权利。

（二）规范民间借贷的利率

《最高人民法院关于审理民间借贷案件适用法律若干问题的规定》施行后，对利息最高利率有了新的规定。对于这个新的最高利率限额的规定，最高人民法院将其称之为“两线三区”[1]，两条线是24%和36%，用这两条线划出三个区：一是合法债务区；二是自然债务区；三是违法债务区。对于民间借贷的逾期利率《最高人民法院关于审理民间借贷案件适用法律若干问题的规定》第二十九条规定了借贷双方对逾期利率有约定的，从其约定，但以不超过年利率24%为限。此外，还有部分借款人为更好地保障自己的借款安全和收益，会在合同中同时约定逾期利率与违约金。对于逾期利率与违约金的竞合问题，《最高人民法院关于审理民间借贷案件适用法律若干问题的规定》第三十条也作出相应规定，逾期利率与违约金总计也不得超过24%的最高利率限额。

此外，借款的利息不得预先在本金中扣除。《合同法》规定借款的利息不得预先在本金中扣除，利息预先在本金中扣除的，应当按照实际借款数额返还借款并计算利息。

总而言之，最高人民法院在《最高人民法院关于审理民间借贷案件适用法律若干问题的规定》中已对利率的约定作出清晰明确的规定，为确保民间借贷利息的合法性，建议双方在借条中作合法、公道的利息约定。

（三）确保民间借贷担保

在现实生活中，有时候会出现未作担保的情形。借款人在

---

① 罗书臻：《统一裁判标准正确适用法律规范民间借贷——杜万华详解〈关于审理民间借贷案件适用法律若干问题的规定〉》，载《人民法院报》2015年8月7日第1版。

借款当时可能经济状况良好、具有偿还能力，债权人碍于情面或基于信任等原因未要求借款人提供担保。但后来因为借款人做生意或投资股票，甚至有赌博、吸毒等原因导致经济上陷入困境、负债累累已无力作偿还，以致后面债权人发现状况不对作催讨时已太迟，在借款人已无力作偿还，又没有担保的情况下，最终造成借款无法追回的经济损失。还有作担保但却未能实现的情形。比如，保证人口头为借款人的借款作担保，事后否认担保；或保证人自身缺乏经济担保能力，无法承担连带还款责任或借款人提供的机动车、房产作等财产担保，但未办理法定的抵押登记手续，以致未能起到担保还款的效力和作用。

因此，为最大限度地减小债权人的风险，在借款时最好让借款人提供人和物作担保。所谓人的担保，是指保证人和债权人约定，当债务人不履行债务时，保证人按照约定履行债务或者承担责任的行为。而物的担保，则有抵押和质押两种方式，抵押是指为担保债务的履行，债务人或者第三人不转移财产的占有，将该财产抵押给债权人。债务人不履行到期债务或者发生当事人约定的实现抵押权的情形，债权人有权就该财产优先受偿。需要注意的是，根据《物权法》的规定，抵押必须要办理抵押登记方生效，因此应注意在签订抵押合同后及时办理抵押登记。

确保了民间借贷担保，即使借款人出现赖账或无力偿还借款债务时，债权人可以依法变卖抵押物优先受偿，或要求担保人承担连带清偿责任，债权人可以通过行使担保物权或抵押权来保护自己权益，避免损失。

（四）注意民间借贷诉讼时效

诉讼时效是指民事权利受到侵害的权利人在法定的时效期间内不行使权利，当时效期间届满时，人民法院对权利人的权利不再进行保护的制度。在现实实践中，债权人对诉讼时效的法律规定缺乏清楚、明确的认识而疏于催款。过了法律诉讼时效或未保留好中间有过催款的事实证据无法证明引起诉讼时效中断的情况存在，而过了诉讼时效的情形。依照我国《民法通则》的相关规定：债权人向人民法院请求保护民事权利的诉讼时效期间为两年，诉讼时效期间从知道或应当知道权利被侵害起计算，超过诉讼时效起诉偿还借款的法律后果则是不受法律保护，除借款人作自愿偿还外，依法将会被法院驳回。

因此，债权人应注意诉讼时效，在还款期限届满后的两年内，应当及时要求借款人重新出具新的借条或者向债务人发催款函，并及时到法院提起诉讼，以确保不过诉讼时效失去法律保护。

舒扬教授学术著作一览表

1. 《英国法与法国法》1984 年，西南政法学院出版。
2. 《伊斯兰刑法》1985 年，西南政法学院出版。
3. 《青少年犯罪与管制》1985 年，西南政法学院出版。
4. 《美国法律思想模式》1986 年，西南政法学院出版。
5. 《黑格尔理性法思想》1987 年，商务印书馆。
6. 《西方法律思想史教程》1989 年，陕西人民出版社。
7. 《法律基础概论》1990 年，法律出版社。
8. 《法思想·法文化》1992 年，成都电子科技大学出版社。
9. 《法律意识形态》1993 年，成都电子科技大学出版社。
10. 《中国涉外法教程》1995 年，武汉出版社。
11. 《城市法治管理探索》2004 年，法律出版社。
12. 《法律治理的前提》1999 年，暨南大学出版社。
13. 《星空下的法律》2001 年，法律出版社。
14. 《社会治安综合治理模式》2005 年，中央编译出版社。
15. 《广州政治文明建设的理论与实践》2006 年，光明日报出版社。

16.《城市法律治理》2007 年，人民出版社。

17.《市场经济与法制调控》2007 年，中国社会科学出版社。

18.《我们的 1978：西南政法学院纪事》2008 年，南方日报出版社。

19.《权力监督与市场反腐机制》2008 年，中国社会科学出版社。

20.《现代城市法治研究》2008 年，人民出版社。

21.《广东省流通产业竞争力研究》2010 年，中央编译出版社。

22.《中国法学三十年》2011 年，中山大学出版社。

23.《司法公信力的构件》2017 年，广东人民出版社。

另有主编著作十本，文章一百余篇。